世界汉语修辞学会

GUOJI XIUCIXUE YANJIU

国际修辞学研究

International Rhetoric Studies

第一辑

陈汝东 主编

高等教育出版社·北京
HIGHER EDUCATION PRESS BEIJING

图书在版编目(CIP)数据

国际修辞学研究. 第1辑:汉、英/陈汝东主编. —北京:高等教育出版社,2011.11

ISBN 978-7-04-033094-6

Ⅰ. ①国… Ⅱ. ①陈… Ⅲ. ①汉语-修辞学-文集-汉、英

Ⅳ. ①H15-53

中国版本图书馆 CIP 数据核字(2011)第213093号

策划编辑 贾 巍　　项目编辑 谢 森　　责任编辑 刘丽燕　　封面设计 刘晓翔
版式设计 刘 艳　　责任校对 刘丽燕　　责任印制 刘思涵

出版发行 高等教育出版社
社 址 北京市西城区德外大街4号
邮政编码 100120
印 刷 唐山市润丰印务有限公司
开 本 787mm×1092mm 1/16
印 张 19.25
字 数 403千字
购书热线 010-58581118

咨询电话 400-810-0598
网 址 http://www.hep.edu.cn
http://www.hep.com.cn
网上订购 http://www.landraco.com
http://www.landraco.com.cn
版 次 2011年11月第1版
印 次 2011年11月第1次印刷
定 价 38.00元

物 料 号 33094-00

前　言

中国具有悠久的修辞学思想历史，至少可以追溯到先秦时期，比如《周易》中所记载的孔子的话："君子进德修业。忠信，所以进德也；修辞立其诚，所以居业也。"其中就蕴涵了丰富的修辞哲理。在数千年的历史发展中，中华民族积累了丰富的修辞学思想。20世纪初，中国古代的修辞学思想被发扬光大。在吸纳借鉴其他国家修辞学历史的基础上，中国的现代修辞学逐步建立，到上世纪30年代形成雏形，60年代逐渐丰富，90年代逐步发展成熟。

进入21世纪之后，中国修辞学发展迅速。随着中国国力的增强，中国的修辞学研究也受到了国际修辞学界的重视。2005年7月，我应邀出席了在美国洛杉矶市南加州大学召开的国际修辞学史学会第15届年会，并作关于"中国先秦时期修辞学思想"的大会报告，受到与会各国学者的高度重视。但是，我发现，在该国际上最大的修辞学学术组织中，汉语并不是官方语言，尽管汉语是联合国的正式工作语言之一，因此，华裔学者只能用英语作学术报告。目前，绝大部分汉语修辞学学者还难以用外语作学术报告、进行国际学术交流、传播中国的修辞学学术成果，这大大影响了中国修辞学的国际传播及其国际学术地位。为此，在2007年7月于法国斯特拉斯堡市帕莱斯大学举行的国际修辞学史学会的第16届年会上，我倡议成立"世界汉语修辞学会"，并得到了出席会议的华裔学者和热爱汉语修辞学的西方学者的积极支持，包括美国迈阿密大学的毛履鸣、澳大利亚汉学者柯安竹、美国南加州大学劳伦斯·葛林、美国联合农工大学施文娟等教授。这样，第一个专门以汉语修辞学为主要研究对象的国际学术组织就成立了。该会宗旨是"团结世界各国和地区从事修辞学特别是汉语修辞以及相关研究的专家学者，积极开展汉语修辞研究，促进世界各国和各地区汉语修辞学学者之间的交流与合作，推动修辞学特别是汉语修辞、汉语文化及其教学的发展"。汉语是该会的工作语言，同时使用英语进行学术交流。此后，法国、德国、南非、韩国、日本等许多国家的学者纷纷加入学会，壮大了学会的力量，也扩大了中国修辞学的国际影响，提升了中国修辞学的国际学术地位。

学会成立后，先后于2008年7月在曲阜师范大学、2010年7月在香港教育学院召开了第一、二届年会。来自中国、美国、英国、法国、德国、南非、意大利、瑞典、墨西哥等国家的学者先后出席了"世界汉语修辞学会"的学术会议。此外，学会还分别于2009年6月、2010年5月，在北京大学先后召开了国际修辞传播学、国际语言传播学前沿论坛，成立了国际修辞传播学会、国际语言传播学会两个专业委员会。2012年准备在韩国召开第三届学术年会。这些活动大大拓宽了汉语修辞学的国际影响力，提升了中国修辞学的国际学术地位。为了继续扩大中国修辞学的影响力，为各国学者提供一个发表修辞学学术成果的平台，学会决定出版系列论文集《国际修辞学研究》。本书为第一辑。本集收录了“世界汉语修辞学会”第一届年会和2009年北京大学国际修辞传播学前沿论坛的部分重要论文，展示世界汉语修辞学会的学术成果，反映了近年来汉语修辞学研究以及国际修辞学研究的前沿动态和发展趋势。

相信，《国际修辞学研究》的陆续出版，将对促进国际修辞学、世界汉语修辞学的发展繁荣，推动国际交流，特别是从事汉语修辞学研究的国际学者之间的交流与合作，提升中国修辞学的国际学术地位，引领国际修辞学的发展方向，实现修辞学、传播学、新闻学、语言学、文艺学等学科之间的交叉与融合，产生积极的推动作用。

陈汝东

2011年8月8日

编委会

目 录

第五部分 修辞传播学研究

第六部分 认知修辞学研究

附 录

努力建设发展中国的修辞学学科
——在2009年北京大学国际修辞传播学前沿论坛上的讲话

（代　序）

张国有

今天，2009年国际修辞传播学前沿论坛在北京大学举行。我代表北京大学祝贺论坛的隆重开幕！对国内外的专家学者来到北京大学表示热烈的欢迎！对举办此次论坛给予支持和努力的各个机构、各位同仁表示诚挚的谢意！

修辞学是一门古老而又年轻的学科。在西方，修辞学的诞生可以追溯到公元前5世纪的古希腊。伊索克拉底、柏拉图、亚里士多德、西塞罗、昆提利安等古希腊、古罗马的著名学者的修辞学思想，今天依然具有重要的学术意义。在中国，修辞学思想的萌芽可以追溯到公元前8世纪。据《周易·乾·文言》记载，汉语中的"修辞"二字就出自孔子的话——"君子进德修业。忠信，所以进德也；修辞立其诚，所以居业也。"这比古希腊伊索克拉底的修辞学思想大约早一个多世纪。在中国，从先秦诸子的著作，到汉代毛公的《毛诗序》、王充的《论衡》、魏晋南北朝曹丕的《典论·论文》、刘勰的《文心雕龙》，以及宋代陈骙的《文则》和20世纪初期唐钺的《修辞格》、王易的《修辞学通诠》、陈望道的《修辞学发凡》等，我们都可以看到中华修辞学思想绵延不断的脉络。当然，东、西方的修辞学发展道路不尽相同，但它们在本质上是一样的，都反映了人类对语言运用规律、对语言传播手段和方法以及传播秩序的关注和探讨。

修辞学又是一门不断发展、与时俱进的学科。20世纪初期，西方新修辞学在欧美等国风行一时，并发展成为一门显学，同时向其他相邻学科辐射，成就了20世纪中叶以来国际修辞学发展的多元化态势。今天，来自中国、法国、韩国、日本、美国等国家的语言学界、文学界、新闻学界、传播学界等各领域的学者，聚集一堂，以"多元文化与多学科交叉中的修辞传播学研究"为主题，从语言学、文学、新闻学、传播学、哲学、伦理学等多学科视野，共同探讨不同文化背景中修辞传播研究的新领域、新趋势，这不仅是对人类古老修辞学思想的继承和发扬，同时也是对人类现代学术文化的创新和发展。本届论坛的成果不仅具有重要的学术意义和实践意义，同时也具有重要的国际文化交流价值。

总而言之，在人类数千年的文明长河中，产生了许多辉煌的修辞学思想文化，诞生了许多伟大的修辞学家，他们为人类社会的发展进步做出了积极的贡献。其学术精神和学术成果至今依然激励着各国学者继续在科学研究的征程上不懈探索。近年来，随着全球化态势的发展，中国学术的国际化进程也大大加快。这些都为中国修辞学研究的进一步发展创造了良好机遇。今天，我们聚在一起交流各方面的研究成果，再次体验到了修辞学研究的国际化和跨学科态势。我为此感到鼓舞。

北京大学的修辞学具有良好的研究氛围和教学传统。20世纪初，北京大学先后有多位专家学者从事修辞学的研究和教学工作，取得了丰硕的学术成果，在国内外学术界产生了重要影响。例如，唐钺教授的《修辞格》、黎锦熙教授的《修辞学·比兴篇》、马叙伦教授的《修辞九论》、朱德熙教授的《语法修辞讲话》（与吕叔湘合著）、姚殿芳和潘兆明教授的《实用汉语修辞》、李庆荣教授的《现代实用汉语修辞》、陈汝东教授的《社会心理修辞学导论》、《对外汉语修辞学》、《认知修辞学》、《当代汉语修辞学》等。还有其他一些北京大学学者，也发表了许多与修辞学相关的论著。此外，北京大学也十分重视修辞学的学科建设，先后在中文系、新闻与传播学院、英语系等开设了修辞学的本科、研究生课程。2001年建立的北京大学新闻与传播学院，为修辞学的研究和教学提供了一个更好的发展平台。本次论坛，在国际交流层次上，对北京大学的修辞学研究和教学必将产生积极的推动作用。

现代学术研究的实践不断证明，人文社会科学各学科之间，甚至文、理、工、医之间，为应对新的挑战，相互之间交叉、融合，这种跨学科协作的趋势越来越明显。这次学术论坛就体现了多元文化交流的学术传统和多个学科交融的视野，这不仅有助于推动修辞学、传播学本学科的发展，同时，也增进了修辞学、传播学与其他相邻学科学者之间的对话，增进了跨学科的学术交流与合作。所以，各国学者共同研究修辞学、传播学的理论与实践问题，对学科的繁荣发展具有深远的意义。

我的专业背景是经济学，现在从事的是企业管理的研究。以前对修辞学不太熟悉，但在走上北京大学的文科管理岗位之后，由于工作关系，我和北京大学从事修辞学、传播学研究的相关老师有了许多交往、交流，对修辞学特别是北京大学的修辞学研究有了进一步的了解。就自己非专业的通俗理解，我把修辞看做是运用语言的手段和方法，看做是有效地运用语言的规律。不一定每个人都去做修辞学的学术研究，但是每个人都在运用修辞，就连我们每个人的发言稿，其中每一次修改，都能使意思更加准确、通顺、完善，这些就是在进行修辞的实践。但要是能掌握一些修辞学的知识和规律，就可以更好地指导我们通过语言媒介进行有效的交际、交流，提高传播的效果和效率。在生活中，无论是日常情感交流、文学创作、新闻写作，还是进行电视播音、做演讲、做广告、拍电视、拍电影，甚至上网聊天、发短信等，都是在进行修辞学的实践。因此，修辞学，不仅是大学教育、国民素质教育的重要方面，也是语言学、文学、新闻学、传播学的姊妹学科，其理论和方法也会延伸到其他学科。就我所知，美国经济学家迪尔德丽·迈克洛斯基（Deirdre N. McCloskey）就写过一本《经济修辞学》。其他方面的还有法律修辞学、建筑修辞学、宗教修辞学、视觉修辞学等等。因此，探讨语言及相关媒介符号的运用规律、传播规律，不仅要有丰富的修辞实践，还需要在实践基础上提高学术功力，增加学术积累。今天论坛上的各位学者，都是修辞学、传播学的专家，各位独到的见解和系统的著述，将对修辞学的扩展和普及，起到积极的推动作用。

国内外学者的学术研究和学术实践结果，使我们更清楚地认识到，修辞学既是一门交叉学科，又是一门综合性学科。修辞学以语音学、词汇学、语法学、语义学以及语言学理论为基础，吸收哲学、伦理学、社会学等相邻学科的理论和方法，研究人类语言运用的规律和秩序，并应用于人际交往、文学、新闻、广告、传播等诸多社会实践领域，具有广泛的学科视野和应用范围。修辞学的发展，不仅可以促进以语言体系各要素为中心的语言学各分支学科的发展，同时也可以为语言学、文学、新闻学、传播学以及哲学、社会学、心理学乃至经济学等提供学科理论和方法上的借鉴。西方中世纪的修辞学教育和现代发达国家的大学修辞学教育实践也证明了这一点。因此，我希望，应努力建设、发展中国的修辞学学科。北京大学的修辞传播学研究，应密切关注国际修辞学发展的趋势，特别是要依托北京大学兼容并包的学术传统和丰厚的人文学科底蕴，促进学科之间的交叉与整合，尽快建立相应的研究交流的机构和机制，大力推动北京大学的修辞学学科建设，使其尽快达到国际一流水平。

北京大学进行世界一流水平大学的建设，关键在于世界一流水平学科的建设。如果北京大学有三分之一的学科达到世界一流的水平，世界一流大学的建设就有了坚实的基础。北京大学人文社会科学学科在北京大学世界一流大学建设中的基本任务是建设世界一流的人文社会科学学科，并且要一个学科一个学科，扎扎实实、一丝不苟地建设。新闻学、传播学等学科也都应该这样做。我相信，今天的修辞学国际研讨会，对我们放眼国际学术研究的前沿，拓展学科发展空间，加速北京大学世界一流水平的学科建设具有重要的促进作用。

再次感谢大家来北京大学出席研讨会。最后，祝各位在北京大学期间过得愉快！祝这次论坛取得丰硕的学术成果！

谢谢大家！

2009年6月7日

第一部分

传统修辞学研究

古代欧洲文明中的修辞学*

洛朗·白傲诺（Laurent Pernot）

（［法国］斯特拉斯堡大学）

摘　要： 本文简要回顾了公元前后各500年的修辞学，特别是古希腊、古罗马的重要修辞学家，阐述了当时的修辞学传统对当代修辞学研究的意义。

关键词： 修辞学；古希腊；古罗马

引　言

主席先生、各位同仁：

今天，与大家一起研讨修辞学问题我感到十分愉悦，也非常高兴和荣幸。感谢徐泓、陈汝东教授邀请我来到北京大学，参加国际修辞传播学前沿论坛，感谢王德春教授邀请我出席中国修辞学会的国际会议。

此次修辞学国际会议非常重要，它为中西方的修辞学学者提供了宝贵的交流机会。借此，我们可以探讨修辞学的全球性问题，这是中西方文明的一次对话，它将引导我们走向和平、理解和相互尊重。这也是我为什么选择“古代欧洲文明中的修辞学”作为这次演讲题目的原因。我将从欧洲修辞学史的总体观点出发，聚焦于古希腊与古罗马时期，即贯穿公元前后各五百年，共一千年的修辞学。在此期间，修辞学在欧洲诞生并发展起来。我将从西方如何界定“修辞学”讲起，然后审视这段漫长时期的两个方面：古希腊和古罗马的修辞学。在结论部分我们将探讨古希腊与古罗马的修辞学及其文化延续至今的影响。

一、古代欧洲文明中的修辞学定义

“修辞学”这个词起源于希腊语*rhetorike*，意思是“讲话的艺术”、“演讲的艺术”：词源学显示了修辞学在古代文明上的地位，这也是我演讲的主题。在许多文明中都有演讲艺术，但是，在欧洲它被赋予了特别丰富的理论基础。

那么，首先，什么是“修辞”？流传最广的定义是“说服力”。该定义指，

---

* 本文为作者2009年6月7日—6月11日应邀在“2009年北京大学修辞传播学国际前沿论坛、中国修辞学会2009年国际学术研讨会”上的大会报告和2009年6月9日为北京大学《汉语修辞学》课程的学生所做的学术演讲。

* 本文英文原文见附录1。

演讲者通过话语能够赢得听众赞成，修辞是获得赞成的手法。说服是依靠话语实现的，而不是行为、金钱、药物、信任或权威。说服主要应用于公共演讲，它涉及与城市和市民利益密切相关的政治和城市议题。此外，说服也用在磋商与私人谈话中。

有些人喜欢用“说服艺术”来代替“说服力”。“艺术”（希腊语中是tekhne）并不局限于指现代语言中的“艺术创作”，它还指：推理方法、实用技术和工艺。

古代修辞学的基础是说服：说服的奥秘。如何解释这种现象，就立刻变得习以为常、神秘起来，这意味着要说服他人同意从前没有或者还没有思考过的事情，并且不能有明显的强迫性。修辞学就是来回答这个问题的。从根本上来说，修辞学考虑的就是阐释、生成和规劝说服的。

在这些术语中，修辞是一种致力于效果的技巧，一种基于特定技能、甚至是秘诀的制造说服性言辞的方法。在这种技能背后，有一种知识，一种科学，乃至言辞的本质和功能的系统反映。这种知识和技能是传授的目标。并且，修辞在不同的结构中被使用着。修辞学扎根于社会，并通常有着与古代社会通史相关的历史。修辞学也致力于美，与品味和艺术密切相关。最后，在各个时代，修辞语篇的信度、它同真理与美德的一致都会产生道德与哲学上的问题。在各个时代，修辞向其他语篇形式、语言方面的延伸以及同语言学、文学的关系，也都导致了道德与哲学的问题。

简而言之，我们是在探讨广义的“修辞”。在现代语言中，修辞的含义大致可概括为两种：一种是狭义的，是指话语理论（此处，“修辞”与“雄辩”相对，如同理论相对于实践）；另一种是广义的，涵盖了理论和实践两个方面。术语内涵在界定上的游移是导致概念混淆的原因，因此，厘清“修辞”概念的内涵，消除歧义很重要。

同一些受限于理论的研究比较而言，现在的演说从其延伸的角度来看修辞，既包括语篇的理论方面，也包括实践方面，例如，论文、手册、纯理论的探讨，同时也有演讲作品、演说、法律诉状、颂词，等等。我认为，这一探究最契合古代的思想，也是这个主题最丰产的现代因素。

广义的含义就是古代的含义。古代人认为，修辞是一种多产的科学、特定的知识体系和进行有效言语表达的规则。理论与演讲实践在不断对话中，彼此互相影响。修辞现象的特殊之处就在于它明确地尝试把演讲活动当做一个复杂的整体，从知识问题到社会活动都有所涉及。理论与实践是一个相同艺术的两个方面，即使在这种艺术的代表性人物中，有的人更倾向于理论家，有的人则更倾向于实践家。

我们的探讨将是历时的。既然修辞学受限制于历史背景、社会条件、政治条件和知识条件，又因为它随着这些条件而成长起来，所以记录（其发展的）主要趋势和阶段是绝对必要的：因此，我们将回顾修辞学在古希腊和古罗马的历史，即古典希腊至罗马帝国（公元前5世纪至公元5世纪）时期。

二、希腊的修辞学

在众所周知的希腊“古典”时期，也就是公元前5世纪到公元前4世纪，修辞学发展起来了。它同“城市”（即*polis*）的政体有着关联，政体是那时政治与社会组织的主要形式。一个“城市”是一个很小的自治国家，里面的居民（或者更精确些，一些居民）被称为“市民”，市民通过投票和辩论来管理事务。这样的政体有利于公共演讲的发展，也因此，有利于修辞学的产生和发展。

首先是在那时最重要的城市——雅典，修辞学在以下三方面达到了顶点：（1）演讲实践；（2）理论与教学；（3）批评与哲学思想的表达。

（1）雅典的演讲实践在法律和政治的背景下进行着。法律规定，当事人必须自己辩护他们的诉讼案，无需律师代理。没有公诉人这一职位，因此个人要提出必要的起诉。这种体系在法律框架内假定了一种来自市民的有效支撑，不论市民是被告还是原告。法庭常年开庭，裁定由陪审团给出，而陪审团从几百名30岁以上的市民中选出。

主要的政治机构是人民议会（由所有成年市民组成，法定人数为6 000人），人民议会通过对政令投票和选举执政官来行使行政权力。还有一个委员会（由500名30岁以上的成年市民组成），委员会为议会工作做准备。

因此是雅典的这些机构创造了修辞活动。由于法庭与议会的事务较多，修辞几乎成为了一种日常活动，这种活动是在大量听众面前发生的，且通常意味着每次都有着数量惊人的听众（几百或者几千人）。在公元前5世纪和公元前4世纪的雅典，“对人民演讲”成为了一种传播状况，在今天来看不易理解。那是下面一种情形，在不利于体力和听觉的条件下，（演讲者）面对着一大群人，要使自己的话被众人听得见，还要面对真实和直接的结果。

另外，还有在国葬和宗教节日场合的典礼演讲，在执政官和外国元首面前的大使演讲，以及各种各样的非公开会议。

这些勤勉的、形式多样的演讲实践的文字记录被保存了下来，因为在古典时期，希腊演说家有发表他们全部或者至少部分演讲内容的习惯。发表的演说不一定是逐字不落的记录，而是有着艺术上的自由发挥，并顾及另一辩论方的由因及果。在雅典修辞学中，“口头性质”与“书面性质”之间的转换是不断发生的。我们将很快从雅典雄辩家狄摩西尼的例子中证实这一点，这个例子也展示了雅典修辞实践的辉煌时期。

（2）演讲实践依靠的是强有力的教学。在雅典有许多修辞学教师和各种各样的学校。教学方法不同但主要都是口语训练。课程包括：理论课、个案研究、由教师指定的范例演讲学习、对虚构主题的具体化后的实践作品练习、学生之间的口头友好争论，以及姿势与声音训练。

修辞学研究的主要形式是手册或论文，最典型的如亚里士多德的《修辞学》，大约在公元前350年出版。这本书为修辞学提供了完整的课程，整合了古典时期的经验并对其进行了深入探讨。亚里士多德认为学习修辞学既可增加知识又可用于实践。在法律范畴内，修辞学为真理和正义提供了胜利的保障。修辞学无时无刻不致力于说服，然而（在听众数量很多时）说教式演讲通常行不通，必须使用共同观念来维护信念；修辞提供了支持论点的能力，使人在危境中通过演讲来保护自己。

亚里士多德提出了三种修辞演讲（法庭演讲、议政演讲和华丽的或称典礼演讲）；区分了说服的两种主要形式：通过论证进行的逻辑说服，通过“品德”和“激情”进行的道德说服；心理学是证明的手段；论辩时惯用词语的系统化；技术性证据（用言语精心制作）与非技术性证据（使用外部例证，如证据）的区别；还有句子分析（“复合句”概念）和比喻。

亚里士多德还有一个基本观点，就是为了达到说服的目的，听者的潜能必须被利用起来。一名好的演说者了解认知能力与倾听的重要关系，他把演说建立在已存在的观念和已被接受的价值观之上，但这样也就导致了说服的似是而非的矛盾说法（前面已经谈过了）。通过众所周知的、已被接受的前提，新事物被引入了听者的思想中。

（3）希腊人不仅将修辞学实践化和理论化，他们还分析和评估修辞学。当修辞现象开始向纵深发展时，那时的社会实际上已经对这种新艺术产生了异议和怀疑，因为它存在过分精致、操纵和欺骗的可能性。这种不信任在柏拉图的对话体哲学论文中被剖析了，这也构成了修辞学历史上重要的一章（公元前4世纪上半叶）。柏拉图经常谈及修辞学，这构成了他作品的主题之一。柏拉图无情地批评在他那个时代被错误使用的修辞术：它的知识与道德缺点。相对于这种庸俗修辞术，柏拉图给“真实”修辞术的理想状态作了界定，真实修辞术建立在真理和正义之上。真实修辞术事实上是科学与教学，是哲学演讲。最后，鉴于它的完美性，真实修辞术不是为人类，而是为神创造的。

这种柏拉图式的批评是富有成效的，因为它引起了哲学与修辞学的对话。它使哲学家们了解到修辞学也是考虑他们的，同时演讲家们也将哲学的知识与道德要求纳入考虑之中。

因此，在古典希腊，尤其是在雅典，修辞学被创造出来并被广泛传播。我们将简要介绍古希腊雄辩家狄摩西尼的例子。

狄摩西尼的例子

完整的狄摩西尼作品包括六部分，其中三分之二是确定无疑真实的，剩下的三分之一可能是杜撰的或被存疑的（其他与狄摩西尼同时代的演说家的演说词被插入狄摩西尼的这些作品中了）。不把书信和一些小文本算在内，关于被称为雄辩术的内容有四类：1）在议会发表的演讲；2）与以人民的名义进行的法律案件相关的公开演讲；3）与私人案例有关的非公开的演讲；4）以及葬礼演讲。因此，狄摩西尼的作品很容易就契合了雅典公共演讲的机构分类。其重要性在于其独特的历史视角和作者的雄辩天赋。这样作品就简练流畅、论证充分和充满了激情。

狄摩西尼出生于公元前384年，死于公元前322年。他七岁时父亲去世了，整个家族财产交给了财产受托人打理，后来被受托人挥霍一空。到了法定年龄，狄摩西尼开始要回他的钱。他进入了由伟大的雄辩家 Isaios 开办的学校，Isaios在遗产案件的辩论中享有特别著名的声誉。狄摩西尼起诉了他的财产受托人，这样看起来，至少是取得了部分胜利。然后他开始了为私人或者公共的法律案件写演说辞的职业，这份工作给他带来了财富和社会关系。狄摩西尼是一名能力极强的律师。

同时，通过努力提高他的演讲能力，也就是提高他发表演说的方法，他在为政治职业做着准备。他师从一名演员，并做着看起来有些奇怪的练习：他准备了一个地下室，在那里练习激情洋溢的演讲，他在嘴里放进小鹅卵石以纠正发音错误，他在奔跑时朗诵散文和诗歌以增强嗓音和呼吸控制。感谢这些坚持不懈的努力，他热情的讲演获得了成功，为他带来了同时代人的赞赏。

狄摩西尼30岁时进行了在议会的首次演说，这次演说保存完好。他花了些时间找寻努力的方向，直到他清楚地认识到希腊政治新的领导者——马其顿腓力，是雅典主要的威胁，并向他的市民同胞表明了这一点。从这一时刻起，他的演讲就被用于鼓励雅典人反抗腓力和保护自由。狄摩西尼的对手是马其顿的忠诚支持者。我们仍旧拥有证明这些雄辩挑战的演说辞。整整15年，狄摩西尼是希腊最强有力的政治家之一，并且通过他的演说影响着这个城市的政治。但是马其顿腓力最后成功征服了希腊，狄摩西尼被迫退出了政治生活。他的演说辞是重要的文件和历史证据。同时，通过这些演说辞的语言、文体、论证、历史和政治概念、人类现实主义的性质，也能够表明修辞范本和文学作品的地位。

最后，狄摩西尼的死亡也被放在修辞学的历史上，因为它代表了因自己的观点而被士兵追捕的、最后英雄般陨落的雄辩家的象征性形象，充满了象征主义的意味。在伟大的亚历山大死后，希腊人开始反抗马其顿，镇压是残酷的。被强加给雅典的条件中有一个是要求反马其顿的雄辩家投降。狄摩西尼逃走了。在被逮捕前，他服下毒药自杀了，据说毒药就藏在他用来刻写蜡版的尖笔中。

三、古罗马的修辞学

我们前进一些世纪，从古希腊来到古罗马，审视一下罗马历史上两个重要时期中修辞学的地位，即罗马共和国时期（大约是公元前3世纪到公元前1世纪），然后是罗马帝国（大约是从公元前1世纪至公元5世纪）时期。

在罗马共和国，公共演讲无所不在。法律规定，不论是在私人诉讼还是公开诉讼中，以及政治范畴中，诉讼当事人需使用修辞来为自己的案件辩护。贵族成员也倾向于通过法庭手段解决他们的争端。在元老院和其他常见的议会里，发表演讲和进行猛烈的抨击后才能产生决策。在上流社会的古罗马贵族家族中，公开葬礼要包括一篇写给死者和其家族的悼词。简而言之，在罗马从事任何职业的人都必须能言善辩，就像大加图（人们称他为检察官加图，公元前3世纪至公元前2世纪），格拉古兄弟（两位改革家，提比略和盖约），或者尤利乌斯·恺撒。

罗马历史上最重大的时刻都是与演讲联系在一起的。罗马共和国贵族喀提林的阴谋就被西塞罗强有力的言辞打断，这个事件被元老会激烈的会议所终结，经过白热化的辩论，决定判处阴谋家死刑（公元前63年）。在挤满人的论坛上，恺撒的葬礼被安东尼发表的葬礼演说铭刻下来，这篇演说打动了人们并给见证者们留下了深刻印象（公元前44年）。之后莎士比亚据此创作了戏剧，这一幕更被导演曼凯维奇拍进了（《恺撒大帝》）电影中，马龙·白兰度在电影里说了以下著名的话语："我是来埋葬恺撒的，不是来赞美他的。"

政治家是一名"雄辩家"，他拥有在公共场合演讲能力的伟大赞誉，通常情况下听众是一群公众或者公众代表。雄辩家也是一名有权势的庇护者（*patronus*），在罗马这是"保护者"的意思，利用他的权威给支持他的人服务，特别是在法庭上为他们辩护。大部分古罗马演说辞都没有了，可能没有出版，也可能没有被传递下来：我们看到的仅仅是最著名的演说辞（特别是西塞罗的作品，我们将在下面详细讲述）和由历史学家引用的演说辞。

在最古老的罗马传统中，演讲的效度是和演讲者的社会等级相关的，如果演讲者因年纪、尊贵、作战功勋或者他的政治责任有些影响和声望，就可以在演讲中不使用任何修辞细节。他直奔主题就足够了，因此大加图建议他的儿子："抓住你的主题，话语就会源源不断。"

罗马修辞学受到了希腊修辞学的影响。正如我们所看到的，也正像我们前面所说的，希腊人创造了非常复杂的技巧，包括了分析、结构以及各种各样可能的演说类型。他们把这种技巧称为"修辞术"。这种技巧逐渐传到了罗马，在征服地中海盆地之后，罗马掌控了希腊世界中的科学与知识财富，并挪为己用。因此，从公元前2世纪初开始，通过进入罗马的希腊教师或者去希腊进行短暂访学的罗马年轻人，修辞学进入了罗马世界。罗马人并不满足于简单模仿希腊修辞，他们用自己的语言、思想体系和价值观体系替代了希腊修辞。这种融合从公元前1世纪开始进行了。罗马修辞学的源头为希腊修辞学，但又调整成为符合罗马理念的形式。

那时，演讲者的配置中有这样一个宝库，它里面装着：演讲类型的分类、制造仁慈的方法、在各种情形下的论据列表、文体的修辞手段、姿势与面部表情。演讲者使用各种推理和情感技能来达到说服听众的目的。"教导、愉悦、感动"——是演讲者三位一体的任务。

所有这些的基础是教育。当科学科目被局限在特殊课程之内时，修辞学却是古罗马时期的普遍课程。在当时社会中演讲如此重要的情况下，学会成功演讲就成为了通往政治或管理职位的钥匙。因此，上层社会家族中的儿子就不断地进行着"激辩"的练习。这意味着要把他自己假定为一个历史人物或想象中的英雄，来进行演讲，并且假设自己处于以下情形中：获胜的将军为不给寻找避难所的伤兵打开城门进行自我辩护，劝告者劝阻国王继续进行征服，等等。更普遍的是，在严格的修辞训练的顶端，修辞学的课程要向学生灌输文化概要，特别是文学和历史领域的知识，还有对错的观念。这些课程教学生如何在公众面前展示自己，在书面和口头上都能以清楚和正确的方式表达自己，形成自己的思想，将它们整合成一个论点，将论据排列有序，记在脑海中并以令人信服的方式演说出来。

很幸运我们拥有罗马修辞教育完整的课程：昆提利安所著的里程碑式的《雄辩术原理》。此作品的主题记录了作者从幼年时期开始到成年的训练过程，以伦理学的基础知识作为结尾。因此，罗马修辞学预想了人文主义教育，这种教育在西方国家中一直延续到我们的时代。

在帝国时期，修辞学继续作为教育体系的基础。因为罗马西部地区讲拉丁语，东部地区讲希腊语，所以它是一种双语修辞学。雄辩家是成功和受尊重的人，帝国的君主也认为雄辩是他们的职责之一。但是共和国的消失和帝国的出现导致政治辩论的减少。由于政体的专制性质，公开讨论，特别是关于重要议题的讨论不再适宜了。因此，其他演讲形式快速发展起来。这些发表演讲的新机会包括：重要典礼、贺词、诉状以及在宗教节日、法庭、高等法庭官员巡视、家庭场合等发表的演讲。而悼词是精心制作的、大胆创新的信息的精妙传动力。

西塞罗的例子

我建议我们看一个罗马雄辩家的例子：闻名遐迩的罗马雄辩家西塞罗。西塞罗之于罗马，就如同狄摩西尼之于希腊，甚至比狄摩西尼的影响更大。事实上，西塞罗不仅仅像他的希腊前辈那样，从形式上局限自己为雄辩家和政治家，他也是一位理论家、历史学家和演说哲学家。

西塞罗生于公元前106年，死于公元前43年。他是一个“新人”，也就是说，是其家族中第一个获得最高公共职位的人。个人天赋以及他对语言和思想的掌握都有助于他的擢升。

从青少年时期开始，他在罗马接受教育，打下了一个在法律、哲学、诗歌和修辞方面的广泛基础。他用拉丁语和希腊语实践雄辩术，以在希腊的一次成功访学结束了他的教育。

从25岁首次进行法律诉讼开始，直到死亡，西塞罗的雄辩职业大概延续了40年。他一共做了150次演讲，其中58次被保留了下来。这些演讲有法律演讲：在法庭上代表原告或被告进行演讲，还有对元老院或人民发表的演讲。经统计，在西塞罗的案例中有82%是他赢得了辩论，这是个大概数字，但也说明了他作为律师和政治演说家的成功。西塞罗并不是在发表演讲前完整记录他的演讲词的，因此，今天我们看到的文本是经过修订的版本，有时为了出版做了补充和删节。

西塞罗最重要的演说有：《弹劾卫利斯演说集》，这是一套弹劾一名犯有盗窃和因滥用职权而损害人民利益的罗马总督的演说；在《喀提林式阴谋家》中，西塞罗强有力地抨击了喀提林的阴谋；在《反安东尼：首篇腓利比克之辩》中，西塞罗猛烈攻击了安东尼，安东尼拥护专制政体，西塞罗称他为共和国的敌人。总结西塞罗的演讲天赋，我们必须指出他对语言的使用到了极致，论证有力，对法律事务有着广博的知识，兼有严厉、伤感和讽刺的气势。西塞罗的演讲中捍卫着保守和共和政体的政治模式，他致力于捍卫以元老院权威为基础的传统体制、尊重法律和社会阶层的和谐。

作为修辞学的实践者，西塞罗也是修辞学的教师和理论家。他写了6篇有影响力的论文，如“论演说家”和“演说家”。西塞罗关于修辞学理论的原理有：

——法律知识：西塞罗认为演说家的演讲不是来传播真理的，而是让政治和社会生活在法律和道德的基础上运行。

——归纳：西塞罗认为有必要拓宽研究问题，提出它带来的潜在问题；顺着这一推理线索，修辞学不仅是程序，还是探究事物本质的方法。

——文体问题的深层次讨论：西塞罗反对小气单调的观念或散文式演说；他提倡内容丰富的、音乐般的文体。

——与哲学的联系：西塞罗认为说服的艺术完全在于哲学基础；雄辩必须与智慧相结合。

——完美演说家的形象：西塞罗刻画了一个完美演说家的形象，不仅仅推崇道德和知识层面，并且推崇政治和宗教层面（他应该是“神圣的”和看起来“几乎是神”）。

问题是，是否存在着这样的演说家。西塞罗不可能容忍过分谦虚，他认为他自己就是完美演说家的化身；有教养、还是一名哲学家，并且有着远大的政治前程。

另外，西塞罗还是著名的哲学家和重要的通讯作家。

西塞罗式的修辞风格对西方文化有着重要的影响。西塞罗的修辞思想从古罗马时期、中世纪、文艺复兴时期直到今天一直被传承了下来。它们不仅影响着公共演讲，并且影响着文学、科学和人文科学的研究。

基督教

在这段历史概述的最后，我们谈谈基督教。古希腊和古罗马文明中都是异教徒和多神教。但是逐渐地，基督教开始在罗马帝国流传开来，并在公元4世纪成为官方许可的宗教。

因此，当罗马修辞学遭遇基督教时，迎来了罗马修辞学的最终的盛衰。基督教徒一开始并不认可这一异教徒的技巧，后来才认识到修辞学的教育与实践价值，并把它调整为自己的目的服务，特别是布道。圣奥古斯丁重新拜访了西塞罗，修辞学的新篇章开始了。

四、当代西方修辞学研究

到目前为止我们已经讨论了古希腊和古罗马时期修辞学的历史。随后，这些有用的知识也没有被忘记。它们构成了后来修辞学历史的发展平台，如，中世纪和之后的欧洲、美洲修辞学历史的现代时期。即使是今天，当学者们研究政治模式、文学以及传播的哲学和语言学方面时，古代修辞学仍然是他们的重要参考和灵感来源。

我开始做结语，介绍一些当代西方修辞学正在做的研究。直到最近，还是说到20世纪60年代吧，修辞学也没有被进行深层次的研究而受到尊重。（那时）许多人对修辞学感到恐惧，因为它同假象、操纵和撒谎的艺术、诚实、道德的行为相分离的思考相关联。修辞学也因惯用词语的单调、缺乏知识的声誉、僵化和墨守成规而受到鄙视。

但是在20世纪后半叶，归功于一些来源广泛的原因，对修辞学的一次普遍性的重新评估开始了。

人文科学的发展产生了其自身的研究方法，创造了修辞学的完美高峰。从说服的社会和公共机构方式上，心理学和人类学的历史给说服现象的非判断性方法提供了良机。语言学与结构主义学说引发了修辞学分类的“形式主义”的复兴。

然后，我们看到，传播学、实用主义、媒介学，所有的研究领域都把注意力放在与信息和说服有关的行为上了，而这正是修辞学的核心。

后结构主义导致了文学历史的再发现。比较语言学、比较人类学也将研究范围扩大到了演讲和演说辞的研究上来。

杰出的研究者们为修辞学的重新被发现做出了贡献。在第二次世界大战结束后，比利时哲学家沙伊姆·佩雷尔曼在亚里士多德关于论据的分析基础上，提出了“新修辞学”的概念，并展现了价值判断的逻辑理论。1970年，著名的法国批评家罗兰·巴尔特对“古代修辞学”进行了研究，为目瞪口呆的读者揭开了其中潜藏的丰富内容。

快到结尾了，另一位法国批评家马克·福马罗利起了决定性的作用。通过其20世纪80年代发表的富有影响力的作品，马克·福马罗利为修辞学在文学历史上找到了一个空间。他把修辞学放在他的历史研究之中，作为整个历史的一个分支。这种方法在揭示思想、文学、艺术形式和社会的早先未被发现的方面都获得了成功。

在法国恢复修辞学研究的机构中，最好的高等教育机构应该是法国大学，为马克·福马罗利设立了“欧洲修辞学与社会”的教授职位；还有1977年在苏黎世建立的国际修辞学史学会，从那时起，就在欧洲和美国举行两年一次的会议。

就其本身而论，今天的修辞学要比过去更加知名。但我们必须避免过度自满，因为对修辞学的不信任依然存在，并且毫无疑问将继续存在下去。如果修辞学受到科学的认可，也只是作为方法被认可，“修辞”这个词的当代用法仍有令人不快的贬义意思。修辞学的复兴任重道远，对不确定性的回应是其经常性的任务，这种不确定性是由演讲操纵力的观念所引起的。无论如何，在研究领域中还有大量工作要做：需要编辑的文本，对文本进行翻译和评价，进行技术研究项目（例如，公共演讲的真实情形的历史），再访源头，更新（和解决）疑难问题……对于历史学家来说，修辞学仍是一个崭新的领域，只是刚刚开始被探索而已。

今天，我们面对的是修辞学重新被发现的重要方面。我们正在探索前沿课题，正在讨论一个快速发展的科学领域。

（王金媛译，北京交通大学语言与传播学院；陈汝东校）

参考文献

[1] Conley, T. M. Rhetoric in the European Tradition [M]. Chicago: The University of Chicago Press, 1990.

[2] Fumaroli M, ed. Histoire de la rhétorique dans l'Europe moderne: 1450-1950 [M]. Paris: Presses Universitaires de France, 1999.

[3] Kennedy G. A. A New History of Classical Rhetoric [M]. Princeton: Princeton University Press, 1994.

[4] Pernot, L. Rhetoric in Antiquity [M]. Washington D.C.: The Catholic University of America Press, 2005.

[5] Pernot, L. ed. New Chapters in the History of Rhetoric [M]. Leiden: Brill, forthcoming. Rhetorica: A Journal of the History of Rhetoric [M]. Berkeley - Los Angeles: The University of California Press, since 1983 (four issues a year).

[6] Vickers B. In Defence of Rhetoric [M]. Oxford: Clarendon Press, 1988.

Rhetoric in Ancient European Civilization

Laurent Pernot
(University of Strasbourg II)

Abstract: In Europe, rhetoric is more widely known, and recognised, today, than yesterday. Until recently, let's say up to 1960, rhetoric was not studied in great depth or considered with great respect. Many people considered rhetoric with fear, because it was associated with illusion, manipulation, the art of lying, and thought to be separated from any honest or moral activities. It was also considered with disdain because the dryness of the "commonplaces" and figures had afforded it a reputation of intellectual poverty, ossification and scholasticism.

But then, over the course of the second half of the twentieth century a general re-evaluation of rhetoric took place.

Today we are faced with a rediscovery of rhetoric in European and American universities and cultural circles. We must however avoid an excessive amount of self-satisfaction, because mistrust is still rife, and will no doubt remain so forever. If rhetoric enjoys a scientific recognition, it is still barely recognised in the media, and in current usage the word "rhetoric" remains loaded with disagreeably pejorative nuances. The rehabilitation of rhetoric, as is the way of things, will continue endlessly; it is a constant task for he who will respond to the uncertainties that the notion of the manipulative power of speech inevitably awakens.

On the other hand, in the domain of research, there are still vast works in progress: texts to edit, translate and comment upon, technical research projects to lead (for example the history of the actual conditions of public speaking), sources to revisit, problematics to renew... Rhetoric is still fairly new territory for historians, which is only just beginning to be explored.

Ancient European rhetoric, in particular, remains a reference and a source of inspiration for the scholars who are interested in political models, literature and the philosophical and linguistic aspects of communication.

汉语修辞学传统的继承、借鉴与创新*

吴土良

（［中国］浙江树人大学）

摘　要： 本文结合中国修辞学的发展现状，论述了汉语修辞学传统的继承、国外修辞学或其他相关学科理论的借鉴和现阶段汉语修辞学创新建设与繁荣发展的问题，强调了汉语修辞学学科理论体系和特有的方法论等作为有特色的民族文化传统继承的重要意义，赞扬了近年来汉语修辞学同行跨出国门、广泛交流对汉语修辞学发展的促进作用，探讨了汉语修辞学创新发展的可能与前景。

关键词： 修辞学；传统；继承；借鉴；创新

我先后在中国修辞学会第12和13届年会暨国际学术研讨会（即锦州渤海大学会议与武汉江汉大学会议）上着重就现代修辞学的发展与创新等问题作了“现代修辞学呼唤与时俱进”和“再论现代修辞学的创新与发展”的专题发言。由于现代修辞学的创新与发展问题重大、涉及面很宽、有的问题并非三言两语可以阐述清楚，因此，本文再就汉语修辞学传统的继承及其对国外修辞学或其他相关学科理论的借鉴和现阶段汉语修辞学的创新建设与繁荣发展等几个问题，进行深入探讨，与同行们切磋。

一、汉语传统修辞学与汉语修辞学传统

汉语修辞学从古代发展到现代可谓源远流长。浩瀚如海的古代典籍，记载着我们祖先大量的修辞实践活动，尤其是其中的极为丰富的修辞经验与规律，都是宝贵的中国修辞学理论资源。古人修辞留下的大量宝贵典籍，已成为汉语修辞学中优良传统的根基。

1. 汉语修辞学传统

“传统”是什么？什么是汉语修辞学传统？“传统”为“世代相传、具有特点的社会因素”；“社会因素”则是指构成社会本质的成分与决定社会成败的要素。有学者指出：“汉语修辞学传统则指源于古代修辞论，经历代传承、扬弃与充实，并在汉语现代修辞学论著中继续使用或发挥作用的修辞观、修辞学基本理论和方法论等。”[1]

* 本文是作者于2008年7月11–14日在曲阜师范大学召开的世界汉语修辞学会第一届年会暨修辞学国际学术研讨会上所作的大会报告，发表时有改动。

这可能是近年来见到的比较准确、明白的一个术语性解释。从古代修辞学发展到现代修辞学，汉语修辞学的优秀传统经过历代学者的继承和发扬，内容越来越丰富、越来越全面。孔子所说的“修辞立其诚”就被尊为运用修辞和指导修辞研究的根本原则。有学者指出：“‘修辞立其诚’以及后人对其理解和诠释反映了‘天人合一’的哲学观和朴素的唯物修辞观，体现了中国传统文化的精华，是汉语传统修辞学的灵魂。”[2] 王希杰在《修辞学通论》里说：“修辞立其诚，这是中国传统修辞学的精髓所在。”[3]“传统的中国人和东方人主张‘修辞立其诚’，‘辞达而已’，把修辞当做和谐人际关系的手段，当做修身养性、齐家治国平天下的手段。”[4] 这说明汉语传统修辞学和西方传统的亚里士多德修辞学观点有着明显的不同。西方传统修辞学强调修辞是劝说和诱导的艺术，是用于征服他人、使他人的信仰与行为服从于自己的意志的有力工具。

说汉语传统修辞学的核心是一个“诚”字，似乎无可非议，但把它当做汉语修辞学传统的全部也并不全面，因为除了说话、写文章以外，难道还有什么是可以不“诚”的？！凡为人、做事、说话，人的思想、道德、情感、态度、动机……都要求诚实守信。“诚”是中国古代一切道德规范的根本，正如《孟子·离娄上》中所说：“诚者，天之道也，思诚者，人之道也。至诚而不动者，未之有也；不诚，未有能动者也。”即使在当今时代，“文化越来越成为民族凝聚力和创造力的重要源泉、越来越成为综合国力竞争的重要因素，丰富精神文化生活越来越成为我国人民的热切愿望”，仍然要“以增强诚信意识为重点，加强社会公德、职业道德、家庭美德、个人品德建设，发挥道德模范榜样作用，引导人们自觉履行法定义务、社会责任、家庭责任”[5]，以便确保社会与时俱进，完成建设和谐文化和培育文明风尚的重要使命。汉语修辞学要进一步发展繁荣，应当继承并发扬“修辞立其诚”这一古老而优秀的传统，把它确认为修辞研究和修辞语用的根本原则。但是，汉语修辞学传统，除了这个“诚”字，还要把随着社会前进和修辞学发展积淀而成又经过历代验证了的其他优秀的具有民族特色的文化传统，比如切合题旨、适应语境、辞通意达、人言合一、言语得体等等加以发扬光大。当然，还应该包括构成该学科的本质成分和决定其要素的修辞学学科的基本理论体系和方法论观点等。

2. 汉语修辞学传统不等于汉语传统修辞学

首先，汉语传统修辞学是不区分“语言”和“言语”的，因此，语言体系的修辞分化和话语的修辞效果笼统结合在一起，没有明确分界，“往往将语言体系的修辞分化赋予话语，又把话语的修辞效果仅仅归于修辞手段。”[6]

其次，汉语传统修辞学主要以文学作品语言为研究对象，不同程度地忽视了生动活泼的口语交际。讲究锤炼词、句，尤其重视诗论与文论，专事于注经释义、诗文赏读，虽然对文学语言的发展有促进作用，但毕竟视野狭窄。

最后，汉语传统修辞学过于注重实用。先秦时期多注重口语修辞，后来发展到以书面修辞为主，尤其是以辞格研究为中心，陷入繁琐的格式探究，因此其理论框受局限，修辞实践囿于偏隅，对言语交际中丰富多彩的修辞现象缺乏严密的语言理论和系统解释。

可见，将汉语传统修辞学误导为汉语修辞学传统，而且让后学者来继承，显然是极为不当的。

二、修辞学优秀传统的继承与借鉴

1. 继承与借鉴交融共兴

我国的古代汉语修辞（也叫文言修辞）有历经数千年之久的优良传统，依靠中华光辉灿烂的文明、博大精深的文化培育而成。自先秦两汉至20世纪初的漫长历史时期里，汉语“修辞”的内涵与外延经历了不断的演化，积淀为虽不独立但相对丰富的知识系统。汉语传统“修辞学”一贯强调理论与实践结合，政论、史论、文论、诗论等与修辞理论总是相互交织在一起，两者从来不加以区分，因此曾严重影响修辞学理论的发展。大量有关修辞的论述——字（词）、句、篇章、声律、文体、风格、修辞手法等修辞理论散见于论辩、谈说、文论、诗话、词话、戏曲和小说等评论中，修辞理论夹杂渗透在文学（批评）、美学、逻辑学、训诂学、音韵学、文章学等学科的文献资料中。虽零散而少有系统（刘勰《文心雕龙》等几部除外），然精辟而独具特色。选词、择句、调音、设格、谋篇已成为公认的修辞学古老传统手段。直到20世纪初，闭关自守局面破除，国人中有识之士纷纷留洋，寻求富国强兵之路。除了继续崇尚古代传统修辞学外，西学东渐，许多模仿日本修辞学和欧美修辞学观点或程式的著作产生。据统计，20世纪20年代—30年代，有数十种修辞学著作出版，近百篇论文发表，中国修辞学呈现出初步繁荣的局面。这些著作选例的倾向多数还是古书中文言文例句，他们恪守所谓传统，认为白话文难以修辞。但其中也有的能从汉语的特点出发，总结汉语修辞的规律，初步尝试到了“洋为中用”的甜头。如1926年王易在《修辞学》、《修辞学通诠》中提出：“修辞学乃研究表现文章内美之学也”，或“修辞学者，乃研究辞之所以成美之学也。”这种修辞学观点，一方面继承了我国修辞学悠久的美辞观传统，另一方面，又明显接受了日本明治时代修辞学的影响，其观点和理论阐述与日本著名修辞学家岛村抱月《新美辞学》中的观点近似。由于日本近代修辞学的蓬勃兴起要比西方新修辞学早几十年，“日本明治时期的修辞学和中国20世纪初期的修辞学，不仅折射出中日之间修辞学思想交融历史，同时也折射出了中西修辞学思想交融的历史。”“日本明治时期的修辞学受到中国古代修辞学的影响，中国现代修辞学初创时期则受到了日本明治时期修辞学的影响。而这两者中都有西方修辞学的影子。”[7] 事实如此，中日之间修辞学有着相互影响、相互借鉴的历史渊源，而东、西方之间修辞学的交融，特别是中国现代修辞学明显是在继承传统和借鉴西方语言学和修辞学的基础之上建立起来的。因此，继承与借鉴交融共兴，适时而融会贯通地“洋为中用”完全符合汉语修辞学与世界修辞学发展共荣的要求。

1932年，陈望道先生的《修辞学发凡》正式问世，标志了中国现代修辞学的正式诞生。它在收集大量文言文例句的同时，还首开大量运用白话文例句的先河，“以马列主义观点为指导，批判地继承了古代和汲取了外国的修辞理论的精华，并以汉语修辞学现象为基础，建立了一个中国化的科学的修辞学体系。”[8] 这是“中国第一部有系统的兼顾古话文和今话文的修辞学书”。刘大白在《修辞学发凡·序》中指出，修辞学终于与文章学、文法学、文艺学等学科分道扬镳，建立了自己的修辞理论体系、修辞方法体系，成为一门既古老又年轻的独立学科。

2. 汉语修辞学理论体系

任何学科，必须有明显区别于其他学科的具有个性特点的理论体系。学术界不存在没有自己的理论体系的学科，修辞学作为一门单独的学科也不例外。

“体系”是学科的生命线。“体系”是指若干有关事物或某些互相联系的意识所构成的一个有序的整体或集合。汉语修辞学体系是由植根于汉语实用语料基础之上的能体现内外关系和层次结构的知识系统。说汉语修辞学没有严格意义的理论体系，未免太武断，也不符合事实。当然汉语修辞学真正可以称为有体系的理论著述出现较晚，现代修辞学除陈望道的《修辞学发凡》（1932）创立了现代理论修辞学体系外，唐钺的《修辞格》（1923）建立了汉语修辞格体系，张志公的《修辞概要》（1953）主张语言配置与表达功用两结合体系，张弓的《现代汉语修辞学》（1963）提倡语言要素和辞格分析为两翼的体系和语体学理论体系，王德春、陈晨的《现代修辞学》（1989）构建了现代修辞学新体系，王希杰的《修辞学通论》（1996）提出的“四个世界”（即物理世界、文化世界、心智世界、语言世界）、“零度与偏离”、“显性和潜性”三大范畴，加上“得体性”原则，构成的王氏修辞理论体系的基本框架，陆稼祥的《内外生成修辞学》（1998）则为我们构建了一个全新的生成修辞学体系，等等。

现代修辞学理论在不同交际领域里的应用又产生许多分支学科，如：政治修辞学、经济修辞学、文艺修辞学、教育修辞学、新闻修辞学、传播修辞学、网络修辞学、广告修辞学、计算机修辞学……这许许多多分支学科不仅扩大了修辞学理论的应用范围，而且也丰富了修辞学的理论体系。各分支学科的知识为修辞学的发展提供了新的理论支持，因而也推动了现代修辞学的发展。汉语修辞学的发展与繁荣有着学科发展的自我轨迹。黎运汉、盛永生在《汉语修辞学》第三章开头给我们作了历史分期的简明描述：

1905—1932年是中国现代修辞学的萌生期。继承古代修辞学遗产，对古代汉语修辞学理论与实例进行搜集整理，同时引进外国修辞学理论，模仿日本和英美有关修辞学论著。

1933—1948年是缓慢发展期。修辞学研究呈综合进展趋势，修辞学走进课堂。

1949—1965年是普及期。修辞学研究走向普及，现代修辞学论著很多，通俗修辞类读物竞相出版，修辞知识得到普及。

1966—1977年是沉寂期。因为“文革”运动，无暇顾及修辞学研究，论著数量少，理论上也少有建树。

1978年以后是繁荣期。1980年修辞学研究团体——中国修辞学会成立，修辞研究出现空前繁荣、群芳争艳的景象。修辞学理论著作、普及读物、教材大量涌现，公开出版的修辞学著作总量达400多种，是此前70年间数量的三倍。以修辞学命名的学术研讨会此起彼伏，分外热烈。[9]

近三十年，中国修辞学在中国修辞学会及各地区分会、众多的专业学会和海内外修辞学同仁的共同努力下，修辞学研究取得了令人瞩目的成就。主要表现在修辞学理论体系的构建、修辞观念适时更新、研究范围不断拓展、研究方法日渐多样、修辞学史与修辞史受到重视（尤其是前者）、与相邻学科的交融，扩大了修辞学的应用范围并形成了许多新的分支学科。

3. 汉语修辞学方法论

修辞学理论是众多修辞学研究工作者在社会修辞实践中通过长期的观察、总结获得的关于修辞学对象与本质等方面的规律性认识，它必然要植根于一定的方法论基础之上。而修辞学方法论则是受某种修辞观念支配和制约的关于修辞学学科研究方法的理论学说，与修辞理论的关系密切，是构成修辞学理论的基础。“修辞学方法论所要探索的是，分析修辞现象、认识修辞特征、探求修辞规律和运用修辞规律于语言交际实践的根本方法，也就是修辞学的专门方法或特定方法。这种方法的确立，要根据修辞现象本身的特性和修辞学科的特点和要求。”[10]

有人提出修辞学方法论的研究任务“应当以继承为基础，努力发挥传统方法的优势；以移植为手段，汲取现代方法的精华，使整套方法的内容和结构趋于完善”[11]。这是很有见地的观点，既重视继承，又强调借鉴，只要是好方法，拿来运用就是。

自古以来，汉语修辞习惯于评点式的赏析探究，片言只语的阐释，断断续续的归纳描述，缺乏科学化描写和系统性总结。从20世纪30年代到21世纪初，修辞观念和方法已经发生很大的变化。尤其是20世纪80年代开始，修辞学的对象观和方法论受到众多研究者的重视。不断扩展新研究领域，借鉴临近学科甚至自然科学的原理与方法，使修辞学的人文精神和科学思想得到渗透，除传统的归纳、演绎、比较、分析、综合等方法外，系统论、控制论、信息论的引入，统计法、生成转换法、逻辑运算法的运用，变静态为动态与静态的结合、变微观为宏观与微观的结合等等，修辞学的民族文化内涵更加彰显突出，修辞学研究更趋符号化和精密化，其研究成果也更加现代化。

4. 汉语修辞学借鉴方式

汉语修辞学的借鉴途径：

（1）“洋为中用”——过去老习惯用“批判地继承和吸收”的提法，我主张改为：有分寸地学习国外修辞学先进成果，引进适合中国国情和有利于汉语修辞学健康发展的原理与方法。

（2）“近为我用”——借用临近学科 。“修辞学的边缘学科性质又给我们提供了可借鉴文学、美学、文章学、心理学、演讲学等多种相关学科的理论原则和方法”[12]。

（3）“远可活用”——自然科学与修辞学虽然距离较远，但其基本原理与方法，无论国内国外，都可以灵活运用于汉语修辞学的学科建设。

三、汉语修辞学的创新与发展

当代世界科学进步日新月异，技术发展不断加速，面临知识经济的兴旺发达，最重要的是坚持创新。“科学的本质就是创新。创新是一个民族的灵魂，是一个国家兴旺发达的不竭动力。整个人类历史，就是一个不断创新、不断进步的过程。没有创新，就没有人类的进步，就没有人类的未来。”[13]

汉语修辞学作为一门古老而又年轻的科学，也面临着与其他学科的公平竞争、共同进步的严峻形势。关于创新的话题，在前两篇文章中已经涉及不少，如修辞学理论必须适时运用在变化中求发展；修辞学学科建设在广博地汲取新知识中求营养；借鉴多个相邻学科的理论和方法寻求跨学科之间的平等对话权；努力扩大修辞教学的阵地；强化对外汉语教学中修辞教学的地位；强化动态的言语修辞学而淡化静态的语言语修辞学；重建与创新修辞方法体系等等。这里着重再谈两点：一是积极提倡创新意识，鼓励修辞创新实践；二是大力加强与国外修辞学界的交流与合作。

1. 积极提倡创新意识，鼓励修辞创新实践。

修辞学研究贵在创新。能否创新的关键在于修辞意识、观念的更新，拓展新路径，培养新能力，从而着力于建树新的修辞理论，重新阐释修辞的基本理念；创立新的修辞学体系，重新审视修辞原则等；发现新的修辞现象和手段，研究并揭示其规律；开拓新的领域，填补修辞研究空白；改换研究视角，改进研究方法，克服修辞研究的薄弱环节……

有学者撰文阐释近20年来中国修辞学界在多角度研究修辞方面所取得突出成果：“汉语修辞学十个新的研究领域令人瞩目，它们是：（1）模糊修辞；（2）变异修辞；（3）接受修辞；（4）社会心理修辞；（5）修辞理据研究；（6）阐释修辞；（7）修辞心理；（8）得体修辞；（9）话语修辞；（10）语用修辞。”[14]

对上述十个新领域的分析评价已无须赘言。我想补充并未被包括其中的修辞学家及其研究成果。陆稼祥和他的《内外生成修辞学》就是其中之一。陆稼祥先生在20世纪80年代初就全面、深入论证修辞学研究的对象问题，发表过许多有影响的理论探索文章，并涉及修辞现象的内部与外部关系。1998年由重庆出版社出版的

《内外生成修辞学》主要继承了他的老师陈望道的修辞学思想，吸收了王易“由想而移为辞”的理论，有选择地引进了乔姆斯基的“生成”语法学说观点，深入描写了从意义到言语形式的整个生成过程，并探索了其间出现的结合技巧和规律。应该肯定，这是从“生成”角度重新审视修辞的结果，是修辞学研究领域、研究方法方面的一个新开拓，属于修辞学与其他多种学科结合而成的产物。他研究的所谓“生成”，是一个由意义到形式的过程，是一个“情动于中而形于言”的说话和作文的过程。他从“规范”和“变异”两方面揭示生成技巧和规律，强调外部研究的错综复杂和极端重要，把内部研究分成脑内生成与脑外加工两部分，尽量把技巧和规律单纯化、简明化。他分别归纳了消极和积极的生成方法，消极生成方法有“重写”、“增添”、“删节”、“移动”、“嵌进”等；积极生成方法有“异配”、“复写（形变）”、“变换（音变）”、“更新（义变）”等。不说别的，仅这种立足于生成学说而构建起来的修辞技艺体系，就比常见的众多修辞学著作中辞格的罗列更具有概括性和简明性。王希杰对此书有过中肯的评价：“20世纪的中国修辞学家，的确把许多力气花在最佳用例的收集上了。真正在修辞观和方法论原则及理论体系上花得力气并不是很多的。”“修辞内外生成说，就是20世纪汉语修辞学中比较有探索的新学说之一，是非常富有理论色彩的。但可惜，曲高和寡，几乎没有响应者——批评的或赞美的。”[15]

2. 大力加强与国外修辞学界的交流与合作。

现代修辞学的性质、内容、方法和社会价值，修辞研究及其评价等等都是国家或民族文化的积淀、传承、积累、发展和创新的体现，也是了解并交流各国或民族修辞学历史与现状的窗口和渠道。大力加强与各国修辞学研究工作者的联系，增强交流与合作，可以学习并借鉴国外先进的修辞学思想和有益经验，也可以成为弘扬和宣传中国修辞学优秀传统的窗口和桥梁。

中国修辞学会成立以来，一直努力于打开修辞学研究与交流的门户，然后多次以召开修辞学国际学术研讨会的形式，主动邀请国外的修辞学者来华参加各种命题的修辞学会议或有关活动，渐渐加深了双方的联系与往来。国内修辞学研究者也陆续受到国外修辞学会议的邀请，赴日本、韩国、法国、美国、加拿大、澳大利亚等国，并在国际讲台上宣讲了我国修辞学的发展历史与现状，介绍了自己或同仁的研究成果，形成了你来我往的可喜局面。随着交往的加深，近年国外修辞学界的一些著名专家和权威纷纷前来中国与会，大大提高了修辞学学术会议的层次与学术品位。如2006年11月中国修辞学会第13届年会暨国际学术研讨会在江汉大学召开期间，美国南加州大学教授、国际修辞学史学会前会长劳伦斯·葛林（Lawrence D.Green）在会上作了“全球修辞学史研究”的报告，日本早稻田大学教授砂冈和子作了“论汉语错误传播特征的定量分析以及教学法”的报告；在中国修辞学会2007年国际学术研讨会上，国际修辞学史学会会长、加拿大麦吉尔大学教授戴安娜·德豪赛–邦妮（Diane Desrosiers-Bonin），美国修辞学会当选会长、孟菲斯大学教授迈克尔·莱夫（Michael Leff），韩国修辞学会会长、高丽大学教授田圣淇，韩国水原大学教授罗敏球等分别作了报告，让人耳目一新。在曲阜师范大学召开的“世界汉语修辞学”第一届年会暨修辞学国际学术研讨会上，英国伦敦大学教授、《修辞学》杂志主编迈克尔·爱德华（Michael·Edwards）、美国得克萨斯A&M大学教授、美国修辞学学会前会长施文娟（C·Jan·Swearingen）、香港教育学院资深教授柯安竹（Kirkpatrick· Thomas·Andrew）、日本札幌大学孔子学院张伟雄教授等与会做特邀报告，同时还带来了异国他乡诚挚的问候与有关会议的邀请。中外交流与合作的前景一派大好。毫无疑问，这些活动都将会对修辞学的发展与创新带来新鲜的空气和良好的养分。

参考文献

[1][2] 黎运汉，盛永生.关于汉语修辞学几个问题的再认[J].平顶山学院学报，2006（8）.
[3] 王希杰. 修辞学通论[M]. 南京：南京大学出版社，1996.
[4] 王希杰. 修辞学导论[M]. 杭州：浙江教育出版社，2000(12).
[5] 胡锦涛. 高举中国特色社会主义伟大旗帜，为夺取全面建设小康社会新胜利而奋斗——在中国共产党第十七次全国代表大会上的报[N]. 人民日报，2007-10-15.
[6] 王德春，陈 晨. 现代修辞学[M]. 上海：上海外语教育出版社，2001.
[7] 陈汝东. 岛村抱月的修辞学思想及其对中国现代修辞学的影响[Z]. 中国修辞学会黑龙江大学夏季学术研讨会论文, 2007.
[8] 易蒲，李金苓. 汉语修辞学史纲[M]. 长春：吉林教育出版社，1989(5).
[9] 黎运汉，盛永生. 汉语修辞学[M]. 广州：广东教育出版社，2006(8).
[10] 陈光磊. 修辞研究的基本方法[J]. 修辞学习, 1988(1).
[11] 史灿方. 修辞理论与语言应用研究[M]. 合肥：安徽人民出版社，2006(9).
[12] 吴士艮. 现代修辞学呼唤与时俱进[J]. 修辞学习, 2005(5).
[13] 江泽民. 在北戴河会见诺贝尔奖获得者时的讲话2000-8-5[J]. 论科学技术, 2000（215-216）
[14] 谭汝为. 汉语修辞研究十个新领域[C]. 修辞学论文集, 北京：北京大学出版社，2005.
[15] 王希杰. 序二. 见陆稼祥修辞新论选[M]. 长春：吉林人民出版社，2003.

Chinese Rhetoric Traditional Inheritance, Reference and Innovation

Wu Tugen

(Zhejiang Shuren University)

Abstract: This paper, combined with the current situation of China's rhetoric development, discusses the inheritance of Chinese rhetorical tradition, foreign rhetoric or the reference of other relevant theories and the present Chinese rhetoric innovation and development. It emphasizes the significance of Chinese rhetoric theories and unique methodology as a distinctive tradition of national culture inheritance to "make foreign things serve China" timely and comprehensively which conforms to the Chinese rhetoric and the development — prosperity of the world rhetoric. It praises the recent international rhetoric field and Chinese rhetoric scholars to have extensive exchanges on Chinese rhetoric. It also discusses the possibility and prospect of Chinese rhetoric innovation development.

Key words: rhetoric; tradition; inheritance; reference; innovation

浅述韩国传统修辞学的发展历程

罗敏球

（［韩国］水原大学）

摘　要： 本文对韩国传统修辞学的历史源流和特征进行了考察。近年来，韩国的修辞学研究非常活跃，并且取得了很多学术成果。如今，韩国修辞学已经超越了人文学科的局限，拓展到了社会科学、自然科学领域，并正在发挥着其特有的作用和影响。

关键词： 修辞学；传统特征；韩国；演讲

一、绪论

韩国的修辞学是否具有悠久的历史传统？与有着2 500年悠久历史的西方修辞学和可与之相媲美的中国修辞学相比，韩国的修辞学又有着怎样的传统呢？这是本文想着力进行回答的。

在回溯韩国传统修辞学的发展历程之前，我们首先简要回顾一下韩国目前的修辞实践情况以及近年来韩国修辞学的发展情况。目前，在韩国数以万计的书名中，“处世”、“对话”、“协商”、“发表”、“说服”等修辞学字眼随处可见。为追求高收视率，各电视台也纷纷开辟“座谈”栏目。这些表明，我们正生活在一个修辞学时代。

与之相应，近年来，韩国的修辞学研究非常活跃，且取得了很多研究成果。如今，韩国修辞学已经突破了人文学科的局限，逐渐拓展到了社会科学、自然科学领域，并正在发挥着其特有的作用。2002年，韩国修辞学成立，并且开展了广泛的国际学术交流，先后与中国、美国、法国、德国、日本、加拿大等国的修辞学者建立了交流关系。通过国际学术研讨会、学术杂志等方式，加深了韩国修辞学者与国际学者之间的对话，增进了各国学者之间的文化理解。此外，韩国各大学的英语、法语、汉语、德语、日语、社会学、法学、新闻学等专业方向的教师，也纷纷开设了修辞学方面的专业课或教养课。可见，修辞学正在朝着“能应用于任何社会的一般修辞学”的方向发展。显然，修辞学的发展，对促进国际交流、维护世界和平具有重要的意义。

目前韩国修辞学研究高潮的出现不是偶然的，它是韩国修辞学传统在当代的传承和延伸。

二、韩国传统修辞学的特征

世界各国的修辞学研究的目的在于导出一般修辞学，发展与东西方背景和特征相符的修辞学概念。通过对他国和地区各时期修辞学的研究，扩大修辞学的整体研究领域。各国的修辞学本身都蕴涵着其传统因素，并且吸收、借鉴、融合了邻国修辞学的成分，以推动自身的变化和发展。韩国的修辞学也经过了类似的发展过程。

韩国的历史文化主要受两大因素影响。首先是自古以来受汉字文化圈的中国文化影响，其次是受19世纪的启蒙时期的西方的影响。当然，韩国修辞学也形成了自身固有的传统，尽管从3 000年的韩国历史上寻找各个时代的修辞学物证并不十分容易。

韩国的修辞学学者有以下的共同见解：在韩国修辞史上，“书写文化”比较发达，很难找到“口语文化”同样发达的证据，即缺少西方式的议会演讲修辞或教会说教修辞。其原因在于，韩国具有悠久的书写文化，韩国传统社会受佛教、老庄思想以及儒家思想的影响颇深，与讲话的顺机能相比，韩国更重视讲话的逆机能。[①]这与西方的雄辩修辞学具有很大差异。在韩国，“沉默”甚至也是一种沟通协商的修辞手段。总之，韩国的修辞观念与西方的大相径庭。

在韩国的传统社会中，人们更倾向于寓言于气氛和无言的情感交流，而不只是积极露骨的表达，正所谓“眉目传情”、“以心交心”。从这些词语中，我们可以领会到无言的表达方式在交流中起到的重要作用。此外，因受老庄思想的影响，韩国人的祖先把简单明了的思想表达方式视为理想的“speech”；而因受儒教的影响，无语中的表达则被人们视为最大的美德。但是，随着现代化、工业化的发展和传统社会的崩溃，上述传统交流价值观渐渐被摒弃，西方的交际价值观渐渐形成。

从“修炼（닦음，*Dakkeum*）”的方面也能观察到修辞学的发展状况。[②]“修炼（닦음，*Dakkeum*）”也可以分为沟通的形成工具和改良基本沟通工具的过程。前者是“韩国文字 Hangeul”和类似沟通工具的创造，[③]后者是韩国19世纪启蒙期时“国文体”的使用或“国汉文体”的实验的例子。“修炼（닦음，*Dakkeum*）”的目标之一，就是努力通过“谚解类、古代小说、歌词、时调、书简”等的普及、培养，达到“言文一致”。近代启蒙时期的韩国语刷新运动见证了上述过程，当时人们主张使用韩国文字。

三、三国时代（4世纪—7世纪）[④]和高丽时代(918—1392)[⑤]

三国时代，尽管“修辞”这一用语还未得到广泛使用，但是，当时已悄然出现了探讨修辞学思考方式的文章。比如，金富轼(1075—1151）的《三国史记》中就简要地介绍了韩国三国时代人物的口才，特别是41–50卷的列传中，就介绍了乙支文德(？—？)、崔致远(857—？)、薛聪(？—？)、弓裔(？—918)、甄萱(867—936)等人的口才轶事。[⑥]下面，我们介绍一下崔致远[⑦]的“立言”中关于“修辞”的论述[⑧]：

“心学者立德，口学者立言，彼德也或凭言而可称，是言也或倚德而不朽，可称则心能远示乎来者，不朽则口亦无惭乎昔人。为可为于可为之时，复焉敢胶让乎篆刻？”[⑨]

“苟非三尺喙五色毫，焉能措辞其间，驾说于后？”[⑩]

崔致远并非直接使用“修辞”这一术语，而是使用了“措辞”这一字眼。这两个词的意思并无大的不同。此外，崔致远之所以把“立言”提升到与“立德”对等的地位，是为了强调“立言”固有的独特价值和意义。作碑铭，不仅是单纯地记录功德或代言别人的想法，而是更看重其永不消逝的价值和无穷的生命力。从以上例文便可看出人们对立言无穷生命力和价值的重视。

《高丽史》也收录了作为修辞学实证材料的外交文件。此外，崔致远的《桂苑笔耕》、李奎报(1168—1241)的《东国李相国集》、李仁老（1152—1220）的《破闲集》、崔滋（1188—1260）的《补闲集》、李齐贤（1287—1367）的《栎翁稗说》等，都有“诗、评、表、章、书”等多种文体。当然，这些文献中的相关论述还谈不上是对修辞的深入研究，尽管韩国的国语学术界宣称对此已取得了相应研究成果。因此，从修辞学角度，对关于上述文献的研究进行再分析，提炼其中的修辞学成分势在必行。近来已有学者对此做了尝试，比如，梁太种的《文化比较修辞学——崔致远的〈檄黄巢书〉“联想”分析》（2005）便是此类研究的先行者。

四、朝鲜时代（1392—1910）[⑪]

朝鲜王朝把儒学尊为国教，传承的是朱子学的文学观，秉承“道文一致”的文学观，即“文以载道”和“道本文末”。

到世宗时期，兴起了“文字改革”运动，开始创制“韩国文字 Hangul”。到朝鲜后期的18世纪，涌现了众多学者，他们主张使用“新文体”写作。他们意识到时代的变化并要求与时代相符的写作，不重视用词是否典雅通俗而重视用词的现实性和准确性。这恰恰反映了当时的修辞学主张。

此外，有关修辞方法技术要求的纷争不断。被称为组成“篇章字句”原理的“定法”，其内容极为丰富。然而，定法本身并不是目的，培养能随境应变地写作才是其目的所在。倘若说西欧的写作理论侧重于形式和手法，而朝鲜时代的写作理论则与其说排斥单一追求多样化的变化，不如说要求根本上的觉醒，即揣摩“道”——“用自己的话说出来便是文章”。洪吉周（1786—1841）的“真文章”论有助于理解这一理论：

“既然如此，怎样的文字才是真文章？若想成为写作的大家，应以怎样的态度进行写作？要能既不明显表露出意思又能充分表达自身的思想。这种思想要被众人认可，并要具有说服力。怎样才能传达好自己的意思？答案是通过文辞。孔子曰：辞达而已，便是只要能传达明白意思即可。文字若要传达意思就必须获知表达的要领。表达的要领是什么？正如韩愈所言‘陈言之务去’，即，既要努力表达出中心思想，又要遵循传统的法则。何为法则？没有一成不变的定法。灵活应用定法，并创造自身的活法。所谓‘师其意，不师其辞’，即学习其意思而非其措辞。尽管没有必要使用生涩难懂的文字，太容易而使文字没有分量也不可行。既表达自己的意思，又要遵循古人的法则，并且融入自己的思想，这便是真文章。”

古典文章论史中最突出的作家便是18世纪后期掀起“文体反正”的学者燕岩，朴趾源（1737—1805）。其代表作《热河日记》中关于说服的论述，因阐述了表达方式和思维的关系而备受关注。下面文字中关于文字与战争的比喻，很好地体现了修辞学思想。在《骚坛赤帜引》中，这段文字因贯通东西古今，被赞为独一无二的文章论：

“文字好比士兵，意思则好比将帅。所谓的题目是敌国，典故就是战场上的阵地。文字汇集起来成为段落，段落汇集起来成为文章，这就好比是部队行军。音韵和辞藻恰似部队的号角和旗帜。前后呼应好比烽火，比喻恰似游击战中的骑兵，抑扬顿挫好比战斗到底斩尽杀绝，紧扣主题则恰似率先冲上城墙奋勇杀敌。善用兵法之人不会浪费一兵一卒，擅写文章之人不会有一个多余的字……所谓的文章不好，并非文字的错误。评价文字或者段落是否优雅，段落之间的联系是否紧密的人都不懂得赢得合变之气的制胜之权……合变之气的制胜之权取决于时间，而不是取决于方法。”

这种理论很好地体现了韩国修辞学传统的盛况。“修辞”、“修学”与“修道”是韩国修辞学理论的又一个特点，有必要从西方修辞学体系和比较修辞学的角度加以深入研究。[⑫]

除上述方面外，有些外交文件或公文资料中也有与修辞相关的论述。以下是《朝鲜王朝实录》中的内容：“又咨曰：本部尚书门克新等官钦奉圣旨：‘自古及今，以小事大，至敬之礼，莫贵乎修辞。是以古先圣王之制，列国诸侯九夷八蛮，有不或不王者，则修辞修文修意。以此观之，上之取下，下之事上，皆在乎修辞。”（太祖5年3月29日）

在前近代时期，外交文件（辞令）中的话语均涉及国家间的关系，有时一个词语运用不当就会引发外交问题；因此，语词在决定国家命运时十分重要。上对下和下对上的辞令有着天壤之别。“上之取下，下之事上，皆在乎修辞”。这里所谓的“修辞”就是得当的外交辞令，由此可见“修辞”的重要社会作用。

此外，韩国的传统“论证”中也蕴涵了修辞学思想的发展历程。退溪李滉和栗谷李珥的“人心道心论篇”等相关的争论由来已久。另外，根据新罗时代的“和白制度”和朝鲜时代的“朋党”政治等理论在《朝鲜王朝实录》得到了考证，这些都可纳入修辞学思想资料范畴。

五、开化期[⑬]

韩国的传统修辞学以前隶属于汉字文化圈，受到了中国修辞学的影响很大。但是，开化期以后，随着文字体系由汉字变为韩文，近代修辞学逐渐摆脱了中国修辞学的影响，不断受到西方修辞学的影响，发展成为独立的修辞学。开化期的特点可以归纳为以下三点：[⑭]

第一点，直至19世纪末期，朝鲜的语言是说韩语、写汉字。开化期或者说近代启蒙以后，这种言文易辙的状况开始改变，实现了“言文一致”。这种言文改革始于文体风格，后迅速发展为以日常口语为主，进而逐渐取代古文。这种时代变化给文章论也产生了影响，崔在学的《实用作文法》（1909）的结构和内容中均有所体现，其文章构造排列、组织原理及其说服效果与当今的修辞学十分相似。李泰俊的《文章讲话》（1940）中综合地介绍了现代韩国语写作方法。

第二点，语言功能的扩大。到开化期，不仅各种公文、私人信函数量大增，而且各种报刊、教科书的发行量剧增，各种集会也逐渐活跃起来。大众演讲、讨论成为西方各种知识和信息大众传播的重要途径。修辞学能为更好地发挥语言的社会功能提供理论和方法。西方的修辞学就是从此时开始传入韩国的。

第三点，新小说体现了西方修辞学的影响。新小说运用了源于西方和日本的修辞方法，这些修辞方法与古代小说中的不同。

此外，修辞学的近代学术体系也备受关注。进入近代启蒙期以后，修辞逐渐成为一个新的学术领域。人们普遍认为是日本最早将“Rhetoric”翻译为“修辞”、“修辞学”。下面是一个报纸上使用“修辞学”这个学术用语的例子。

“昔希腊的教科书专重体操和音乐，柏拉图的定（共和国）教科开始，一直到数学几何学、天文学、物理学（即格致学）加亚里士多德的一大学校立哲学、美术，加中世纪凡七科，曰拉丁文法，曰伦理学（立即名学），曰修辞学，曰数学，曰几何学，曰天文学，曰音乐。近世至倍根出自然科学勃然繁兴，伦理、语学、作文、地理、历史、数学、物理学、化学、动物学、植物学、习字、图书、体操、手工、音乐诸科有此欧洲教科变迁的大概。”⑮

此处概括地介绍西方中世纪文化的同时，使用了“修辞学”这个术语。这可以看作“修辞学”被首次正式使用。

另一方面，从演讲会和讨论会的广告中可以发现，当时演讲和讨论的内容、论证理论都是丰富多彩的。这些以演讲和讨论为主的新修辞言论通过对国民的启蒙实现建设近代国家的目标。可以说这个时期的修辞言论具有相当强的启蒙性。1910年《大道》上发表的朴容万的《如何演讲》，介绍了如何通过演讲感染大众的方法，在“演讲的趣味”中特别强调了说服大众和感动大众的方法。⑯

安国善1907出版的《演说方法》是演讲方法方面的最早文献。该书包括“最早的雄辩家”、“成为雄辩家的方法”、“演讲者的态度”、“演说家的博识”、“演讲和感情”、“演讲练习”、“演讲的结尾”几个部分。这些表明修辞学在近代文学体系中已经是根深蒂固了。

另一方面，这一时期，韩文已逐渐成为百姓的主要文字。这些得益于基督教的传入和《圣经》的翻译。《圣经》的翻译始于1938年。随着基督教的传播，韩国开始设立了新式学校，修辞学和演讲在韩国文化中扎根。⑰

六、解放期（1945—1950）⑱

1945年，韩国摆脱日本的殖民统治后，自由演讲（“speech”）和自我表现的浪潮随之而来。随着韩国语重新成为“国语”，学校教育也重新以韩国语为中心。

随着时代变化，不同于以前文章论的新理论开始登场、盛行。其中值得关注的有金起林的《文章论新讲》（1950）。金起林受到了西方语言学和修辞学理论的影响，其中受 I. A. Richards 影响最大。另外，在被称为“解放”的新时代，聆听和理解他人的意见也受到格外重视。⑲

他的观点在序文中得到了充分的体现：“我们要养成‘有就说有，没有就说没有，不混淆个人意愿和事实，分开而谈’的习惯，更重要的是要训练‘真正听懂看懂别人的意思’的才干……”他的序文沿用了修辞学理论，但不是“美词丽句”的装饰用修辞学，而是准备创造重视“传达”、“沟通”的现代意义上的修辞学。

七、现代（1990—）新修辞学时期

从1990年开始的45年，可称为韩国的新修辞学时期。这一时期韩国的经济发展取得了举世瞩目的成就，实现了现代化和民主化。修辞学也随着快速的社会变化而日新月异。虽然目前还没有出现对这一时期所取得成果进行整理的文献，但是，韩国的修辞学家们正在不断进行研究。

1990年以后，韩国社会的集权和独裁氛围逐渐消失，逐渐进入重视沟通、提倡自由民主的时代。个人之间、团体之间的沟通大幅增加，“全球化”的趋势越来越强。在以“因特网”等“数字媒介”为代表的各种信息传播中、在激烈的政治和市场竞争中，修辞学显得越发切合这个时代的发展要求。⑳

因此，关于“说话”和“写文章”的著作开始大量涌现。大学里不仅有关于作文的课程，而且还开设了“修辞学”讲座。“写文章”和“论述”成为大学考试的主要科目。修辞学正在韩国的研究和教育领域普及。与西方和中国一样，书店中以“修辞学”命名的专著以及通俗性修辞学书籍比比皆是。我们可以称这个时代为“新修辞学时代”或“修辞学的复兴时期”。从学术角度看，修辞学已经超越了人文学科领域，正在与社会科学、自然科学进行交叉，并且正在向舆论、广告、艺术、宗教等领域拓展。

2000年以后，“韩国修辞学会”、“思考与表现学会”、“大韩医疗传播学会”等学术团体如雨后春笋般涌现。在全球化的推动下，韩国修辞学会等学术团体及其学者增进了与世界各国修辞学会及其会员的国际交流和信息交换。人们正在努力发现人类的“通用修辞学”或者说“普遍修辞学”。

韩国修辞学热潮的兴起，与西方和中国21世纪出现的修辞学复兴密切相关。韩国的修辞学者正加强对各国修辞学传统的研究，期待通过举办国际研讨会，增进学术信息交流，在比较和统一中迎来一个相互融合的修辞学时代。

注释

① 林泰燮《韩国人的交流价值观：传统和变化》,《韩国传播学》（第7集）1999年，第52–66页。

② 关于韩国传统修辞学含义的“‘Dakkeum修炼的修辞学”参考田圣淇(2007)。

③ “韩文子”开始称为“训民正音”，世宗创造了28个字，包括谚文、谚书、反切，又叫做国书、国文、朝鲜文等。世宗当时称为“言文”,是韩文字普及以前的名称。

④ 从4世纪初到7世纪中叶，高句丽、百济、新罗三国鼎立的时代。

⑤ 王建于新罗末期，重新统一韩半岛以后建立的新王朝(918—1392)。

⑥ 笔者希望对韩国修辞学萌芽期进一步进行深层研究考察。

⑦ 新罗时代的学者，879年黄巢之乱时代，高骈的从事官。发表了《讨黄巢檄文》。《鸾郎碑序文》是研究花郎道的珍贵资料。

⑧ 有关韩国古代修辞学者的作品中出现的修辞概念的例证，参考郑雨峰(2006)。

⑨ 崔致远《无染和尚碑铭奉敎撰》,《孤云集》卷二。

⑩ 崔致远《智证和尚碑铭》,《孤云集》卷三。

⑪ 从1392年继位的太祖李成桂一直到1910年最后入宫的纯宗，一共27位国王，延续了519年。

⑫ 关于朝鲜时代文章论和比较修辞学观点，参考田圣淇（2007:142—149）。

⑬ 1876年，《江华岛条约》以后，韩国受到西方文化的影响，彻底打破封建社会体制，走向近代社会的时期，又称为“近代启蒙期”。

⑭ 关于开化期和解放期的韩国近代修辞学形成过程，参考朴性昌(2006)。

⑮ 柳瑾 译述《教育学原理》,《大韩自强会月报》第7号，1907年1月25日。

⑯ 他的著作中分为“演说的主意”、“演说的材料”、“演说的准备”、“演说的润色”、“演说的方法”五章。关于开化期韩国修辞学的萌芽，参考郑雨峰（2006）。

⑰ 关于基督教的影响，参考WooSoo Park (2008:4232)“However, Hangul became a dominant language, especially with the introduction of Christianity and the translation of Bible into Korean by early Christian missionaries……”

⑱ 1945年8月15日韩国脱离日本殖民统治以后。

⑲ 关于金起林和 I. A. Richards 的影响，参考朴性昌(2006 : 351)。

⑳ 关于当下的修辞学，参考罗敏球（2006 : 15—17）。

参考文献

[1] 罗敏球. 中国修辞学[M]. 首尔：汉城文化出版社, 2006.

[2] 朴性昌. 西欧修辞学受容与韩国近代修辞学的展开[A].国际比较国际修辞学研究会:亚洲与西方论文集（International Conference on Comparative

Rhetoric: Asia and Western World）[C]. 首尔: 首尔大学，2006(11): 347–354.
[3] 林泰燮. 韩国人的传播学价值观：传统与变化[J]. 韩国传播学, 1996(7): 52–66.
[4] 梁太种. 文化比较修辞学——崔致远的〈檄黄巢书〉“联想”分析[J]. 独逸语文学, 2005.
[5] 田圣淇. 韩国的修辞学传统[M]//人文学修辞学的探求. 首尔：高丽大学校出版部, 2007:129–173.
[6] 郑雨峰. 韩国修辞学史裏面的‘修辞’谈论与脉络[J]. 民族文化研究, 2006(45):109–132.
[7] Wolfgang Donsbach, ed. The International Encyclopedia of Communication [M]//WooSoo Park. Rhetoric in East Asia: Korea. London: Blackwell Publishing Ltd. 2008: 4231–4233.
[8] 韩国修辞学会[Z/OL]. http: // www.rhetorica.org

Brief Study on the History of Traditional Rhetoric in Korea

NA Mingu

(Suwon University)

Abstract: Is there a tradition of rhetoric in Korea? In comparison with Western rhetoric which has an extensive history of two thousand five hundred years and Chinese rhetoric which has developed parallel with it, what traditional form of rhetoric can be demonstrated by Korea?

In recent times, conducting research on the traditional rhetoric usage of other countries in view of the inter-comparative rhetoric is regarded as valuable work. With this in mind, this study intends to provide careful consideration to the historical context of traditional Korean rhetoric and its specific features.

This study provides clear physical evidences collected on the traditional rhetoric which has continued without interruption throughout the epoch of the three Kingdoms, the Koryo Dynasty, the Joseon Dynasty period, the time of enlightenment and time of liberation until the present. While Korean rhetoric today has undergone inexorable integration with other neighboring knowledge along with a stream of tradition, it has shown 'the Herculean strength of the consilience' to an extent of 'nothing without the rhetoric'.

Growth in the research of Korean rhetoric has a close relationship with the renaissance of rhetoric which has been revived in the 21st century by the West and China. From this point forward, we must also establish a traditional Korean rhetoric system and provide a clear arrangement of its content to allow participation in the global exchange forum where diversified comparative research will be conducted with rhetoricians from each country regarding the inter-rhetoric tradition. Simultaneously, it is desired that by communicating with each other through open discussion on rhetoric we will improve relations and create a mutually beneficial environment.

第二部分

修辞学新兴学科研究

论建筑修辞学

陈汝东

（［中国］北京大学）

摘要： 人类借以传播的媒介符号，除了语言之外，还有文字、标志等其他符号，其中包括建筑。作为人类居住的场所，建筑还具有符号性质，具有传播功能特别是审美功能。一定程度上说，建筑也是一种类似于语言的符号。建筑的设计与建造中蕴涵了许多语言学特别是修辞学的原理。为此，本文从语言学、传播学特别是修辞学角度阐述了建筑的修辞性质、类型、结构、功能以及建筑修辞学的性质和意义，力图从修辞学角度对建筑的设计方式、方法和原理加以阐释，以拓展修辞学研究的新空间。

关键词： 建筑；修辞；方法；理论

随着语言学、修辞学乃至传播学研究的深入，其理论被运用到了社会生活的许多方面，也渗透到其他学科。建筑领域就是其中之一。语言学理论在建筑学中的应用，促成了建筑话语理论的产生。而修辞学理论在建筑领域中的应用，则催生了建筑修辞学。从传播学角度看，无论是建筑设计，还是建筑建造、建筑物，都可以看作是一种传播行为和传播现象，归属于视觉传播范畴。一方面，建筑设计要体现在视觉图纸上，要运用视觉传播的理论和方法；另一方面，建筑物最终是以视觉形态呈现在公众视野中，作为一种信息载体。建筑实践中的许多现象也证明了这一点。从修辞学角度看，建筑设计、建筑建造，也是一种修辞行为，也是一种修辞现象。建筑物是一种修辞结晶，是一种喻化的话语。

比如，北京奥运村的国家体育场，是一种建筑实体，具有举办各种大型体育赛事等公共活动的实用功能。它同时也是北京城市建筑规划中的一个符号，是首都建筑话语体系中的一个元素，是一种信息载体，同时也是一种传播现象和修辞现象，具有传播奥运精神、中华文化、国家形象等功能。其设计、建造中蕴涵了传播学、修辞学的原理。

图1. 中国北京：国家体育场（鸟巢）

国家体育场的形象很像一个巨大的“鸟巢”。当我们称之为“鸟巢”的时候，我们是在运用语言比喻。而在其设计建造过程中，设计者所运用的方式方法，也是类似于语言比喻的，其中也包含了类比联想和想象。因此，国家体育场的形象可以看做是建筑设计中的一种比喻。此外，显然，在自然界中也没有如此宏大的“鸟巢”，这个“鸟巢”的设计和建造运用了类似语言修辞中的夸张方法，我们可以称之为建筑夸张。当然，国家体育场的设计、建造创意中所运用的比喻和夸张，与自然语言中的比喻、夸张，所运用的符号载体是有本质差异的。其功能也有很大差异，毕竟语言中的比喻和夸张，没有居住的实用功能。但是，国家体育场中的建筑比喻和夸张，在思维层面和修辞功能层面，与语言中的比喻和夸张并没有本质上的差异，它们是同质的。这表现在：一方面，“鸟巢”也是一种传播行为和修辞行为。“鸟巢”以直觉实体形态呈现在空间场地中，本身是一种传播实体，具有影响受众的思想、观念的劝说功能。另一方面，“鸟巢”形象通过语言以及各种大众传媒进行二次传播，不仅增添了建筑的审美功能，而且播撒了自然生态保护的理念。因此，从修辞学、传播学等多学科角度，探讨建筑设计、建造中的一些现象和原理，不仅反映了学术发展多学科交融的趋势，同时也体现了上述学科理论应用研究的需要。

一、建筑修辞概说

1. 建筑的语言属性

随着当代语言学研究的深入发展，其相关的理论术语也被广泛应用到了社会生活的各个方面，“话语”就是如此。“最近20多年，……几乎所有的被语言所表达的都可以被指称为‘话语’，日常话语、政治话语、文化话语、经济话语等等，就连学术也被赋予了‘话语’形态，比如‘哲学话语’、‘经济学话语’、‘后现代话语’等等。”[①]显然，话语不仅被泛化到了上述层面，而且也渗透到自然科学、工程科学等其他相关领域，比如建筑研究领域。“建筑话语”，就是近年来建筑学领域中的一个热词。

建筑话语来自于对建筑的“语言喻化”，其历史可追溯到19世纪中叶。自1860年塞札·戴利提出建筑是一种语言的思想之后，这种喻化就不断延续发展。雅克·查尔斯的《后现代建筑语言》（1977）和布鲁诺·赛维塞维的《现代建筑语言》（1978）可以看做是这方面研究的经典。我国的建筑语言研究起步较晚，这方面的著述出现在近年，比如王其钧的《古典建筑语言》（2006）、《后现代建筑语言》、《近现代建筑语言》（2007）、《中国园林建筑语言》（2007）、《中国建筑装修语言》（2008）以及汪克、艾林的《当代建筑语言》（2007）等等。

所谓“建筑语言”，其实质就是把建筑作为一种类似于自然语言的符号系统。比如“建筑语言是人类通过长时间的建筑实践活动创造并总结出来的，用以表达价值观念与审美情感的视觉信息符号系统。”[②]有学者认为，建筑语言也具有人类语言的基本属性——人为性、传递性、手段性、符号性和系统性。建筑语言主要可以分为范式语言、规则语言、模式语言、图像语言、手法语言和符号语言等几种类型。[③]

所谓“建筑话语”、“建筑文本”也是一种喻化的说法，建筑符号不能也不宜与自然语言符号进行机械地一一对应。在建筑语言或建筑话语研究中，任何机械的对应都是不可取的。人们在指称“建筑话语”、“建筑文本”时，实际上是把建筑进行了解构，把其构成元素当作了一种符号系统，进而从喻化角度把建筑系统符号化。当然，自然语言和建筑之间并非风马牛不相及，实际上两者在结构方式或实际运用层面上具有类同性。可以说，语言的喻化就成了建筑，建筑的喻化就变成了语言。语言、建筑是本不相干的两种东西，在话语层面获得了统一。实际上，语言艺术也蕴涵了许多建筑或者说空间修辞原理，比如现代诗歌的分行排列，其所映照出的实际上是一种空间修辞原理。把修辞学理论引入建筑领域，是建筑语言喻化的延伸。

2. 建筑的修辞属性

（1）建筑与修辞的关系。把建筑与修辞联系在一起并非乱点鸳鸯谱，其中蕴涵了深厚的学理逻辑，建筑修辞是现代语言学、修辞学与建筑学外延拓展的必然结果。这种联姻可以追溯到20世纪70年代，比如埃里森（Alison）和彼德·史密森（Peter Smithson）的《无需修辞：一种建筑美学》（1973）。建筑与修辞的联姻，同时也是建筑设计、建造实践发展的一种必然。在实际的建筑中，人类早就运用了一些语言修辞方法，比如我国古代城市建筑布局中的对偶修辞现象。现代建筑设计、建造中对修辞方法的运用更加直接、频繁。比如，北京的国家游泳中心“水立方”本身就运用了喻化思维，可以看做是一种视觉比喻。

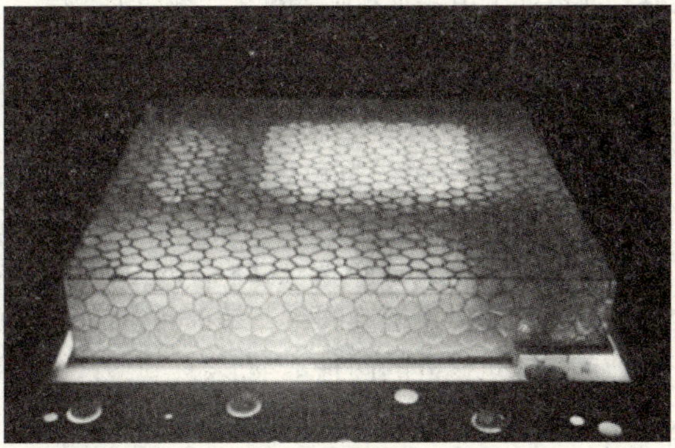
图2. 中国北京：国家游泳中心（水立方）

建筑实践中对语言修辞方法的运用，促成了建筑研究的修辞学视角。学者们把语言修辞学中的一些理论、概念直接移植到了建筑设计、建造中，对建筑设计、建造进行了修辞学阐释，不乏新意，比如“建筑语言中的修辞的目的就是为了使建筑语言能恰当地表现建筑师所要表达的内容，更好地实现要表达的效果”。[④]但是，这方面的研究也存在形式主义倾向，比如把建筑修辞简单地与语言修辞进行对应，拆分出建筑语境、建筑词汇（梁、柱、门、窗、台阶等）、建筑文本、建筑风格（部件的搭配、组件的分布）等等。这显然是不可取的。

以上分析表明，无论是在理论研究中，还是在建筑实践中，建筑和修辞的嫁接已经是一种事实。一方面，一些修辞手段、修辞方法被运用到建筑设计、建造中去；另一方面，修辞学的理论和方法也被运用于新的建筑学的理论建构，成为一门新兴交叉学科。

（2）建筑修辞的性质。建筑修辞是修辞学理论在建筑领域中的应用，是建筑行为主体在建筑的设计和建造中借鉴修辞学的理论和方法，运用语言修辞中的修辞手段、修辞方法，以提高视觉效果，更好地实现设计、建造理想的一种空间表达行为。建筑修辞，既是一种修辞行为现象，也是一种修辞行为结果，既是建筑设计行为，也是一种建筑建造行为。建筑修辞的功能，不仅在于实现建筑的实用居住功能，更重要的是在于实现建筑的审美功能和经济功能。

建筑修辞，显然不是常规意义上的语言修辞，而是语言修辞理论和方法在建筑领域中的应用。建筑修辞本质上是一种空间话语行为和空间话语秩序。此处，我们所说的“建筑话语”，也是比喻性的，是自然话语与实在建筑的嫁接。建筑修辞与语言修辞在本质上是相通的。它具有修辞的一切属性，包括符号性、社会性、互动性、认知性、策略性、伦理性、叙事性等。建筑修辞是视觉修辞的一个方面。建筑修辞研究催生出新兴交叉学科——建筑修辞学。

3. 建筑修辞类型

作为一种空间行为和空间秩序，建筑修辞涉及两个方面：一是宏观的建筑布局修辞，比如一个城市、一座园林、一个小区的整体布局，就是一种空间话语体系和空间话语秩序，其修辞动机和目的，不仅是为生活在其中的公众提供实用空间，而且要为其提供审美空间；二是单一建筑的空间布局和结构设计，包括形状、色彩等。这是建筑修辞的两种基本形态。此外，建筑修辞还因建筑因素及其修辞手段、修辞方法的不同，而呈现出不同形态。

图3. 中国北京：国家大剧院

（1）建筑形状修辞。在建筑设计、建造中，行为主体往往通过基本的形状设计来实现其设计、建造理念，达到设计、建造目的，特别是视觉效果目的。建筑设计、建造的终极是实现空间意义表达。因此，形状上的修辞方法更容易被借鉴。比如北京的国家大剧院设计和建造，其形状像一个蛋，同时又像一个水珠、水滴或珍珠，因此被称为“水上明珠”。上述多种视觉效果的实现，是基于国家大剧院在形状上和“蛋”或“水珠”、“水滴”、“珍珠”的相似性。这种相似性，显然是来自于行为主体的类比和联想思维。这与语言修辞中的比喻是同质的。因此说，国家大剧院的设计、建造中运用了比喻修辞方法。此外，从受众角度看，同一个视觉符号会产生不同的类似联想，可以联想到“蛋”，也会联想到“水珠”或“水滴”、“珍珠”等。这种现象，类似于语言修辞中的双关。因此说，国家大剧院的设计、建造中也运用了语言修辞中的双关方法。

显然，形状修辞在建筑设计、建造中是最普遍的现象，因此，成为建筑修辞研究的首要对象，也是建筑设计中最具实用价值的部分。值得注意的是，建筑形状修辞与语言修辞有所不同，毕竟建筑设计、建造主要是诉诸视觉的，所要达到的是空间形象效果，而语言修辞是诉诸听觉的，所以，研究中应重视两者在媒介符号上的差异。

（2）建筑构件修辞。把修辞手段和方法运用于建筑构件，也是比较常见的一种建筑修辞现象。比如中国古代建筑中的廊柱、台阶、房屋数量中的修辞现象。在中国古代的建筑中，比如故宫、天坛、颐和园等古建筑中，廊柱、台阶的数目往往是9或9的倍数。故宫的房间总数是9999间半，离1万间只差半间，其中的寓意就是无穷，因为万是极顶的意思，到达极顶就不能再发展了。与建筑形状修辞不同，建筑构件修辞多与构件的数量等有关系，与语言文化因素密切相关。

（3）建筑装饰修辞。建筑装饰也是建设设计、建造的一个重要组成部分。如果说形状和构件主要是塑造宏观的视觉形象，那么，装饰则是更好地给形状和构件以表达形式，是修辞现象之上的修辞。建筑物的外面色彩、屋檐、装饰物及其数目等都具有修辞属性。比如九龙壁、华表上的祥云、龙等图案，都是修辞性的。

在许多建筑中都包含了雕塑元素。这些雕塑，有的是作为建筑物的一部分，有的是作为建筑附属物，成为建筑空间的有机部分。比如中国古代宫殿建筑群落中的华表、故宫各大殿前的龙凤石雕等。这些雕塑也是建筑修辞的一部分，值得研究。

（4）建筑布局修辞。除了独栋建筑之外，建筑群落乃至城市的建筑布局也具有修辞性，我们称之为建筑布局修辞。建筑群落的设计中讲究整体风格的多样性和统一性，城市建筑的布局也是一样。这可以归入建筑话语风格范畴。在城市建筑布局的设计中，也存在修辞现象，比如在北京的城市传统布局中，天坛、故宫、地坛等都处在城市的中轴线上，城市东西是对称的。新中国成立后以至于后来北京的城市发展，也是围绕中轴线展开的，包括现在的奥林匹克公园等。这可以看做是语言修辞中的对偶方法在城市建筑布局中的应用。作为建筑设计的重要部分，建筑布局修辞应纳入建筑修辞学的研究范畴。

此外，建筑修辞还应包括建筑环境修辞。在建筑环境中，地势、山水、树木等因素也是建筑设计应考虑的成分，它们同样具有修辞功能。因此，建筑修辞研究也应该考虑建筑环境因素。

二、建筑修辞手段、方法与功能

1. 建筑修辞手段

在建筑设计、建造中用以构成建筑话语，达到预期修辞效果的手段，就是建筑修辞手段。在语言修辞中，修辞手段包括语音、词汇、句式、意义等。但是，在建筑领域中，显然没有这些因素。但是，建筑中有形状、光线、色彩、肌理、造景、陈设、绘画、雕塑等，这些构成建筑话语的因素，就是建筑修辞中的修辞手段。建筑修辞手段，是相对于语言修辞来说的。但是，这种意义上修辞手段，同样是一种比喻性的，并非自然语言修辞手段的对等物。有的研究者，把自然语言中的修辞手段类型与建筑修辞手段进行机械地类比，认为“建筑语言中的词汇、句子、语段和章节，均由‘形体’构成，因而，建筑文本也要靠具有建筑空间意义与环境意义的‘形体’来完成”。[⑤]这是不可取的。我们必须认识到，建筑修辞手段并非自然语言修辞手段在建筑领域中的照搬。为此，我们根据建筑修辞实际，把建筑修辞手段概括为空间手段（规划布局）、形状手段、材料手段、色彩手段和装饰手段等类型。

2. 建筑修辞方法

与语言修辞类似，建筑领域也使用修辞方法，即对各种建筑修辞手段的运用。但是，建筑修辞方法不同于语言修辞方法，因为它们各自所运用的符号系统不同。不过，建筑修辞方法与语言修辞方法在某些方面是同质的，即都是为了通过符号达到影响他人的目的。根据建筑修辞的特点，我们把建筑修辞方法概括为宏观和微观两个方面。宏观建筑修辞方法，指在城市、建筑群等布局方面所采用的方法。微观建筑修辞方法，指在独栋建筑的设计和建造中采用的方法，包括形状方法、装饰方法、风格方法等等。其中，形状修辞方法，可以概括为比喻、对偶、排比、反复、双关、夸张等。

图4. 中国北京：北京理工大学的体育馆

（1）建筑比喻。所谓比喻，就是为了描写事物或说明道理，把具有相似性的事物互相作参照，同时组织在一段话语中以完成一定的交际任务的一种修辞方法。比喻是语言修辞中的常用方法之一，也是使用最频繁的修辞格之一，常用以说理状物。在建筑领域中，也有类似的现象，比如北京理工大学的体育馆的外形就像一条“鳐鱼”。也就是说，该体育馆的设计者在设计过程中运用了联想和想象，把体育馆的形状想象成一条“鳐鱼”的样子。与语言修辞中的比喻不同的是，此处的“鳐鱼”表达并非设计者为向受众更清楚地表达其思想，而是为了使体育馆的外形看上去更美观，能体现热爱环境、保护自然的“绿色奥运”精神。显然，在劝服、明理这一点上，建筑修辞中的比喻与语言修辞中的比喻，功能是相同的。我们可以把它称之为建筑比喻。再如，天津天诚丽笙世嘉酒店的外形被设计成了一条高桅帆船，这也是运用了比喻方法。运用帆船比喻，要比采用单调的方块建筑，更形象，更具有审美价值。

图5. 中国天津：天津天诚丽笙世嘉酒店

（2）建筑比拟。比拟在建筑中也时常出现。但是，与外形修辞不同，建筑中的比拟，多使用在构件和装饰修辞中。比如古埃及金字塔前的狮身人面像，就具有比拟性质。狮身人面像是古埃及第四王朝法老胡夫的儿子哈夫拉的形象，叫斯芬克斯，高20余米，长57米，耳朵高2米。斯芬克斯象征着古埃及法老至高无上的权力。狮身人面像，本意指人，但是却被赋予了狮子的身体和爪子，即把人动物化，因此说它类似于语言修辞中的拟物。此外，与实际的人或狮子相比，狮身人面像十分巨大。这表明，设计者建造者在设计、建造过程中运用了类似语言修辞中的夸张方法。

图6. 埃及开罗：古埃及金字塔和狮身人面像

（3）建筑双关。在语言修辞中，因修辞动机或语境要求，修辞者使同一话语同时具有两重意思，表面一层意思，实际上还有一层意思的修辞方法，称为双关。那么，在建筑领域中也有类似的现象，即同一建筑现象同时具有双重或多重意义。这包括两种情况，一种是同一建筑形状可以解构出双重或多重意义，另一种是一种建筑构件的数量具有双重意义。前者称之为建筑形貌双关，后者称之为建筑构件双关。

1）建筑形貌双关。所谓建筑形貌双关就是同一个建筑物同时可以解析出两种或多种意义。比如，黑龙江的金上京历史博物馆的主建筑，它外形既像一个蒙古包，同时又像一个头戴战帽的战士的头部。也就是说，该建筑本身就蕴涵了丰富的女真人文化含义，看到该博物馆很容易联想到女真人的历史、文化。

图7. 中国黑龙江省哈尔滨市：黑龙江金上京历史博物馆

再如，澳大利亚悉尼歌剧院，它看上去像由多片“贝壳”组成，因而有“翘首遐观的恬静修女”之美称。这些“贝壳”看上去又形似船帆。远远望去，既像竖立着的片片贝壳，又像两艘巨型白色帆船飘扬在蔚蓝色的海面上，因此，又有“船帆屋顶剧院”之称。因此说，悉尼歌剧院的设计运用的是类似于语言修辞中的双关方法，是一种建筑双关。

图8. 澳大利亚：悉尼歌剧院

2）建筑构件双关。在建筑中也有由其他构件、装饰物等构成的双关现象。比如故宫的房间数（9999.5）、台阶数、廊柱数，基本都是9或9的倍数，这里采用的就是谐音双关方法，“9”谐音“久”，也就是“恒久”、“永恒”的意思。此外，瓦当上的蝙蝠纹、梅花鹿纹、獾与喜鹊图案，分别谐音“福”（福星高照）、“禄”（象征富贵通达）、“欢天喜地”等。这也是建筑双关。

（4）建筑夸张。夸张也是建筑外形设计、建造中的修辞方法之一，比如国家体育场的“鸟巢”形象、国家体育馆的“折扇”形状、巴黎的凯旋门、香港等名山大川中的巨大佛像，其形象的大小都远远超越实际事物，能给人以巨大的震撼力。

需要指出的是，建筑中的夸张，与语言中的夸张本质上是相同的。这主要是因为语言中的夸张也多是建立在视觉形象还原基础上的。建筑夸张和语言夸张所不同的是，前者直接诉诸视觉，而语言中的夸张多是通过心理联想实现的。此外，建筑夸张基本是夸大夸张，很少有缩小夸张。

（5）建筑对偶。对偶在语言修辞中是指，字数（或音节数）相等、句法结构相同或相似、语义相关、两两相对的言语格式，又称为对子或对仗。这种方法的实质就是对称，是一种对立思维方式。这种思维方法在建筑设计特别是建筑群和城市布局的设计中常用。比如，北京的传统城市建筑布局，就采用了对称方法，无论是皇城还是外城，乃至北京的现代城市布局都是以中轴线为中心东西两边对称分布的。奥运村的建筑布局，就是在北京旧城中轴线上的延续。当然，对偶不仅是城市建筑布局中的修辞方法，同时也是建筑群落乃至单独建筑、建筑装饰中的重要修辞方法之一。与语言修辞不同的是，建筑对偶中对称的不是句子，而是建筑。

图9.法国巴黎：凯旋门

（6）建筑排比。排比在建筑中的使用也很普遍，多用在建筑群落的设计、建造中。比如佛教寺庙依山势向上排列，前殿、中殿、后殿，就类似于语言修辞中的排比和层递。此外，在现代居民小区的建筑中，也往往使用排比方法，其中有形状、结构相同的楼的排比，也有不同楼在高度上递加的排比。前者是为了整齐美，后者则是为了提高住户的采光度。

当然，在微观构件或装饰性部分，也采用排比方法，比如徽州建筑中独具特色的马头墙可以算作排比的典范。马头墙原为防火而设计，一般为两叠式或三叠式，最多可至五叠式，俗称“五岳朝天”。它由同一种相态的墙体重复错落排列，使静止、呆板的围墙显出动态的美感。从高处往下看，高低起伏的马头墙给人一种“万马奔腾”的动感，也隐喻着整个宗族的生气勃勃和兴旺发达。

（7）其他建筑修辞方法。除了上述的建筑修辞方法外，还有一些其他建筑修辞方法，特别是修辞格，比如反复、借代。

在有些群体建筑中，单个建筑物之间的关系，类似于语言修辞中的反复手法。比如古埃及的金字塔群。当然，在有些单独的建筑物内部特别是在建筑装饰中，也存在反复现象。

语言修辞中的借代，也常被用到建筑领域中，比如中国传统建筑中常见的一种

图10. 埃及开罗近郊：古埃及金字塔群

图11. 法国巴黎：卢浮宫博物馆入口的玻璃金字塔

基座——须弥座就相当于语言修辞中的借代方法。须弥座源于印度佛教，象征佛教世界中心的须弥山，有独尊与稳固之意。再如，在法国卢浮宫博物馆前面，有一座类似于金字塔的玻璃透明建筑，好像古埃及金字塔的一种微缩版，实际上是卢浮宫博物馆的入口。此处的玻璃金字塔具有代替古埃及金字塔的功能，类似于语言中的借代。

3. 建筑修辞功能

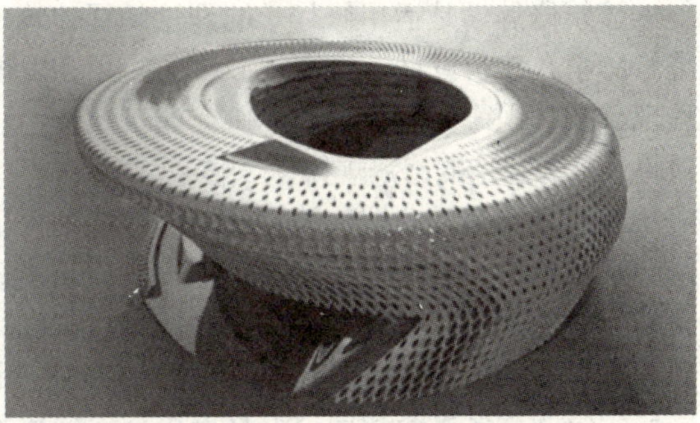

图12. 西班牙马德里：民事法院大楼

建筑修辞的功能，主要不在实用，而在于审美，提高传播效果。建筑话语或建筑文本的意义，与自然语言修辞的功能发生方式有些不同。自然语言是抽象的符号系统，自然话语或文本的意义是建立在对基本语言单位意义和与语境结合的言语意义的理解基础上的。而建筑话语的意义则不同。它是通过具体的视觉形象产生的。多数情况下，建筑的意义可以直接通过建筑形象解析出来，比如国家体育场“鸟巢”、北京理工大学的体育馆“鳐鱼”等。再比如世界著名建筑设计师札哈·哈里德（Zaha Hadid）为西班牙首都马德里设计的民事法院大楼，人们很容易从其形状获得海螺的视觉含义。

但是，有些建筑意义的析出则未必符合建筑设计者的初衷。有时候，公众对有些建筑话语意义的认知结果，会大于或偏离设计者的预设，比如中央电视台的新楼，有的人就认为其像“两个‘Z’扭在一起”、“新闻袋袋裤”、“高空对吻”，但是，也有些人从中解析出了不雅的含义。这与建筑形状、受众的认知倾向、个性经验乃至动机不无关系。

建筑修辞的功能发生，是建立在空间修辞、视觉修辞与语言修辞交融基础上的。其修辞功能的实现，既需要视觉认知，而且需要语言认知。建筑修辞不仅通过自身传播，同时需要语言符号乃至大众媒介的传播。比如北京奥运村中的国家体育场“鸟巢”，就既是一种建筑修辞，同时也是一种语言修辞。它通过建筑实体、语言、图片、视频等大众传播，实现了其北京奥运会所倡导的“绿色奥运”的环境保护以及人与自然和谐相处文化理念的传播目的。

图13. 中国北京：中央电视台新楼

三、建筑修辞学

修辞学的理论和方法在建筑领域中的应用，催生了一门新兴交叉学科——建筑修辞学。这方面的研究虽然刚刚起步，但是，该学科已显示出蓬勃的生命力。建筑修辞学的诞生必将带来修辞学应用研究空间的拓展和建筑设计、建造理论研究的延伸。为此，我们对该新兴交叉学科的理论建设做一前瞻。

1. 建筑修辞学及其学科属性

建筑修辞学是运用修辞学的理论阐释建筑设计和建造原理的应用性交叉学科，是修辞学在建筑设计、建造领域中的应用和发展。建筑修辞学以建筑中所蕴涵的修辞现象及其规律为研究对象，研究建筑设计、建造中的修辞手段、修辞方法，揭示建筑设计与建造的修辞规律。

建筑修辞学并非把建筑的设计和建造纳入语言修辞学研究的范畴，而是把语言修辞学的理论和方法运用于阐释建筑设计和建造现象及其规律。建筑修辞学本身是一种喻化的说法。因此，在认识和研究建筑修辞学的过程中不宜把语言修辞学的全部概念和理论机械地照搬到建筑修辞领域中。实际上，这样做也是行不通的。语言修辞学中的许多概念和理论很难直接套用到建筑修辞研究中，比如语言修辞手段中的语音手段、词汇手段，就很难与建筑手段进行直接一一对应。因此说，建筑修辞学是理论和方法论上的修辞学分支学科，而不是本体意义上的修辞学分支学科。

2. 建筑修辞学研究的意义

建筑修辞是一个交叉领域，其研究和理论建设不仅可以丰富建筑学理论，解决建筑设计中的理论和应用问题，同时也可以丰富修辞学理论，拓展修辞学理论的应用空间。此外，建筑修辞学对语言学、传播学的研究也具有一定的启示意义。

首先，建筑修辞研究具有重要的实践意义，它有助于解决建筑设计、建造中的理论和应用问题，特别是建筑的微观审美和宏观的审美问题，比如个体建筑的造型与建筑群特别是城市建筑的整体规划和风格问题，就可以运用建筑修辞学的理论和方法。修辞手段、修辞方法在建筑领域中的应用，有助于开拓建筑设计者的思路，扩大其联想和想象空间，提高建筑设计的美学价值。比如建筑比喻、建筑夸张等修辞方法，就大大提高了建筑设计中的想象力，提高了建筑的审美价值。

其次，建筑修辞学本身是修辞学理论在建筑设计中的应用，因此说，建筑修辞学拓展了修辞学理论的应用空间，丰富了修辞学的理论体系，增强了修辞学理论的解释力。修辞学的本体研究领域是语言修辞现象和规律，但是，随着修辞学研究的深入，其研究对象和范围不断扩大，比如音乐修辞、图片修辞、电影修辞、网络修辞等等。建筑修辞学的建立，使修辞学的研究对象和范围拓展到了建筑设计和建造领域，超越了原有的语言修辞范畴。这无疑丰富了修辞学的理论体系。

再次，建筑修辞学，也将为语言学研究提供有益的借鉴，有助于语言学研究视野的扩大。比如，建筑话语中所反映的词汇、句法等空间概念，在文学语言特别是诗歌语言的研究中就具有重要的启迪意义。诗歌意境的塑造，一定程度上可以看做是一种视觉空间的建构。此外，建筑修辞研究，也是正在兴起的新兴交叉学科——话语学的一个新的研究领域。随着建筑修辞研究的深入，建筑话语学的形成也是一种学术研究的必然。实际上，建筑修辞中的城市建筑规划，就是一个建筑话语风格问题，有必要从话语学的角度进行思考和探讨。

最后，建筑修辞学的建构，也有助于促进传播学研究。从传播学角度看，建筑不仅具有实用居住功能，同时也具有文化、审美等媒介传播功能。建筑承载和传播了文化信息，比如北京的传统建筑，包括故宫、颐和园、天坛以及四合院等等，就反映了我国明清时期的建筑文化。而人民大会堂、国家博物馆等，则承载和传播了国家的政治信息。建筑的风格和审美价值，是建筑设计者审美观念的物化和在空间领域中的转化。研究建筑的传播价值、传播手段和传播方法，也是传播学研究的内容之一。

综上所述，建筑修辞学，不仅对建筑学具有重要的学术和实践价值，而且对修辞学、语言学、传播学等学科具有积极的启迪意义。

3. 建筑修辞学研究的历史与现状

建筑修辞研究的萌芽可以追溯到20世纪70年代。在国外，建筑修辞研究的主要著作有埃里森（Alison）和彼德·史密森（Peter Smithson）的《无需修辞：一种建筑美学》（1973）、伊丽莎白·托斯帕（Elisabeth Tostrup）的《建筑和修辞：建筑竞赛中的文本与设计》（1996）、查尔斯·黑尔（Chales A. Hill）等编著的《视觉修辞学阐释》（2004）等。此外，还有一些专门论文，比如拉罗克（Laroque D）的《豪五特（基督徒）的建筑修辞学》（1988）、牛顿（Newton N）的《修辞殿堂：本·约翰逊的几何与建筑形式》（1997）、亚洛森司克（Jarosinski E）的《建筑符号学与透明修辞学：柏林鬼怪故事》（2002）、姆瑞（Murray GJA）的《城市建筑与可读修辞学：新柏林的建筑论争》（2008）等等。以上研究是基于西方的修辞学理论特别是视觉修辞学理论，探讨的主要是建筑设计、建造以及建筑形象中蕴涵的修辞原理特别是建筑语言或建筑话语的意义与风格。

在我国，21世纪初期以来修辞学理论也开始向建筑学领域渗透，并出现了部分探讨建筑修辞的研究成果，比如布正伟的《建筑语言结构的框架系统》（2000）、虞朋和布正伟的《关于现代建筑语言中的修辞》（2002）、金俊的《试论景观建筑创作中对文学修辞法的运用》（2007）、毛兵的《中国传统建筑空间修辞研究》（西安建筑科技大学博士学位论文，2008）、尹国均的《符号帝国》（2008）以及张莉、张应鹏的《修辞·空间》（2005）等等。此外，还引介了部分国外的相关研究成果，比如尹国均的《浦安迪的“中国叙事学”与中国古建的修辞法》（1999）、保罗-阿兰·约翰逊的《建筑教育和修辞式设计实践》（许亦农译，2009）等。

我国建筑修辞的研究者多来自建筑界，较少出自语言学界、修辞学界。其研究对象也多限于中国的传统建筑，研究范围涉及建筑修辞的内涵、属性、元素和方法，以及个体建筑和城市建筑的布局、风格等，比如毛兵在《中国传统建筑空间修辞研究》一文中对中国传统建筑词汇修辞、句式修辞、修辞格等的阐述。当然，我国建筑修辞研究者的知识结构和研究立意，也反映了这方面研究的局限性。其中对语言学理论、修辞学理论机械套用的痕迹十分明显。所谓“建筑语言”，只不过是一种喻化，并非“建筑语言”真的等同于自然语言。因此，既往研究中机械地套用语言学和修辞学理论的做法是不可取的。建筑修辞学的理论建设，有必要在研究主体、研究立意和研究方法上进行重新思考和定位。

4. 建筑修辞学的研究对象与范围

修辞学的原初形态是语言修辞学，其研究对象是语言运用中的各种修辞现象、语言体系中的各种修辞手段的结构和功能以及修辞规律，当然也包括修辞学理论在各种传播领域中的应用。随着修辞学研究的深入，其研究对象和范围也在向图片、视频、音乐等领域拓展。与语言修辞学以及以图片修辞、音乐修辞、视频修辞等为研究对象的修辞学不同，建筑修辞学的研究对象是建筑设计和建造中的修辞现象及其规律，包括单栋建筑、建筑群、城市建筑布局以及建筑环境中的修辞现象及其规律。

建筑修辞学的研究范围包括许多方面。如上所述，从建筑修辞现象的存在层面看，其范围包括：（1）建筑形状修辞；（2）建筑构件修辞；（3）建筑装饰修辞；（4）建筑布局修辞。除了上述方面外，建筑修辞研究还应包括建筑修辞环境。在建筑环境中，地势、山水、树木等因素也是建筑设计应考虑的。它们是建筑布局的重要组成部分，同样具有修辞功能。因此，建筑修辞研究也应该研究建筑环境因素。

从建筑的属性角度看，建筑修辞学的研究范围应包括：（1）独栋建筑修辞，即单一建筑的形状、构件、装饰等方面的修辞手段、修辞方法、风格特点等。（2）群体建筑修辞，即建筑群落的整体设计修辞，包括修辞方法、建筑风格的协调等。（3）城市建筑布局修辞，即整个城市布局中的修辞手段、方法以及修辞风格等。

从建筑修辞的内部构成看，建筑修辞学的研究范围包括建筑修辞的性质、类型、建筑修辞手段的结构功能、建筑修辞方法、建筑修辞风格、建筑修辞规律等方面。此外，建筑修辞学，还应该研究不同国家、不同民族、不同时代、不同城市乃至不同宗教中的建筑修辞及其规律，建立比较建筑修辞学。

5. 建筑修辞学的研究任务

如果说语言修辞学的任务包括理论和实践两个方面，那么，建筑修辞学的任务也是同样的。首先，建筑修辞学的学术任务是重新建构本学科的理论体系，研究建筑修辞学的学科性质、研究对象、范围、任务、理论体系构成等内容；探讨建筑修辞现象及其规律，包括建筑修辞的性质、类型、建筑修辞手段的结构和功能、建筑修辞方法、建筑修辞风格、建筑修辞的原则等等。其次，建筑修辞学的实践任务，就是用修辞学的理论和方法阐释建筑设计中的原理和现象，为建筑设计与建造提供理论指导，提高建筑设计与建造的艺术性和审美价值。

注释

① 陈汝东《论话语研究的现状与趋势》，《浙江大学学报》2008年第6期。

② 布正伟《建筑语言的原生属性与特征》，《新建筑》2000年第3期。

③ 布正伟《建筑语言概念的由来与发展》，《新建筑》2000年第2期。

④ 虞朋、布正伟《关于现代建筑语言中的修辞》，《世界建筑》，2002年第12期。

⑤ 布正伟《建筑语言构成的复合系统》，《新建筑》2000年第4期。

参考文献

[1] Alison & Peter Smithson. Without Rhetoric: An Architectural Aesthetic, 1955-1972[M]. London: Latimer New Dimensions, 1973.

[2] Elisabeth Tostrup. Architecture and Rhetoric: Text and Design in Architectural Competitions. Oslo, 1939-90[M]. Oslo: Oslo School of Architecture, 1996.

[3] Laroque D. The Architectural Rhetoric of Hauvette, Christian[J]. Architecture D Aujourd Hui, Vol. 255, 1988: 56-59.

[4] Maxwell, Robert. Truth without Rhetoric: 'The New Softly Smiling Face of Our Discipline'[J]. AA files, 1994 (28): 3-11.

[5] Newton N. The Palace of Rhetoric: Geometrical and Architectural Form in Ben Jonson[J]. Dalhousie Review, Vol.77, No.1, 1997: 23-44.

[6] Jarosinski E. Architectural Symbolism and the Rhetoric of Transparency: A Berlin Ghost Story[J]. Journal of Urban History, Vol. 29, No.1, 2002: 62-77.

[7] Chales A. Hill, Marguerite Helmers, Mahwah, ed. Defining Visual Rhetorics[M]. NJ: Lawrence Erlbaum, c2004.

[8] Murray GJA. City Building and the Rhetoric of "Readability": Architectural Debates in the New Berlin[J]. City & Community, Vol.7, No.1, 2008: 3-21.

[9] Jencks, Charles. Language of Post-modern Architecture[M]. London: Academy Editions, 1977.
[10] Roland Barthes. Image, Music, Text[C]. Essays selected and translated by Stephen Heath, New York : Hill and Wang, 1977.
[11] 王振复. 大地上的"宇宙"——中国建筑文化理念[M]. 复旦大学出版社, 2001.
[12] 尹国均. 符号帝国[M]. 重庆: 重庆出版社, 2008.
[13] 尹国钧. 浦安迪的"中国叙事学"与中国古建的修辞法[J]. 时代建筑，1999(4).
[14] 布正伟. 建筑语言结构的框架系统[J]. 新建筑, 2000(5).
[15] 布正伟. 建筑语言的基本语法规则（上、下）[M]. 新建筑, 2000(6), 2001(2).
[16] 张莉，张应鹏 · 修辞 · 空间[J]. 室内设计与装修, 2005(9).
[17] 金俊. 试论景观建筑创作中对文学修辞法的运用[J]. 华中建筑, 2007(2).
[18] 保罗 · 阿兰 · 约翰逊，许亦农. 建筑教育和修辞式设计实践[J]. 世界建筑, 2009(2).
[19] 毛兵. 中国传统建筑空间修辞研究[D]. 西安建筑科技大学博士学位论文，2008(5).

On Architectural Rhetoric

Chen Rudong
(Peking University)

Abstract: Symbols and media which human beings use include architecture as well as language, character, signs and etc. As a habitation place architecture has a nature of symbols and has function of communication especially aesthetic function. To some extent, it is a symbol system like language. Some principles of linguistics especially rhetoric are contained in architecture design and building. Some rhetorical means such as figures of speech are used in architecture design and buildings. This paper tries to explore the nature, types, function of Architectural Rhetoric and figures of speech in architecture design and buildings, and to find new research territory of rhetoric studies.

Keywords: architecture; rhetoric; methods; theory

关于人文科学学术交流中的波修辞*

田圣淇（Jon Sung-Gi）

（［韩国］高丽大学）

摘　要： 本文从东西方的比较视角，阐述了修辞学研究中的两种范式：光子修辞和波修辞，揭示了两种范式所产生的文化背景及其对各自文化的意义。

关键词： 光子修辞；波修辞；东北亚

一、引言

修辞在传统上被定义成劝说之术或劝说之行。理查兹（1936）则将古代修辞作为“言辞之争的理论，且其本身常为好斗冲动所主导”。韩国著名学者朴趾源（1737—1805）在其论著《骚坛赤帜引》中[①]也确实将修辞表述为“战争之辞”。至今，这种趋势似乎没有太多变化。修辞学家格尔塞夫斯基（1999：445）就此写道：“虽然我们研究了世界上的对立关系、冲突以及信仰差异，但是，修辞批评在寻求相互认同、合作、人类何以在多元性和逆境中生存方面仍未起到应有的作用。”他很遗憾地认为：“在暴力修辞领域，人们的著作颇丰，而对非暴力修辞方面的关注却少之又少。”他甚至认为：“学者们似乎忽略了非暴力修辞的存在，忽视了它的研究方法、策略和影响，非暴力修辞被看成是无望的乌托邦式的不现实和无用的空想”（447）。[②] 所幸的是，在过去的几十年中，特别是在当下，当“共生”问题已然成为世界性话题时，[③] 我们看到了不同种类的“波修辞”的出现，它是一种有波动倾向的群体性的修辞，与传统的“光子修辞”或有粒子倾向以个体为中心的修辞相对。为在人文科学领域建立良好的学术交流，我们需考虑不同类型的波修辞，它们皆属“非暴力修辞”之列，或更准确地说是“和平修辞”。这种交流是一种达到“波修辞”的“邀请”，最终会迎来富有成效的学术交流。

二、质疑修辞与波修辞

卡里略（1996：71）精辟地概括说，米歇尔·梅耶的质疑修辞理论基础包括三项主要观点：一是新语言理论，一是修辞新理念和一种哲学新阐释。它是以质疑理论为基础的哲学，认为学术研究即是“质疑”，是一个问答过程。以“问-答”对[④] 为基准的语言的主要功能被称为质疑差异。从质疑修辞理论的角度看，修辞的定

* 本文英文原文见附录2。

义是“关于一个疑难或一个问题（理性）[5]，对象（习性——精神）之间距离的磋商”，而距离涵盖人与人之间的差异，他们必须在一起交流，或更广义地讲他们必须“共生”。学术交流的主要问题之一是如何使那些必须在一定学术情境或语境中“一起交流”的交际者进行成功的差异磋商。

对修辞的广泛定义不仅涵盖传统的三种修辞（审议的/辩论的/指示的）而且（至少）包括许多其他在历史上出现过的修辞。[6]梅耶（2005：16）认为，辩论属于修辞，因此他认为辩论的目的准确来讲是通过解决造成彼此分歧的问题，从而缩短辩论主体之间的距离。而且，在辩论中，注意的焦点应在问题上，而不是在距离上，这也是修辞所关注的。在修辞中，逻辑不及人品和情操那样重要。梅耶说，长期以来辩论之术过多关注劝说或融合之术，而忽略了产生问题的根源。事实上，没有了问题，也就无所谓讨论、差异或距离。在修辞中，协商毕竟是解决和处理问题的一种方式。

假如我们用类推的方式从量子力学的角度考量修辞，邦（2005）用譬喻的方法试图统一高科技知识与东北亚洲“基”（大致可译为“能量”）的概念，该概念还未具备“科学知识”的地位。我们得出了一个可比性的修辞，该术语极为有趣：光子修辞即以个体为倾向的修辞与波修辞即有波动倾向的修辞之间的对立。在其著作中，邦（2005）论证了光的双重性质：光既是微粒又是波，这点可用于解释任何事物，甚至人类的意识，只要该事物存在个体性或集体性。他解释说，任何处于量子状态中的事物，选择不同功能或角度，其解释或结果都会不同。

当我们将量子力学运用于众生或人类意识时，关键在于在随着序列等级的增多，层级结构即会出现，其标准是所谓的“熵”。熵增加，序列等级减少；熵减少，序列等级增加。它们之间成反比。邦（2005）将人类意识的量子状态表征为一个三角，他认为当我们越逼近其较高一面，我们越容易观测到它波动性特征的突显。他持达尔文进化论的观点——该理论的核心思想是个体之间的认同和适者生存；认为进化论观点是个体倾向性，将众生和环境看做是处于战争状态之中。然而，在自然界中，有为了生存或共存或斗争的现象，其中隐射了一种趋向波动状态的关系。这里的共同进化是一种集体性的进化。它意味着共存而合作的发展，其产生的动因不是个体秩序的物理变化，而是人类意识的扩大。

至于人类意识，有两种取向的选择：粒子状态取向和波动状态取向。而且，这两种取向似乎是不相容的。因此，这两种状态在光中不可同测。当然，共存有时是必要的，但不常是，但如果共存占上风，则社会很有可能遭受多种冲突，甚至是不可逾越的矛盾。当斗争过度时，大多情况下，状态可复原，其条件是合作选择允许“共同进化”朝一更好状态发展，且该状态处于一个新的、占优势的秩序中。

邦（2005）也认为我们的意识更适应于我们的选择，就好像空中摄影的瞄准器依赖于高空镜头。个体意识在其组织和功能准则上可很好地应用于社会。当粒子性占上风时，“以眼还眼，以牙还牙”会成为我们适应社会的一种方式，当波动性占上风时，“仁”和“自律”的准则可被运用到社会中。这点不仅适于社会中普通人际交往，也适于学术交流。[7]这也是我们需要讨论“波修辞”这种“新修辞模式”[8]的原因，这是一种达到不同“现实”，一种新“现实”的选择。

三、西方波修辞

自理查兹（1936）提出他的“新修辞”以达到研究误解及其补救之目的以来，我们见到了许多带有波动倾向的修辞的出现。例如：C·佩雷曼的新修辞，也就是马内里（1994 : 120）所说的“亚里士多德式修辞的创造性复兴”，其精髓和基础是宽容[9]，它是一种“价值判断的伦理”，是在兴致、激情、偏见和神秘基础上的控诉非理性选择。质询修辞，对人文科学十分有利。价值，根据尼尔逊/梅吉尔/麦克洛夫斯基（1987）的观点，其目的是将质询修辞与普通的学术行为整合起来。在他们看来，修辞包括“交流之事、交流之法、交流之果、交流之方及交流之意[10]”。质询修辞推崇“研究具体的质询群体，而不是抽象的伦理，”[11]极大关注语言模糊性和不透明问题。西蒙斯（1985 : 63）让我们相信“在学术争论”中，因为他们的公开性，“友谊圈”提供了一个比“法庭模式”好得多的模式。

克罗斯怀特（1996）的理性修辞也被看做是带有波动倾向的修辞之一。作者认为“尽管战争和争论在冲突过程中有明显的相似点，但冲突的媒介却极不相同——至少战争是一种暴力的过程，争论不但是非暴力的行为，而且总体而言是对暴力的放弃。实际上，它是暴力的替代品。”他接下来写道：“但如果它是暴力的真正替代品，它本身必须有让暴力朝冲突双方都满意的解决方向发展的动能。”而且，克罗斯怀特强调一个事实，那就是尽管“战争毫不考虑对立势力之间的合作，但毫无疑问，争论所需的合作远大于战争所需要的合作”（103）。

他认为真正的争论可能“仅建立在参与者间深层的、持久的合作上”（ibid.）；但学术交流中的此种争论仍属少见。为了说明我们的主题，我们仍认为K·伯克的“新修辞”或“认同修辞”也是波修辞的一种形式，因为伯克认为交流是“爱的一种普遍形式。”[12]

当今最有名的非暴力修辞学家格尔塞夫斯基（1994）认为：“将非暴力看做是比简单的和平相互联系方式更宽泛的方式”；她认为“它是一种特殊的劝说形式，旨在将暴力的程度减少，而且在最大程度上抵制压迫。”“而对她来讲，非暴力更倾向于开放性，促进相互尊敬式的合作，而且崇尚流动性和灵活性。”[13]它是波修辞特性的一种实在标识。正如亨利·约翰斯托恩一样，格尔塞夫斯基认为暴力产生于“失调的争论”之中，她说：“修辞是控制冲突的一种方式，且不用或者最低程度使用暴力手段。”她引用约翰斯托恩的话说；“一个人倾听争论的风险是他必须改变自己”。这表明在学术交流中最本质的问题可能是自我问题，或者是交际者的自我问题，交际者倾向于选择“某种斗争”，而不是选择合作和“共生”。[14]在格尔塞夫斯基的著作中，非暴力修辞的特征如下：[15]

·它同情而不是妖魔化对手；

·它把人当做享有人权、平等和尊重的描述对象；

·它一般避开暴力隐喻（在某种程度上宽恕暴力行为）；

·它依赖于相互彼此认同的情感、事实和历史；

·它依赖于群体感和相互之间的责任感。

格尔塞夫斯基非暴力修辞在诸多方面类似于福斯/福斯（2003）提出的“邀请修辞”。该修辞来源于女性修辞。[16] 邀请修辞是修辞（交际）五种模式之一。另外四种为征服修辞、对话修辞、慈善修辞和劝告修辞（4–7）。著者认为邀请修辞以五个核心思想为特征：（1）交际的目的是为了取得理解；（2）说话者与倾听者是平等的；（3）不同角度组成有价值的信息来源；（4）当人们选择改变自己时，变化即发生；（5）诸参与者通过相互作用，自愿被改变（9–10）。这些特征明示邀请修辞是一种波修辞。而征服修辞有“将赢得为目的”，对话修辞，“在某一问题上改变他人的视角，从而以一定方式改变他们的行为”。后两种修辞现在已改作“交际的默认模式”，[17] 它们毫无疑问是光子修辞。慈善修辞“旨在为个体提供援助，让他们走出真正的欲望，而使其生活得更美好”。而劝告修辞“旨在提供必要帮助”，同前者一样，似乎大体属于波修辞范畴。学者们认为在众多修辞模式中，它都会出现，与征服修辞和对话修辞一样，说话者和作者占据主导地位。

总而言之，学者们认为邀请修辞是一种交际模式。其中你的目的是邀请他人理解你的视角，正如你试图理解他人的视角一样。他人的视角不被认作是达到你目的的障碍或阻力，而是被看做鼓励你跨出你自己的视野，对一个问题或主题取得更加综合观点的思想源泉。鲍尔斯（2004）将邀请修辞看做是传统修辞的替代，而将邀请修辞表征为十分接近罗杰式修辞，并将其概括成“Eureka!”：E=Empathy（移情）；U=Understanding（理解）；R=Respect（尊重）；E=Endorsement（赞同）；K=Common Ground（共同背景）（诗性标示）；A=Assertion（断言）。[18] 布伦特（1996）为我们描述了不同阶段的罗杰式修辞：

（1）问题引论和对手地位获得理解的论证。

（2）对情景的阐释，其中对手的地位是有效的。

（3）作者地位的阐释，其中作者的地位是有效的。

（4）阐释假设对手采用作者地位中的要素，对手的地位如何获益。假设作者能够表明地位是可以互补的，彼此弥补对方的不足，相得益彰。

这种波动密度极高的罗杰式修辞策略应用于学术交流将十分有用，但它的局限性在于它并不总是适用于实践。这就是为何梅兰德（1989）认为对以过程为取向的争论——作为——质询和以结果为取向的、在学术交流中占主导的争论——作为——劝说加以区分显得重要的原因。

他认为“在一些场合，劝说是争论的目的，但我们必须认清一点，争论能够确定有另外一个同样重要的目的，那就是质询。认清这点十分重要的原因之一，就是以质询为目的的争论通常采取与以劝说为目的的争论不同的形式。”（185）[19] 梅兰德（1989:186–7）说，尽管“提到‘质询’人们可能会认为它的意思是发现关于某个话题真相的过程”，人们可以用这个术语表达完全不同的事情，即发现（任何）

理性的事情来相信一个话题的过程。索恩（2003：7）认为，“为质询而产生的争论包括更加暂时性的要求，与为劝说而争论相比，它要求听众的更大参与。”有意思的是，我们知道为质询而产生的争论和罗杰式争论有很多相同之处。

除了上文提到的波修辞和其他众多波动修辞以外，我们还得提到罗森贝格（2004）和布斯（2004）的论述。罗森贝格的“非暴力交际”（简称NVC），也被称为“妥协交际”，作者认为，它是一种“语言过程”，它可避免类似“你总是——”这样的泛化说法，这点很像克尔兹布斯基的普通语义学。布斯（2004）反对“修辞之法”，倡导“修辞之术”。他认为前者是“最深层次的倾听模式（11）”，[20]提倡学者们“积极地跨学科倾听”，“这样可以创造一个学术的世界，在这个世界里，我们会越来越多地认识到我们的亲族关系，会越来越认识到我们依赖于他人”。（82）[21]在布斯看来，“学术的黄金准则是倾听他人就像他人也倾听自己一样。这条学术准则也是生活准则。”他还说：“倾听修辞的关键不仅在过程中，也在结果中。”[22]布斯（2004：47）也说：“双方都在劝说，劝说的不仅是胜利，而且是一个新现实，一个关于何为真的新协定。”最后，他还强调了每一个交际者倾听自我的必要性。[23]

四、东北亚洲波修辞

在人文科学中关于学术交流的波修辞研究中，我们发现，在近期亚洲的“传播研究”中，中国的传媒研究不可忽略。格登（2007a:100）认为是 “变革时代让我们超越将‘传播’看做是主要的策略性的，以目标为驱动的加强自我、保护自我的工具性的信息发出行为”。他的信条是，我们需要“传播”语言，它们更多是双向的，而非单向的，少阴多样，少关心“影响”和“劝说成功”，多关注“共鸣”与“和谐”，少些“单向思维”，多些“双向思维”。简言之，这意味着我们需要“波动性语言”。他强调，“我们必须将研究看做一种研究，一种质询，它考验我们的想象力和创造力，而不是我们服从一套狭隘规则的能力。”作者认为，“提出新的问题、新的可能性，从一个新角度重新审视老问题需要创造性的想象力，这标志着科学中的真正进步。”[24]

格登（2007b: 55）认为，“亚洲中心范式中的价值论假设是和谐，是每个人和事物生存之本，和谐范围的扩大是我们这个星球在关键的21世纪所需要的，即我们移情能力的扩展，我们关注和关心范围的扩大，以及我们这个物种与其自然环境和谐程度的协商。他期望，“从亚洲中心的角度，通过我们的交流，可以减少自私和以自我为中心的倾向。我们可以与同类联合起来，摆脱我们的分离幻想。我们可以感觉到他人的痛苦和欢乐，使世界变得和谐而有道德。”同杜维明持相同观点，作者认为，“孔子对人类繁荣的设想建立在个人的尊严，即一系列同心圆上：自我、家庭、群体、社会、国家、世界、宇宙。”他认为，“它是认同和关注感的扩大，这些在当今世界的需求度与日俱增，更多的中国及亚洲的在这个主题思想方面的研究贡献，可促进人类的生存与和谐的可能性。（ibid.）”

李（2009）则进行了一项关于中国传统文化中“和”概念的调查，通过深入研究《易经》、《论语》、《道德经》、《中庸》，从中他列举了“和”的不同特征，认为“异”、“求和”是最和谐的战略，“创新”是最高追求。这些关于和谐的理念已被元晓（617–686）深度研究。“他是韩国历史上最重要的佛教哲学家、最有名的僧人之一”，[25]就使用“和争”这一概念，通常译为“和谐化”。“和争”的基本意思是使对立和冲突的各方“求和”，[26]我们可采纳和应用这一理念，以很好地理解学术交流中的对抗和冲突。

石井（2006：15）也认为“从民族性上看，以欧美为中心的跨文化研究，重视个人、独立和竞争力等的传统文化价值的研究，这几乎与他们亚洲同行的研究对象无异，尽管他们的文化有差异。”但“欧——美为中心的传播研究基本上主张希腊——罗马时期的以信息发出者和劝说为中心的修辞，未给亚洲的信息接受者——关系为中心的传播方式以应有的重视。”关于此言论，贾（2008：25）解释为：“这就是为什么西方的教育强调说，而不是强调听，”在争论中，通过比较中西文化，“事实上，在创造和维持和谐上，该种传播方式运用得最好。在中国传统文化中，我们认为它是最有效、最具竞争力的传播方式。相反，在西方文化中，最具竞争力的传播方式是那种在劝说、对话、控制对方心智和行为上最有效的交际方式，对付甚至完全相信劝说者所认为的一切。”他认为，“在道家思想中，自我是所有痛苦的根源”，而且“自我变得越小，和谐的程度越高；和谐程度越高，个人就越与永恒而无名的道越接近。”

战胜自我的问题，该学者认为，是一个十分重要的问题，它要求在学术交流中得到深入而广泛的讨论。“美国心理学家马丁·塞林格曼（2001）和他的同事们最近对二百份哲学和宗教文献进行了历时和跨东西文化研究，以便找到双方普遍认可的共同拥有的美好品德。结论是，以下六点品德，假若不是普遍的，至少也是在世界上主要文化中无处不在的：（1）智慧和知识；（2）勇气；（3）爱与人性；（4）公正；（5）戒酒；和（6）灵性与超越。”[27]现在，我们知道这些美好品德具有很强的波动性。格登（2007a：90）强烈呼吁，“在世界范围内促使创建有活力的，真正‘人性’的传播话语，它解放思想、情感和行为，促进人性和谐化。”而且格登（2007b：56）重申，“中国及其他从事传播研究的亚洲学者们准备着致力于世界传播理论研究，他们高屋建瓴，追求有意义的广泛而深入的传播质询研究。”现在该轮到我们在学术交流研究领域中积极响应这一号召了。

五、结语

当下，在人文科学中，修辞方法研究的重要性越来越得到广泛的承认。[28]然而，从亚里士多德传统的修辞到方兴未艾的光子修辞，研究焦点都集中在写者（或说者）和劝说技巧上，而且我们认为它或多或少对东北亚洲文化也起了一定影响和作用。这也是我们感到需要更多地提及波修辞的原因。同样重要的，是习性、理性、精神等术语及它们之间的关系——而不是“光子修辞”或有粒子倾向修辞，其主要研究焦点只集中在一点上，要么是写者（或说者），要么是理性。我们需重提修辞的质疑式定义——“关于一个疑难或一个问题（理性），对象（习性——精神）之间距离的磋商”，为了加深上文提及的波修辞研究，我们需要重新考虑语言和误解问题，它们是产生交际冲突或麻烦的主要原因。我们也需从质疑法和波修辞角度重新考量学术写作。[29] 这是一项长期而艰巨的工作，它需要丰富的想象力、创造力和努力，但我们也相信这项工作值得一做。在波修辞中，正如亚洲修辞所阐释的那样，和谐是最重要的因素。而且李（2009 : 57）提示我们：“和谐迫使我们使用对话、协商和合作方式以便调和文化差异。事实证明这是我们处理文化差异的好办法。对话、协商和合作方式，也是人文科学学术交流中所必需的。”

（陈丽霞译，上海外国语大学；黄生太校）

注释

① “骚坛”意思是文坛，“赤帜”是“红旗”，“主导者”；比较田圣祺（2004）。

② 登普西（2005 : 89）。

③ 沃尔顿（2009 : 22–3）：共生这一问题就变得很关键了，我怎能接受与一个跟我不相似，我们相关无话可说的人共生呢？怎样做才能避免这一疯狂的悖论，认为信息和交际不是拉近距离的因素，而是导致误解、敌对、战争的因素？这便是21世纪所面临的挑战：避免让信息和交际不仅不能拉近人与人之间的距离，反而造成误解。

④ 格尔登/贾米森（1990 : 330）：“问题是语言使用或言语普遍性的出发点。认识到问题是疑问的同义词是有指导意义的。无论我们何时对一问题论说或写作，我们有一个目的就是解决一个问题，它通常以直接或隐含的疑问形式出现。”

⑤ 比较梅耶（2004b : 126），梅耶（2005 : 42）。

⑥ 比较梅耶（1993）。

⑦ 比较田圣祺（2007）。

⑧ 登普西（2005 : 91）。

⑨ 马内里（1994 : 129）：“新修辞的精髓和基础是宽容。其方法仅在宽容的气氛中得到发展和应用。这也意味着在斗争中求宽容。”

⑩ 尼尔逊/梅吉尔/麦克洛夫斯基（1987 : 16）：“质询修辞使这些意义扩大将质询和交际相互独立包含在内，使得所有修辞连接成可将更好修辞转变为告知行为之承诺。”

⑪ 尼尔逊/梅吉尔/麦克洛夫斯基（1987 : 16）：“质询修辞使这些意义扩大将质询和交际相互独立包含在内，使得所有修辞连接成可将更好修辞转变为告知行为之承诺。”

⑫ 沃尔诺克（2000 : 81）：“交流是‘态度的舞蹈’且是‘礼貌的原则’；对波克而言，交流是‘爱的一种普遍形式’（动机修辞37）。人与人之间

的距离，个体身体之间的距离让他们有寻求‘重合的空间’的动机，以便他们可以交流。”

⑬ 登普西（2005 : 91）。

⑭ 格尔塞夫斯（2004 : 182）：“大部分修辞研究遵循‘理智’和‘理性’传统，该传统倾向于重视科学或数学的视角。科学的视角或许是达尔文式的，比如说，将适者生存的自然界斗争法则运用于可接受的人类社会状态，是将一种生活中的斗争理解成不同种类的暴力或战争。这种视角并非对人类有特别的希望。”

⑮ 比较布莱克（2005 : 91）。

⑯ 赫尔（2002 : 368）：“在《女性修辞理论》中，卡论·福斯，同松亚·福斯及辛迪·格里非一起通过回顾几位认为传统修辞理论中真知灼见蕴藏教育意义的女性理论家的背景和他们提出的论点，对他们的修辞批评和邀请修辞的提倡作了深入的洞察分析。”

⑰ 比较福斯/福斯（2003 : 7– 9）。

⑱ 鲍尔斯（2004 : 1495）：“在这一模式中，我们彰显移情和理解；我们对我们的听众表示尊重；我们赞同听众地位的方方面面；我们将我们听众地位的一些方面与我们自己的地位结合起来，这样就会创造共同的立场，得以与我们的听众站在同一立场上，最终会达到有效判断我们地位的目标。”

⑲ 桑恩（2003 : 6）.

⑳ 布斯（2004 : 10）：“倾听修辞（LR）：足够重视对方观点是减少误解的传播艺术完整范围。”

㉑ 尽管“跨真正差异的交际十分少见”，福尔福特，如布斯一样，似乎提倡“修辞教育，不以消除差异为目的，而是在差异中寻求相互尊重、有见识地共存”。

㉒ 戈尔（2007 : 47, 44）.

㉓ 戈尔（2007 : 48）：“他让我们考量如何使他人理解我们和我们的话语，并将之看成是有效修辞的一部分。自我倾听是有效交际与和谐的中心，而且仅当一个修辞者承诺贯彻其说话和倾听的原则时，自我倾听才能真正实现。其间我们也才能说他或她的个人生活是职业生活。”

㉔ 比较罗比塔尔（2005 : 209）：这一伦理的主要特征是其建立在一个“想象游戏”基础上，必须时刻站在别人角度去想象，即试着拥护别人的观点，这不是为了别人的观点与自己的观点——我的想象只是“映射”——融合，而是为了接受别人的观点，将其作为另一种可能的值得聆听的阐释。

㉕ 南D. —— S.（1995 : 143）。

㉖ 李（1999 : 108）。

㉗ 引自戈登（2007b : 56）。

㉘ 西蒙斯（1990 : 9）：“广泛地说，最终所有的学术话语都是修辞的，意思

是问题需得到命名和框架化，事实需要被阐释，结论需被证明，而且，将论证与目标、听众、和环境进行调整，作者（或读者）必须采用一种角色、一种风格、并明智使用肯尼斯·伯克所谓的语言中的‘模糊资源’。”

㉙ 石井（2006），贾（2008）。

Towards Wave Rhetoric for Scholarly Communications in Human Sciences

Jon Sung-Gi

(Korea University)

Abstract: Traditionally, rhetoric is defined as the study and practice of persuasion, which is, according to Richards (1936), "the theory of the battle of words and has always been itself dominated by the combative impulse"; and up until now, it seems to remain true. Foss/Foss (2003) even say that conquest rhetoric and conversion rhetoric have become almost «default modes of communication» nowadays. Scholarly communications don't seem to operate differently. Nonetheless, we can observe the emergence, in the last few decades, of diverse «Wave rhetorics», communityoriented, in contrast with traditional «Particle rhetorics», individualcentered. One of them is the Rhetoric of Inquiry, present at the very core of human sciences which intend, according to Nelson/Megill/McCloskey (1987), "to integrate rhetoric of inquiry into the normal business of scholarship". For them, rhetoric covers "what is communicated, how it is communicated, what happens when it is communicated, how to communicate it better, and what communication is in general". Yet, in scholarly communications, there are clear distinctions to make, as argues Meiland (1989), between 'Argument as Inquiry', process-oriented, and 'Argument as Persuasion', product-oriented, the latter being largely dominant. Perelman's New Rhetoric, Crosswhite's Rhetoric of Reason, and Meyer's Problematological Rhetoric could usefully contribute to the study of this 'Argument as Inquiry'. Besides these rhetorics, it is also necessary to take into consideration other rhetorics more oriented towards Wave Rhetoric, such as Burke's Rhetoric of Identification, Booth's Listening Rhetoric, Rogerian Rhetoric, Gorsevski's Non-violent Rhetoric, and Foss/Foss's Invitational Rhetoric. In this search towards Wave Rhetorics for scholarly communications in Human Sciences, recent Asian Communication Studies, as found, for example, in *China Media Research*, are not to be omitted. Gordon (2007) even suggests the "harmony theory" of Asian Cultures to "transcend seeing 'communication' as primarily strategic, goaldriven, egoenhancing, ego-defending instrumental messagesending behaviour". To deepen the research on these Wave rhetorics, we also need to reconsider the problem of language and misunderstanding, which is a main cause for communicational conflicts. This is a long and hard work which demands much imagination, creativity, and endeavor, but that is also well worth it.

宗教传播修辞研究

赵静

（［中国］西南交通大学）

摘　要： 本论文主要考察宗教传播活动的内、外部关系，对宗教传播过程中的媒介、语境、传播策略等相关要素进行分析。认为当代宗教形成了新的传播通道，高度发达的科技和媒体拓展了其传播空间，两者间的互动构成了当代宗教传播修辞的新特征。

关键词： 宗教修辞；媒介；语境；宗教传播

宗教作为人类文化的表现形式，既是一种意识形态和精神现象，又是一种组织形态和社会现象，它关涉民族、政治、历史、传统、道德、价值、心理等诸多因素。宗教只有在传播的互动中才能实现价值。宗教传播修辞不仅要考察宗教传播活动的内、外部关系，同时要对传播过程相关要素的修辞价值进行分析。

一、宗教传播中的媒介

由于社会各历史时期政治经济等条件的不同，再加上宗教派别众多，以及各教派教理教义的侧重不同，宗教的传播媒介也是多种多样的。总体上可划分为语言媒介和非语言媒介两类。

宗教语言媒介形式包括经文、咒语、颂词、传记等等。对宗教语言媒介的研究历来受到重视。西方的宗教修辞研究基本围绕《圣经》文本的语言分析展开。随着17世纪末圣经评鉴学的兴起，圣经文本的修辞受到广泛重视。“理解圣经文学的独特性，展示一个文学单元所运用的文体结构模式，看它是散文体还是诗体，辨别部分在组合成整体时所用的技巧手段。这种工作我称之为修辞批评。”[1]圣经修辞批评主要就是基于圣经文本的语言分析和篇章结构分析，揭示其意义和效果。

语言媒介又可细分为口头和书面媒介两种。如道教主要是通过口头媒介来进行传播。“道教丹经对丹法不作系统的叙述，用比喻象征等隐语，略示端倪。至于师傅教徒时，口口相传，不作记载，称为口传心授。口传之言，为了易于记忆，常用四言、五言、七言韵语歌诀，称为口诀。”[2]道教的口头传播方式与其他宗教相比，最大的不同之处在于其注重秘传，特别是对于内炼口诀、道法道术以及炼丹术中的火候要领更是师徒口口相传，不留文字。另外，为了体现口诀的神秘性和重要性，在传授口诀的时候都有一套复杂的仪轨程序。在书面传播形式上，道教也很有特点。道教经典从文字形体上，是从楷书复古到隶书，从隶书复古到篆书，从篆书进而神化为更艰涩的“古文鸟迹，篆隶杂体”的“云篆”；从语言形式上，古奥深涩，爱模仿先秦典诰和汉代辞赋的句式；从词汇上，道教很多术语都有“隐语”，“一者隐名，二者隐讳，三者隐事，四者隐义”。这样，道教语言就和佛教语言、儒家语言大不相同。[3]

在对语言媒介的研究上，根据肯尼迪（1984）的观点，最小的语言修辞单位是隐喻、寓言、格言、警句、赞美诗等，较大的则是这些最小单位的组合，最大的修辞单元可以是一卷书或一个特定的文学类型。“词语的选择和安排是修辞的诸多技艺之一，但那些在修辞理论中被称为‘创造’的东西，即处理主题、使用证据、控制论证和情感，乃是更重要的。”[4]宗教语言，特别是宗教文本语言，通常具有丰富的文学形式特征，并非是为了修饰，而是为了增强其说服力。因此，宗教传播语言媒介的修辞研究并不仅仅是把这些文学特征指出来，还要研究它们所达成的效果，从作者和受众双方的角度，探讨宗教语言的论述力和说服力。

宗教非语言媒介可分为非语言的自然符号和非语言的人工符号。前者是指未经过艺术加工、存在于自然界而被赋予宗教观念的声形，后者是经过艺术加工或人为创造的记号元素或记号群体，如宗教音乐、宗教绘画、宗教雕塑、宗教建筑、宗教服饰、宗教法器等等。在非语言媒介中，宗教艺术对宗教的发展与传播十分重要。黑格尔说：“宗教往往利用艺术，来使我们更好地感到宗教的真理，或是用图像说明宗教真理以便于想象。”[5]宗教就其本质来说，若把神灵感性化、形象化，便是对神灵的亵渎。但宗教在实际传播过程中发现，形象的直观性、可感性、生动性易为读者所接受，是宣传宗教行之有效的方法。因此，宗教圣像以及有关神灵故事的雕刻、壁画应运而生。如佛教初传中国时重在译经，社会影响不大。真正使佛教得以广泛传播发展的是在佛教造像艺术传入中国之后，故而佛教又称为像教。

二、宗教传播修辞中的设境

无论是古典修辞还是现代修辞，修辞语境都具有非常重要的价值。宗教传播要获得成功，必须考虑修辞语境的选择、适应和建构。宗教传播形态中分别存在两个系统，一个是显性系统，由音乐、舞蹈、话语等组成，基本以动态的形式出现，是以表述的方式参与设境；另一种是隐性系统，由各种祭品和众多形象符号组成，基本以静态的形式出现，是以象征的方式参与设境。宗教传播的修辞语境是依靠这两个系统建立起来的，我们可相应的分别命名为显性修辞语境和隐性修辞语境。

显性修辞语境是通过话语表述的方式设境，涵盖了宗教音乐、念诵、仪轨、经忏等等。詹石窗先生曾提到《太上洞渊神咒经》卷十二的一篇咒语，咒中表现的虽然是天神杀恶鬼的战斗场面，但充满了现实战争描写。烈火腾焰，战鼓震天，火铃缨斧，这一切只是咒语作者为表达“杀鬼”的宗教意愿所设的“境”。在这里，现实的战争武器及其运动场面成为宗教艺术家构想中的驱鬼战斗的符号。[6]此等符号情境的建构在宗教的语言系统中可谓比比皆是。其实，道教经典常常用各种极尽想象力的华丽辞藻来反复重叠地描写仙境、仙人的美妙，鬼怪、阴间的恐怖，其中尤其是写仙人的形象、仙境的布置、神仙出行时的仪仗时，常常用“金”、“玉”、

"紫"、"绛"、"烟"、"霞"一类词汇意象来渲染与烘托意境。

宗教仪式往往通过戏剧化的形式设境，人们在宗教气氛、场景、动作的暗示、感染、诱导下，不知不觉进入角色。卡西尔说："在原始宗教生活中，神话是'史诗般'的要素，宗教仪式则是'戏剧般'的要素。"[7]《周礼·春官·大祝》记载在宗教祭祀时"祝"的方式有六种；"祈"的方式有六种；命名的"辞"有六种；辨的方式有"六号"；祭的方式有"九祭"；拜的方式有"九拜"。它们类似戏剧中的套路和程式，极具戏剧效果。《礼记·中庸》说："鬼神之为德，其盛矣乎！视之而弗见，听之而弗闻，体物而不可遗。使天下之人齐明盛服，以承祭祀。洋洋乎！如在其上，如在其左右。"正是对这种类似戏剧体验的生动描写。王志远先生认为在佛道教自身的唱导诵念、经忏仪轨中，为了达到度化众生的目的，客观上已经具备了表现艺术的特色，即撰写文字底本，设定表现程序，通过角色服饰、环境布置、音乐配置、直至表情动作，取得烘托气氛、加强效果、感染受众的效果。佛教的斋戒仪轨，在原文本中都注明何处鸣钟，何处击磬，何处领唱，何处齐唱，包括念诵、演说、独唱、合唱、礼拜、作乐，钟磬齐鸣、鼓板交响，以及佛事活动必不可少的"烧香、散华、悬杂幡盖、供事三宝"等常规科目，融会浑成，既是庄严的宗教仪式，又是辉煌的艺术展现。[8]

宗教隐性修辞语境是通过器物、形象等视觉符号设境，涵盖了宗教绘画、宗教雕塑、宗教建筑、宗教服饰、宗教法器等等，通过视觉环境的塑造营建宗教的文化"场"和心理"场"。如道教的建筑布局，有着其特定的宗教含义，不仅须法天、法地、法道、法自然，以八卦的方位为方位，而且与其神仙信仰有很密切的关系。很多道教建筑，建置于名山风景区，有奇峰异壑、甘泉秀水及参天古树等自然景观，又将绘画、雕塑、书法、联额、题词、诗文、碑刻、园林等多种艺术形式融为一体。使宗教建筑成为一种与神灵有关的空间。

另外，宗教绘画、宗教法器等在宗教语境的营造上也具有很重要的修辞价值。葛兆光先生注意到在古代中国的祠堂祭祀或宗教仪式上经常使用一些悬挂的图像，这些图像的空间布局好像刻意遵循一种陈陈相因的、由四方向中心对称排列的格套。比如，古代中国的佛教与道教就有在仪式上作为想象神世界悬挂的画轴，这些图像是在大型宗教仪式中使用的，通常图像是仿照宗教建筑的三面墙壁安置，中间正面的是最高的主神，两侧是各种辅助性的神仙或菩萨，共同象征着宗教所设定的"圣域"。[9]宗教图像本身的内容与它的空间位置，构成了一个置身其中的信仰者身历其境的"境"，加上宗教音乐，把本来就有虔诚信仰的人们带到预设的宗教语境。

依据约·阿·克雷维列夫（1984）说："宗教崇拜……利用了各种各样的艺术形式，包括：雕塑、绘画、音乐、歌唱、舞蹈。崇拜出现了由全体信徒参加的各种群众活动，如列队游行，公开演出，集体朝圣，以及供神欣赏的'业余文娱活动'。崇拜变成了'天上人间诸景备'的'庙会'，饮馔声色，无所不有，名义上是以此通过法术来影响神灵，实际上是以此从感情上、心理上来影响信众。"[10]宗教修辞语境的建构涉及的内容较多，这方面的研究需要结合人类学的田野调查，加上历史文献研究，以及现代图像学、视觉修辞学的理论。

三、宗教传播的修辞策略

在西方古典修辞学传统里，修辞基本指说服的艺术。“修辞所关心的问题是说服听众，同时也关心力量的使用和权威的建立。”[11]

1. 神圣化

人类学家罗伯特·莫非认为：“宗教试图解释不可能解释的东西，但它更经常的是将完全可以解释的事情搞得更加神秘。”[12]以道教为例，几乎所有道经都出自人手，是道教徒悟道体玄的记录。但是，这些道经形式上或是由太上老君等神灵口中“吐经”，或者是通过接受神灵启示而来，或是由神灵之间直接传授而得。不仅如此，道教还有将一切道经归于自然化生的倾向：“寻道家经诰，起自三元；从本降迹，成于五德；以三就五，乃成八会，其八会之字，妙气所成，八角垂芒，凝空云篆……是自然天书，非关苍颉所作。”[13]明明是道教徒自身的思想却假借神灵话语，这主要是经典神圣化的需要。

2. 世俗化

世俗化一词是欧洲基督教文化背景下的一个专用语，原指将一部分本属天主教会控制的领土和权力转让给世俗的地方统治者。在其后的发展中，世俗化的内涵愈益宽泛，“世俗化可以理解为部分宗教功能逐渐被非宗教性的社会功能取代的过程，或宗教与社会影响此消彼长的总体趋势。”[14]

基督教和佛教在中国传播命运的不同，与它们所采取的传播修辞策略不同有很大关系。佛教在中国传播与发展，走的是一条世俗化道路。即作为外来宗教，它是以自己的中国化（禅宗以及净土、华严等宗的产生和发展便为其结果）为代价而融入中国传统主流文化的。如佛教初传入中国时，就一度被认为是道家的一派，称“道佛”，有“释教一家”之说。为使自身得以传播，佛教还接受了儒家的许多思想，如礼拜父母和尊者，讲究忠孝，以及对心性的关注等。正是不断从本土文化中吸取养分并与之合流的世俗化传播策略，使佛教得以彻底融入中国文化，并参与了中国传统主流文化的建构。基督教最早在公元635年由波斯传入中国，但始终没有得到很好的发展，甚至几度消失。后来促成传播成功的一个重要原因，就是罗马教廷改变了传教方针，采用学习中国语言、文化、传统的办法接近中国人，并编造出“耶儒合流论”赢得人心。而且以西学作为传教工具，广泛结交王公贵族并与之合编合译地理、天文、数学、机械等方面的书籍，使统治者对他们感兴趣，以取得在中国的合法地位。[15]

3. 传播手段的多样化

在具体的传播手段上，不同宗教派别各有特色，但都是根据受众的特点选取开放的传教方式，“唯以适机为要”。《高僧传》记载，慧远“年二十四便就讲说。尝有客听讲难实相义。往复移时弥增疑昧。远乃引庄子义为连类。于是惑者晓然。”所谓“连类”，就是拿庄子的义理构架来解释佛法以利于理解。此外《高僧传》还有一个“唱导类”专门收取那些以宣唱佛理为务的“唱导僧”，“唱导者，盖以宣唱法理开导众心也。……谈无常则令心形战栗；语地狱则使怖泪交零；征昔因则如见往来；核当果则已示来报；谈怡乐则情抱畅悦；叙哀戚则洒泪含酸。于是阖众倾心举堂恻怆，五体输席碎首陈哀，个个弹指人人唱佛。”唐代时，“唱导”法会逐渐演化为“俗讲”法会，为使民众易于理解，他们在教材选取上尽量选择适合中国民众伦理道德和欣赏趣味的佛经故事，并融合转读、赞呗、讲经等手段。“俗讲”的盛行带来了“变文”的大量产生，变文取材自佛典，大抵皆是敷衍经典，而采用通俗易懂且引人入胜之方式，或巧妙地融合中国思想，兼采丰富的譬喻与寓言，在布教的同时，亦兼顾民间宗教文学的世俗性。[16]

随着社会的不断进步，宗教的传承不再遵循其固有的传承模式，而借助了许多先进的、高科技的辅助手段。作为迄今影响人类社会最深之一的传播科技的网络，已经并正在为传统的宗教带来前所未有的传播景观。网上求签、网上拜佛、虚拟朝圣，成为网络时代的宗教徒们获取宗教满足的新途径。传统宗教组织如何利用网络传播教义、网上从事宗教崇拜的可能性、信仰生活能否建立在网络上以及网上宗教活动的分类等等，皆是网络予以宗教及其未来发展的新课题。[17]另据2009年6月新加坡《联合早报》报道，日本佛教界越来越开放，允许和尚走出佛门，在红尘开酒吧。东京新宿区有一家名为“坊主”的和尚酒吧，经营这家酒吧的京都东本愿寺、真宗大谷派系的和尚田口弘愿说：“在东京，酒吧多，寺庙少。日本虽然有6 000多万名佛教徒，但除了办丧事，做法事，日本人很少踏足佛庙。我与一些师兄布教时发现，酒吧也是一个能结善缘的地方。”藤冈善信出家前，曾是日本布鲁斯摇滚界的乐师。他说：“时代不同了，日本佛教必须与时俱进，和尚不能只待在佛寺里。日本人对宗教漠不关心，这说明佛教面对生存危机。我现在正在研究如何将布鲁斯摇滚乐结合佛经，编写成大家都能吟唱的佛歌。”可以说，社会的发展，新的传播通道，高度发达的媒体拓展了宗教的传播空间，两者间的互动也构成了当代宗教传播修辞的新的特征。

参考文献

[1] Paul R. House, ed. Beyond Form Criticism: Essays in Old Testament Literary Criticism[M]. Indiana: Eisenbrauns Press, 1922: 53.
[2] [6] 詹石窗. 符号学在宗教研究中的应用初探[J]. 宗教学研究, 1995 (3).
[3] 葛兆光. 道教与唐代诗歌语言[J]. 清华大学学报, 1995 (4).

[4] George Kennedy. New Testament Interpretation Through Rhetorical Criticism[M]. Chapei Hill: University of North Carolina Press, 1984: 4.
[5] 黑格尔. 美学[M]. 第1卷. 北京: 商务印书馆, 1982: 105.
[7] 卡西尔. 国家与神话[M]. 范进, 等, 译. 北京: 华夏出版社, 1999.
[8] 王志远. 佛教艺术内涵在中国佛教传播初期的重要价值[J]. 世界宗教研究, 2005 (2).
[9] 葛兆光. 思想史研究视野中的图像[J]. 中国社会科学, 2002 (4).
[10] 约・阿・克雷维列夫. 宗教史(上卷)[M]. 北京: 中国社会科学出版社, 1984.
[11] D. Jasper. The New Testament and the Literary Imagination[M]. London: Macmillan. 1987: 95.
[12] 金泽. 宗教人类学导论[M]. 北京: 宗教文化出版社, 2001.
[13] 张君房编. 道藏[M]//云笈七签. 第5册: 41.
[14] 任继愈. 佛教史[M]. 北京: 中国社会科学出版社, 1991.
[15] 刘丹. 基督教与佛教在中国传播命运迥异缘由的比较[J]. 世界历史, 2002 (3).
[16] 蒋海怒. 书写和口传:中国宗教的两种类型[J]. 学海, 2005 (4).
[17] 肖尧中. 试论网络视域中的宗教传播[J]. 宗教学研究, 2008 (4).

Research on the Rhetoric of Religious Transmission

Zhao Jing
(Southwest Jiaotong University)

Abstract: The paper mainly study the interior and external relations and the relevant elements in religious transmission. Such as the media, context, communication and other related elements. New channel, highly developed technology and the media resulted in the new features of contemporary religious transmission.

Keywords: rhetoric of religion; context; media; religious transmission

第二部分

话语修辞学研究

SDRT视角中的语篇结构与回指消解

刘东虹

（［中国］华中师范大学）

摘　要： “语段表征理论SDRT”是一种新的动态语义学理论，它吸取了其他语篇结构理论的精华，如“修辞结构理论RST”、“语言语篇模型LDM”、“语篇表征理论DRT”，其语段表征结构的构建过程反映了人的认知心理。在SDRT的应用方面，本文首先介绍SDRT如何用于抽象实体回指消解，并试图运用语段表征结构的构建规则和语篇约束原则来分析桥接现象（即间接回指）、确定所指。而且，本文还尝试对SDRT进行一些修补后，运用于抽象实体预指（即后向回指）的消解。

关键词： SDRT；语篇结构；抽象实体回指；预指；桥接

一、前言

“语段表征理论（Segmented Discourse Representation Theory，简称SDRT）”是美国语言学家及哲学家Asher在1993出版的专著*Reference to Abstract Objects in Discourse*中提出的。该理论一经提出，便引起了语言学家、逻辑学家以及计算机科学家的兴趣，并得到了广泛的应用和充分的肯定。但目前在国内对SDRT感兴趣的主要是计算机科学领域的研究人员，而在语言学界，该理论却很少有人关注，只有个别学者对此理论有所介绍，如熊学亮（2006）、夏喜年（2006）、王勇（2007）等。

SDRT包括语篇结构理论（discourse structure theory）和模型理论（model theory），且以前者为主。SDRT属于动态语义学范畴，并受到van Dijk 和 Kintsch（1983）的情景模型（situation model）的启发，其语段表征结构的构建过程反映了读者/听者的认知心理。SDRT的基本思想如下：一个句子或从句经过认知处理便成为表征形式，称为“成分（constituent）”，新成分若和旧成分有语篇关系，则可“附着”在旧成分上，即和旧成分连接起来，这样一句句处理和累加便构成了语段表征结构（SDRS）。SDRS的构建是渐进的，有许多规则和步骤。语篇关系在SDRS的构建中起关键作用。

二、SDRT与其他语篇结构理论的关系

近二十年来，关于语篇结构和语篇回指的理论不断涌现，特别是“修辞结构理论（Rhetorical Structure Theory，简称RST）”、“语言语篇模型（Linguistic

Discourse Model，简称LDM）”和“语篇表征理论（Discourse Representation Theory，简称DRT）”。Asher在这些理论的基础上建立了SDRT，用于抽象实体回指。本节探讨SDRT的主要概念和思想与上述理论的关联之处。

LDM（Polanyi, 2001）提出三种语篇结构：并列（coordination）、从属（subordination）和二分结构（binary structure）。连续性的语篇活动都属于并列类结构。从属类结构包括对刚刚提到的信息进行详述（如，直接引语）、插话（interruption）、括号内补充成分，以及句法上的主从结构。二分结构指两个基本语篇成分单位有逻辑上的联系（如，由if/then, then/if, or, therefore等词连接），或属于交际上的互动（如，问与答、承诺与反应、错误与修正）。SDRT借鉴了LDM“并列”与“从属”类语篇结构中母结点信息的继承方式，提出了两种话题构建方式。在SDRS的构建过程中，话题的构建是最后一步。SDRT中的话题成分相当于LDM中的母结点。在并列类关系中，话题是各成分命题的总和；在“详述”关系（典型的“从属”关系）中，话题成分则由起语篇控制作用的成分承担。其次，SDRT对“详述”关系的成分图进行了修改，把从属成分置于主导成分的直接控制下，而不是作为姊妹成分处于同一层次。这使得成分图的层级性更强、更直观。最重要的是，SDRT并没有一味坚持LDM中“右侧开放”原则，而是灵活处理复杂的语篇结构。Polanyi（2001）认为语篇分离树（相当于SDRT中的成分图）的主要特点是“右侧开放（right open）”，即只允许在右侧附加新成分。而SDRT中新成分不一定附着在前一成分的右侧，还可以附着在前面成分的左侧，特别是对于下文将提到的“语篇从属（discourse surbordination）”现象，左侧开放更显合理。

RST是由Mann和Thompson（1987，1988）提出的，其基本概念是“修辞关系”和“语篇块（text span）”。语篇块通常是从句。由修辞关系连接起来的语篇块有“核心—卫星”关系这种不对称关系，也有对称性关系“核心—核心”关系。Fox进一步发展了RST，她认为最小的语篇单位是命题，状语从句单独产生命题，可以作为独立的语篇单位；而关系从句却不能单独产生命题，因此不能看成独立的语篇单位。这对于SDRS的构建有启示作用，在以子句为基本成分的语段表征结构的构建中，SDRT理论认为状语从句可以产出表征成分，而关系从句则和主句一起产出表征成分。此外，Fox确定了一种语篇现象，“语篇回跳（return pop）”，即一个命题不是与其前面相邻的命题相联系，而是与先前出现的命题联系紧密。但SDRT对此概念进行了发展，提出“语篇从属（discourse subordination）”。该现象与“语篇回跳”不完全等同。在成分附着的处理过程中，新成分中的语言信息使先前已关闭的旧成分重新开放，于是新成分得以附着在旧成分上，这是左侧开放的体现。但新成分的附着却使语段表征结构发生变化，即新成分和该旧成分一起产生一个较大的SDRS，并且从属于新产生的话题成分①。简言之，所谓“语篇从属”，是指新成分的附着使得新成分和先前的旧成分一起受话题成分的控制，从属于话题成分。这种语篇处理方式是SDRT的独特之处。如例（1），k_2 附着于k_1，使得k_1关闭，成为旧成分。但k_3中的语言信息House A使得k_1重新开放，即语段的左侧开放，于是k_3得以附着在k_1上，在成分图中较为直观地体现在k_1左侧。k_1和k_3两个成分有共同的话题house A，因此一起产出$\mathbf{K_1}$，并且从属于话题成分k_0。k_2和k_4的话题是house B，成分附着情况同理。而且，k_4的附着使k_3和话题成分关闭，k_5重提house A使得语段左侧开放，再次构成“语篇从属”。k_6同理。最终整个语段产出大的SDRS $\mathbf{K_3}$，并从属于话题成分k_0”。

（1） (k_1) House A is in Palo Alto
(k_2) and House B in Portola Valley.
(k_3) House A has 2 bath,
(k_4) and House B, 4.
(k_5) **That**'s all I know about House A.
(k_6) And **that**'s all I know about House B.

（Webber, 1998: 115有改动）

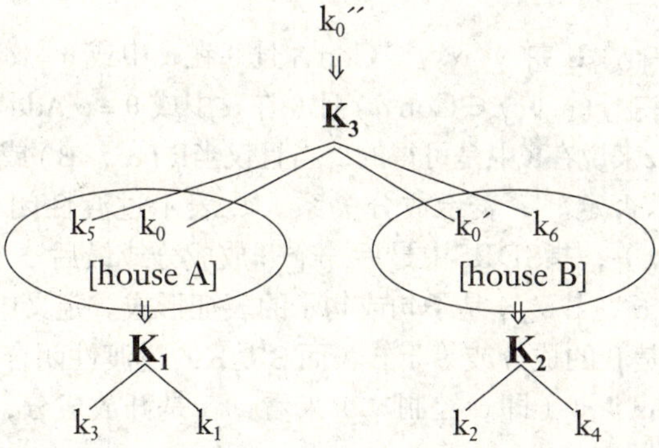

图1 例（1）成分图

DRT是Kamp (1981) 提出的。这是一种动态语义学理论。DRT包括三个部分：句法树、语篇表征结构、语义解释。语篇表征结构（DRS）是该理论的核心，每个DRS都用盒装图表示。DRT认为，处理语篇时，句子一个接一个地进入DRS盒内，后续句子的解释依赖先前句子的信息。每个DRS包括两个部分：论域（universe）和条件（condition）。DRS的构建受一些构造规则的约束。无论是连贯的语句，还是不连贯的语句，DRT采用同样的处理方式，这不符合人们理解自然语言的实际过程。SDRT保留了DRT中的DRS，作为微观结构，其语段表征结构的构建思想也同DRT，但SDRT不再局限于句内单个词语所构成的个体变量，而侧重于子句或句子的表征形式，用$k_1, k_2, k_3…k_n$表示，或用α，β，γ表示。SDRT与DRT最大的不同是考虑语篇关系，着眼的层次更高。SDRT强调语篇关系对话语意义的影响，并把语篇关系引入表征结构中，用符号R表示。DRT所能处理的语句系列有限，仅仅是时间关系序列。然而一些复杂的语篇，其语句的排列不按时间的先后顺序，甚至出现思维跳跃，如“语篇回跳”，DRT无法处理，而SDRT则能有效地描述分析。

三、SDRT的应用

SDRT这一新的动态语义学理论得到了广泛的应用，在逻辑学、语言学、人工智能方面都受到了充分的肯定。本节只探讨SDRT在语言学中的应用，涉及三种回指的消解。

1. 抽象实体回指的消解

DRT用“x=y”来表示代词回指关系，x和y是单一变量。但先行语若为抽象实体（Asher, 1993；刘东虹，2007；Liu，2007），如命题，DRT则无法解决回指问题。

针对抽象实体回指确认，Asher 提出了两个语篇约束原则：“可得性（availability）”和“理据性（well-foundedness）”。起主要作用的是“可得性”，对所指的可能性加以限制。而“理据性”则排除不可能因素。我们着重介绍“可得性”。

可得性：令θ为所指，R为语篇关系。

如果z由代词回指语引入U_K中，$K \leqslant \beta \leqslant_{tc}$ **K**；存在一个成分α和一个语篇所指或结构θ，结果：

（a）或者$\neg \exists \delta \leqslant \mathbf{K} \exists \gamma (\alpha\ \gamma \in Con\ \delta$ 且 θ 在 α 中或 $\theta = \alpha)$；或者

（b）$\exists \delta \leqslant \mathbf{K} \exists \gamma (\alpha \Downarrow \gamma \in Con\ \delta)$ 且 θ 在 α 中或 $\theta = \alpha\ Add^{*}\ \gamma$，

那么，θ对于z来说在**K**中是可得的，当且仅当R（α，β）或 α=β。

定义中¬表示否定。< 表示成分关系。$<_{tc}$表示过渡性闭合成分（transitive closure constituent），指SDRS中最后一个开放成分或最后一个不受其他成分控制的语篇自由成分。α，β，γ是子句或句子的表征形式。定义中z是处于K的论域中的代词回指语，K是β的成分或等于β，而β是**K**的过渡性闭合成分或等于**K**，**K**是最大的SDRS。从α⇓γ（即α控制γ）来看，α是开放成分，γ则从属于α，且α⇓γ是δ中的条件。

规则（a）适用于先行语在与回指语相邻的前句中，或先行语就是该句。在这种情况下，只有当α与β之间存在语篇关系，θ对于z来说在**K**中是可得的。该规则可以解决例（2）的回指。例（2）包括两个句子，第一句产出α成分，第二句产出β成分，β即是K，α与β构成**K**。β中的回指语it为z，α中的所指为θ。这里不存在δ和γ。δ与β之间有语篇关系——“继续”，因此“wrote articles and sent them off to learned journals”对“it”来说在**K**中是可得的。

（2）She [wrote articles and sent them off to learned journals]$_i$. She did **it**$_i$ all herself.②

规则（b）适用于较复杂的语篇结构——先行语为句群，该句群间的关系包括“详述”和“继续”两种情况。同规则（a）一样，只有当α与β之间存在语篇关系或α等于β时，θ对于z来说在**K**中是可得的。该规则可以解决例（3）的回指。我们以句号为标志来划分例（3）的基本成分。第一句产出α，第二句产出γ，γ是对α的详述，因此α控制γ（且是δ的条件，此时δ就是**K**）。最后一句产出β，β即是K，z为“**这**”。α与β经过成分修正产生**K**。θ即“α加γ”。由于α与β之间有语篇关系——“评论”，因此θ对于“**这**”来说在**K**中是可得的。为了清楚地说明问题，我们画出了例（3）的成分图。图中的椭圆表示经成分修正，回指得到消解。

（3）“一个有着弱者意识的人才会选择在激愤中公布收入以自证清白。比如前段时间舆论指责公务员收入高时，许多地方的基层公务员也委屈地贴出了自己的工资单。”③ i这i是弱者表达情绪的一种方式。

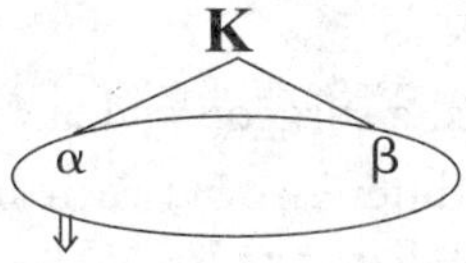

图2 例（2）成分图

2. 抽象实体预指

预指也称为后向回指（backwards anaphora）（van Hoek，1997）。抽象实体预指的先行语一般为句子或句群，回指语为指示代词和指示短语，汉语中还有指示代词的派生形式，如“这样”。然而，Asher从未提及抽象实体预指现象，更未将SDRT理论应用于其所指消解。这实属遗憾。我们想在此做一下尝试，解决抽象实体预指。

由于以往的预指研究只关注句内预指，所以通常，学者们把分别包含回指语和先行语的从句作为句法从属关系看待（Ariel，1990；van Hoek，1997；Polanyi，2001）。但是，抽象实体预指是句间预指，一般是语段或句子为先行语。因此，我们认为回指语的句子和先行语的关系不是Polanyi等所说的句法从属关系，而应该是语篇从属关系。具体来讲，这种语篇从属关系是“详述”，即先行语是对回指句的详述，是对回指语语义内容的展开，先行语从属于回指句。在抽象实体回指中，先行语语段内存在“详述”关系是很普遍的现象，“可得性”（b）可以解决此类回指。但抽象实体回指中，先行语语段和回指句之间的“详述”关系却十分罕见。这是抽象实体预指与回指的区别之一。在抽象实体预指中只有确定了这种语篇关系，才能解决所指问题。况且，“可得性”与“理据性”并未禁止这种关系的存在。

此外，抽象实体预指与回指在处理上的差异还表现在成分图的不同。由于先行语是对回指语句的详述，那么回指语句应“d—控制”先行语，用符号⇓表示。经成分修正，回指得到消解，用竖式椭圆圈住回指语句与先行语成分。这与抽象实体回指中的横式椭圆不同。

除了椭圆不同外，抽象实体预指与回指在成分图上的差异还表现在话题成分上。在抽象实体回指中，“详述”关系中起语篇控制作用的成分就是话题成分，直接控制语篇从属成分或多个从属成分产出的SDRS。然而，在抽象实体预指中情况较为复杂。有两种情况：如果先行语只有一个成分，那么则由回指句成分直接控制，可运用“可得性（a）”解决所指；如果先行语由两个以上的成分组成，则不仅需要产出SDRS，而且还得由话题成分控制此SDRS，这种情况可运用“可得性（b）”解决所指。

以（4）为例，回指语出现在k_1中，有待识别。k_2附着在k_1上，语篇关系为“详述”，二者产出SDRS $\mathbf{K_1}$，k_3是对k_2的详述，k_4是k_2的结果，因此附着在k_2上。k_2和k_4经成分修正产出$\mathbf{K_2}$与话题成分k_0，$\mathbf{K_2}$受k_0控制。而回指句k_1与k_0的语篇关系为“详述”，k_1则控制k_0。根据“可得性（b）”，“k_0加$\mathbf{K_2}$”对“this”来说在大的SDRS $\mathbf{K_1}$中是可得的。

（4）(k_1) Dr. Maxwell Maltz, a surgeon and author, says this: (k_2) [“Your nervous system cannot tell the difference between an imagined experience and a real experience. (k_3) In either case it reacts automatically to information that you give it... (k_4) it reacts appropriately to what you think or imagine to be true.”]i[4]

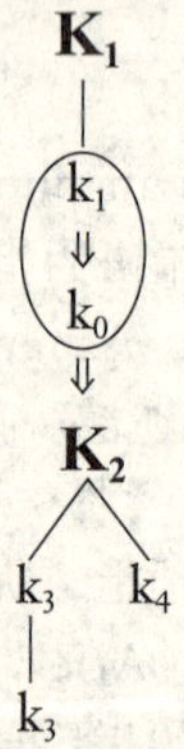

图3 例（4）成分图

例(5) 只包括两个成分，k_1是语篇控制成分，也是话题。k_2是语篇从属成分，是对k_1的详述。k_2和k_1经成分修正产出**K**，根据“可得性（a）”，k_2对于回指语“这样的”来说，在**K**中是可得的。该例成分图见图4。

（5）(k_1)事情是**这样的**i：(k_2) [十几年前，在他们的新婚蜜月里，吕月平突然提出来要给他们的爱情投一份保。] i

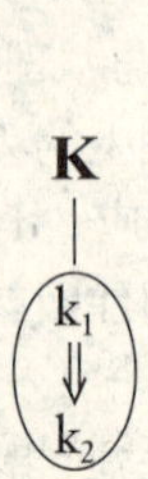

图4 例（5）成分图

3. 桥接现象

桥接现象是自然语言中的一种典型的指称现象，也称为间接回指。一般涉及“整体——部分”的联系。许多学者从不同角度对之进行了分析，如 Matsui

（1998）从关联理论角度，Clark（1992）从认知心理的角度。Asher（2003）在讲义“Why Discourse Structure”中从语篇关系的角度也提到了此现象。以Matsui和Asher的经典例子为例，见例（6），根据常识“the waitress”应该指“Thai restaurant”中的女招待，但就语义和语篇结构而言，似乎是“fancy hotel”中的女招待。曾有学者尝试用SDRT来分析此例，他们主要采用“右边界限制”条件。该限制条件认为，在以线性顺序排列的语篇分析成分图中，先行语只有位于任何层面的右侧，才能成为回指语的所指。但是，如上文所述，Asher并未坚持“右侧开放”原则，对于像“语篇从属”类的复杂的语篇，他采取左侧附着。因此，“右边界限制”不能很好地解释此现象。这里我们运用SDRS的构建方式以及用于回指消解的语篇约束原则，对此现象的所指消解过程进行详细分析。

（6）a. We had dinner at a Thai restaurant

b. and then drinks at a fancy hotel on 5th Avenue.

c. The waitress was from Bangkok.

在SDRS的构建中，b句中的“and then”提示a句和b句的关系为“叙述（Narration）”，因此，b可以附着于a，并且b的附着使a“闭合”，不再是可以附着新成分的“开放成分”。SDRT还规定，如果新成分中有名词短语重新提及已闭合成分中的内容，则可以使该成分重新成为开放成分。然而，c不具备此条件，所以c不能附着于a。此时，b是可以附着新成分的“当前成分”，也是开放成分。c与b的关系是“详述”，可附着于b。根据“可得性”(a)，“fancy hotel”对于“the waitress”是可得的。

上例涉及三个成分，然而当语篇只涉及两个成分时，仅靠SDRS的构建规则和“可得性”无法解决所指问题。如例（7），b可以附着于a，“the rent”有两个可能的先行语，而且 Availability 可以判定这两个先行语都是可得的，因此所指仍然模糊，该问题仍未得到妥善解决。

（7）a. John moved from Brixton to St. John's Wood.

b. The rent was less expensive.

提出了“语篇连贯最大化（maximizing discourse coherence）”原则，有四条规则：

① 其他情况完全相同时，话语中的修辞联系越多，解释就越连贯；

② 其他情况完全相同时，处理的回指表达式越多，解释的连贯质量就越高；

③ 其他情况完全相同时，哪个解释使得修辞关系的质量更高，哪个解释就更连贯；

④ 其他情况完全相同时，后续话语如果能对意愿性的事件进行原因解释或能明确指出原因不详，那么这样的解释比非原因解释的连贯性更强。

如果把“the rent”看成是 St. John's Wood的房租，那么b与a可以是“背景”关系，也可以是“原因”关系。但如果看成Brixton的房租，那么无论解释成“背景”关系还是“原因”关系，都不符合人们的“价值评判原则”（熊学亮，2006）。而且，也无其他语篇关系可以连接a和b。因此，根据规则（1）和（4），解释成St. John's Wood的房租，语篇关系较多，且有“原因”关系，因此更连贯。

四、结语

SDRT从语篇关系的角度对语篇进行动态处理，并提出了两项回指确认约束原则。这的确解决了其他理论所无法解决的回指问题。然而，这只是前向回指（forwards anaphora），而对于后向回指（backwards anaphora）——预指，Asher却并未关注。我们通过确定回指句与先行语段之间的“详述”关系、修正成分图等，运用“可得性”的两个条件解决了所指问题。对于间接回指——桥接现象，我们认为，从SDRS的构建方式、语篇约束原则，以及“语篇连贯最大化”原则等诸方面，可以确定所指，消除歧义。

注释

① 根据SDRT，新成分附着于旧成分后，得经过成分修后，产出语段表征结构SDRS 中 K 和话题成分ko，并且ko控制K。用符号⇓表示。

② P.G. Beidler, *Why I Teach College English*.

③ 曹林“从阿忆哭穷看弱者对弱者的付代”《人民观点周刊》2006年9月22日。

参考文献

[1] Asher, N. Reference to Abstract Objects in Discourse [M]. Dordrecht: Kluwer Academic Publishers，1993.

[2] Asher, N. & Vieu, L. Subordinating and coordinating discourse relations [J]. Lingua 2005（115）: 591-610.

[3] Asher, N. Why Discourse Structures[M/OL]. 2003. http: // www.eecs.umich.edu/~rthomaso/lpw03/asher.pdf,.

[4] Ariel, M. Accessing NP Antecedents[M]. London: Routledge, Croom Helm Lingustics Series, 1990.

[5] Clark, H. H. Arenas of language use[M]. Chicago: University of Chicago Press, 1992.

[6] Fox, B. A. Discourse Structure and Anaphora [M]. Cambridge: Cambridge University Press, 1987.

[7] Kamp, H. A. Theory of Truth and Semantic Representation [A]. In A. G. G. Jeroen et al. (eds.). Formal Methods in the Study of Language [C]. Amsterdam: Mathematical Centre Tract, 1981 (135): 277-322.

[8] Liu, D-h. Abstract Entity Anaphora in Argumentative Texts[D]. Dissertations in Fudan University, 2007.

[9] Mann, W. C., C. M. I. M. Mathiessen & S. A. Thompson. Rhetorical Structure Theory and Text Analysis [A]. In: W. C. Mann & S. A. Thompson (eds.). Discourse Description: Diverse Linguistic Analyses of a Fund-raising Text [M]. Amsterdam: John Benjamins, 1992: 39-78.

[10] Carston, R. & Uchida, S. (eds.) Relevance Theory: Applications and Implications[M]// Matsui, T. Assessing a scenario-based account of bridging reference assignment. Amsterdam: John Benjamin Publishing Company, 1998.
[11] Polanyi, L. The linguistic structure of discourse [A]. In Schiffrin, D., Tannen, D. & Hamilton, H. E. (eds.) The Handbook of Discourse Analysis [M]. Oxford: Blackwell Publishers Ltd. 2001: 265-281.
[12] van Dijk, T. A. & W. Kintsch. Strategies of Discourse Comprehension [M]. New York: Academic Press, Inc. 1983.
[13] Van Hoek, K. Anaphora and Conceptual Structure [M]. Chicago: The University of Chicago Press, 1997.
[14] 刘东虹. 抽象实体回指——一种特殊类别的回指[J]. 外语与翻译，2006 (5): 51-56.
[15] 王勇. 切分语篇表征理论对搭桥推理的解释[J]. 西安外国语大学学报, 2007 (1): 1-4.
[16] 夏喜年. 从DRT到SDRT [J]. 哲学动态，2006（6）.
[17] 熊学亮. 语言使用中的推理[M]. 上海：上海外语教育出版社. 2006.

Discourse Structure and Anaphora Resolution from SDRT Perspective

Liu Donghong
(Hua zhong Normal Umiversity)

Abstract: SDRT, a new dynamic semantic theory, is based on the previous theories of discourse structures such as RST, LDM and DRT. The process of SDRS construction reveals the cognitive psychology of human beings. This paper focuses on the SDRT application. It is introduced first how abstract entity anaphora is resolved by SDRT. And then an attempt is made to analyze bridging reference, indirect anaphora, by means of the SDRS construction rules and the discourse constraints. What's more, some aspects of SDRT are revised so as to apply it to cataphora, i.e. backwards anaphora successfully.

Keywords: SDRT discourse structure; abstract entity anaphora; cataphora bridging reference

大学校园流行语修辞特征探释

李少丹

（［中国］漳州师范学院）

摘　要： 大学校园流行语是社会流行语中具有鲜明独特性的一个分支，是在大学校园环境里广泛流行于大学生口语交际中未经规范化、且处在相当自然状态下的一种语言现象，具有突出的知识性和鲜明的个性特征，同时，它的创造性和革新性也明显地高于一般社会流行语。这些有着相当自由度、呈现自然状态的流行语，在修辞手段运用上有着许多独到的修辞特点，表现在词语修辞上，广泛营造同义形式，刻意雕琢词语形貌；表现在句式修辞上，句式灵活简洁，杂以仿套韵文，追求句式的齐整与音韵和谐；表现在修辞方式上，注重意义效果类和音形效果类辞格的广泛运用。

关键词： 大学校园；流行语；修辞特征；成因

大学校园流行语是在大学校园环境里广泛流行于大学生口语交际中未经规范化、且处在相当自然状态下的一种语言现象，是社会流行语中具有鲜明独特性的一个分支。从语言层面审视，大学校园流行语除具有一般流行语的流行性、时间性、通俗性等特征外，它还具有特有的知识性和鲜明的个性特征，同时，它的创造性和革新性也明显地高于一般社会流行语。从内容上看，大学校园流行语涉及大学生日常生活圈的各个方面，如约会、恋爱、上网、游戏、卧谈、考研、逃课等，反映了大学生这一群体独有的社会文化心态。从形式层面看，大学校园流行语的存在形式主要是“词、短语、句子或特定的句子模式”①。这些有着相当自由度、呈现自然状态的流行语，在修辞手段运用上有着许多独到的修辞特点。认识和总结这些特点，成为本文认知校园流行语修辞特征的基础。

一、大学校园流行语词语修辞特征

大学校园流行语的词汇基础广泛，“各种自创词语、外来词语、专业术语、网络词语及来自其他不同渠道的流行语层出不穷”②，形成其自身的独特性，总体上主要体现为两大特征：一是兼收并蓄，语源广阔，丰富多彩；二是创新求异，造词锻语，手法多样。大学校园流行语的词汇在内容上折射出社会发展、精神变迁和大学独特的生活特色；在形式上既求活泼多变，又表现新颖奇特。以下方面特点尤为突出：

1. 广泛营造同义形式，变异求新，韵味独特

大学生身处极具文化氛围的校园，多元文化潜移默化的渗透和影响，使不拘泥陈规的大学生在语言表达上形成了尚奇好新、追求另类的玩味语言新潮，校园流行语中洋溢着一种特有的“雅趣”。流行语中同义形式语料不断地产生并丰富起来，正是大学生们想象力和创造力的结果。由于同义形式的大量造设，同义词语、同义结构等语言变体的灵活运用和各得其所的选择，使流行语在变异求新中产生出独特的表达效果，校园流行语显得异彩纷呈，个性彰显。大学生们造设的诸多同义形式触及到校园生活的各个层面，反映细致入微，语韵新颖独特，形式各异。例如：

评论人的相貌丑，大学生就创造了很多同义形式流行语，如“长得很困难/谦虚/抽象”、“长得有创意”、“长得好爱国啊（爱国，指难看）”、“长得安全”、“恐龙”、“仙姑”、“青蛙”等等。这些同义形式词语的造设都有着修辞方式的认知基础，有的采用了婉曲修辞手法造词，如“困难/谦虚/抽象”、“有创意”、“好爱国”，委婉地表达了对对方形象的不敢恭维；有的采用了比喻修辞手法造词，如“恐龙”、“仙姑（专指女生）”、“青蛙（丑男的称呼）”，对对方进行了生动的形象类比。

形容某人是爱睡觉的懒虫，就有了“特困生”、“觉皇”、“九三学社（指早上九点起床，下午三点起床的学生)”、“后起之秀”、“早睡（早晨上课了还在宿舍睡觉）”等同义形式的词语，这些词语于诙谐、幽默中透视出善意的戏弄和嘲讽。

关于大学生中的男女生恋爱、约会等生活场景，常见的流行语同义形式更为丰富，如“甜蜜”、“晒月亮”、“青春必修课”、“鸳鸯蝴蝶派”、“拍拖”、“钓鱼（指男生追女生)”、“钓虾（指女生追男生)”、“犬科（指追逐女生，尤其是网上论坛里张口就来‘KISS YOU’的人。KISS有时用“二硫碘化钾”代指，钾代K，碘代I，硫代S，二硫为SS）”、“黄昏恋（快毕业了开始谈恋爱，又指黄昏时身体锻炼）”等多种表达方式。众多的同义形式显示出大学生们在校园恋爱这一领域里的生活，可谓丰富生动、多姿多彩。

调侃人头脑笨的同义形式词语有：“猪”、“猪头”、“PH（是英语Pig Head即猪头的缩写）”、“木头（或用网络语言‘M’指笨蛋、木头）”、“竹本一郎（用析字法，“竹本”为“笨”）”、“286（指以286命名运行速度很慢已遭淘汰的老型电脑）”、“棒槌”、“史努比的弟弟（即英语单词stupid，它是‘愚蠢的’意思）”、“憨菜”、“德国汽车（取英语中‘德国汽车’Bens的读音，谐‘笨死’）”、“本草纲目（利用字的谐音，指又笨又吵又憨又木）”等。此外，“郁闷”又称“纠结”，“喜欢”又称“稀饭”等等。

不仅实词可以据情造设出同义形式，表示“非常”、“很”、“极其”之义的副词同义形式也很丰富，如用“爆”、“超”、“乱”、“贼”、“特”、“狂”、“巨”、“奇”、“相当”等一些“劲爽”的形容词来代替，使抽象程度产生出某种具象化特征，既活泼鲜明，又能透视出表达者特有的情绪和特定的语气。有时，也用数学符号“N”来表示程度，如“N爽”、“N丑”、“N好”。

其他方面造设和使用的同义形式词语还有很多。如形容考试不及格的同义形式有“挂（科）”、“摔死”、“中招儿”、“泡菜了”、“走脱了”、“死掉了”、“晾干了”、“被关（来源于一种电脑游戏，指被对手囚禁起来）”等。此外，有的大学生还喜欢在非正式场合中、在调侃中运用南方方音造出的词语，如“什么”说成“虾米”，“是不是”说成“系不系”，“人”说成“狼”，在超常规中获得幽默与放松。

通过上面的例子，我们不仅看到校园生活各个层面同义形式的丰富性，同时也清楚地看到大学生同义形式造词的手法具有多样性。在更多情况下，同义形式词语的造设主要采用了以下四种手段：（1）语音手段构词，如谐音法、音译法；（2）语法手段构词，如缩略法；（3）语义手段构词，如正词反用法、反词正用法③；（4）修辞方式构词，如比喻、仿拟、借代、婉曲、双关、谐音、析字等众多的修辞方法。大量同义形式的造设和应用，使得大学校园流行语既鲜活形象，又回避直白、冒犯通俗，给语言增设了一种难以名状的新奇怪异的韵味。同义形式渗透校园生活各个层面，成为校园流行语的一道亮丽风景，展现出大学生个性突出而又异彩纷呈的语言特点。

2. 刻意雕琢词语形貌，构形怪异，新颖俏皮

校园流行语语汇中，产生了较大批量的形貌怪异的词语形式，对这些怪异的词语形式，有人称之为新式语言的标志性特征，也有人认为对汉语是一种污染，但无论如何词语形貌上雕琢出的“怪形词”鲜活地应用于大学校园话语中，新颖而俏皮，已成为校园流行语语汇中又一道风景。词语形貌上的雕琢，突出表现在数字及符号叠加式构词、字母式构词、中英文混合式构词、图符式构词等新的构词方式上，这些新式形貌词语以怪异的形式表达了大学生独特的校园生活情趣和思想感情。例如：

（1）数字式构词。采用一连串的数字谐音或转意雕琢成数字密码，表达特定的意思。如：0564335（你无聊时想想我），7456（气死我了），9958（救救我吧），2925184（爱就爱我一辈子），2010000（爱你一万年），3166（谐音‘沙扬那拉’，即日本的‘再见’的发音），53880（我想抱抱你），9494（就是就是），584（我发誓）。

（2）图符式构词。将本身无任何意义的符号叠加在一起，赋予各种具体的实在情感和意义。多见于网络用语。如：^_^ 表示面带微笑，：— ≪表示十分愤怒的神态，：—C指十分伤心的神态，@～@表示脸上泛红，：—X表示接吻，@》- -表示一支玫瑰，TOT表示痛哭流泪状。

（3）字母缩略式构词。主要体现为自创英文缩略语和自创汉语拼音缩略语两种。自创英文缩略语，如：F2F（face to face，面对面）、OMG（Oh my God，我的天），OIC（Oh I see，我明白了）、TKS（Thanks，谢谢）；自创汉语拼音缩略语，如：PMP（拍马屁）、BT（变态）、PLMM（漂亮妹妹）、WAN（我爱你）。

（4）中英文混合式构词。将汉语词语和英文词语混合编制成汉英混合词语，形成一种特殊的新兴语词。如：Happy一下（指庆祝一下）、小Case（小菜一碟）、I服了U(我佩服你了)、还OK吧？（还好吧？）、我T／K死你!（T/K分别是“踢”的汉语拼音缩写、英语单词缩写）、我要给你点Colour to see see（我要给你点颜色看看）。

这些新式语言词语开始都有源头，有的来源于韩国网络小说，后在网上广泛流传；有的引自港台校园流行语；有的引自专业术语并加以别解。它们来源广阔，引人注目，既新颖简便，又俏皮生动，可以传达出很多微妙的信息。同时，在词语形貌上也体现出了大学生用语简洁、追求语效的修辞特点。这类新式语言已成为虚拟社会的流行语，预示着流行语一种新的发展趋向。

二、大学校园流行语句式修辞特征

校园流行语在句子形式上的修辞特色虽不像词语那么突出，但它们的句式灵活多样，句类变化丰富，感叹词语起情造势，编拟仿套韵文整齐而又韵致，无不以其灵动性特征反映了大学生的语言特色，为我们对校园流行语句式修辞认知提供了新的视角。

1. 句式灵活简洁，煽情造势，富于感染力

大学生思想活跃，才思聪敏，情感充沛，用语直率，决定了流行语句式的鲜明特征。

（1）善用祈使、感叹等句式。简洁明快的祈使句、感叹句是大学生言语活泼、富有鲜活生命力量的见证，例如：表示诚恳可靠的承诺“相信我，没错的！”；坦荡自由的宣言“走自己的路，想说谁说谁去吧！”；坚定不移的信念“将减肥／考研进行到底！”等等，语句中流露出一种青春而有朝气的活力。

（2）常用反问句及双重否定句。同平铺直叙的表达比较，反问句式语气强烈，语言力量深厚，能激发听者感情，有时再加上双重否定形式，更能给听者造成深刻的印象。如“有没有搞错？”、“我是ＸＸ，我怕谁？”、“有病／找死啊，你？”

（3）妙用肯定句与否定句。用直率、明确的肯定句表现出自己强烈的感情，如：“很黄，很暴力！”、“ＸＸ很生气，后果很严重！”；用否定句委婉灵活地表达自己的无奈或得意，如：“队伍越来越不好带。”、“我不是随便的人，我随便起来不是人。”等等，这些句式特征都是大学生时代、知识、年龄等综合因素影响的集中反映，带有鲜明的快言快语、果敢直率的个性特色。

（4）句式中充斥着大量的感叹语和语气词。校园流行语大量运用感叹语和语气词语成为句式中一个突出特征，借助感叹语和语气词可以很好地渲染情势，营造张力。如句中常用“嘿嘿”、“嘻嘻”、“哈哈”、“吼吼”、“呵呵”、“啊……”，这类叹词既可以充分地表达特定情感，渲染气氛，也可以调节话语

或岔开话题，凸显话语交谈的灵活机智。语句中还经常用“耶”、“哇噻”等词语起情造势，既可调节语句节奏，又使语言透出一种特有的青春活力和蓬勃朝气。创造大量生动活泼的感叹语和语气词是大学生流行语的一个鲜明特色，其中有两点特别提及：一是移植性。大学校园流行语中的感叹语和语气词中有一部分是模仿移植自港、闽南语的，如“等你哦”、“这样是会出错的噢”、“是我喔”，把“哦、喔、噢”放在句末作语气词，带有轻松亲切的口语化色彩。二是方言性。感叹语和语气词中流露出区域地方言性特征，即方音成分突出。例如：“不要离开我轰！”、“帮我拿东西轰！”其中“轰”是模仿闽南方言造出的语气词，相当于“啊”，但又有祈使商量的意味，“轰”是受大学生求新创异心理的支配而流行开来。这些移植和源自区域方言的语词中，有些可能会逐渐广泛流行，具有较强的渗透性。另外，受特殊语气追求等因素的影响，感叹语和语气词中有时会选用一些生僻少用的字。如：“怎么这么久才来叻？”、“这图片好可爱吖！”、“吃饭了咩？”其中，“叻”表示疑问语气，“吖”表示赞叹语气，“咩”表示可爱的疑问语气（源自模拟羊叫声的拟声词，“咩”是“乜斜韵”，音调柔和，读来亲切，深受大学生青睐喜爱）

2. 编拟仿套韵文，追求句式齐整，音韵和谐

韵文作为一种文学体裁，仿套化用在校园流行语中，给校园生活注入了一股清新的气息。被仿套韵文有雅有俗，但一经仿套即完全通俗化、生活化，从不同侧面反映了校园生活现实。例如：

① 春花秋月何时了，往事知多少？教室昨夜又用功，考试不堪回首课堂中。④

② 考试作弊有绝招，又能偷看又能抄。个个像个韦小宝，捉弄老师有技巧。

上两例一雅一俗，前者仿套李煜词，反映大学生学习上的思想重负和考前用功复习的艰辛；后者是编拟的歌谣，真实地勾勒了考试过程中存在的作弊现实。语句齐整，韵致和谐，隐隐透视出大学生对学习考试生活的戏谑不恭和无奈。编拟、仿套韵文形式可以渗透校园生活的诸多层面。又如：

③ 不在沉默中恋爱，就在沉默中变态。

例③仿鲁迅先生的名句“不在沉默中爆发，就在沉默中灭亡”，以复句的形式，表达了生理成熟的大学生面对空泛寂寞的课余生活，对异性和爱情的渴望。

综观流行语的仿套韵文，大都隐隐透示出大学生中存在一种不自觉的游戏生活、玩世不恭的消极情调，反映了当代大学生思想的沉闷和对未来生活的茫然无奈。

三、大学校园流行语的修辞格特征

大量使用修辞格式是校园流行语最突出的特点之一，校园流行语所使用的修辞格式，既有传统修辞方式的创新应用，又有新修辞格式的设立和发展。这些修辞方式丰富多彩，通俗易懂，雅俗共赏，构成校园流行语的另一道亮丽风景。修辞方式在校园流行语中有着其特殊的分布，从运用辞格的侧重点来看，主要表现在注重意义效果类辞格和讲究音形效果类辞格两个方面，而其中各种修辞格的具体使用也有明显的规律性。

1. 注重意义效果类辞格的运用

大学生在修辞格式的造设方面，比较注重意义效果类辞格的使用，或追求具体形象，或渲染张力，或婉言曲折，或立异新颖。意义效果类辞格使用频率较高的主要有比喻、夸张、婉曲、别解等，这些辞格的运用为校园流行语增添了新奇想象、生动灵活的艺术效果。

（1）比喻。将社会生活中的各个层面的物象事理都融进比喻之中，喻体与本体相互交织、多彩缤纷，呈现出幽默与严肃并存，雅致与通俗融于一体的特点。例如："灭绝师太"、"东方不败"，分别比喻古板的女才子、变态或看上去很女性化的男性。"恐龙"、"青蛙"，分别指貌丑的女生、男生。两词始于网上，后推及到其他日常生活场合并有拓展。一个小群体的女生都貌丑，会被喻为"天龙八部"；一个社区内的女生都貌丑，会被称为"侏罗纪公园"；与貌丑女生约会的男生被称为"反恐精英"。再如，用股市术语中的"垃圾股"喻指不优秀的人或没人爱的人，"绩优股"喻指优秀人物或可爱的人，"崩盘"喻指工作中的搭档或恋爱双方分手。流行语中的比喻手法十分生动活泼，喻体构成幽默奇特，在常规喻体特性之外往往增添出一种独特的语韵。

（2）夸张。大学生常将一些事情故意言过其实，对客观的人、事物作扩大或缩小的描述，借以表现自己强烈的好恶。例如：随着隐形眼镜的普及，用"大跌隐形眼镜"做夸张，既有较强的针对性，又较"大跌眼镜"更加生动地表现了惊奇的程度。"酷毙了"的"毙"夸饰程度、"帅呆了"的"呆"夸饰神情，以渲染夸饰的手法表达了描写对象外形或行为带给人们的强烈视觉或心理冲击。

（3）婉曲。故意不直接表情达意，而是用委婉曲折的话来表达本意，这种表达方式是由知识分子文化水准和语言涵养所决定的，大学生当然也不例外，他们在流行语中经常使用婉曲，话语中反映出他们智慧性思维的特征。例如："挂"指的是考试不及格。这一婉曲表达使人会心地联系到孔乙已的"窃书不能算偷"，读书人考试不及格是很没有脸面的事，以"挂"言之，似乎遮去了大学生许多难为情。透视这婉曲虽非全然孔乙已遗风再现，但也有一脉之嫌。"挂"的语源可能有两个：一个是"挂红灯"的简称，因不及格的分数常用红笔打，称作"挂红灯"；另一个来源是黑话，影视片中的黑社会角色常用"挂"表示"死"，被学生婉曲借用。又如"矬"，用于形容某人无能、无知，或者表现极差，既带有亲昵、幽默色彩，又包含善意的嘲讽。

（4）别解。为凸显自我、表现新奇，有意利用原有词语的所指，对旧有词语作新的解释。例如："善良"别解为"丧尽天良"；"健美"别解为"健忘又臭美"；"风趣"别解为"疯疯癫癫没趣"；"贤惠"别解为"闲在家里什么都不会"；"善良"、"健美"、"风趣"、"贤惠"本都是褒义词，而大学生却赋予它们新的意思，原语义与新语义对比鲜明，从而在话语解读中让受话者获取了一种幽默风趣或嘲讽戏谑的审美享受。

2. 注重音形效果类辞格的运用

大学生语言表达中同样比较注重音形效果类辞格的使用，他们充分利用语言单位的音形因素，或谐音关和，或拟仿语形，或离析字件，通过语言形貌和音响上的推陈出新，追求积极生动、幽默风趣的表达效果。音形效果类辞格使用频率比较高的主要有：双关、仿拟、节缩、析字等。

（1）双关。大学生有时利用语音或语义的条件，有意使某些词语在特定语言环境中构成双重关系。以谐音相关最为突出，如："研究生"音谐"嗜爱烟酒"的学生，"大喜之日"音谐"大量洗衣的日子"。语意双关如："三味书屋"意指充满各种气味却又摆满了各种书的男生宿舍。双关的修辞手法的运用，不仅使得语言幽默、饶有风趣，还使语言表达很好地适应特殊语境的需要，将不便直率说出来的意思含蓄地表达出来。

（2）仿拟。仿拟是指根据表达的需要，利用上下文语境，更换现成语言单位中的某个语素或词、句子，临时造出新的词语或句子，有时也可以通篇仿拟[⑤]。仿拟手法在流行语中运用频率很高，反映出大学生这一群体联想丰富，语言类比特征突出的特点。例如：仿"座谈会"而造"卧谈会"，指躺在床上聊天；仿"白痴"而造——机痴、花痴、睡痴、玩痴、自习痴，分别指在相应的方面很痴迷的人；仿"特困生"而造 "学困生"，特指那些一学习就犯困的学生。新颖别致的语言，让人享受到轻松幽默的快感。这些仿造出来的词语，不仅给人新鲜活泼、生动明快的感觉，而且带有一定的讽刺性和幽默感。它们分布在学生生活、学习的各个方面，反映了大学生追新求异、善于创造的特点。

（3）节缩。节缩即节短和缩合语言文字，它是音形上的方便手段，于意义并没有什么增减。例如："表酱子"原为网上用语"不要这样子"的语音节缩形式，采用南方口音，说起来有点发嗲；"傻青儿"指的是又傻又没见过世面的青年；"盖"是"盖帽儿"的节短，表示极好、特棒、超过一切。这样省去某些形式成分，将双音节词简说成单音节词，并不使人感到别扭，反而让听者感觉新鲜、生动、俏皮，这是当代大学生的言语特色，在他们的日常言语中随处可见。

（4）析字。析字是大学生"玩味语言"常采用的修辞方式，在说写中有效利用汉语特有的条件，通过离合或增损字形的方法来巧妙地表情达意[⑥]。例如："笨"拆解为"竹本"，"竹本一郎"则指笨蛋一个；"色"拆解为"刀巴"；"骚"拆解为"马叉虫"；"强"拆解为"弓虽"。析字是建立在合体字字件分解的基础上（一般是成字部件）来进行传情达意的，字经析解意义更增加了隐秘性，避免了直接言说可能造成的修辞上不愉快，同时，又凸显了语言表达效果的幽默、新异性趣味。

校园流行语除常用上述修辞格式外，有时还运用警策、反问、转类、反语、排比、反复等辞格，此不赘述。

大学校园流行语作为一种新生的特殊语言现象，是语言与社会结构共变性产生的必然结果，语言社会依附性和对社会发展应变性的宏观因素决定了大学校园流行语的产生和走向。

当下，社会市场经济洗礼和文化冲击的双重作用，使大学生的观念和思维方式产生了很大的变化，他们思维活跃，富有创造力，能够敏锐地触摸到时代的脉搏并顺应时代的发展。在校园世界和校外环境不断的互动过程之中，孕育了大学生们特定的校园生活方式，这些生活方式表现在语言层面上，便形成了属于大学生自己的独特语言——校园流行语。

从修辞的角度考察，大学校园流行语修辞特征的形成除语言与社会结构共变性宏观因素影响之外，还源自大学生特定的语言表达方式的心理因素，如语言表达中体现出的模拟仿效、从众心理特征，在追求新奇变化中显示出反叛性心理特征，大量的夸张运用暴露出的浮躁心理特征[⑦]，叠音词和夸张性感叹词、语气词的大量应用又反映出大学生们矫情充溢、童心未泯的心理特征，还有过度使用负面词折射出的无奈、郁闷、自嘲的心理特征等等，都十分突出。另外，网络、强势媒体以及外来文化的影响也是大学校园流行语修辞特征形成的重要因素，这些影响在校园流行语的词语、句式和辞格运用中都有鲜明的印记。再者，大学生所具备的语言文化知识及对语料要素所具有的选择能力和创新能力，是大学校园流行语修辞特征形成的特有因素。各种修辞方式创新性运用反映出大学生“玩味语言”的修辞功力，无论是词语意义的别解，还是同义形式的巧设，无论是追求语言单位的意义效果，还是利用语言单位的音形因素，大学生都能做到得心应手、驾轻就熟。正是这些因素的存在，大学校园流行语在语言运用上形成了独特的修辞特征。

大学校园流行语“以其独特的意象、普遍的知识性、诙谐的趣味性和特有的青春气息，给我们的汉语世界带来了一股清新之气”，[⑧] 因此，加强大学校园流行语修辞层面的研究具有十分重要的意义。这不但有助于更好地分析和把握大学校园流行语的产生背景和构成机制，也有助于加强大学校园流行语语言形式层面的规范化工作，同时，也有助于更好地把握当代大学生的思想动态，推动高校校园言语文化建设。

注释

① 郭蓝燕“中国教育与人力资源问题报告”公布，《扬子晚报》2003年2月14日第A10版。

② 祝西莹，赵雨“从大学校园流行语浅析大学生的思想动态”，《咸阳师范学院学报》2005年第4期，第64页。

③ ⑧杨文全、许艳辉“试论校园流行语的特点及其成因”，《青海民族学院学报》2003年第7期，第83、84、86页。

④ 潘世松“大学校园流行语的词语特征”，《咸宁学院学报》2005年第4期，第83页。

⑤ 唐松波、黄建霖《汉语辞格大辞典》，北京：中国国际广播出版社 1989年，第82-92页。

⑥ 吴礼权《现代汉语修辞学》，上海：复旦大学出版社 2006年，第211页。
⑦ 马春华“从校园流行语的修辞格看大学生的心理特征”，《三门峡职业技术学院学报》2005年第2期，第43页。

On the Pop Rhetoric Language Practiced on University Campuses

Li Shaodan
(Zhangzhou Normal University)

Abstract: The University pop language is one of the pop languages practiced in society, which has its own unique characteristics. It is widely used by university students in their oral communication, which is not formalized and is a kind of natural language phenomenon with its unique features. It is very knowledgeable. Obviously, the nature of its creativity and revolution is far above the ordinary pop languages practiced in society. The pop university language with its free forms has many unique rhetorical features when it is being applied. These features can be noticed in its words rhetoric, the widely coined synonyms and the deliberately revised language features. They can be noticed in its sentence rhetoric, its free and concise sentence structures together with the imitation of the rhythm texts, pursuing the harmony of sentence structures and rhythm, emphasizing the wide application of meaning effect and sound effect in rhetoric.

Key words: university campus; pop language; rhetoric features; cause and effect

悖论：一种独特的思维与表达
——以莎士比亚、邓恩等诗人为例

李正栓 李云华

（［中国］河北师范大学）

摘　要： 悖论，作为一种修辞格，包含一个陈述或一种命题。表面上这个命题看起来自相矛盾、荒唐或与已有的事实或实践相违背，但仔细推敲和研究却证明这个命题不但真实、有根据，甚至简洁有力。作为英语中较难掌握的一种修辞手法，悖论常常与矛盾修饰相混淆，而汉语中映衬特别是反衬这一修辞格也与悖论有些相似。本文将悖论与矛盾修饰以及反衬等修辞进行比较，从而揭示悖论这一修辞的本质。

关键词： 诗歌；思维与表达；悖论；矛盾修饰；反衬；本质

Paradox一词源于希腊语，原意为：与预期的全然不同，荒谬，自相矛盾。英语中这一修辞格的定义为：paradox is a figure of speech consisting of a statement or proposition which on the face of it seems self-contradictory，absurd or contrary to established fact or practice, but which on further thinking and study may prove to be true, well-founded, and even to contain a succinct point.（徐鹏，1996：81）汉语将这一辞格译作“悖论”或“似非而是的隽语”。这一修辞格的特点是，用貌似大谬不然、实含智慧的语句写出警策之句，表达诲人的哲理，显示出说话人的洞察力和智谋。悖论一般由三个因素构成：显而易见的矛盾；表层含义和深层含义的背离；通常被人认为不可接受的蕴涵的潜在真理或者解决问题的方法。悖论是英语中较难掌握的一种修辞手法，一方面它容易与矛盾修饰相混淆，因为它们具有很大的相似性，两者都具有表面矛盾而含义深刻的特点。另一方面，一些学者认为英语中的悖论相当于汉语中的反衬修辞，因为反衬是用陪衬事物从反面衬托主体事物，也具有“看似矛盾”的特点。

一、悖论与矛盾修饰

矛盾修饰是指一个词语（如名词或动词）被一个反义词（如形容词或副词）来修饰，看似矛盾，实则入情入理的修辞手段；而悖论是指前后两句话或同一句话的前后两部分字面上看似矛盾，不合逻辑，但经过仔细体会后确认其内涵是正确的，非但正确，而且富有哲理，从而使语言产生生动俏皮、语出非凡的修辞效果的一种修辞手段。可见二者是有一定的相同之处的。

悖论与矛盾修饰的共同点在于故意使用相互对立的反义词语，形成自相矛盾的表层语义，以此来表达富有哲理性的内容，抒发强烈的、深沉或含蓄的感情，获得新奇的艺术效果。（吕煦，2004：211）

威尔斯从两者的结构出发，指出，悖论是扩大的矛盾修饰法，矛盾修饰是浓缩的悖论（吕煦，2004：211），因此两者是不能分离的。英语中悖论和矛盾修饰法的应用是很广泛的，日常生活中常见的一些谚语就利用了悖论修辞，如：More haste, less speed.（欲速则不达）Penny wise and pound foolish.（因小失大）Failure is the mother of success. (失败是成功之母) Everybody's business is nobody's business. (一个和尚挑水吃，两个和尚抬水吃，三个和尚没水吃。) 这些谚语表面看来都是明显的自相矛盾，然而细细品味却意义深远，给人恍然大悟的感觉。而矛盾修饰法的形式就更为丰富，常见的例子有victorious defeat（胜利的失败），open secret (公开的秘密), living death（行尸走肉），wastefully thrifty (浪费的节俭), hard tender (冷酷的温柔)。这些修饰语和中心词在意义上互相矛盾，不相调和，表面看来也是不合逻辑的，但正是这些完全对立的概念才对读者产生了强烈的刺激，促使读者去思索其中的奥秘进而体会其蕴含的深刻哲理。上述例子中不管是悖论中的“小与大”、“失败与成功”、“人人与没人”的矛盾还是矛盾修饰中 “公开与秘密”、“活与死”、“浪费和节约”的对立，都无不给人以新鲜奇妙之感，从而产生别开生面、出奇制胜的艺术效果。可见，悖论与矛盾修饰法的相同之处主要就体现在其作用上。

虽然悖论与矛盾修饰有很多共同之处，但二者同样也有很大区别，因此切不可将二者混为一谈。矛盾修饰是把意义相互对立的概念组合在短语中，它是短语层次上的修辞格；而悖论是把意义相互对立的概念巧妙地组合在句子中，它是句子层次上的修辞格。在矛盾修饰中，意义相悖的两个词语紧密地置于一处，两者之间存在着修饰与被修饰的关系，或者说明与被说明的关系；而在悖论中，不存在这种修饰或说明的关系。来看这两种不同的修辞在莎士比亚笔下是如何应用的。

Juliet O serpent heart, hid with a flow's ring face!
Did ever dragon keep so fair a cave、
Beautiful tyrant! Friend angelical!
Dove-feather'd raven! Wolvish-ravenning lamb!
Despised substance of divinest show!
Just opposite to what thou justly seem'st,
A damned saint, an honourable villain!
O nature，what hadst thou to do in hell,
When thou didst bower the spirit of a friend
In mortal paradise of such sweet flesh?
朱丽叶啊，花一样的面庞里藏着蛇一样的心！
那一条恶龙曾经栖息在这样清雅的洞府里？
美丽的暴君！天使般的魔鬼！

披着白鸽羽毛的乌鸦！
豺狼一样残忍的羔羊！
圣洁的外表包覆着丑恶的实质！
你的内心刚巧和你的形状相反，
一个万恶的圣人，一个庄严的奸徒！
造物主啊！你为什么要从地狱里提出这一个恶魔的灵魂，
把它安放在这样可爱的一座肉体的天堂？（朱生豪译）（吕煦，2004：207）

此段中用美丽来修饰暴君，用天使修饰恶魔，用白鸽的羽毛修饰乌鸦，用豺狼的残忍来形容羔羊，都是利用了矛盾修辞法，即将意义相反的两个词语放在同一个短语中，形成修饰与被修饰的关系。朱丽叶与罗密欧秘密结婚的当天，当朱丽叶正沉浸在新婚的甜蜜中时，突然得到消息罗密欧将自己的表哥杀死，顿时不明真相的朱丽叶由对罗密欧的爱转入对他的愤恨，一系列矛盾修饰的运用将朱丽叶矛盾复杂的心理状态刻画得淋漓尽致，强烈的思想感情也由此而喷发出来。可见，矛盾修饰更多地利用了视觉上的刺激，反义词之间的修饰醒目而对比鲜明，引人深思。

在同一剧作中，朱丽叶初见罗密欧而陷入爱河，当她得知罗密欧是自家世代仇敌的儿子时不由地叹道：

My only love sprung from my only hate!
恨灰中燃起了爱火融融！（朱生豪译）（吕煦，2004：212）

此段中虽然也有爱与恨的对立，早与晚的相悖，但却不属于矛盾修饰而属于悖论。因为这里两个反义词不是修饰与被修饰的关系，而是并列出现在同一句话的前后两部分。爱来自于仇恨，从正常的逻辑来讲是行不通的，这就使读者不得不结合语境进行思考。朱丽叶爱上了罗密欧，而罗密欧恰恰是自己仇人家的儿子，这样就不难理解爱与恨的并存，给读者以似非而是的感觉，顿感意味深远。由此可见悖论是利用了同一句子中表面上逻辑的相悖引发读者深入思考的。

悖论与矛盾修饰都是英语中独具特色的修辞手段，它们都将表面意义相反的词置于一处，产生强烈的对比从而收到意想不到的“警言”般的修辞效果。同时，二者又有很大的不同：矛盾修饰是利用意义相反的两个词语之间的修饰与被修饰的关系来达到短语层次上的修辞效果的；而悖论则将前后意义相悖的两个词语放在同一个句子中，造成逻辑上的不一致，来达到句子层面上的修辞。

二、悖论，对顶，还是反衬？

Paradox 译为汉语是“悖论”或“似非而是的隽语”。虽然汉语中大量的名言警句利用了悖论这一思想，如“失败是成功之母”、“欲速则不达”等，但在汉语中与英语中“悖论”完全对等的修辞手段是不存在的。由于悖论与汉语中的对顶和反衬存在很大的相似性，有些学者干脆将悖论直接与“对顶”和“反衬”相对等。实际上这种对等是不成立的。

汉语的“对顶”指的是：“两个在意义上互相对立或互相排斥的词语或词组，通过一定方式组联在一起构成句子，用来描述事物，说明事理，形成某种情趣的修辞方式。”（成伟钧等，1992：546）因此将英语中的“悖论”与汉语中的“对顶”相对应是有一定道理的，因为两者都是利用了意义相对立的词语达到了表达所需的修辞效果，并且汉语中很多对顶的例子也确实与“悖论”相符。如李白的名句：“抽刀断水水更流，举杯消愁愁更愁”便是“对顶”的巧妙运用，此句就恰好与“悖论”相吻合。吕煦在《实用英语修辞》中举出了对顶的例子：

它是那么端凝，却又那么轻盈；那么沉着，却又那么飞动；那么拙重，却又那么飘举；那么威武，却又那么秀丽。（黄裳《前门箭楼的燕子》）（吕煦，2004：201）

此处的对顶因为是句子层面的对比，也刚好与悖论相一致，但并不是所有的对顶都是悖论。请看另一经典的对顶的例子：

初恋的秘密是种藏不住的秘密，它怕被人知道，又喜欢被人知道；它还是一种甜蜜的痛苦，折磨人的快乐。（冯骥才《爱之上》）（吕煦，2004：202）

此例中“它怕被人知道，又喜欢被人知道”，“甜蜜的痛苦”和“折磨人的快乐”都是“对顶”，但很明显只有“它怕被人知道，又喜欢被人知道”与英语中的“悖论”相仿，而“甜蜜的痛苦”和“折磨人的快乐”恰恰与矛盾修饰完全一样。这样“对顶”与“悖论”的区别就很明显了。吕煦先生得出结论：英语中的oxymoron（矛盾修饰）和paradox（悖论）基本对应于汉语的“对顶”。（吕煦，2004：211）也就是说汉语中的对顶包含了英语中矛盾修饰和悖论两种修辞。因此，绝不能单单将“悖论”与“对顶”画等号。

再来看反衬，反衬是衬托的一种，是指为了突出主体事物，用相反的其他事物从反面衬托主体事物。汉语中反衬的用法很普遍。如：

已是悬崖百丈冰，
犹有花枝俏。（毛泽东《卜算子·咏梅》）
（杨月蓉，1999：286）

用“悬崖百丈冰”衬托“花枝俏”，从而突出了梅花不畏严寒，傲雪盛开的高尚品格。很多反衬接近于英语中的悖论。有人称之为“精警”、“警句”。《英汉修辞手段比较》中给出了很多这样的例子：

今天手里有钱的人，什么都没有；他们穷的就只剩下钱了。
（电视剧《闲人王大妈》中的一句台词）

从映衬的角度来讲，这句话是利用有钱人手里的钱来反衬出他们精神的空虚以及道德的缺失。而这里也恰好运用了悖论的修辞，“有钱”与“穷”表面意义相悖，但内涵深刻：“有钱”是指物质层面的富有，而“穷”则是精神上的贫穷，看似矛盾实则合理，可谓意味深远。而著名诗人臧克家的名诗《有的人》中开头几句也是很好的是反衬与悖论相符的例子：

有的人活着，
他已经死了；
有的人死了，
他还活着……
（吴平，2001：163）

“生”与“死”本是相互对立、互不相容的。诗人利用那些虽然活着但却品质低劣如同行尸走肉般的人来反衬那些为人民的事业而献出生命从而永存于人民心中的无产阶级革命烈士的高尚品格。这样，“活着”与“死”就似悖不悖，在此处连用也就合情合理了。

还有一些反衬则利用了汉字的同音异义现象，甚是绝妙：

我听爷爷讲了一个故事，故事里讲的是那昨天的事。故事里有好人也有坏人，故事里有好事也有坏事。故事里有多少是是非非，故事里有多少非非是是。故事里的事说是就是，不是也是；故事里的事说不是就不是，是也不是。（40集电视连续剧《宰相刘罗锅》）（吴平，2001：163）

短短几行歌词中重复几次出现了反义词：“好”与“坏”、“是”与“非”。这两对反义词的重复出现，不仅达到了相互反衬的作用，而且构成悖论让人不得不去挖掘其深层含义：“是”怎么就变成“不是”，而“不是”又何以成“是”了呢？这不成“是非不分”了吗？然而细细分析却是有道理的：既然是故事里的事情，当然是可真可假了，我们说它是真的，那它就是真的，是生活的缩影，说它是假的那便是假的，是纯粹虚构的。

虽然很多反衬与悖论是一致的，但并不能因此就将反衬与悖论等同起来。反衬只需要用相反的事物来衬托主体事物，并不需要两者之间的逻辑关系，而且汉语中的反衬多用于环境描写或人物刻画；而悖论则多用于说理，因此与悖论的区别还是很大的。就如上面所列的毛泽东的诗句就是反衬但不属于悖论。这样的例子还很多：

骑马穿行林中，只听见马蹄溅起在岩石上漫流的水的声音，更增添了密林的寂静。在这林海深处，连鸟雀也少飞来，只偶然能听到远处的几声鸟鸣。（茅盾《风景谈》）（刘继超、高月丽，2002：158）

用马蹄和鸟鸣的声音来反衬出主体“密林的幽静”，从而显示出天山林海深处人迹罕至的特点，起衬托作用的景物与被衬托的主体事物之间并没有逻辑上的相悖关系，因此不属于悖论。

由此可见“悖论”与“反衬”既有相似之处又有各自的特点，与“对顶”一样，两者之间也是不能完全等同起来的。

可见，汉语中与悖论完全对等的修辞格是不存在的，虽然汉语中也有不少似非而是的隽语和警句，但它们并不像英语中paradox那样作为独立的修辞格而存在。“对顶”与“反衬”都与“悖论”有一定的相似性，却又不完全相同。因此，比较研究汉语中的这些修辞可以加深我们对悖论的理解，帮助我们更好地运用这一英语修辞。

三、悖论的本质

既然悖论这样难以区分和掌握，那不妨来探讨一下悖论的本质，以从根本上认识这一修辞手段。英语中之所以存在大量悖论的例子，是由其语言特点所决定的。英语的表达结构多介词短语和从句，这样就可以在主句和短语、主句和从句之间形成表象和深层意义背离所形成的paradox。如：

Contrast is the spices of life. There can be no joy without sorrow, no summer without winter, no love without hate.（矛盾是生活的调味品；没有悲伤就没有快乐；没有冬就没有夏；没有恨就没有爱。）（卢炳群，2004：130）

此句便是利用了介词短语与主句的意思相悖而形成悖论，巧妙地将反义词“joy”与“sorrow”、“summer”与“winter”、“love”与“hate”置于同一句话中，形成视觉上对比鲜明、意义上耐人寻味的佳句。而由从句构成的悖论就更为常见：

In fact, it appears that the teachers of English teach English so poorly largely because they teach grammar so well.（实际上，看来英语教师们英语教的差劲，很大程度上是由于他们语法教得太好。）（卢炳群，2004：131）

利用状语从句将令人惊异的原因引出来：英语老师英语之所以教得差是因为他们语法教得太好。这样poorly 与well就“名正言顺”地放在一起来修饰教学，而且“教得好”还成了“教得差”的原因。可见英语本身句法的构成特点是其形成悖论的关键。

另一方面，悖论作为修辞手段，本质上是人们思维方式的反映，因为“语言本身就是一种心理现象”。（李国南，2001：59）英语是分析性语言而英美人重视逻辑推理，这样，悖论这一依靠逻辑来实现说理的修辞就自然而然地被广泛应用了。实际上，在很多情况下，悖论已经成为人们的一种思维习惯了。很多西方的诗人和作家都自觉或不自觉的使用悖论以表达自己深刻的思想，上面所列举的莎士比亚的作品中的精彩对白就是很好的例证。伏尼契（Ethel L · Voynich）在其小说《牛虻》（*THE GADFLY*）中描写亚瑟在自己的绝笔信中表达自己对女友的感情时，也运用了悖论这一修辞：

"…A man who is going to die has a right to a personal fancy, and mine is that you should see why I have always been such a sulky brute to you, and slow to forget old scores. Of course, though, you understand why, and I tell you only for the pleasure of writing the words. I loved you, Gemma, when you were an ugly little girl in a gingham frok, with you hair in a pig-tail down your back, and I love you still…"

"……一个就要死的人是有权提出个人的心愿的，而我的心愿就是要你明白，为什么我一直像头愠怒的野兽那样对待你，为什么迟迟不肯忘记宿愿。当然，我不说你也明白是为了什么，而现在我还要告诉你，仅仅是因为写这几个字能够给我以乐趣而已。琼玛，在你还是一个身穿花格布罩衫，背后拖着一条辫子的难看的小姑娘时，我就爱上了你，而现在我仍然爱着你……（吴平，2001：159）"

这里亚瑟解释一直以来对琼玛如此粗鲁蛮横的原因是因为他深爱着琼玛，这就构成了矛盾，爱一个人本应对她温柔体贴，怎么会以粗暴相待呢？原来在特定的情况下，爱一个人又不能对她表露而只能压抑克制，那这种压抑的情绪只能转化成其他的方式来发泄，因此爱反而以粗暴和蛮横的态度来表达，形成了表面与内心的反差。其实这是一种表象与心理相背离而产生的悖论，这一悖论不是通过简单的意义相反的词语来体现的，而是属于心理层次的，是要通过心灵的共同感知来体验的，而这种心理和情感是人类相通的，因此可以让读者心领神会，体会其中的奥妙。

诗歌中悖论的应用就更为奇妙。克·布鲁克斯在《悖论的语言》一文中认为，"诗的语言就是悖论语言"，"诗人要表达的真理只能用悖论语言"。（戴维·洛奇，1987：497–498）此话虽稍有偏激，但一定意义上也表现出悖论对于诗歌创作的重要性。来看华兹华斯诗句中悖论的神奇作用：

My heart leaps up when I behold ,
A rainbow in the sky;
So was it when my life began;
So is it now I am a man;
So be it when I shall grow old,
Or let me die!
The child is father of the man;
And I could wish my days to be
Bound each to each by natural piety.

（胡家峦，2006：225）

其中"The child is father of the man（少年乃成年之父）"被认为是经典的悖论的例证。此诗句已变成谚语广为传诵，与汉语中"三岁看大，七岁看老"有异曲同工之妙。这句话有两层含义：一方面从生理上来讲，每个人都是从小长大的，成年的身体是由儿童身体发育而成的；另一方面从心理上来讲，成年人性情中纯洁美好的东西是在儿童时代形成的。（吕煦，2004：213）因此说"少年乃成年之父"貌似不和逻辑实则内涵深刻，颇有道理。

英国玄学派约翰·邓恩更是运用悖论的高手，悖论可以说是邓恩创作诗歌的基本方法，悖论在邓恩的诗歌中不仅仅是一种修辞手段而且上升为一种思维模式，成为表达诗人内心矛盾思想的载体。《封圣》一诗是应用悖论的典范，贯穿全诗的基本比喻是一个悖论，邓恩将世俗的爱作为神圣的爱来描写。首先标题与内容之间就是相悖的，神圣的标题下诗人没有描写与世隔绝的"圣人"的生活而是描写了凡夫俗子之爱：一对恋人为了爱情而抛弃了整个世界从而赢得了一个更好的世界。另外，诗中还隐含了多个悖论：一与多，世俗与神圣，生与死等。其中凤凰意象本身就是悖论的化身：

凤凰之谜对我们具有的意义
更多：我们是凤凰，合二为一。
所以，雌雄适合于一个中性的东西，
我们死而复生，证明这实在
神秘，由于这种爱。

（胡家峦，2006：83）

首先凤凰是雌雄同体的，也就是"一"与"多'的统一体，因此象征男女主人公的结合"合二为一"。再者，凤凰是只奇异的鸟，能在火中自焚而死，然后又从自已的灰烬里再生出新的凤凰。因此对于凤凰来说，死即意味着重生，本来互不相容的 "生"与"死"在此融为一体，诗人以此来象征男女主人公的爱也会引领他们走向重生。最后，凤凰还是为复活而死的耶稣基督的象征。这样一来，凤凰就具有了神圣的意义，而诗人将凡夫俗子之爱与耶稣基督相提并论，显然是有违常理的，但诗人分析了两个人爱的本质并为他们的爱情辩护：为爱情神圣地死去就如同排斥一切世俗观念的圣徒为宗教殉难。主人公为了成为圣徒甘愿放弃所有的世俗杂念，潜心过这样的生活。因而世俗与神圣也就表面相悖，实际统一了。由此可见，邓恩运用悖论不单纯依靠理论说教，而更多地通过奇妙的意象，让读者自己去体会领悟其中的奥秘，回味无穷。

而在《神圣十四行诗》中，诗人为表达自己对上帝的虔诚之情，就运用悖论给读者带来了心灵的震撼，强化了主人公的思想感情。

让我与他分离，把那个结解开或砸碎。
掳我去你身边，囚禁我，因为
除非你奴役我，我再不会自由，
除非你占有我，我再没有童贞。

（李正栓，2001：53）

主人公希望她所爱的人将她与上帝的仇敌被迫结成的婚姻之结解开或扯碎。她宁愿上帝将她囚禁起来。这种愿望形成了一个悖论，因为被敌人囚禁是一种痛苦，而被她所爱的人囚禁却是获得了自由。为了永葆贞洁，她请求上帝强行占有她。这充分说明她对上帝的虔敬之情达到了至高无上的境界。主人公也希望通过与上帝的肉体结合能达到灵魂的交融，即使被她所爱的人强行占有也不足为惜。可见，邓恩诗歌中的悖论已经不再仅仅停留在表面的文字上了，更主要体现在思想上以及思维方式上，因而有着更深层的含义。

四、结语

悖论作为一种特殊的修辞，因其似非而是，含义深刻的特点而较难理解。在具体应用中，一方面悖论与矛盾修饰都具有表面“自相矛盾”的特点而极易混淆；而另一方面，悖论与汉语中的对顶和反衬也常常被等同起来。因此将这几种修辞进行比较从而全面理解悖论有着重要的现实意义。准确理解悖论，不仅要区别它与其他修辞手段的不同点，更要探索它的本质，只有这样，我们能从肯本上认识它，掌握它。实际上，悖论并不仅仅是一种修辞手段，而是一种思维方式，是人们深刻思想的体现。悖论在中外文学作品中被广泛应用，受到很多诗人学者的青睐，华兹华斯、约翰·邓恩、莎士比亚等诗人、剧作家都在他们的作品中成功地运用了悖论，并收到了良好的效果。悖论在他们的笔下已经超越了修辞本身，而成为作家内心深处矛盾的自然流露，是各个时代人类生存困境的真实体现，是人在探索世界的过程中因无法超越自身的局限而进行的苦苦思索，也是在进行了艰苦的探索之后得到的经验总结。实际上，人的生活本身又何尝不是充满了悖论呢？生与死，美与愁，善良与邪恶，这些看似对立的事物背后往往并不是互不相容的，它们在某种程度上是相通的甚至是可以相互转化的。研究悖论不仅可以让我们更好地理解文学作品，而且可以更深刻的理解生命本身，因此具有深远意义。

参考文献

[1] 徐鹏. 英语辞格[M]. 北京：商务印书馆，1996.
[2] 吕煦. 实用英语修辞[M]. 北京：清华大学出版社，2004.
[3] 成伟均，唐仲扬，向宏业. 修辞通鉴[M]. 北京：中国青年出版社，1991.
[4] 卢炳群. 英汉辞格比较与唐诗英译散论[M]. 青岛：青岛出版社，2003.
[5] 李国南. 辞格与词汇[M]. 上海外语教育出版社，2001.
[6] 杨月蓉.实用汉语语法与修辞[M]. 西南师范大学出版社，1999.
[7] 刘继超, 高月丽. 修辞的艺术[M]. 石油工业出版社，2002.
[8] 吴平. 英汉修辞手段比较[M]. 合肥：安徽教育出版社，2001.
[9] 戴维·洛奇. 二十世纪文学评论（上册）[C]. 葛林,等,译. 上海：上海译文出版社，1987.
[10] 胡家峦. 英国名诗祥注[M]. 北京：外语教学与研究出版社，2003.
[11] 李正栓 · 陌生化：约翰 · 邓恩的诗歌艺术[M]. 北京：北京大学出版社，2001.

Paradox: A Unique Mode of Thinking and Idiom
——Takeing John Donne and Other Chinese and English Poets as Example

Li Zhengshuan Li Yunhua

(Hebei Normal University)

Abstract: Paradox is a figure of speech consisting of a statement or proposition which on the face of it seems self-contradictory, absurd or contrary to established fact or practice, but which on further thinking and study may prove to be true, well-founded, and even to contain a succinct point. Paradox, as a figure of speech which is difficult to grasp, is often mixed up with oxymoron. And it is also similar to the Chinese figure of speech "Fan Chen". This paper makes a comparison between paradox and oxymoron, paradox and "Fan Chen" in order to explore the nature of paradox.

Keywords: poetry; mode of thinking; paradox; oxymoron; "Fan Chen"

网络传播环境下的新闻流行语及其修辞效应

胡习之

（［中国］阜阳师范学院）

摘　要： 新闻流行语是源自新闻传播，以新闻事件、新闻人物为理据的流行语，在网络传播环境下具有浓缩性、涌现性、草根性与典型化的特点，其产生与运用既有社会、文化心理的因素，也有语言模因机制的作用，具有多方面的修辞效应。

关键词： 新闻流行语；特点；语言模因；修辞效应

所谓“流行语”，是指在一定时期、一定地域或一定人群中广泛流传的词语或者短句，宽泛一点儿来说就是某一时期最为盛行的、最新潮的语言形式。流行语具有强烈的时代性、高频性与新颖性。它传播范围广、传播速度快，被受众广泛接受。流行语的种类很多，从不同角度观察会得到不同的流行语，比如校园流行语、网络流行语、教育流行语、媒体流行语、影视流行语、时尚流行语、新闻流行语等等。本文讨论网络传播环境下的新闻流行语及其修辞效应。

一、网络传播环境下的新闻流行语的特点

本文所说的新闻流行语是指源自新闻传播，以新闻事件、新闻人物为背景的流行语。如2008年的“新陈代谢”“娇身冠养”“很傻很天真”“秋雨含泪”“兆山羡鬼”“很黄很暴力”“打酱油”“做俯卧撑”“林卡脖”“范跑跑”“杨不管”“国家罗汉”等，2009年2月底以来广为流行的“躲猫猫”等。相对于其他类型的流行语而言，新闻流行语的特点在于其浓缩性：对特定新闻事件、新闻人物特性的概括。基于计算机技术、多媒体技术、网络技术的网络传播，即借助因特网这个平台进行的传播。它是一种新型的信息传播和传统的印刷传播，与电讯传播相比有着众多不同的传播特点：传播时效的即时性、传播内容的开放性、传播过程的交互性、传播方式的虚拟性、传播形态的多样性、传播技术的多媒体性、传播主体的多元化，等等，这些都有别于传统传播。这些特点也造成网络传播环境下的新闻流行语还具有其他方面的特征，如：涌现性——复制、传播超速；草根性——社会评价的民间表达；典型化——语义泛化；等等。

1. 浓缩性：对特定新闻事件、新闻人物特性的概括

新闻流行语的本质属性在于新闻的浓缩性。特定时期的热点新闻，关注者多的

新闻，因反映某一时期的社会潮流，或重大、重要事件，或切合大众心态，以其巨大的影响力或感染力成为言说的对象、言说的中心，其新闻事件或新闻人物特性往往言说者众，可能就会被浓缩为映照着人们的价值观念和文化心态的流行形态的语言符号——新闻流行语。例如：

新闻流行语之一：正龙拍虎

源自2007年延续至2008年的周正龙假虎照事件。作为流行语其含义大致有二：①指某人或某集团为利益驱动蓄意造假；②社会公信力缺失。如："需要特别加以说明的是，交强险财务汇总报告极有可能成为又一个'正龙拍虎'，是因为这个报告虽然是由世界四大会计师事务所之一的普华永道咨询公司出具的，但似乎并不是一份有权威性的审计报告。"①

背景新闻：2007年10月12日，陕西省林业厅召开新闻发布会宣布"镇坪县发现野生华南虎"，同时公布了周正龙10月3日拍摄的两张华南虎照片，并向其颁发奖金2万元。2007年10月15日左右，一些网友认为虎照是利用photoshop编辑制作出来的假照片。2007年11月16日左右，有网友在论坛上粘贴了一张名为《老虎卧瀑图》的年画照片，画中的老虎与虎照中老虎的姿态、斑纹极其相似。期间有关专家从多角度论证虎照有假，但有关部门、周正龙等仍坚持虎照真实。2008年6月29日，陕西省政府通报"华南虎照片事件"调查处理情况。经查证，周正龙用老虎画拍摄假虎照，还用木质虎爪模具在雪地捺印假虎爪行骗。最后相关责任人受到处分，周正龙被判处有期徒刑两年半。

新闻流行语之二：打酱油

源自2008年广州电视台一则对娱乐界某热点问题街头随机采访的电视新闻。作为流行语其含义大致为：①对某事不愿或不便发表意见；②对某件事情漠不关心。如："我奶奶抓住机会嘲笑我，你看看你多脏。我爷爷说，我只是来打酱油的。"②

背景新闻：2008年初，广州电视台在街头随机采访市民："请问你对艳照门有什么看法？对陈冠希等明星又有什么看法？"某男性受访者从容应答："关我鸟事，我出来买酱油的……"这句话在网络间迅速流传，各种PS和改编风靡一时。由此"酱油男"一词在网络成为笑谈，而且派生出了"酱油族"等网络用语。后来，网友用"打酱油"回帖，相当于"路过"，表示对楼主发的主题不关心、没兴趣、不参与话题讨论。言语交际过程中，有时虽在道义上确实关注某事，对此也有明确看法，但或明哲保身，或不屑回应，遂以"打酱油"为托辞敷衍塞责。

新闻流行语之三：躲猫猫

源自2009年云南一起社会新闻事件。"躲猫猫"从一种常见的游戏演化为责任人为了规避法律责任的一种托词。作为流行语其含义大致为：为推脱责任而抛出的虚假理由。如："痴心球迷希望南勇能安心'守土'，真正从青少年足球的基础抓起，从治理联赛环境的根本做起，而不是像某些前任那样，为了自己的升迁而一直与中国足球的现实问题‘躲猫猫’。”③

背景新闻：2009年2月13日《云南信息报》刊登了一起社会新闻事件。24岁的昆明市晋宁县玉溪北城镇男子李乔明因盗伐林木被刑拘，1月30日进入看守所，2月8日下午受伤住院，4天后在医院死亡，死因是“重度颅脑损伤”。晋宁县公安机关给出的答案是，当天李乔明受伤，是由于他与同监室的狱友在看守所天井里玩“躲猫猫”游戏时，眼部被蒙，所以“不慎撞到墙壁受伤”。面对这个答案，人们认为太过牵强。该新闻在网上引发热议，网民们强烈要求调查事件真相。2009年2月27日云南省政府通报称，“躲猫猫”事件已基本查清，李乔明系看守所内牢头狱霸以玩游戏为名，殴打致死。晋宁县公安局和看守所相关负责人以及当班民警分别受到撤职、记过等处理。若干牢头狱霸涉嫌故意伤害罪等将被实行数罪并究。

2. 涌现性：复制、传播超速

网络传播的最大特点是及时快捷，网民可以最大限度地参与网络信息的互动。先进的网络技术和巨大的网民数量、多种形式的网络应用造成网络传播环境下的新闻流行语，尤其是源自重大新闻事件、热点新闻事件的新闻流行语出现的重要特点——涌现性：复制、传播超速。

与传统传播相比，网络传播其信息的发送、传递与接受更为快捷与灵活，传播的周期大大缩短，单位时间内传播的信息量却大大增加。凭借一台联网的电脑，传播者可以随时随地传送信息，受传者也可以随时随地选择收看或调阅任何已进入网络的信息。鼠标轻点，任何人在任何时间、任何地点都可以同其他任何人交流信息。而且网络传播允许实时同步和非实时异步的自由选择和转换，人们的传播活动有了更大的自由度。技术的先进性成为新闻流行语涌现的物质基础。

巨大的网民数量与多种形式的网络应用是新闻流行语涌现的前提保证。据中国互联网络信息中心发布的《中国互联网络发展状况统计报告》（2008年7月），截至2008年6月底，中国网民数量达到2.53亿，网民规模跃居世界第一位。从网络应用形式看，目前排名前十位的网络应用是：网络音乐、网络新闻、即时通信、网络视频、搜索引擎、电子邮件、网络游戏、博客/个人空间、论坛/BBS和网络购物。网络新闻是网络媒体极为重要的信息渠道，目前网络新闻用户已经超过网民的八成，使用率达到81.5%，用户规模达到2.06亿人。博客不仅是网民参与互联网互动的重要体现，也是网络媒体信息渠道之一。目前拥有个人博客/个人空间的网民比例达到42.3%，用户规模已经突破1亿人关口，达到1.07亿人。半年内更新过博客/个人空间的网民比例为28%，半年内更新过的用户规模超过7 000万人，半年更新用户增长率高达43.7%。网络社区中的论坛/BBS访问率为38.8%，用户规模达到9 822万人。当前网络社区的形式多种多样，搜索引擎网站开通的贴吧和空间，电子商务网站开通的论坛，即时通信网站背靠巨大的用户规模开通的个人空间，还有各种不同人群定位的专业论坛、博客/个人空间等等，都是网络社区发展的形式。不同形式网络社区的兴起，满足了网民不同的需求。兴趣相同的网民集中在网络社区的同一主题内，共同交流相关话题。[④]这些都是新闻流行语勃发的极其重要的因素。新闻流行语“做俯卧撑”的产生，比较典型地说明了网络传播环境下新闻流行语涌现的特点。

2008年6月28日，贵州瓮安县出现因女学生溺水而引发的严重打、砸、抢、烧突发性事件。7月1日晚，贵州召开新闻发布会，新华网做了在线直播。发布会上贵州省公安厅发言人在介绍溺水案情时说到，在李树芬溺水之前，与其同玩的刘某曾制止过其跳河行为，见李心情平静下来，刘“便开始在桥上做俯卧撑，当刘做到第三个俯卧撑的时候，听到李树芬大声说‘我走了’，便跳下河中”。几分钟后，19时59分，天涯杂谈就出现了《吃面要吃雪菜肉丝，运动要做俯卧撑！身体倍儿棒！》的帖子，8时整，出现了《我是来做俯卧撑的》帖子。网友纷纷效仿恶搞“做俯卧撑”。天涯论坛一时间出现了井喷现象。到7月2日晚10时，单是天涯杂谈一个论坛就有500多个主题帖在“做俯卧撑”，有的“俯卧撑”帖后面还有几十几百的跟帖。“做俯卧撑”在天涯社区上呈井喷式爆发，在其他各大网站也是快速复制、传播，可谓一夜之间“做俯卧撑”就变成了网络流行语。显然这种超速流行在传统传播环境下是不可能的，只有当今网络传播的先进技术条件才使不可能变成可能。

3. 草根性：社会评价的民间表达

流行语主要反映的是底层文化，新闻流行语也是如此。网络传播环境下的新闻流行语源自社会底层，它的产生是底层社会某种文化、心态的折射，是社会评价的民间表达。网络传播环境下的新闻流行语主要发源于以博客/个人空间、论坛/BBS等形式存在的网上交流空间，传播、复制于更为宽广的网络应用领域。而网上交流空间及更为宽广的网络应用领域参与者多为社会底层民众。从网民身份结构来看，学生所占的比例最大，《中国互联网络发展状况统计报告》[⑤]（2008年7月）资料显示：学生所占的比例占到30%，学生网民规模达到7 600万人，比2007年12月增长了1 552万人。网民规模居于第二位的是企事业单位工作人员，比例占到25.5%。具体情况见下图：

网民身份结构

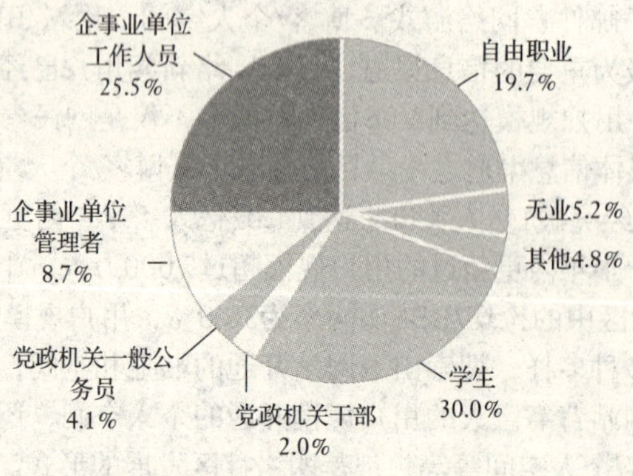

http://www.cnnic.cn 2008.06

“网络作为传播形态，其构成的主要条件是虚拟群体间的互动。个人不再是以以往大众传播中的传者、受者、把关者等相对明确而又单一的角色参与网络传播，而是动态地、非线性地、能动地且角色多重地参与网络传播。”[6]网络传播的多元化、虚拟性、开放性等特点带来了民间话语体系的崛起和“舆论一律”的传统传播格局的颠覆，有利于人们自由充分地发表各种意见，这些意见通过一定的话语、一定的语言形式表现出来就会蕴含有一定的社会评价。网络传播环境下的新闻流行语正是通过对一定新闻事件、新闻人物的特性概括反映了一定的民众情绪倾向，体现出了一定的社会评价。这种社会评价并非主流形态，而是民间的声音，蕴含着大众的爱憎、喜悲、情感、态度。

2008年5月12日四川发生特大地震。地震发生时，四川省都江堰市光亚中学教师范美忠丢下了全班学生独自跑出了教室。5月22日，范美忠在天涯论坛发帖《那一刻地动山摇——“5·12”汶川地震亲历记》，文章直白道：“我是一个追求自由和公正的人，却不是先人后己勇于牺牲自我的人！在这种生死抉择的瞬间，只有为了我的女儿我才可能考虑牺牲自我，其他的人，哪怕是我的母亲，在这种情况下我也不会管的。”其言论瞬即引起网民铺天盖地的批评与谩骂。第二天，著名网络写手五岳散人在博客上发表文章《自由与道德——从“范跑跑”事件说起》，该文首次用到“范跑跑”一词，自此，这个称呼和范美忠画上了等号，“范跑跑”成了一个频频出现的新闻流行语。作为语符，“范跑跑”凝练了人们的社会评价——对其行为的否定。这里我们感兴趣的是“范跑跑”=“范美忠”，但流行的是前者，而不是后者，何以如此呢？原因在于“范美忠”这个符号只代表这个独特的个体，不能揭示这个新闻人物的特性及其被关注的行为；而“范跑跑”这个符号既显示了这个新闻人物的特性及其被关注的行为和人们的社会评价，而且风格上具有较强的口语性，叠音“跑跑”具有表情和描绘色彩，活泼生动，自然随意，具备更为强大的大众传播优势，流行自是必然。有趣的是与“范跑跑”紧密相连的另一个新闻流行语“郭跳跳”也是直接地反映了民众的社会评价。“郭跳跳”真名叫郭松民，国内知名时评人。在2008年6月7日凤凰卫视《一虎一席谈》节目中，范美忠就自己“先跑事件”与节目嘉宾展开辩论，作为观点对立方的郭松民多次“跳”出来用“无耻”“畜生”“杂种”之类的字眼对范美忠进行辱骂，情绪异常激动，中途甚至一度愤怒离场，事后被网友冠以“郭跳跳”“郭道德”等绰号。从“郭跳跳”这个新闻流行语可以看出民众对其虽为维护社会道德，但对他人实施人身攻击的行为的不赞成态度。

再如，“很黄很暴力”的流行，表面昭示的是玩弄“文本”的快感，乃至于“玩人”的快感，其实质发泄的是对主流相关评价的不满。

4. 典型化：语义泛化

新闻流行语在发达的网络传播环境下，在高频率的运用中语义能够迅速泛化，由特称义转变为泛指义，完成由特定新闻事件、特定新闻人物的语义所指向超越该特定新闻事件、特定新闻人物语义的泛指转向，即完成由个体意义向类化意义的典型化过程。如，“范跑跑”本指特定新闻人物范美忠，但这个符号在高频率的语言运用中演化为新闻流行语时，其含义从特指在地震时甩下学生自己逃生的那个人而泛指临阵脱逃，道德全无者。“兆山羡鬼”也由个体行为引申泛指做人无品、无耻的极致，等等，不一而足。

二、网络传播环境下新闻流行语产生的原因

1. 新闻事件、人物的高关注度

新闻是最近发生或正在发生或者早已发生却是最近发现的事实的报道。新闻具有真、新、快的特点。真，即真实性，是新闻的生命之所在；新，即新颖，新闻报道的是新近发生或新近发现的事实，新是新闻的本质；快，即快速、及时，体现的是新闻的时效性，隔日黄花就成旧闻了。新闻的特点吻合了受众渴望知道新近发生的事情的心理，因此新闻常常会引起受众的关注。当某个新闻事件、某个新闻人物在一定的时期因本身的震撼力与影响力成为报纸、广播电视、网络媒体关注的焦点，尤其成为网络社区的言说对象、言说中心，有了高关注度，就有可能凝结成特定的新闻流行语。

2. 人际群体的心理特征

网络传播环境下的新闻流行语主要产生于并复制、传播于网络中的虚拟群体而后扩散于现实中的人际群体。而网络中的虚拟群体就是“以网络为沟通媒介，以各种虚拟社区为平台，以相同或相似的兴趣、价值观、思想为纽带而形成的‘数字化人’的群体。虚拟群体具有传统意义上的人际群体的一般共性，同时又具有网络环境下的新特征”[⑦]。虚拟群体的心理特征影响着新闻流行语的涌现，是新闻流行语产生、复制与传播的重要因素，然而“虚拟群体的真实主体就是人际群体，虚拟群体的所有行为无法摆脱人际群体的心理特征和行为模式。人际群体总是会在某种条件之下、某种环境之中、某种语境之内，出现：集体无意识、相互暗示感染、情绪化、从众随大流、角色扮演与自我表现、责任感弱化、群体归属感等表现与行为”[⑧]。因此人际群体的心理特征也便是网络传播环境下新闻流行语产生的重要因素。

人际群体的心理特征有很多种，比如：求异心理、求新心理、从众心理、娱乐心理、逆反心理等等。人际群体的求异心理、求新心理、从众心理造成新闻流行语的不断产生、复制与传播。求异心理、求新心理导致网络中的虚拟群体不断通过各种引人注目的新闻事件来选择、构造、确立各种新闻流行语，求得语用的新颖、别致；从众心理使得虚拟群体中的个体自觉或不自觉地调节自已的认知行为去适合大众所承认的群体的社会的标准和规范，受他人引领，效仿他人的新闻流行语的运用，自觉或不自觉地加入到同一新闻流行语的复制、传播行为之中。人际群体的娱乐心理、逆反心理导致众多宣泄情绪、解构正统的新闻流行语的产生，如源自各种恶搞的新闻流行语。

2007年12月27日，中央电视台播出一则新闻《净化网络视听环境迫在眉睫》，

报道中提到，“截至目前，我国提供视听节目服务的网站已达6万多家，在传播健康思想文化的同时，一些低俗不健康的内容也在蔓延。”央视记者采访了北京市某中学13岁的女学生张殊凡，张殊凡在镜头里说：“上次我上网查资料，突然弹出来一个网页，很黄很暴力，我赶紧把它给关了。”这一句“很黄很暴力”的评价性表态迅即引起轩然大波。不少人不满这种评价性表态，尤其不满这种评价性表态出自一个未成年女孩之口。猫扑网站随即出现了许多帖子来恶搞“很黄很暴力”，还有人制作了色情漫画图来影射张殊凡，关于张殊凡的视频、张殊凡吧、图片一夜成灾，“很黄很暴力”一语因受众的逆反及娱乐心理而成为2008年开年的网络第一流行语。

3. 语言模因机制

模因(meme)一词最早是由牛津大学动物学家Dawkins在1976年出版的《自私的基因》（*The Selfish Gene*）一书中提出来的，指除基因之外的另外一种复制因子，是“文化传播单位”。模因是基于基因(gene)一词仿造而来的。基因与模因有相似之处，但基因是通过遗传而繁衍，模因却是通过模仿而传播。后来一些学者将模因的定义扩大到用于指称各种形式的模因信息，认为任何一个信息，只要它能够通过广义上称为“模仿”的过程而被“复制”，它就可以称为模因。换言之，模因就是通过模仿进行自我复制的任何实体。[⑨]这样看来语言具有模因机制，或者说语言本身就是模因。语言模因可以在字、词、短语、句子、段落乃至篇章层面上体现出来。何自然指出：“语言本身就是一种模因，模因也寓于语言之中，所以有‘语言模因’（linguistic memes）之说。语言的任何部分(词语、句段、篇章)只要通过模仿而得到复制和传播，都有可能成为语言模因。如果语言中的词语、句段、篇章等不再为人所使用和模仿，那么这种语言必然走向消亡，曾经风靡全欧洲几个世纪的拉丁语流传到现在只残留些零零碎碎的词汇就是一个例子。”[⑩]

语言模因的复制和传播主要有两种形式，即重复与类推。“从整体看，自然语言中的模因主要是从三个方面体现的：教育和知识传授、语言本身的运用和通过信息的交际和交流。”[⑪]

新闻流行语之所以流行，正是语言模因机制作用的结果。人们在语言运用过程中在某个特定时期偏好某个或某些源自新闻事件、新闻人物的语汇，不断地大范围、高频率地复制、传播之，这些源自新闻事件、新闻人物的语汇在与其他模因竞争中胜出，就会形成一定时期的新闻流行语。如“范跑跑”在和“范先跑”“跑跑门”“范美忠”等语汇的竞争中胜出，成为当前使用频率比较高的新闻流行语。

三、网络传播环境下新闻流行语的修辞效应

何自然先生认为“语言作为模因，其生命力取决于它在使用的过程中能否得到认同，从而获得广泛的复制和传播；而得到广泛复制和传播的模因一般是强势模因，它们的使用会产生明显的修辞效应，从而刷新人类的视觉和听觉，使人难忘，并在自觉和不自觉中加以仿效”[⑫]。新闻流行语和其他流行语一样在某个时期内在社会中被广泛传播，频繁使用，有的新闻流行语在很短的时间内，甚至在一夜之间被

爆发性地扩散到整个社会或特定的范围、群体，其实质就是一种语言强势模因，其运用可以产生明显的修辞效应。

1. 时尚效应——语言时尚的展示

时尚是一种社会流行现象，指一个时期内相当多的人对所崇尚事物的随从和追求。特定的服饰、举止、语言、思想、趣味、生活方式、行为方式等等，在一定时期当群起而效仿形成某种趋势时便成为某种时尚。时尚总是和流行、前卫、时髦、另类、标新立异联系在一起，常与年轻、有活力、有朝气相伴随。追求时尚是较为普遍的一种社会现象，追求时尚的本质其实是对某种流行的行为方式的认同。

语言时尚是时尚的一种，是一定时期内社会大众追逐的言语行为方式。新闻流行语所映照的特定新闻事件、新闻人物特性所具有的新异刺激能够引起人们的注意，当一些人运用时，其他人在从众心理的作用下便会追随，彼此相逐、相互助长，形成一种语言时尚。正如有人所言："从某个角度来说，每个社会个体都有一定的从众心理，每个人都不愿落伍于时代和社会。因此当某种流行语在社会群体中慢慢开始流行的时候，其他不熟悉或还没有采纳这一流行语的社会个体就会面临选择。这时，从众的心理要求就会让他接纳并加以推广。否则，他就会面临某种社会的压力，被别人视为违规者。因此从众的心理需求加剧了流行语使用的程度和流行的扩大。"[13]在网络传播环境下效仿他人使用新闻流行语，会用这种独特语汇来表达，并能领悟别人的这种独特表达，既展示了语言时尚，表明不落伍，与时俱进，同时又融入特定受众圈，成为"时尚中人"，从而能获得一种心理上的满足。

2. 简洁效应——短平快的方式达意传情

网络传播环境下的新闻流行语字面一般都较为直白浅显，如"周老虎""猪坚强""叉腰肌""打酱油""刘羚羊""俯卧撑""被自杀""新闻丐帮""秋雨含泪""欧阳挖坑""兆山羡鬼""黔驴死撑""谁死鹿手""自取其乳""久耕托市"等，但它们凝缩了一定范围内较有影响的新闻事件，甚或影响甚大的公共事件，而且语符深层蕴含着大众的爱憎情感，蕴含着大众的社会评价、社会态度，因而言简意赅，辞约而意丰，尤其那些运用讽喻功能的新闻流行语，其蕴藉的讽刺意味让人赞叹，能够极大地激起共鸣，运用它们能够以简短的形式传递出对相关人、物、事的态度、情感，有简洁之效。

如"国家罗汉"这一新闻流行语：指仰仗公权力以暴力手段欺负群众的人。源自2008年的江西抚州罗汉事件。

背景新闻：因工程纠纷，江西省抚州市临川区人民法院职工芦涛在上班期间和一名包工头跑到工地上，公然对一名男子实施殴打，导致该男子受伤住院。实施殴打期间，芦涛还大声叫嚣，"我是法院的，我代表国家罗汉，花一百万弄死你这个农民。"[14]据赣籍时评家熊培云介绍，当地人把无事生非的流氓地痞叫做"罗汉"，那么"国家罗汉"就是"公家的、官方的流氓"，即仰仗公权力的流氓。

“国家罗汉”这则新闻流行语隐含有大众对仰仗公权力以暴力手段欺负群众者的愤慨与嘲讽，言语表达中、在适当场合使用之，利用该语词符号激发受众的相关构词理据认知，就能收到简洁而鲜明地达意传情的修辞效果。如：

《西游记》里面令唐僧师徒头痛的就是一些“国家罗汉”。观音菩萨的金毛犼、寿星的梅花鹿、太上老君的青牛和童子、文殊菩萨的青毛狮子，纷纷盗用他们主人掌握的法器——也即人间官府的权力，到人间兴风作浪，觊觎唐僧肉。对民间的草根精英，如白骨精，悟空可以一棒子打死，对大有来头的“国家罗汉”，悟空能做的，只是请他们在天庭的领导下来把他们领回去用家法管教。

这段文字运用了“国家罗汉”，在诙谐表达中言简意赅地传递出对公然利用公权力欺凌群众的公职人员的批判与嘲讽态度。

3. 娱乐效应——解构严肃的内容与表达形式

网络传播环境下的新闻流行语一般先产生于网络、高频传播于网络而后流向印刷、电讯等媒体，流向社会大众。在我国，网络传播的主体，即网民有着鲜明的特征——年轻化。据《中国互联网络发展状况统计报告》资料显示：中国网民的主体是30岁及以下的年轻群体，这一网民群体占到中国网民的68.6%，超过网民总数的2/3。网民这一较为年轻的年龄结构对中国互联网深层应用影响较大，中国互联网应用呈现出与年轻网民特征较为相符、以娱乐为主的特点。网络传播环境下的新闻流行语与此相适应，也具备娱乐功效，其快速复制、传播多具有调侃、娱乐色彩，比如“打酱油”“做俯卧撑”等的流行主要源自恶搞。从社会文化心理的角度来分析，这种恶搞，正是源于网民们娱乐至上的心态。

中国互联网深层应用擅长颠覆传统，具有解构的惯性。网络传播环境下的新闻流行语具有娱乐效应，往往是通过潜在地消解严肃的内容与表达形式，通过反讽，营造调侃、诙谐、幽默之趣。例如，坊间相当流行的“很黄很暴力”就极具幽默、调侃的意味，这种幽默、调侃的意味潜在地消解了话语本身所具有的严肃的内容与表达形式。

四、结论

流行语具有时效性，它凭借着“不同于以往”，在使用过程中给人们带来一种全新的体验。但是这种全新的体验往往较为短暂，随着时代和社会的发展流行语会不断被新的成分所替代，其中有的逐渐被人们所接受，进入到现代汉语语汇中，而其中的大部分相继被淘汰。新闻流行语更是如此。能够流行的新闻流行语当属强势模因，但随着作为流行语语汇理据的新闻事件、新闻人物淡出公众的视野，慢慢成为旧闻，相应的新闻流行语一般也就会趋向冷寂，逐渐退出语言运用的领域，让位于那些新产生的极具影响力、感染力的新的新闻流行语。这是语言运用的必然。

注释

① 苏文洋《公众产生质疑：交强险财报莫非“正龙拍虎”？》，《北京晚报》2007年12月6日

② （大头马《请问，你这里卖不卖蟑螂？》，《新安晚报》2009年2月15日）

③ （邹浩《麦迪别玩“躲猫猫”》，《楚天都市报》2009年2月23日）

④ ⑤中国互联网络信息中心《中国互联网络发展状况统计报告》，download.xinhuanet.com/it/document/cnnic2 ... 1337K 2008-7-24

⑥ ⑦ ⑧ 彭虹《涌现与互动——网络传播表现与动力机制的研究》，《西南民族人学学报》，2007年第8期，第132页、132页、132页。

⑨ 何自然、何雪林《模因论与社会语用》，《现代外语》，2003年第2期，第201页。

⑩ ⑫何自然《语言模因及其修辞效应》，《外语学刊》，2008年第1期，第69页。

⑪ 何自然《语言中的模因》，《语言科学》，2005年第6期，第55页。

⑬ 韩李《当代汉语流行语探析》，《河南师范大学学报》，2007年第3期，第183页。

⑭ 《中国江西新闻网》2008年7月22日

News Catchwords in the Network Circumstances and Their Rhetorical Effects

Hu Xi-zhi
(Fuyang Teachers College)

Abstract: Stemming from news communication, news catchwords refer to those top words based on news events and figures. In the network circumstances, they are condense and typical, ready to emerge and always related to the grassroots. The emergence and application of news catchwords are caused not only by the psychological factors of social culture but also by the language meme. They bear various rhetorical effects.

Key words: news catchwords; features; language meme; rhetorical effect

第四部分

比较修辞学研究

柏拉图与孔子、亚里士多德与孟子
——比较修辞学研究的困境与前瞻*

施文娟

（［美国］得克萨斯A & M大学）

摘　要： 本文对古希腊时期和中国春秋战国时期的修辞学家及其修辞思想做了比较研究，阐述了东西方古典修辞学思想所产生的文化背景差异，指出了东西方比较修辞学研究的应有范式。

关键词： 比较修辞学；古希腊；孔子

如果告诉合唱队中的一个歌手，让他认识自己，那么，他会不会为了获取这种知识，而关注他合唱团的同伴，并且关注与他们的和谐关系？

爱比克泰德

明耀的太阳、大地、天堂和海洋是以他们内在的一部分和谐地联系在一起。这些元素都早已从整体中剥离出来寄宿在凡夫俗子当中。同样，所有那些适合混合在一起的物体都制造得十分相似，由爱神阿芙罗狄蒂以情感将他们连接在一起。

恩培多克勒

当有序的爱将热与冷，干旱和潮湿聚在一起，在一个适度的和谐状态交融时，将成为人、动物和植物成熟、肥沃、健康的孕育者，这样才不会犯下任何错误，但是一旦肆虐的爱成为了季节的主宰，这将带来巨大的破坏。因此，祭祀与占卜注重的就是保存和治疗爱，强调仅当爱的运作是公正的、节制的，以善为目的的时候，爱才能成为伟大的力量为我们提供完美的幸福。这样我们才能够与彼此及凌驾于我们之上的神灵缔结友谊。

柏拉图《会饮篇》

今天，在儒学研究复兴的时代能来到孔子的故乡，我感到很高兴，很荣幸。我期待向你们学习，向在场所有效仿孔子追求圣性、谦逊，以及把问答作为一种精良的艺术的教师和学者们学习。如果我们效仿柏拉图，以对话来替换修辞，我想我们可能在彼此对修辞的理解中发现更多的共同点！我今天的讨论是想在我们探讨如何

---

* 本文英文原文见附录3。

与彼此最有效地跨文化，语言和历史对话时，促进修辞学的名词与定义更多元化地拓展。这亦是一门修辞艺术。

一、修辞学比较研究的危险

几年前，我的“修辞学史”课上的一名韩国研究生完成了一项题为“子曰：‘苏格拉底，你说得太多’”的项目。一直以来，在我们所阅读的斯蒂芬·欧文的《中国文学思想选读》中，会发现书中那些关于孔孟的论述与柏拉图和亚里士多德对于语言和修辞学的论述有着惊人的相似之处。纵观孔子、孟子、柏拉图及亚里士多德的作品，其中充斥着对聪明但具有欺骗性的语言运用所蕴含的危险性、克制和谨慎的美德、说服对话者的最佳策略和表达一个想法或一个真理的最好方式等话题的论述。在某些方面，孟子与孔子，恰如亚里士多德与柏拉图，是对方的弟子、编撰者、教义的诠释者。但这方面的相似磨灭不了东西方之间的重大分歧。例如，在希腊和拉丁修辞学中定义的“论证”和“说服”就无法在中国的教义找到直接对应的概念。也许最显著的是，古典修辞学所衍生出的那种独特的“情感”在中国人对语言与美德的运用中是难以找到的。美丽的“诗词”或许能以它的魅力挑动心弦，但狡猾的说服却完全是另一个课题。那么在崇尚坦率、美德和真理的儒家经典中是否又有狡猾的修辞学存在的空间？此外，在孔孟的论述中难以找到被动和说服的听众这一概念，一个修辞学家向群众致辞等例子。论述中记载的传闻和交流通常都是在个人、师生和圣人或参谋与统治者之间发生的。

因此，以好几个修辞和哲学的角度来说，孔子很可能这样评论：“苏格拉底，你说得太多了。”苏格拉底总是喋喋不休，丝毫没有谦虚或节制感，也似乎在漫无目的地发言，他对自己的论述简直是不胜枚举。他似乎不明白儒家对精心简洁的推崇，对几个精心选择的词语，一个恰当的比喻或含蓄的例子的崇尚，更遑论儒家价值观的最重要的圣人慎言。苏格拉底不仅常以假装发问的形式无休止地阐述自己的意见，他还时常提出明知对话者没有答案的恼人问题。在他身上是看不到圣人的含蓄风度，只有充斥着侵略性，好斗好战的挑衅。在这些对话中，每次的胜负都是显著的，虽然到最后所议论的真理或概念却还是不确定的。相比之下，孔子的教育原则是因材施教，他为不同的对象提供适用于他们的答案，而苏格拉底往往都会就同一个问题对同样的对象提供变化无穷的答案。虽然孔子和苏格拉底都主张谦逊，但苏格拉底的谦逊貌似十分虚假，毫无诚意，甚至带有傲慢之意，而孔子精简而不挑明的结论却呈现了他所教导的简洁和周密的典范。

现在，让我们退一步来审视这个初步的比较。当柏拉图将苏格拉底塑造成一个在主张谦逊时同样被视为饶舌甚至令人厌烦者存在时，他究竟试图在传达什么信息？简而言之，柏拉图对苏格拉底的修辞处理究竟是什么意思？柏拉图对话中想表现，而非仅仅论述的修辞学和美德究竟是什么？同样地，在孔子的《论语》和孟子的教义中究竟在讨论和呈现什么样的修辞形式和美德的典范？难道孔子的《论语》

和孟子的教义中的表述真的比柏拉图对苏格拉底的构造更完善？在进一步论述这些例子之前，我想谈谈一些用来比较中国、希腊、罗马修辞的方法及其滥用。

1. 接触带

近几十年来美国修辞学研究广泛使用接触带（普拉特）模型来定义两个文化相遇后所衍生的新语言和言语体。这些研究直到最近大都专注于对殖民压迫的状况：即对那些另一种文化的侵入，并对他们规定及施加了新的语言、文化和政治制度，或者仅仅只是奴役他们。被殖民者以不同的方式抵抗殖民统治，并最终形成一个反修辞，一个用来对抗压迫者的话语。不过这个话语在很大程度上仍是一个由入侵者的词语形成的语言。

玛丽·路易斯·普拉特所构建的‘接触带’原始模型的构想源于西班牙对秘鲁的殖民。在整个北美和南美的“新世界”里，接触带中的遭遇触发了众多文学和政治作品来阐述混合语言和对混合文化的理解。这些普遍上都是从殖民主义、后殖民主义、侵略的结果、一个民族压迫另一个民族等角度进行研究。基于历史、道德和思想方面的原因，要将接触带模型扩展到东西方修辞学的研究中需要对整个模型进行一定的调整。不同于欧洲对“新世界”的征服，西方从未以相同方式征服或殖民统治过中国。中国是一个在文学文化上领先于西方的希腊、罗马源头文化的古老国家。我们不能把对东西方修辞的历史研究，或比较修辞学研究建立在接触带理论中被压迫与压迫者模型的基础上。这些研究之所以如此有趣正是因为中国修辞的发展不是对西方修辞学的回应的结果。几个世纪以来，中国修辞学一直保持着内部自我独立的发展，衍生出独有的名词，这独特的历史呈现给我们一个目标也是一个对我们的挑战——去了解这些原生的词语和应用。

不幸的是，直到近期，一种不同的殖民主义，一种在思想、教学和学术方面产生的殖民主义一直垄断着对中国修辞学的研究。我们常常看到，对中国修辞学的研究一直在寻找和发现与古典希腊、罗马修辞模式相类似的概念：ethos（道德）、pathos（情感）、logos（逻辑）、modes（模式）、tropes（比喻）和argumentation（论证）。直到近期，西方修辞学对中国修辞学的评价一直流于表面，没有进一步的拓展，所找到的唯有与逻辑，说理和辨证毫无联系的华丽语言和典故。其中似乎没有以公民话语和政治问题为重点的修辞或散文传统。然而，在过去的10年中，一群与西方学者一起工作的中国学者进行了对中国传统修辞更深层次的研究时，发现了汉语修辞学中包含了逻辑论证的排比层、层层相叠的双重含义和典故、在与含义和意义上更为错综复杂的寓言、象征、比喻及类比等在西方修辞学和诗学中常见的双重结构的存在。由此西方人开始进入一个富有想象力的空间，在这个认知的世界里，很多东西都是多重意义，并通过他人的话表达，使用着相似但不相同的引言，典故和类比手段。这里面的思想十分注重二元的思维方式，但却不是在辩论、辩证中常见的对立式的、而是以相辅相成、阴阳调和的、二元对比来展现出不同思想、画面和事件的相似之处并属于不同族群的意思。这些犀利而富有诗意的表达和简短的小故事表达的那种微妙之处常常是被西方学者忽视的。因此，就如我们今天所见，过去10年汉语修辞学的研究方法已经出现了改变。我们开始用英语翻译汉语修辞学所研究修辞学的过去和现在，也用中文翻译的英语修辞学的作品。从这些改变，我们会发现接触带正在向反方向延伸，甚至触发了我们重新审视向汉语修辞导入西方模式的道德问题。同样重要的是，我们越来越意识到，当我们一味地在寻找我们熟悉的概念，而不是以其原生条件来理解这些不同的文化时，我们蒙受了思想和学术上的损失。

在20世纪20年代，美国爱荷华・理查兹在《透过镜子》和《孟子关于意识的论述》中探讨了几个重大的问题。"当我们在试图理解和翻译一个迥异文化作品时，我们是否在尝试超越纯粹使用我们自己的观念来解读？我们能否超越我们自身观念，或者我们还是不可避免地同时处于镜子的两端？随着我们意识到我们的工作不仅涉及选读不可通约的概念，甚至拓展到去比较一些可能连完整的概念都不存在的概念时，我们发现这个问题似乎变得更加艰巨。如果我们同意，大多数的文学意义可能结合至少四个组成部分（1）意图或目的；（2）对于所涉及的感觉，态度；（3）对发言的语态和态度；（4）所涉及的意识或参考对象；并且如果我们将'概念'的定义局限在第四个组成部分的定义之内，我们会发现，我们的工作对前三个部分的涉及远远超过第四个"（《孟子关于意识的论述：86–88多重定义中的实验》）。虽然理查德在《中国文学思想选读》中通篇都没有提到"修辞学"一词（他在《修辞学哲学》中才确切讨论这点），他的论述其实是在试图为"文学作品的意义"提供一个普遍定义，以便理解文学评论家的工作。

理查德更关注的一点是，我们需要退一步来重新审视我们对"概念"的理解。（我们普遍将它指为一个东西，一个意图或目的）。通过探讨数篇由于东西方对心理学和物理学的理解存在本质差异而让西方学者感到无数困扰的孟子文章，理查德检验了其中"互动的含义、思想和情感"。他表明"无论是在早期还是近期的中国思想，心理与物理的研究都不是相互独立的，对我们而言，形而上学再怎么可恶，都没有像孟子一样将心理和物理相互交融混杂。这种人和物不分离，天人合一的想法早在宋代便已经被朱熹详细阐述，甚至佛教都曾将其和理想主义相联系（当然莫悌和他的追随者并不这么认为），因此中国的思想从来都不会产生对天人合一的理解障碍。理查德认为这种按照西方的定义都称不上"思想"的内外不分，人物合一的概念是深深植根于祭典仪式之中来维持平行和相互关联的秩序以及天地人，三道合一的道德和谐。

继理查德著述之后数十年，斯蒂芬・欧文在跨领域、异文化翻译和对一个在本质上完全不同的异文化的理解提供了另一个标志性的特点。如同理查德・欧文在《中国文学思想选读》中对文学和文学翻译进行了大篇幅的论述，我们可以把其中的一些观点融入我们对修辞学的理解。在谈到他对中国的"文学思想"的规范时（《中国文学思想选读》5–6）欧文使用了倒序程序来进行比较。"当我从事这项工作，有某个时刻，我想象自己正在为一群古代读者将亚里士多德的《诗学》翻译成文言文，并附上相应的注释，其成果可能时而让人满意，时而难以理解，时而又像一篇用汉语来议论文学结构的幼稚版本。有些人或许会申明这是尝试解释和翻译与我们迥然不同的希腊文字所导致的。但确切而言，这的确是个问题，因为我们所面对的希腊文字的运用至今仍然处于激烈的学术辩论之中，其翻译的过程是离不开历史上拉丁文及其他母语对他们的翻译所造成的影响，部分翻译甚至是根源于这些文字在他们的母语中的内化程度所导致。我甚至可以想象当我把这句话，'诗歌无论在哲学意义上还是严肃程度上都胜过历史'，从希腊文翻译成英语，再翻译成汉语然后最后又翻译回英语时，它会变成：诗歌对于历史的关系，不仅在自然原则上优胜一筹，还是一个十分严肃的关系。这种说法是荒谬的，尤其是对于我古代的文言文读者来说：毕竟，历史上完全体现了'礼'，而诗歌中涉及'自然原则'无疑是有问题的。我们将需要大量的篇幅来解释亚里士多德对'诗歌'、'哲学'和'历史'的定义，尤其是当汉语对他们的定义有着迥然不同的理解。"

使进一步将试图了解最简单的修辞术语和概念的问题复杂化的，是在东西方修辞学中延续了两千多年的修辞学传统投射在这些文学作品上的评论，要知道我们甚至还没有开始考虑这些作品本身孕育的修辞手法。孟子是孔子语录的第一个翻译者，但绝不是最后一个，正如亚里士多德、西塞罗、昆体良、及奥古斯丁都在不同的历史阶段重新翻译、解释了早期的修辞学一样。欧文接着为他早先阐述的将亚里士多德的《诗学》翻译成中文的问题提供了更多的例子。我们发现，不仅仅是前面所提及的"诗"，"哲学"，"历史"等个别名词会产生很大问题，当然我们现在也不能忽视"修辞"这个名词，这样的翻译也可能会误导人们以为在过去的两千多年里西方学者一直陷在针对亚里士多德的《诗学》的繁琐的辩论中。在过去的两千年里，对任何阅读欧文所翻译的这篇《诗学》的古代读者来说，他们所熟悉的名词已经不断地涌现出新的含义和新的问题。因此，当我们把欧文的这个例子套用到将汉语的文学及修辞思想翻译成英语时，我们可以理解欧文面对着两千多年来积累的评论和各种注释、翻译，究竟要筛选哪些进入他的脚注、甚至正文来补充他的翻译的重大苦恼（欧文15–17）。要知道单单"礼"、"仁"和"文"三字在历朝历代都有不同的见解和解释，更遑论还有文学史上积累的庞大数量的典故、诗歌和史记；还有为数更多的关键名词增添近乎无穷无尽的语义。

同理查德一样，欧文强调了他的作品中的文学性，但是我们也可以看到修辞方面的问题。中国的儒学也如同经典希腊史一般，拥有一门支流将自身的研究范围拓展到文学以外的所有作品。欧文对亚里士多德的《诗学》的评价在很大程度上可以延伸到他的《修辞学》及修辞学这个学科本身。我们曾经如何用亚里士多德及其他西方学者的修辞学来解读中国的修辞学，在将来我们又应如何应用，这正是我们当今要面对的问题，当然，反之亦然。我们又是否能够遵循理查德的建议，从多重定义入手来解读修辞学。甚至，如果"修辞学"这个名词本身不够恰当或清楚，我们又应该给它界定成什么呢？这些不一样的定义又如何能够帮助我们理解我们所命名的概念，如同我们将西方修辞学定义为"修辞学"而非文学、政治研究，甚至课堂作文呢？现在，我将把这一问题搁置片刻，让我们转移到几个阴阳关系：即东西方修辞学的对比。

作为一本论述跨文化修辞学研究中常见问题的历史研究，作者乔治·肯尼迪在《比较修辞学》中标明了区分中国修辞学及希腊罗马修辞学在概念和手法上迥异的几个重大特征。首先，“中国学者从来不把修辞学作为一门学科，从政治、伦理、文学批评等学科中剥离开来。它强调对协商一致的追求”（相对于非输即赢的辩论）；“它教导在政治中要保持的坦率和诚意（一般人认为政治话语在本质上是骗人的，腐败的）；它被局限在圣人和统治者之间，保存并传承了儒学丰富的哲学学说，包括从典故和名言警句中抽取的诗歌和史记。一般平民百姓并不享有崇高的地位，甚至都不被当做修辞学的对话、传授对象，修辞学的交流大部分局限于 教师个人或一个圣人同一个统治者或一个学生之间。然而不同的是，希腊和罗马的伟大史诗传统，大多数都以激动的修辞和英雄人物为模板，中国的诗歌则多涉及普通老百姓的生活经验，体现了他们的感受”（肯尼迪145-146）。

1.2 柏拉图与亚里士多德、孔子和孟子

许多东西方修辞学的历史研究都在柏拉图和亚里士多德，孔子和孟子这两对师徒、师生之间画上等号。这是基于以下几个理由。首先，在两对师徒当中，年老者都像诗人胜似理论编著者。孔子的《论语》记载了国王和圣人之间、圣贤和学生之间的交流。在其中的许多典故都引自《诗经》的诗歌和历史，并被孔子都作为典型教例。《论语》中记载的对话都是针对具体的个人，而孔子也往往依据对话者的不同状况，给予完全不同的答案。通过这些对话，教学，历史案例，诗意表达，我们发现儒家的格言和对话与前苏格拉底时期的哲学家所运用的十分类似，它们也十分接近柏拉图为了保存苏格拉底的教诲而编写出的长篇对话。与苏格拉底交流的对象就包括了前苏格拉底时期的学者，尤其是首先从将真理从幻想和感知分裂出来的“父亲”巴门尼德，和提出概率而不是真理，是最好的说服者的普罗泰戈拉。如同孔子，苏格拉底，通过柏拉图的表述是以对话和讨论、提问和推理来“教导”。

很多时候，我们没有注意到，由柏拉图讲述的苏格拉底的教诲，不仅仅在教导一套理论，还在教导一种思考和讨论的方式。为了从长篇的对话中精简出系统的理论，我们常常注重其内容胜于其形式，因此忽略了柏拉图所编撰的这些对话所要传授的“传授之道”。在这里，我们找到另一个相似点：孔子与苏格拉底和柏拉图的信徒和弟子都从他们教导的教义提取成套的理论。而在这些弟子当中，亚里士多德和孟子都被视为早期思想家的系统整理和编撰者，为圣人的教诲增添评语和应用方式。比起从孔子的《论语》中去挖掘出相应的概念，从这些弟子的作品更容易识别，正如理查德所论述的孟子的“意识”的概念。然而这是我们应吸取的其中一个教训。当我们尝试提取或编译任何人的“X理论”：柏拉图的形式理论，或孔子“道”的教授：我们其实正在对该理论的教义、话语和传统的形式和内容做出严重不公平的对待。因为我们倾向于把多元的互动和对话浓缩成一段独白，忽视了那些无法也不应被浓缩的特殊性。柏拉图表述的苏格拉底和孔子都不断提出问题，不断地激发人们去思考，引导人们达致更深刻的见解。基于种种理由，他们的追随者

往往对其对话进行编纂及理论化的教授。然而，重要的是，我们刚刚开始意识到，但必须去识别孟子与亚里士多德之间重要的差异，而这种差异对修辞学者来说是特别感兴趣的。例如，孟子对儒学的继承是否胜于亚里士多德对柏拉图的继承？可这样的差异又能如何揭示中国与希腊在首次编纂采取的不同发展方向？要回答这个问题，我们接着审视那些造就了早期的希腊和中国修辞学的历史文献。

二、孔子、孟子和战国：希腊相似之处、辩证、对话与争论

2. 墨家：王家对吗?

孔子和他的追随者、弟子和门生孟子所处的战国时期完全不同于前苏格拉底、苏格拉底及柏拉图所处的脆弱的希腊邦联。希腊“智者”或圣人分布在当时从小亚细亚延伸到意大利的希腊殖民地邦联的各地。赫拉克利特的萨珀在小亚细亚及希腊的爱奥尼亚岛屿进行创作，恩培多克勒和巴门尼德在意大利和希腊大陆传承着自希腊的传统，后来被称为多立克。这导致了当时希腊城邦所信奉的政治、哲学、修辞和道德信仰和习俗横跨了广泛的范围。当修辞学和哲学的正规学校逐渐发展起来，如雅典、斯巴达和米利的修辞学和诗学也开始出现分歧；在古典时代的雅典，伊索克拉底学派也与亚里士多德学派有所不同；斯多噶则从柏拉图学派吸取发展的元素。在政治上，雅典“复兴”之前的联盟，也就是伯里克利的黄金时代，是对抗波斯帝国的必要存在，但伯罗奔尼撒内战却将这些联盟弄得分崩离析。亚里士多德离开雅典之后到马其顿担任了最终征服了希腊邦联称帝的亚历山大的导师。

希腊内战后一百五十多年，一个希腊城邦共同的敌人，波斯将希腊城邦再次团结起来。亚里士多德的学生，暴君亚历山大也在同时期崛起。在这短暂的希腊启蒙的黄金时代，三个不同的时刻标志着修辞学作为政治修辞和教育实践课程的出现：（1）智者的教诲及诗人和戏剧家的行为；（2）柏拉图将戏剧流派与哲学教学的合成，包括了对伟大的智者莱西阿斯、高尔吉亚及伯里克利的修辞和行为的教诲；（3）亚里士多德将修辞学独立为一个单独的学科并编撰了专注于创作的教材和指导手册。希腊智者并非源自雅典，而是来自其他的希腊联邦。他们的教诲如孔子的教义一样，以师徒之间简短对话叙述的形式出现，但是到了今天，也只剩下碎片和格言的片段。在众多智者当中，苏格拉底在雅典公开授课时也强调有教无类。如同孔子，他担心收费将导致老师成为只会讨好雇主的阿谀谄媚之徒而拒绝收费。孔子说：“我从来没有拒绝教授任何能够提供一束香肠的学生”（7.7）。

柏拉图作为苏格拉底忠诚的学生，用对话录的形式来编撰保存苏格拉底的教义，后来成为了哲学、美德和政治学最早期的文献之一。但是，我们应该将柏拉图的对话视为修辞学的经典，甚至建议修辞的形式应该是以对话为模板。苏格拉底讨论的众多议题之一就是他常常感到被权力欲驱使的政客滥用和操纵的修辞学。他认为修辞学是一种欺骗的艺术，如同巫术，它运用漂亮的话语和空头支票来俘虏人们的头脑。只有在《斐德诺》中，他才承认可能有好的修辞学的存在，而他把这种修

辞学称之为良好的言论辩证，或“真正的哲学。”而我们应该始终记得“哲学”这个名词，是指爱智慧的人。在他的对话当中，苏格拉底一再强调，若不是为寻求真理和对智慧的爱来传授修辞学，其结果将是无法传授美德。如果我们背离这个目标，不仅个人，甚至整个社会将会因此受到损失。在《理想国》中，苏格拉底创造了一个理想的状态：智者们相互平衡和谐，理想灵魂中的激情与意志折射在理想国的平衡统治之中。在那里至善的统治者成为监护人，训练良好的法官和士兵妥善地执行法律，普通市民从明智和强有力的领导中受益。粗野犯规的个人，如同粗野的国家在这种理想国之下将无计可施。智慧和学习的统一，个人与国家的美德，必须作为一个和谐的整体持续维持着。孔子说：“有教无类”（15.39）。

柏拉图学院希望通过对话持久贯彻苏格拉底的教诲。亚里士多德，柏拉图的学生之一，是个更实际的学者。他认为政治演说和辩论中现有的修辞手法应该系统性地研究和教授。政府和大会的行为已经取决于面对群众发言压倒对手的露天辩论。在希腊史诗和戏剧中，这种两个人在人群前进行辩论对抗的形式是普遍的。许多历史学家指出在早期希腊文学和政治文化中，这种好斗的模式是十分显著的。修辞学上的第一部专著，亚里士多德的《修辞学》，就是为了客观、科学地去论述当时的修辞艺术，无论其好坏美丑。《修辞学》后来成为了修辞学的教科书，用来推广里头亚里士多德描述的修辞手法。如同柏拉图，亚里士多德谴责诡辩家所运用的荒谬逻辑的歪理邪说，也拒绝了普罗塔哥拉所提倡的“偶然性”。在一百年间，通过对话和格言传达的智者智慧，已经因为哲学和修辞之间的各种斗争而流离失所。柏拉图的哲学遗产中洋溢着对修辞学的轻蔑。亚里士多德的修辞艺术则以实用手册和教科书开创了一个我们至今都熟悉的传统。而在这段历史中失去的是在修辞学成为一个独立的学科前所实践和教授的知识。

希腊的诡辩派学者对许多希腊政治家实行了直接一对一的教导，希腊戏剧和诗歌为人们提供了发展希腊感性的言论、诗歌和美德的素材。这一时期的希腊历史也为模范的树立提供了长篇的对话，虽然其演讲和相关的技巧并非那么典范。就连荷马史诗也如同后期的文学和修辞作品，提供了适合人们摘编和采纳的长篇言论。尽管苏格拉底对修辞学本身持如此蔑视的态度，柏拉图的对话仍然形成了一种新的语言，一种新的修辞手法。那人们应该怎样去教授和学习他们呢？通过双向的讨论，而不是单向的师生传授。我们必须时刻维持着一个允许商量、允许多元意见、鼓励协作，可达成共识的言论空间的存在。但是当亚里士多德离开雅典，成为亚历山大在马其顿的导师时，就再也没有人进行这样的纯粹的讨论了。当雅典在与斯巴达的内战中失败后，一个寡头政治集团企图恢复传统世袭的领导和政府，但是他们之间的内耗却使雅典衰弱至成为了亚历山大的军队的刀下鱼肉。在那个修辞学初次以一个概念，一个教程而出现的世纪里，雅典在军事力量的面前崩离。雅典“复兴”所带来的民主只持续了一百多年。但是无可否认的是，其对后来的教育、政治、文化和文学的影响是深刻的。在罗马共和国的初期，希腊文学模型是当时的课程核心。相比之下，希腊修辞较不受欢迎，但西塞罗实现了修辞学与哲学的再次统一，并归纳出希腊修辞的众多术语和概念，使他们变得更加贴近罗马人对虔诚和美德的感觉。而当我们把这个西方早期的修辞学景象和孔夫子的年代进行对比，想象战国之间的关系以及当时的文字战争，就能明白为什么有必要建立一个共同的文学文化，以防止分歧与消散的源泉出现。

因此，修辞学研究的一个新领域是探讨在同一时期的中国战国时代，汉族的统一是如何在儒家文化的引导下完成。战国之间是为了什么彼此征战，而儒家学说中究竟有哪方面对这样的大一统是有益，才造就了最终儒家式的和谐统一。柏拉图的对话中以男性、有几个女性参与的辩论作为实际战争的替代品。而西方人至今仍然坚持这种理想，或者说我们这样认为，文字之间的斗争和尝试与我们的对手的对话是我们避免武装冲突的方式。但是，口头上的辩论究竟是否能延缓冲突呢？我们在西方国家强而有力的论证模型却几乎无法在任何东方传统中找到类似的例子，但是儒家的教义和教诲在某种程度上解决，或者减轻了分歧和争论。这是怎么办到的呢？我希望我们今天能够在这里一起思考这个问题。

战国之间的问题并没有凭借希腊的文字辩论解决。因为雅典人爱好审议，纠缠于口头上的行为被战国时代的人们示为一种弱势，甚至是女性化的象征。但在中国，由儒家传统历史、诗歌和教诲维系的国家集团却在距离和规模上远远胜过希腊城邦和马其顿。这又是怎么办到的呢？当我们审视早期的希腊和中国修辞学历史和政治背景时，我们应该更精确地审查是哪个词语在每一个案件中，成功或失败地避免混乱和战争。然而，这里面是不是只有“话语”的功劳？当然不是。基于以上这些原因，我们要进一步研究，在我们一贯把汉语修辞视为非对抗性和非辩论性时，那些含蓄与外显的论证与修辞手法的对比。但这些都是负面的定义。我们这样说的时候，指的是什么呢？要回答这个问题，哪怕只是部分地回答，我想谈一谈几个体裁的问题：修辞的历史以及修辞作为特定体裁的文学史。

三、“解读历史”；修辞的历史；文体和真理；以身作则和戒律教学教学；八股文塑造了什么模式？说明文塑造的是什么模式？叙述发言吗？希腊和罗马历史中叙述对话的比例。孔子和孟子叙述对话的文章数。述评与叙述的对比。对话与八股文的比较

孔子和儒学援引了传统、历史和圣人的权威。不过，这些教义是如何传达呢？通过诗歌和历史，孔子编纂的《诗经》（约公元前750或更早）收录了历史上305首具典范性的诗歌，《春秋》更成为所有教育、话语、道德和政治统治的基础。《诗经》可被誉为与希腊传统史诗《伊利亚特》和《奥德赛》相提并论的著作，后者的精华后来都浓缩在荷马的赞美诗中，接着又在希腊戏剧中为柏拉图的对话提供了结构模型。这些文体及他们的文化应用，对人们在自身文化内部和跨文化的理解和实践提出了重要问题。显然，历史的权威和前人的智慧是被崇敬，但它是如何传递的呢？我们可以轻易地假设，好像那些激进的改革者和胡思乱想的青少年往往一样轻率地认为，过去的一切都是劣质或过时的。但是不同文化的作家、读者和许多修辞学家都普遍地使用了历史来跟现在对话及塑造未来。

我们是否又能够说是孔子所编纂的《诗经》和《春秋》为后人在解决纠纷、讨论、协商、教授和学习时提供了一个共同的语言、文体、历史、格言和教义呢？评论成为解读历史的手法，由孟子开始，后继的圣贤学者的评论都成为了前代圣贤和君主们对话的注脚。将这些经典与希腊的史诗、戏剧、历史和修辞相比，我们会发现以希腊史诗来解读历史虽然有点轻率，但是还是具备了同样深厚的文化基础。同样重要的是，希腊史诗也同时以告诫和以身作则的方式来传授修辞学。内斯特的发言，愤怒的阿基里斯的怒吼，聪明的奥德修斯的妥协建议，这些投入在更晚的时间发言者口中的话。我们可以在希腊史诗和荷马赞美诗中处处找到有关演讲和狡诈的无数说法。也因为这样人们才会在尊重奥德修斯的同时，不信任他狡猾，强大说服力的演说。我们应该一再强调的是在《伊利亚特》和《奥德赛》中，辩论和对话的叙述占了超过半数。

当希腊人，罗马人，甚至后来的英国、法国、德国和美国的小学生背诵希腊史诗、诗歌、历史和戏剧时，他们所背诵的不是“简单”的历史或文学，还包含了完整的修辞内涵和手法。那我们是否也能这样设想，当中国的学者和学生们背诵《诗经》、《春秋》和《论语》时，他们背诵的不只是“诗歌”，还包含了可以在其他场合重组运用、摘出、暗指的说话方式、短语、单词、句子甚至一些想法？我希望对这些例子质疑能使我们对文体的划分更轻松些。如果历史是以传授演讲和政治思想的方式来解读和编写的话，历史究竟是什么？而如此深植于格言、一成不变的模式和对传统形式和观念的效仿的修辞学究竟又是什么呢？言论是否始终应该放在最原先的框架语境中来理解呢？从某种意义上来说，它不能也不应该是如此，因为如果是这样，除了那个时代的人，就没有人会明白！（史多哥，奥古斯丁，杰弗逊）当历史、圣人智慧，和修辞学是如此紧密相连时，言教和身教基本已经同化成一体。那在孔子和孟子的作品中对话的叙述也在所有演讲中占据了多大的比例？柏拉图和亚里士多德之间在这一点上的差异是显著，亚里士多德擅长编写冗长的独白，其中蕴含的大多数不是智慧，或有价值的历史，而是许多超越时代局限的体裁典范。伦理学在他手中成为了完全独立的学科。但是，这不是修辞学在西方文化和教育中唯一的遗产。我最后提醒一句，从柏拉图开始到18世纪后期的苏格兰复兴，无数的修辞哲学和教义都强调了把美德和智慧传授给个体的综合式课程，其中就包括了修辞学，从而维持一个公正的社会。西塞罗、奥古斯丁文艺复兴时期的人文主义者及18世纪修辞学和道德哲学的伟大的政治和道德导师：弗朗西斯·哈奇森，托马斯·里德，亚当·斯密斯和乔治·康贝都在此列。

（墨家：王家说的对吗？中华文化在这一点上经历了名称之争后故意遗弃了好斗的论证手段？）

四、孔子与和谐：希腊的相似之处

在柏拉图早期的《会饮篇》中有许多探讨爱、语言、修辞和欲望的文章和言论。一如往常，柏拉图的对话主要集中在评论前苏格拉底哲学家，赫拉克利特、恩培多克勒及爱比克泰德的教义。如果柏拉图的哲学著作的研究不是同修辞学的历史研究那么泾渭分明，我们或许还可以看到爱情、知识、道德和修辞之间的讨论的相似之处。赫拉克利特的思想告诉我们，在我们的话语、知识和社会中存在着一种对立因素协调统一的和谐。赫拉克利特也是那位提出“你不能两次踏入同一条河流”的悖论的。哲学家爱比克泰德的格言也有一个以音乐为例的比喻十分著名“如果告诉合唱队中的一个歌者，让他认识自己，那么，他会不会因为知识，而舍弃他合唱团的同伴，并且不再在乎与他们的和谐关系？”《会饮篇》中的对话者所呈现的关于爱的言论中也有数篇在探讨爱与言论或修辞的关系。我们也遇到这样的想法，“每个事物（或人）都有与其相匹配的另一半。”对话的结构整体上不应是竞争，而更像柏拉图的对话，而是一个节日，如同《会饮篇》中的情景，就好像我们今天在这里，交流意见、心得、所发展出的整体将超出在场所有部分的总和。因此，要探讨《会饮篇》中对爱和修辞的联系及在中国思想中与其相对应的另一半应该不是一件太艰难的事。

在中国的宇宙论和认识论中，内部与外部，天与地，心灵与外在现实并不是一个对立关系，而是相辅相成的。一个人的善良将从他的行动、举止、言论和礼仪中体现出来。柏拉图的典型二元对立在这样的宇宙论中是难以想象的，在中国思想中，人与自然是不可分割的，心灵的世界和现实世界更是相互建构、相互影响的。其实，我们在柏拉图的对话中可以找到许多相似的痕迹，《会饮篇》中的多元论同《裴德诺与高尔吉亚》中对修辞学的多元定义相联系，在辩论论证中形成了修辞学的多重定义。这意味着什么？在这个意义上，辩证是什么？很多时候，对话和辨证已经被当做辩论中是两个相对立的论点，两个相反的声音，两种对立的观点。但是，在希腊语中“dia”不是“一对”的意思，而是指“跨越”或“横跨”，如同圆圈的直径。柏拉图的对话实际上不是两个人之间的辩论，虽然他们往往在苏格拉底恼人的辩论条款中显得如此。然而在这里，柏拉图是一个教育工作者，一个教师，一个圣人，当他描绘出一个有缺陷的对话者苏格拉底时，他其实是为了让我们参与讨论，如同我的学生所指出，孔子很可能会说，“苏格拉底，你说得太多了。”

五、结论

据我了解，中国近年来所倡导的儒学复兴其实是要回归到一个可以跨越界限形成凝聚力和团结的文学及修辞文化。这是建立在共同的语言、共同的文学、关乎美德、和谐的共同信仰之上，教导人们如何去平衡与判断人与人之间、人类与自然之间的关系。考虑到这一点，我建议当我们想在中国的修辞学中寻找熟悉的西方修辞学传统时，我们不应该局限在亚里士多德的逻辑学、修辞学、品德、情感和逻辑等。在西塞罗发表《论开题》和昆体良的时代之后占据主流教科书的概念。我们今天所熟用的修辞体系是从昆体良和中世纪学派开始、演变成文艺复兴时期的用图表和概念推论的拉梅主义、进而到启蒙运动的讲演学派所教导的绅士讲演，最后成为了今天用来教授英文写作的入门性的英语“修辞和作文课程”。相反的，我们应该把注意力转移到西方修辞学的几个支流。他们体现了与中国修辞文化类似的几个特点：将文学，包括了历史和哲学置于在课程的核心，在整体上以传授美德和智慧、追求卓越和学习为目的的综合性课程。这些特点，我们能从柏拉图、西塞罗、奥古斯丁、伊拉斯谟、蒙田的优美而丰富的论述中找到，能从启蒙运动时期的学校里同时关注道德和公民美德的修辞学和道德哲学课程中找到。

子曰："赐也，女以予为多学而识之者与？"
子贡："然，非与？"
子曰："非也，予一以贯之。"
也许在我们今后的讨论中，也可以一以贯之。

（王湘宁译，北京大学 刘璐校）

注释

D.T.Suziki 是美国一位资深的禅宗英语翻译家，曾在20世纪60年代的美国心理学会上受邀致辞时谈及在西方心理学和神经生物学中饱受争议的先天后天，基因与环境的二元争论。当时的他是如此评论："这样的区分是你们西方人的发明，所以要解决也是你们自己的问题。"阴阳、内外、自然与人性，一元与多元，这些都是我们自己选择在脑海中将整个整体分裂的结果。我希望我们可以选择不要如此分裂中西方的修辞学。让我们进行可以同时促进我们在东西方的认知中相互了解的对话，在和谐中理解差异。

参考文献

[1] Confucius. The Analects [M]. Trans. D. C. Lau. Hong Kong: The Chinese UP, 1979.

[2] Daodejin (Tao Te Ching)[M]. Trans. D. C. Lau. Hong Kong: The Chinese UP, 1982.

[3] Eugenio Benitez. The Aesthetics of Piety in Plato and Confucius [A]. International Association of Aesthetics Yearbook [M]. 2003: 66-75.

[4] George Kennedy. Comparative Rhetoric [M]. Oxford UP, 2000.

[5] I. A. Richards. Mencius on Mind. Experiments in Multiple Definitions (1932)[M]. Routledge, 1996.

[6] Karl Kao. Recent Studies of Chinese Rhetoric [J]. Literature: Essays, Articles, Reviews (CLEAR), Vol. 15, 1993(12): 143-154.

[7] Mencius. Mencius[M]. Trans. D. C. Lau. London: Penguin, 1970.

[8] Stephen Owen. Readings in Chinese Literary Thought [M]. Harvard UP, 1996.

[9] Tu Wei-Ming. Metaphor in the Confucian Analects [J]. Philosophy East and West 31:1, 1981(1): 45-54.

[10] Xing Lu. Rhetoric in Ancient China, Fifth to Third Century B.C.E.: A Comparison with Classical Greek Rhetoric[M]. Columbia: U of South Carolina, 1998.
[11] Ziyu Cheng. Zhongguo Xiucixue Shigao (A History of Chinese Rhetoric)[M]. Shanghai: Shanghai Education P, 1995.
[12] 易蒲，李金苓. 汉语修辞学史纲[M]. 长春：吉林教育出版社,1989.
[13] 袁晖，宗廷虎主编. 汉语修辞学史[M]. 太原：山西人民出版社, 1995.

Plato and Confucius, Aristotle and Mencius — the Perils and Prospects of Comparative Studies in Rhetoric

C. Jan Swearingen
Texas A & M University

Abstract: This study defines several problems that have emerged from recent comparative studies of Chinese and Western rhetorical traditions, practices, and teachings. A number of false parallels are examined, in order to clarify the dangers of measuring or describing Chinese rhetoric in Greco-Roman terms. The equally important danger of restricting Chinese rhetorical studies to its own terminologies is explored as well, to suggest that we need to find common grounds for productive comparisons. The study is divided into four sections:

1. Contact Zones, Parallels, and the Problems of Translation
2. Confucius, Mencius, and the Warring States: Greek Parallels,Dialogue and Dialectic
3. Reading History: History as Rhetoric, and the Rhetoric of History
4. Confucius, Virtue, and Harmony: Early Greek Parallels

“中国雄辩学”与“现代修辞学”的分道与合流

刘亚猛

（［中国］福建师范大学）

摘　要： 中国修辞研究（*xiuci*ology[①]）的长远发展只能归结为两个基本选项：或者系统引进西方意义上的rhetoric（雄辩学）并将它投入到中国话语实践之上，或者将注意力主要集中于中国自己的修辞传统，在批判吸收这一古老传统提供的理论资源的基础上按照当代中国话语环境和条件的要求对其进行必要的改造和更新。本文对这两个选项实现融合或至少达至一种动态平衡的条件进行了初步探讨，指出由于对“中国雄辩学”的追求长期以来一直在事实上主导着我国的修辞研究，大力弘扬主体意识和主体精神显然应该是本领域学者在接下去一段很长的历史时期内的当务之急。

关键词： 雄辩学；修辞学；中国；西方；归属感；文化身份；主体精神

一

中国的修辞研究何去何从，是一个困扰着国内包括语言学、传播学、文学、外语研究等诸多领域专家和海外相关学者的重大问题。对于这个问题，海内外关注或从事汉语修辞研究的学界人士或通过意见观点的直接表达，或通过学术实践的间接体认，进行了广泛的探索与思考，并提出了各种看法和倡议。沈家煊先生将国内学者的意见归纳为修辞研究的三个拓展方向：“一个是传统的、与文学有关的，也就是偏重修辞语言的特殊性；一个是与语言学有关的，是语用学的方向，偏重修辞语言和一般语言的共性；还有一个是与公共事务有关的。”[②] 海外研究西方修辞的中国学者则多有主张现阶段这一研究应将侧重点放在对中国修辞传统的重构，并就以“辩”或“言”为核心概念重新梳理中国修辞思想的发展脉络进行了探讨。[③]这些见解“众声喧哗”，它们所呈现出的多元性和多样性一方面增强了我们对中国修辞学发展前途的信心，另一方面却掩盖了一个简单的事实，即中国修辞研究接下去的发展虽然途径条条，其实只能归结为两大方向：或者继续一心一意地向“西天取经”，将西方意义上的*rhetoric*即“雄辩学”系统地引进并投绘（mapping）到中国话语实践之上；或者反求诸己，开始将目光主要投向中国自己的修辞传统，并在批判吸收这一古老传统提供的理论资源的基础上，按照当代中国话语环境和条件提出的要求对其进行必要的改造和更新。这两个选项代表着对中国修辞学科发展目标大不相同的定位。如果我国修辞研究有意无意地将西方雄辩学作为自己进行学科建设的不二范本，则它势必朝着最终将自己建设成一门“中国雄辩学”（Chinese *rhetoric*）或者“具有中国特色的雄辩学”（*rhetoric* with Chinese characteristics）的方向努力。而如果我们主要以更新和弘扬自己的话语思想及实践模式为己任，则逐步摆脱西方观念和模式的影响，构建起一门植根传统而又与时俱进的“现代修辞学”（modern *xiuci*ology）必然是这一学科发展的最终目标。

对“中国雄辩学”和“现代修辞学”的明确区分，尤其是“两个答案分别代表两个大不相同的选项”这一断言似乎包含的那种“非此即彼”逻辑，无疑具有极大的争议性。不过，尽管“雄辩学”（rhetoric）和“修辞学”(*xiuci*ology) 在当代学术话语中往往被混为一谈，它们毕竟是具有大不相同的底蕴的两个概念。直面存在于二者之间的巨大差异，对这些差异加以梳理和澄清，具有充分的语义、历史和文化正当性，并非是在玩弄概念游戏。将“中国雄辩学”和“现代修辞学”这两大发展目标的分野作为考虑下一阶段中国修辞研究大方向的前提，也不是无端将某些技术性区别放大为带根本性的对立，而是因为这两个选项的观念基础和实践含义确实南辕北辙，并不如乐观地主张“古今中外、兼收并蓄”的多元主义者所想象的那样，可以鱼与熊掌兼得。

就观念层面而言，“中国雄辩学”是rhetoric在中国文化语境或话语体系内的扩展，虽然不无“中国特色”（例如：其具体研究对象和侧重点与当代西方雄辩研究有所不同），但毕竟属于雄辩学范畴，其基本预设、核心概念、常规解读框架和实践模式必然源于rhetoric即西方雄辩思想体系。而以“修辞”这个中国原生范畴为核心成分的“现代修辞学”即便加上“现代”这一修饰语，也仍然是随着该范畴的发明而萌发成长起来的那个古老话语研究传统在新历史文化条件下的延续。它的基本构成成分，包括观念、方法、兴趣、价值等，顾名思义应该植根于中国话语实践，是我们按照当代中国的交流兴趣和表达需要对自身修辞传统的觉悟、改造和更新，相对于雄辩学（rhetoric）具有毫不含糊的独特性和原创性。

在实践层面上，“中国雄辩学”和“现代修辞学”所遵循或者所应遵循的议程也完全不同。“中国雄辩学”志在与“国际”雄辩研究接轨，因而期待其实践者全面译介西方相关文本、概念、术语、理论观点，并根据“西方雄辩的基本原理与中国话语实践相结合”这一指导原则确定自己的研究兴趣、对象，尤其是方法。将西方雄辩学提供的概念术语或观点方法应用于解读、解释或阐发那些与雄辩具有高度相关性的中国话语实践是“中国雄辩学”的基本运作方式。“现代修辞学”的题中应有之意则包括发掘和整理构成中国修辞传统的那些设定、概念、范畴、解读策略等等，在当代中国社会文化条件构成的框架内将零散的理论片段合成为系统并且充满活力的思想体系和实践范式，应用于阐释和规范当代中国话语实践。

二

一旦这两个概念的区别得到澄清，我们就不能不认真思考一个发人深省的问题：为什么在有关中国修辞学的前途和命运的讨论中，人们似乎并没有清楚意识到存在着“中国雄辩学”和“现代修辞学”之争，或者并不将这一对立当回事？这个问题的答案涉及诸多复杂因素，不是其中哪一个可以单独解释清楚的。例如，我们不能不考虑到翻译这一关键的技术性因素。将rhetoric译为“修辞”虽然是某些历史偶然性（包括rhetoric的内涵与外延在其源语语境内一度遭到的压缩）叠加的结果，这一处理却既谈不上细心审慎，更遑论严谨精确，当源概念及其汉语译名被用于指称两个学科或研究传统时尤其如此[④]。然而这个误译却以讹传讹，“习惯成自然”地被确立为标准翻译，造成二者对等或基本对等的假象，为践行“中国雄辩学”提供了“名称掩护”。当rhetoric和“修辞”的指称大体上被视为一体，起码是同一学科的两个不同分支或同一能指的不同变体，没有人会无事生非地考问自己究竟是不是打着“修辞”的旗号却在事实上按照西方模式构建中国的“雄辩学”。

在语境层面上，我们不能不想到当代中国修辞研究所面对的西学东渐大潮流。在这股潮流势不可挡的冲击下，“现代化即西化”的观念深入人心，“中学为体，西学为用”的观念则被弃如敝屣，不作为一个选项加以考虑。即便有人意识到rhetoric和“修辞”并非一码事，他们也将考虑到传统修辞假如不实现现代化就将失去其当代相关性，实现现代化又只能意味着西化，从而打消自己将“中国雄辩学”和“现代修辞学”的区别作为一个重要议题提出来探讨的冲动。即便某些修辞学家不仅意识到我们如今所说的“修辞”其实已经在很大程度上被“雄辩化”，而且还进一步希望在不排外的前提下恢复本土视角的主体地位，他们也将由于担心这么做将意味着重新拾起一个陈腐冬烘的念头而悄悄抑制自己心中的躁动。

近代以来中国修辞研究的历史经验也不鼓励将“中国雄辩学”和“现代修辞学”的深层对立摆到桌面上来。20世纪前期的所谓“旧派”修辞学研究者就已经力主“崇尚我国古代修辞学传统”、“发扬我国传统修辞学特色”，但是他们的学术实践无不显露出故步自封、视野狭窄、方法陈旧、“科学性不强”等致命弱点，因而在与“学习和仿效西洋修辞学或东洋修辞学”的“新派修辞”的竞争中毫无例外地败下阵来，谈不上有任何影响力和话语权。[⑤] 即便是近30年来提倡向中国传统修辞回归的当代修辞学家，也几乎没有什么人真正做到言行一致，能在自己的理论建设中淡化或停止对西方模式的效法和对基于西方观念和标准的“科学性”的追求。这些历史经验似乎清楚表明雄辩与修辞之争的结果早已尘埃落定，重启这一争端谈不上有多少意义。

当前我国所处的历史文化条件对话语研究，全球化时代的来临使我国的对外关系呈现出空前多样、紧密与复杂丰富的新局面，而在一个西方主导的国际秩序——包括政治经济秩序和话语秩序中——实现和平崛起更是国家民族当前面临的最大挑战。成功应对这一挑战的一个基本条件是我们争取到与自己应有的国际地位相称的国际话语权，而创造这一条件的关键措施又只能是熟悉并把握西方雄辩的精髓和方略。深刻领会并透彻理解西方雄辩的思想观念及实践经验的重任于是乎历史地落在中国修辞研究和教育界的身上，而修辞的“雄辩化”显然是完成这一使命最简短直接的捷径。面对着这一情况却挑起两个学科发展目标孰是孰非的争议"未免显得迂腐可笑、不合时宜。

类似上面提及的各种相关因素交互作用，使我们在有关中国修辞研究发展方向的讨论中倾向于对"雄辩学"和"修辞学"之争或毫无感觉或视若无睹。然而，这些因素并没有为无视或排斥该议题提供令人信服的理由。例如，将学科的"现代化"等同于西化的深层观念虽然还有待于根除，它体现的那种简单片面的思想方法却是显而易见的。判断修辞是否"现代"只能有一个标准，那就是看它的学科形态和实践功能是否与现代中国的社会、文化条件相契合，是否胜任现代中国话语分派给它的各种任务（包括为对外交流提供理论支撑这一重任）。雄辩学和其他西方人文社会学科一样，都脱胎于西方独特的历史经验和社会现实，都是对其文化母体的各种兴趣和需要作出的某种话语回应，因而都谈不上是放之四海而皆准的"科学"。正如美国著名当代学者J.H. Miller在讨论理论引进涉及的问题时指出的，理论并不如一般人想象的那么"超脱大度"（"impersonal and universal"），而是跟它萌发生长的那个语境所具有的"独特时、地、文化和语言"盘根错节、难解难分。在将理论从其"原址"迁移到一个陌生语境时不管人们费多大的劲总都还是无法将它从固有的"语言和文化根基"完全剥离。"那些试图吸收外异理论，使之在本土发挥新功用的人引进的其实可能是一匹特洛伊木马，或者是一种计算机病毒，反过来控制了机内原有的程序，使之服务于某些异己利益，产生破坏性效果"。⑥ 修辞的"雄辩化"与它的"现代化"，也就是说与它在所处的现代历史文化条件下的再语境化（recontextualization），并无逻辑上的联系。

又如，坚持修辞的主体性，将"现代修辞学"而不是"中国雄辩学"确定为这一领域发展目标并非重走"中学为体"的老路。如果说19世纪末叶张之洞倡导的"中学为体，西学为用"原则预设了一种原封不动、原汁原味的传统智力形态的话，"现代修辞学"所强调的恰恰是根据当代社会和话语实践的要求，对中国传统智力形态加以更新和改造。如果以融入当前西方主导的国际话语循环、争取更大的话语权为理由默许甚至提倡修辞的"雄辩化"，那倒才是又犯了"西学为用"的错误。因为这样做实际上只将雄辩学单纯地当做工具看待，未能意识到"用"对"体"的巨大反作用。其实，雄辩和修辞一样，都同时既是一种话语工具，又是工具使用者所拥有的文化身份的一个重要构成成分。一旦雄辩除名称之外完全取代修辞，成为在实际上指导着我们的话语行为的那个思想或规则体系，我们的文化身份也必然随之发生深刻的变化。我们是否愿意接受这种变化，我们能接受多大程度上的变化，是需要通过认真讨论和全面衡量才能在真正知情的基础上作出明智决定的。

三

我们暴露和批评这些思想误区的本意并非是为了简单地提倡中国修辞研究的"去雄辩化"，并非是要鼓吹一种狭隘的"学术民族主义"。事实上，这两个相互冲突的追求都跟我们的“体”即身份（identity）的构筑和维持密切相关。将“中国雄辩学”确认为领域的终极发展目标归根结底是对当前国际主流学术话语的认同。促成这一认同的集体无意识(“collective unconscious”)是一种对归属感（sense of belonging）和安全感的着意追求。提倡“现代修辞学”并要求将它确立为学科终极发展目标，则体现出修辞在“与国际接轨”时代或者说在“第二波西学东渐”[⑦]的过程中因为自我身份日渐失落而感到的焦虑和对主体意识的再肯定。主体意识和归属感都是形成正常的学科自我身份不可或缺的构件，然而，二者又总是处于矛盾冲突状态。就修辞学而言，其归属感只能通过与“国际”雄辩学话语接轨，成为跟雄辩研究相关的“国际话语社群”（international discourse community of rhetorical studies）的一部分而获得。而实现这种“接轨”，融入“国际话语社群”的一个重要条件就是使用“国际通用”也就是西方的学术语言。另一方面，修辞研究的主体意识则是通过与学术“他者”划清界限，摆脱对外源性观念、范畴或实践范式的依赖，从自己的实际情况出发确定学术议程而形成的。坚持和强调自己的学科主体性要求我们遵循邓析早在春秋战国时期已经就“求诸己”提出的两大原则，即《邓子·无厚篇》中所说的：“名不可以外务，智不可以从他”。

这两种对抗性追求同时参与学科身份的构筑，它们之间的张力是包括修辞学在内的任何学科表现出活力的一个内在因素。我们应该着力追求的因而必须是二者的矛盾统一，或者说分道合流。这种矛盾统一要求在对主体意识和对归属感的追求之间达成能最大限度提高学科活力的动态平衡。考虑到对“中国雄辩学”的追求长期以来占据压倒性的主导地位，大力弘扬主体意识和主体精神显然应该是我国修辞学界眼下的当务之急。通过对“修辞”与“雄辩”的区分在修辞学界形成针对雄辩学的一种新观念，即它所提供的只不过是一个可资借鉴的样板而非尽善尽美的典范，是众多话语实践范式之一而不是独一无二的原型，是一个有用的参照点而谈不上是终极参照体系——这应该是朝着正确方向迈出的第一步。

注释

① 本文立论的一个重要基础是rhetoric和“修辞”的区别。为了强调和突出这一区别，我们一方面根据当代英语构词习惯，用“修辞”的汉语拼音*xiuci*加上英语表达“科学”、“学科”或“学”的后缀-logy，新创了*xiuci*ology一词，作为汉语“修辞学”的英文对等词，以示有别于rhetoric；另一方面，我们在汉语表达中采用rhetoric早期曾用过（而且是更为准确）的汉译“雄辩学”，作为这一西方概念的汉语对等词，以示有别于“修辞”。

② 沈家煊《谈谈修辞学的发展取向》，《修辞学习》2008年第2期，第9页。

③ 参见Yameng Liu, Rhetoric and the Invention of Ancient Chinese Discourse in Rhetoric Before and Beyond the Greeks, New York: SUNY, 2004; Xing Lu, Rhetoric in Ancient China, Fifth to Third Century B.C.E.: A Comparison with Classical Greek Rhetoric, Columbia: University of South Carolina Press, 1998.

④ 以“修辞”作为rhetoric的汉语译名的始作俑者是19世纪的日本学者，20世纪初传入我国，很快成为普遍接受的标准翻译。关于rhetoric汉译存在的问题，见刘亚猛，《追求象征的力量》（三联书店，2004），“前言”第3–4页及第一章第2页注2的相关讨论。

⑤ 宗廷虎、吴礼权《20世纪中国修辞学（上卷）》，中国人民大学出版社2007年，第81–82页。

⑥ Sanford Budick and Wolfgang Iser, *The Translatability of Cultures: Figurations of the Space Between*, Stanford: Stanford University Press, 1996, pp. 210–211.

⑦ “西学东渐”是促成中国由传统社会向现代国家形态转化的一个关键历史进程。它从19世纪中、末叶以来一直延续着，但是有高低潮之分。所谓“第二波”指的是它在“文化大革命”期间进入最低谷之后，随着改革开放时代的来临而经历的另一轮足以与19世纪末到“五四时期”相媲美的新高潮。

“Chinese Rhetoric” or *Xiuci*: Divergent Roads, Same Destination?

Yameng Liu
(Fujian Normal University)

Abstract: For Chinese scholars eager to see a revitalization of the study of *xiuci* in China, a choice between two “diverged roads” seems inevitable: to map the Western conception of rhetoric onto China’s discursive practices, or to explore their own traditional understanding of a comparable subject and bring it up to date.

The choice may suggest a conflict of two fundamentally different *teloi* and orientations. Whereas the first course of action would lead eventually to the establishment of a “*rhetoric* in the Chinese tradition,” or a “*rhetoric* with Chinese characteristics” at best, the second promises instead to bring into being a “recontextualized and modernized *xiuci*.” And if to embark on the first path is to look outward for a sense of belonging, to take the second one must be to turn inward for a sense of self.

The conflict between *rhetoric* and *xiuci*, however, may not be as irreconcilable as it sounds. If two sets of conditions be satisfied, the two "diverged roads" could well lead to the same destination. The first set of the conditions stipulates that *rhetoric*, through a process of self-reforming and self-transforming, outgrow its parochial scope of vision to develop into a discipline of truly cosmopolitan accomodation and embrace, and that the conceptual and discursive model it currently signifies be taken by outward-looking Chinese *xiuci*-ologists for an example rather than a paragon, a model instead of an archetype, a useful and even indispensable point of rerence but not *the* frame of reference. The second set demands that the inward-looking Chinese *xiuci*-ologists become fully aware of what it means to recontextualize *xiuci* now and what it takes for a new conception of *xiuci* to be viable and functional. Without looking to *rhetoric* for inspirations and references, there can be no disciplinary independence of *xiuci*, much less its growth into a socially and culturally privileged practice in China.

Whether these conditions could be met in the end remains historically contingent. Yet concerned scholars ought at least to raise their consciousness in this regard and to forge ahead in that direction.

Keywords: rhetoric; *xiuci*; West; China; sense of belonging; cultural identity; subjectivity

俄汉语修辞格对比

朱玉富

（［中国］曲阜师范大学）

摘　要： P.A. 布达戈夫指出："修辞学是任何一种发达语言的灵魂。因此，无论是在语言学科范围内，还是在文学学科范围内，一样同等重要的地位非它莫属。（P.A. Будагов, 1967 г.）"修辞格则是修辞学王冠上的明珠。经历漫长的发展过程，经过劳动人民和一代代语言大师的精心锤炼，它用五彩绚烂装点语言和人们的生活，描述人间的美与丑。从对比语言的角度看，它在俄语、汉语中功能相同，但在两种语言材料、语言手段、语法结构以及修辞传统、文化意义等等方面均不尽相同。他山之石可以攻玉。对比俄语修辞学，借鉴俄语修辞研究的成果，可以丰富汉语修辞学研究，这在今天具有划时代的意义。本文在回顾俄汉语修辞学研究的发展历史之后，对比研究了俄汉语修辞格的定义、分类，从语言材料、语言手段、语法结构以及文化背景意义方面对比分析了俄汉语的明喻，确立了它们对等相同又相异的关系，为学用俄语、搞好汉语修辞学研究提供了充分的依据和资料。

关键词： 俄汉语修辞学研究史；修辞格；语义修辞格；对比研究。

一、俄汉语修辞学发展史回顾

在俄汉语的两个完整体系中，作为独立学科的修辞学，是建立在语法学、词汇学、句法学基础之上的"顶峰科学"。它以研究语言的材料、语言表现手段和语言表达效果以及语言运用规律为使命，美化、纯洁俄汉两种语言。

俄汉语修辞学是俄罗斯人民和中国人民同他们各自的语言学家、文学家和作家一起用自己的智慧和劳动创造的。经过几千年的发展历史，这两门科学早已在20世纪60—70年前形成了各自完整的体系。我们所进行的俄汉语修辞的对比，是在这两门科学的研究成果之上进行的。回顾俄汉语修辞格的研究史，可以了解俄汉语修辞学的发展过程和各个阶段。找出俄汉语修辞学在历史上的共性和异性，以便全面客观地认识今天的俄汉语修辞学的发展。

俄语修辞学的发展历史大致可分为五个阶段。

第一个阶段是16世纪前至17世纪末。这是俄语修辞学的原始阶段。确切地说，是"修辞"刚刚兴起的阶段。"当时人们主要是研究演说术和语体。众所周知，强大的俄罗斯是在14世纪—15世纪开始发展的。莫斯科大公国的建立，大俄罗斯民族统一大众语言在莫斯科方言的基础上逐步形成的过程表明俄语独立发展的新阶段。学者们开始对重要组成部分的修辞给予极大关注并研究雄辩术和诗歌语言的技巧。17世纪在《演说术》一书中专门研究“三品说”理论的是马卡里和乌萨切夫（Макарий и М.И. Усачев）。”（Р.А. Будагов, 1967 г.）

第二个阶段是18世纪至19世纪。这是俄语修辞开始发展，为形成独立学科的修辞学打基础的阶段。在这个阶段，开始研究实践修辞和文艺言语语体的研究（практическая стилистика и стиль художественной речи）。这时，本文要对比的语义和句法辞格问题已被列入研究课题。作为传统修辞学和诗学的一个重要部分被当做诗学的基本知识，得到较系统的阐释。俄语各种语体以及这种具有特色修辞手段的实际根据就是罗蒙诺索夫（М.В. Ломоносов）的“三品说”，其代表作《Ломоносов в истории русской литературы и русского языка》（1846 г. К.С. Аксакова и исследования В. А. Истомина）以及一系列论著。值得提出的是，在А. А. Потебни的《文学理论摘录》（《Из записок по теории словесности》）以及他的其他文章中探讨了艺术以及学术认知问题，揭示了诗体语言——语义修辞格（семантические тропы）和句法修辞格（синтаксические фигуры）基本范畴的实质。他描述了一代大师，如普希金、果戈理、非特（Фет）、丘切夫（Тютчев）、陀思妥耶夫斯基和托尔斯泰在其作品中运用修辞特色手段来进行创作的一系列实例。这一阶段修辞研究有两个流派：一个流派研究同义词语和语言的修辞色彩手段，在此基础上描述语义修辞格和句法修辞格，另一个流派注意研究语言和文学作品。第一个流派的研究成果形成了修辞学初级阶段的主要内容，后来是研究修辞材料的语料修辞学。它又被称为语言单位修辞学。另一个流派研究成果形成了艺术言语修辞学，它的主要任务是在文学创作中研究语言的诗体功能。在这一阶段提出了功能修辞的最早理论。

第三个阶段是20世纪初至20—30年代。这是俄语修辞学形成一门独立学科的阶段。众所周知，19世纪，随着资本主义的发展，大罗斯部族已发展成俄罗斯民族，大罗斯族语言大师们集民间口语和书面语之精华，写下了不少文学名著和语言理论书籍。为现代俄语标准语统一规律的形成做出了杰出的贡献。俄语修辞学正是在此基础上进一步发展完善，最终形成独立科学。其标志是：

1. В.И.Чернышев 的《Правильность и чистота русской речи. Опыт стилистического грамматика》（1911 年一版， 1915年二版，М.），该书指出，18世纪至19世纪的修辞语法的传统获得了发展；

2. В. В. Виноградов 早期的论著《О задачах стилистики. Наблюдения над стилем “Жития протопопа Аввакума”》（《Русская речь》，1923），《О художественной прозе》(М. 1930) 以及А. М. Пешковского，Л. В. Щерба，Б. А. Ларин，В. В. Виноградов以及其他一系列语言大师的语言学专论；

3. М. А. Рыбникова的《修辞学导论》（《Введение в стилистику》）。她描述了语言的修辞资源和用于感情表现力描写的可能性，同时也描述了语义修辞格（семантические тропы）和句法修辞格（синтаксические фигуры）。该书探讨了语言描述以及表达的手段。М. А. Рыбникова在自己的专著中大量的研究了俄罗斯文学艺术以及民间诗歌作品中метафора（暗语，隐喻）、сравнение（明喻）、эпитет（修饰语）的本质。

第四个阶段是20世纪40年代—60年代。这是俄语修辞学开始在实践修辞范围内系统研究并获得大发展的阶段。其标志是：

1. В. В. Виниорадов 1963发表的《Стилистика. Теория поэтической речи. Поэтика》；

2. А. Н. Гвоздев 1952年发表的《Очерки по стилистике русского языка》。他在该书中以独到的视角对他所处的那一时代传统修辞学以及功能修辞学两大流派的研究做出全面的总结；

3. 1954年在《语言学问题》（《Вопросы языкознания》）杂志上进行的有关这一学科的问题的大讨论。这一大讨论是俄语修辞学发展史上具有重大意义的事件。

第五个阶段，约20世纪60年代—90年代。这是俄语修辞学发展的高潮阶段。俄语修辞学已向各个领域的纵深发展，形成了“功能修辞学”（《Стилистика русского языка》М. Н. Кожиной, 1977, Москва.）和“篇章修辞学”（《Стилистика текста》В. В. Одицовой 1980 г., Москва)等。俄语修辞学的注意力转向连贯修辞规律的研究。探索在各种类型的连贯、完整的话语中根据内容、语体、体裁、布局、交际目的、对象等方面的要求恰当地组织言语的规律。同时，描述性的传统语言修辞学的研究仍在继续进行着。在Д. Э. Розенталь《俄语实践修辞学》（《Практическая стилистика русского языка》1974）设专章“Изобразительно-вырази тельные средства языка”研究、总结了常见的20种辞格。此外，还有一批专著从各个角度——从语义、结构、篇章中的作用来研究метафора与语言和各种篇章关系。例如《Метафора в языке и тексте》(1988 г.《Наука》)。

综上所述，俄语修辞格，作为俄语传统修辞学的一个重要组成部分或说实践修辞学组成部分，早在古俄语时代就获得了研究，其程度也很深入，19世纪已具规模，在俄语修辞学中已占有一席之地，已有近500年的发展史。今天，对俄语辞格的研究仍在更高的层次上进行着。俄语修辞格属于传统修辞学，又属于实用修辞学，在现代标准俄语中是作为“语言的描写和表达手段”，被广泛地运用于文艺、口语、诗歌以及科技语体之中，为美化和丰富俄语而“服务着”。

那么汉语修辞格在汉语修辞学发展史中占什么样的地位？过去和现在都如何研究它的？

总的来说，和俄语修辞学发展史相比，汉语修辞学经历了更漫长的历史进程，长于俄语修辞学整个发展史达2 000多年。然而，汉语修辞学的发展很缓慢，研究领域少而狭小。

修辞学的发展与社会的发展是不可分割的。早在公元前21世纪，在古老的中国大地上就建立了夏朝。公元前221年，秦嬴政统一中国，建立了秦朝。他统一了度量衡和文字。从此，汉语，在当时为古汉语，开始走向作为统一、标准语发展之路。从而，修辞学也开始了自己历史的进程。

汉语修辞学发展史大致也可分为五个阶段。

第一个阶段，约公元前21世纪—公元6世纪末。这是汉语修辞学的初始阶段。早在先秦典籍中就有一些关于修辞、风格方面的零星片断的言论。战国时（公元前475—公元前221年）的庄周和惠施就分别研究过寓言和比喻。这个阶段最有成果的名著是南北朝齐末梁初（公元6世纪初年）时代刘勰共10卷50篇的《文心雕龙》，总论辞章的本源和基本原则。该书列出了20种文体，在第6—8卷中论述了如现在所说的辞格。可见，汉语修辞学早在古代就已具规模，开始了后2 500多年修辞研究的长河。

第二个阶段，约公元7世纪—13世纪，这是汉语修辞完善充实阶段。这个阶段比较系统地涉及了大量的修辞问题，在诗话、词话、文化中都有不少修辞方面的论述。最有代表性的名著是南宋乾道六年（1170年）陈骙的《文则》（南宋：1127年—1279年）。他在该书中把比喻细分为直喻、隐喻、类喻、诘喻、对喻、博喻、简喻、详喻、引喻和虚喻共10类，是古代修辞学著作中讲比喻讲得最为详细的论著。

但在第一、第二阶段，汉语修辞主要研究书面语的修辞，或说是古文修辞。

第三个阶段，约13世纪—19世纪末，是汉语修辞学研究停滞不前的阶段。这个阶段是俄语修辞学第一和第二阶段的总和，是俄语修辞学兴起、发展、完善的时期。但在中国历史近600年中，汉语的修辞研究没有向纵深发展。虽有元代（1279年—1368年）王构的《修辞鉴衡》，清代（1644年—1911年）张学诚的《文史通义》等著作，但他们并不是专讲修辞的。因而，从这个阶段起，汉语的修辞研究开始大大落后于俄语修辞研究了。

第四个阶段，20世纪初至20世纪40年代末（1900年—1949年）这是汉语修辞学形成独立学科阶段。开始建构系统的汉语修辞学科，开设了汉语修辞学课程，借鉴欧洲的修辞学，开始了以现代白话文为研究对象的现代汉语修辞学研究。几部修辞巨著在这个阶段问世了，如唐钺的《修辞格》（1932年）。陈望道的《修辞学发凡》（1932年）提出了38种修辞格并加以系统地阐述，是对中国传统修辞格研究的总结。它对以后汉语修辞学研究有重大影响。

这个阶段也正是俄语修辞学形成独立学科的阶段。历史的巧合，把俄汉语修辞学推向成熟，推到同一个历史阶段上来。虽然汉语修辞格的研究领先于俄语词格的研究，但汉语修辞学的发展在广度和深度上则落后于俄语修辞学。

第五阶段，1950年—1990年，是汉语修辞学繁荣阶段。50年代，我国开始注重苏联修辞学界的研究。60年代，在《中国语文》上发起了关于修辞学研究的讨论。1979年，郭绍虞的《汉语语法修辞新探》出版，它把语法和修辞融会在一起探讨。80年代，汉语修辞学的研究重新蓬勃开展起来，研究的深度和广度都是空前的。开始系统地研究修辞格、文学作品修辞、实用修辞（称之为文章学）、功能修辞学、话语语言学（侧重探讨处于语法学和修辞学边缘的以连贯语言的运用为研究对象）。例如王希杰1983年出版的《汉语修辞学》系统地论述了语音修辞、语体、结构等语言材料，论证了篇章修辞和语体风格。

纵览汉语修辞学的发展史，我们发现，汉语修辞格在古代就受到了极大的重视。探讨最多的是修辞格，取得成果最多的也是修辞格。

比较俄汉语修辞学发展史，我们发现，俄语修辞学史虽短，但发展迅速，先于汉语修辞学形成了几个完整体系；而汉语修辞学史虽长，起源虽早，可发展缓慢。它最终的形成不仅仅继承传统的理论和研究成果，而且借鉴了外国的研究成果。其二，修辞格在俄汉语修辞学领域始终占据重要的地位，辞格研究始终没有停止。因此，我们今天系统地研究俄汉语修辞学史，研究修辞格并加以对比，有重大的现实意义。他山之石可以攻玉。我们可以吸取俄语修辞学有益的研究成果，洋为中用，推动汉语修辞学研究的发展。

二、俄汉语修辞格分类和数量的对比

作为修辞学中一个独立的组成部分，俄汉语的修辞格的分类是大不相同的。我们先细致研究俄汉语辞格分类，在此基础上将俄汉语辞格数量做一对比，为以后的具体对比奠定基础。

我们先看看俄汉辞格的定义和分类。

俄语辞格同属于语言的描写表达手段（“Изобразительно-выразительные средства языка”），具体分为语义辞格和语法辞格。“语义辞格一词来源于希腊语“trópos”，是那些反复（повтор）、短语，在修辞学和诗学上分别为不是使用其直义，而是使用其转义的词或词组。从更狭义的角度来说，它们是构词的各种方法，常见于文艺、演说和政论语体中（同时也常见于日常生活语言、学术语言、广告语言等等），借助这一手段，达到美学表现力的效果。一部完整作品的结构，描写的内涵和深度是否有形象的根据和语言各要素的功能修辞的可证性，要由一般美学因素来确定。”（《苏联大百科辞典》1970—248，莫斯科）可见，这个定义明确指出了语义辞格（семантические тропы）的性质、功能和使用范围。属于这一类辞格的有метафора, метонимия, сравнение, олицетворение, синекдоха, эпитет等。

“语法修辞格是那些特殊的短语，在语音和句法上具有特殊的结构，有时它破坏了普遍接受的语法形式，同时赋予语法形式个性化和特殊表现力的性质。属于这一类广泛用于诗体语言的辞格的有инверсия, анаколуф, бессоюзие или асиндетон, эллипсис, риторический вопрос, умолчание, повторение, единоначатие или анафора, параллелизм等。受具体上下文局限，同一种修辞格可能是各种不同性质的言语中强

化感情的手段：如幽默语言，演说语言，劝说语言，讽刺语言等等。”（《苏联大百科辞典》1970，莫斯科）

关于汉语修辞格的定义，秦旭卿、王希杰在其《修辞·语法·文章》（1989，湖南）一书中指出：“辞格是在言语活动中长期形成的具有特定功能、特定结构、特定方法，符合特定类聚系统的模式”。《中国百科大全》的《文学部》指出：“修辞格也称辞格、辞式。是为了使说话增强表达效果而运用的一些修饰描摹的特殊方法”。我们认为，所谓辞格，是指运用词、词组的转义以及变异的方法所形成的具有特殊描写、情态效果的语句结构格式。”

在汉语辞格分类问题上，也有几种不同意见。陈望道在《修辞学发凡》一书中将38种辞格分成四类，即将比喻、借代等9种辞格列入“材料类”，将比拟、示现、呼告等10种辞格列入“意境类”，将析字、藏词、飞白等11种划入“词语类”，将反复、对偶、排比等8种辞格划入“章句类”。而王希杰在《汉语修辞学》（1983，北京）中从“均衡”、“变化”、“侧重”、“联系”四个方面论述修辞格。此外，还有其他的分类。

关于汉语修辞格数量问题。情况就更复杂了。除了陈望道提出的38个辞格外，还有许多所谓的辞格。例如在吴示文的《修辞格论析》（1986，上海）一书中列举了一些修辞学家新增设的50多个辞格，即较物、同语、撇语、幽默、讽刺、统括、移情、通感、形容、歧义、降用、易色、扩义、增动、换算、疑离、伸宿、断取、闪避、别解、诡谐、旁逸、异移、巧缀、同异、舛互、序换、返射、歧疑、谲辞、移时、列锦、异语、图示、释语、转换、精细、析词、迭现、同尾、奇问、潜喻、互交、象征、特选等等。此外，某一辞格又有许多变体。如比喻又分强喻、弱喻、迭喻、博喻等；借代又分对代和旁代等。

如此庞大而纷繁的数量，反映了汉语修辞格在汉语修辞学中占有重要的地位，反映了汉语修辞格研究已达到精深的程度。但是，这也反映出分类不统一，辞格确定无标准、无原则等问题。和俄语辞格对比，会发现在辞格这一天平上，汉语辞格这一端过重，而俄语辞格这一端过轻，呈现出不均衡的势态。可见，如果仅局限于汉语修辞格的研究，势必影响汉语修辞学向各领域的纵深发展。例如语体修辞研究、功能修辞研究等。这导致了汉语修辞学研究在相当长时间内落后于俄语修辞学发展的结果。

尽管俄汉语修辞格在分类、数量上有如此大的区别，这个区别给我们的对比带来了很大的麻烦，但我们仍可将俄汉语辞格中最常见的辞格做一对比。

需要说明的是，第一，俄语辞格的分类以Д. Э. Розенталь在《俄语实践修辞学》中的“语言描写表达手段”（Изобразительно-выразительные средства языка）一章为依据，加上“其他”一类；汉语修辞格的分类以陈望道在《修辞学发凡》提出的分类为依据。第二，俄语的辞格数量根据已掌握的资料总汇而成；汉语的暂列出陈望道所提出的38个。第三，“俄汉语修辞格对比”应在图中所列两种语言的所有辞格中进行。对比的原则是找出语言材料、语言形态和结构的异同。但由于本文篇幅所限，本文只能做部分辞格的对比，如“сравнение和明喻的对比”，其余辞格的对比将另外行文。

三、Сравнение和明喻的对比

在俄语语义辞格中，“сравнение”是使用频率最高的辞格之一。刘泽荣主编的《俄汉大词典》将它释译为“比喻”、“譬喻”。黑龙江大学新编的《大俄汉词典》将它释译为“比喻”、“比拟”。“Сравнение”是一种辞格。根据它的种种特征可以判定，它很相似于汉语的“明喻”。由于这两部最有权威的词典都给予它同样的译名，多年来我国的专家学者自然在其著述中照搬不误了。

在汉语辞格中，比喻，即“用跟甲事物本质不同但通过艺术的联想有相似点的乙事物来描绘、形容甲事物的一种修辞方法”，是几种辞格的总称。我国修辞学家根据比喻事物和本体事物之间的关系，一般把比喻分为三种，即明喻、暗喻和借喻。此外，有的修辞学家还将比喻细分为引喻、同位喻、修饰喻以及博喻等。

那么，如果俄语的“сравнение”是类似于汉语的明喻、暗喻和借喻等辞格吗？

俄罗斯的著名学者Д.Э. Розенталь在其《俄语实践修辞学》中对“сравнение”做了如下定义：“сравнение是两种现象的对比，目的是借助另一种现象来解释这种现象”。他又引用了Л.Н. 托尔斯泰的观点：“Сравнение”是用于描写的最自然和最现实的一种手段”。Д.Э. Розенталь还指出：“Сравнение”的修辞功能表现在艺术表现力上，例如，在句子‘无畏舰在搏杀着，仿佛像一头活灵活现的生灵，在怒吼的大海和此起彼伏巨大的爆炸声中它显得更加雄伟高大’中（А. Н.托尔斯泰）不仅仅拿无畏舰和活灵活现的生灵进行对比，不是光是在解释无畏舰如何在搏杀，而是在刻画一种艺术形象。”

可见，俄汉语有关“сравнение”同“比喻”的定义和功能是很接近的。但“сравнение”究竟直接与汉语哪些的辞格对应相等？“сравнение”是不是“明喻”？为能确立汉语辞格直接与“сравнение”对应关系，我们下面根据“сравнение”的各种表示法（或称结构类型）分门别类地进行具体对比分析。

“Сравнение”的第一种结构类型是用名词五格表示。例如：

① То крылом волны касаясь, то <u>стрелой</u> взмывая к тучам, он кричит ... (М. 高尔基《海燕之歌》) 请比较译文：一会儿用翅膀飞掠波浪，一会儿<u>箭也似地</u>冲向乌云，它叫喊着......。

② Снежная пыль <u>столбом</u> стоит в воздухе. (Горб.) 请比较译文：雪雾<u>如柱</u>，矗立在空中。

试比较汉语的例句：

① 乌鸦……<u>箭也似地</u>飞去了。（鲁迅《药》）

请比较译文：Ворона <u>стрелой</u> улетиела. (Лусинь《Лекарство》)

② 一站站灯火扑来，象流萤飞走，

一重重山岭闪过，似浪涛奔流……（贺敬之《西去列车窗口》）

请比较译文：

Станции огнями рвутся сюда, а отсюда летающими светляками отходят,

Горы просверкают мимо за окном, а волнами бурно текут. (Хз Ччин чжи《За окном поезда на север》)

上述对比表明，两种语言在描写事物、现象所采取的手法极其相似，用词也很相似，所比喻的事物形象都很鲜明。显然这里的“сравнение”是明喻。由于两种语言的语法差别，俄语用名词五格形式表示сравнение，直接衬托出本体；而汉语则用喻词“像”、“似”、“如”等将喻体和本体连接起来。值得注意的是，俄译汉时要适当地加词或调整。

“Сравнение”第二种结构类型，是用形容词或副词的比较级形式以及比较级短语。例如：

① Ленин и теперь живее всех живых ...（马雅可夫斯基）（列宁就是在今天比任何人都更有生命力……）

② Он бежал быстрее, чем лошадь ...(普希金)（他跑得比马还快……）

③ Белей, чем горы снеговые, идут на запад облака.（莱蒙托夫）（比雪山还白的云向西飘去。）

在汉语文学作品中完全可以找到类似的例句。这类例句是明喻，同时又是夸张和拟人，仍是辞格的综合运用。例如：

① “对，宗寨主轻轻咳嗽一声，比我马二主打个炸雷还响。”（姚雪垠《李自成》）

② “五个字就足够了，这比一篇其他任何赞美的词句都有说服力，就像五颗闪闪发光的钻石，比一篇辉煌夺目的金子、银子要宝贵得多。”（白桦《妈妈呀，妈妈》）

③ 可是在中国，那是确无写处的，禁锢得比罐头还严密。（鲁迅《为了忘却的纪念》）

在汉语明喻的变体中，上述三例则属于“强喻”。这里，俄语的сравнение也相似于汉语明喻中的强喻。强喻是指本体事物不但像比喻的事物（喻体），而且超过了它的一种辞格。

“Сравнение”第三种结构类型是用“как”连接喻体和本体的表现形式。这一类型的特征是结构短小，一般中间无逗号分隔。“как”是连词，又是喻词。这类词语在俄语中很常见，特别是在成语性词组中。例如：Видно как на ладоши（了如指掌），как во сне（如在梦中），как рыба в воде（如鱼得水），как лить в огонь（如火上浇油)，красный как рак（脸）红得像个大虾），глупый как осёл（笨得像头驴），гол как сокол（一贫如洗），хитрый как лиса（狡猾得像只狐狸），бледный как полотно（脸色苍白得像块白布），храбрый как лев（猛如雄狮），как сажа бела（如炭黑一样糟透了），как грибы после дождя（如雨后蘑菇），молчать как рыба（沉默得像条鱼），дождь льёт как из ведра（桶泼大雨），похожи как две капли воды（如两滴水般一模一样）。俄语这类词语就是汉语的明喻，在语法结构形态上，两种语言都比较规整，在文化背景意义上，一些对等词语的喻体不尽相同。

我们再举言语中的实例，并附上译文。如：

① Время летит как стрела.（光阴飞似箭）

②Лёд неокрепший на речке студеной словно как тающий сахар лежит.（涅克拉索夫）（小河上面覆盖着一层冰冷的，宛如正在融化的白糖似的薄冰。）

③ Ребята наши таяли как свечи.（法捷耶夫）（我们的伙伴们就像蜡烛一样融化了。）

再如中国文学作品中的实例：

① 老孙头不再说话，两只手使劲揪着鬓毛，吓得脸像窗户纸似的煞白。（周立波《暴风骤雨》）

② 人死如灯灭，如烟消，如云散。（王蒙《相见时难》）

“Сравнение”的第四种结构类型，是用各种连接词连接的短句。例如：

①Лес стоит молча, неподвижно, словно всматривается куда-то своими верхушками ищдёт чего-то.（契诃夫）（树木静悄悄地一动不动，好像是在用树梢眺望着远处，期待着什么。）

按照汉语修辞的特征，这个例句是明喻，同时又是拟人。

② ... Бывают люди, которые набиты учёными текстами, как мешок картофелей, а практически применять эти знания не могут.（Кал.）（常有一些人肚子里装满学术文章，就像装满了土豆的麻袋一样，可是，实际运用这些知识却无能为力。）

③ Впрочем, это были скорее карикатуры, чем портреты.（屠格涅夫）（然而，与其说这是肖像，倒不如说是漫画。）

按照汉语辞格的特征，这一例句是汉语的暗喻。试比较汉语暗喻的基本格式：“甲是乙”。

④ Гордо реет буревестник, черной молнии подобный.（高尔基《海燕之歌》）（海燕骄傲地翱翔着，像一道黑色的闪电。）

⑤ (Пантелей Прокофьевич) ... был похож в этот миг на вытащенного из воды судака.（肖洛霍夫）（潘特立·普罗柯菲耶维奇…… 此刻活像一条才从水里捞出来的鲈鱼。）

上述俄语“сравнение”四种结构类型均为简单型。第五种“сравнение”结构类型是扩展型的。在这类中“сравнение”，接连使用几个“сравнение”，鲜明地描写出好几个行为、状态的特征和形象，一环套一环，呈现纷繁复杂的关系。简单的 “сравнение”结构中，是按喻体和本体的共同特征进行比喻，而在扩展型的

“сравнение”结构中，拿许多相像的特征进行比较。例如：

① …… Чичиков всё ещё стоял неподнижно на одном и том же месте, как человек, который весело вышел на улицу с тем, чтобы прогуляться, с глазами, расположенными глядеть на всё, и вдруг неподвижно остановился, вспомнив, что он позабыл что-то, и уж тогда глупее ничего не может быть такого человека: вмиг беззаботное выражение слетает с лица его; он силится припомнить, что позабыл он, не платок ли, но платок в кармане, не деньги ли, но деньги тоже в кармане—всё, кажется, при нём, а между тем какой–то неведомый дух шепчет ему в уши, что он позабыл что-то.（果戈理《死魂灵》）

Он (стих Пушкина) нежен, сладостен, мягок, как ропот волны, тягуч и густ, как смола, ярок, как молния, прозрачен и густ, как кристалл, ушист, благоворен, как весна, крепок и могуч, как удар меча в руках Богатыря.(Бел.)

这后一个例句中共有六个表示不同特征的明喻。试比较汉语例句：

①所以我们要运用脑髓，放出眼光，自己来拿！譬如罢，我们之中的一个穷青年，因为祖上的阴功（姑且让我这么说说罢），得了一所大宅子，且不问他是骗来的，抢来的或合法继承的，或是做了女婿换来的。那么，怎么办呢？我想，首先是不管三七二十一，“拿来”！……

他占有，挑选。看见鱼翅，并不就抛在路上以显其“平民化”。只要有养料，也和朋友们像萝卜白菜一样地吃掉，只不用它来宴大宾；看见鸦片，也不当众摔在茅厕里，以见其彻底革命。只送到药房里去。以供治病之用，却不弄“出售存膏，售完为止”的玄虚。只有烟枪和烟灯，虽然形式和印度、波斯、阿拉伯的烟具都不同，却可以算是一种国粹。倘使背着周游世界，一定会有人看。但我想，除了送一点进博物馆之外，其余的是大可以毁掉的了。还有一群姨太太，也大以请他们各自走散为是。要不然，“拿来主义”怕未免有些危机。（鲁迅《拿来主义》）

②如果在文学作品中完全停止采用警喻，文学必将大大失去光彩。假使把一只雄孔雀的尾羽毛拔去一样，还像个什么样子呢…… 美妙的警喻简直像是一朵朵色彩瑰丽的花，照耀着文学。它又像是童话中的魔棒，碰到哪儿，哪儿就产生奇特的变化。它也像是一种什么化学剂，把它投进浊水里面，顷刻之间，一切杂质都沉淀了，水也澄清了。（秦牧《比喻语林》）

综上所述，可见俄语的“сравнение”与汉语的明喻在定义、功能和一定的语言现象上基本相等。俄语的сравнение辞格的结构模式类型（或称表示法）多于汉语的明喻，共有五种，而汉语只有一种：甲像乙。从词汇手段角度看，两种语言的同一辞格都有大量语义相同的喻词。这些喻词对汉语明喻来说是至关重要的。俄汉语明喻喻词的对应相等关系如下：

Как⟷像,如; будто⟷好像，仿佛；как точно⟷正如；словно⟷仿佛; как будто⟷如，好像；похожий (на кого)⟷象......似的，如同；подобный чему⟷类似，如同......一般；以及например⟷譬如等。

因此，我们可以得出结论：作为俄语修辞格的“сравнение”与汉语明喻呈现对应相等的对比关系。可以将“сравнение”释义为明喻。但还必须指出，“сравнение”的内涵和外延都大于汉语的明喻辞格，有的“сравнение”辞格则分别相当于汉语的强喻、拟人、暗喻和博喻。

在喻体方面，俄语的“сравнение”和汉语的明喻之间呈现着较复杂的对比关系。由于俄罗斯民族和汉族在文化、历史、民族习惯、生活方式、语言习惯等许多方面存在着很大差异，在表现明喻形象特征的修辞语言材料上也有很大差异。俄语的“осёл”的形象表示愚蠢、顽固，“заяц”表示胆小，“лиса”表示狡猾。它们都带贬义色彩。“орёл”、“сокол”、“солнышко”等词语则表示英勇、伟大和爱慕，带有褒义色彩。此外，“бык”表示身体健壮；“медведь”表示行动、动作迟缓、笨拙、可爱；“петух”表示好斗；“овца”表示温顺。俄语取譬的材料没有限制。“Он заржал, как лощадь”用以指放声大笑，并带不赞意味。说“толстый как бочка”或“высокий как колонна”都会引起幽默或嘲笑；而“поёт как соловей”不是赞扬就是讽刺。俄汉语明喻喻体的对比关系如下：

完全对应关系。例如；“лиса”⟷“狐狸”，喻狡猾；“ладони”⟷“指手掌”，喻熟知情况；“время летит как стрела”⟷“光阴似箭”，喻岁月飞快流逝等。

不完全对应，但两种语言可以互相理解、接受的关系。例如：“храбрый как лев”与“猛如虎”，俄罗斯人用“狮”喻人的勇敢，而中国人用“虎”；“похожи как две капли воды”与像两滴水那样“一模一样”，喻事物、人的相像等。

不对应，而且不易互相理解、借鉴的关系。例如：“как сажа бела”，“пьянный как сапожник”，“демьянова уха”，“как грибы после дождя”等与“糟透了”、“关公”、“财神”、“雨后春笋”等。

这类不对应且又不容易被互相接受理解的喻体，都源于本国的历史、地理、传统、文化，都是两个民族独有的事件、事物和人物，都有不相应的语言国情背景信息。例如中国景德镇的陶瓷与苏联土拉的“самовар”。正是这类具有不对应喻体的辞格，给外语学习、应用带来很大的困难。这就要我们了解语言以外的国情知识和语言背景意义，学习时要正确地进行对比和辨析，翻译时要结合具体上下文，按照一定的语义对应关系，用改变喻体、引申、加注或根本就舍去等手段转换原语的语义信息。

参考文献

[1] АН СССР институт языкознания, Метафора в языке и тексте [M]. Москва,1988.

[2] М.И. Черемисина, Сравнительные конструкции русского языка [M]. Новосибирь,1976.

[3] А.Н. Гвоздев, Очерки по стилистике русского язвка [M]. Изд. 2-ое москва, 1955.

[4] М. Н. Кожина, Стилистика русского языка [М]. Мочква ,1983.
[5] Д. Э. Розентал, Практическая стилистика русского языка [М]. Москва,1974.
[6] В.А. Ливщин, Практическая стилистика русского языка [М]. Москва,1964.
[7] Н. Б. Листвинов, Вопросы стилистики русского языка [М]. Москва ,1965.
[8] В. В. Виноградов, Стилистика . Теория поэточеской речи. Поэтика [М]. Москва, 1963.
[9] В. В. Одинцов, Стилистика текстов [М]. Москва, 1980.
[10] Ф. П. Филин, Истоки и судьбы русского литературного языка [М]. Москва,1982.
[11] М. Г. Булаков, Основные вопросы сопоставительной стилистики русскогои белорусского языков [М]. Минск, 1979.
[12] А. Н. Васильев, Художественная речь [М]. Москва,1983.
[13] И. Б. Голуб, Стилистика современного русского языка [М]. Москва,1986.
[14] Б.А. Введенский, Малая Советская Энциклопедия [М]. Москва, 3-е изд. 1958.
[15] А.М. Прохоров, Большая советская Энциклопедия [М]. Москва, 3-е изд. 1970
[16] Р. А. Будагов, Литературные языки и языковые стили[М]. Москва, 1967.
[17] Гу Госюн, Предупреждение лексических ошибок путём семантического Анализа [J]. Москва: Русский язык за рубежом, 1990.
[18] М. А. Рыбников,. Введение в стилистику [М]. Москва ,1925.
[19] 张廷臣. Функциональная стилистика русского языка [М]. Далянь，1989.
[20] 黑龙江大学俄语语言文学研究中心辞学研究所编.大俄汉词典[Z]. 北京：商务印书馆，2001.
[21] 刘泽荣. 俄汉大词典[Z]. 北京：商务印书馆，1962.
[22] М.Н.Кожина.俄语功能修辞学[Z]. 白春仁，等.译.北京：外语教学与研究出版社，1982.
[23] 吕凡，宋正昆，徐仲历. 俄语修辞学[M]. 北京：外语教学与研究出版社，1988.
[24] 胡裕树. 中国大百科全书・语言文字[Z]. 北京: 中国大百科全书出版社，1988.
[25] 郑英魁. 俄语修辞学[Z]. 辽宁大学出版社，2005.
[26] 钱军. 对比语言浅说[J]. 哈尔滨: 外语学刊，1900-1.
[27] 王希杰. 汉语修辞学[M]. 北京：北京出版社，1983.

A Contrastive Study on Russian and Chinese Figures of Speech

Abstract: P.A.Budagof asserted "Rhetoric is the soul of any developed language, and hence it assumes a supreme role in both linguistic and literary studies." Figures of Speech are in turn the jewel on the crown of rhetoric, which, through the continuous efforts of the people and language masters, are employed in decorating language and life and describing the beautiful and the ugly on this planet. From the perspective of contrastive linguistics, figures of speech perform the same functions in Russian and Chinese; however, the two languages differ in such aspects as linguistic materials, linguistic approaches, grammatical structure, rhetorical tradition and cultural connotation. "Stones from another hill may be used to polish jade." It is an epoch-making endeavor to supplement Chinese rhetoric with the fruits of Russian rhetorical research. This thesis, on the basis of a review of the history of Russian and Chinese rhetorical studies and a contrast of the definition and classification of figures of speech in Russian and Chinese, makes a contrastive study on Russian and Chinese simile in terms of linguistic materials, linguistic approaches, grammatical structure and cultural connotation. This study is aimed at providing ample evidence and data for Russian learning and Chinese rhetorical studies.

Keywords: history of Russian and Chinese rhetorical studies; figures of speech; contrastive study.

香港语文教师的粤语与普通话教学话语修辞对照

梁佩云

（［中国］香港教育学院）

摘　要： 回归以来，香港的授课语言在社会上曾引起不少争议，发展“两文三语”的方案众说纷纭，讨论热烈。对中国语文教育而言，争议的焦点往往是语文科应否采用普通话为授课语言。为此，本文尝试借鉴话语修辞的理论和分析经验，通过分析两位香港小学语文教师的课堂语言，对照粤语与普通话的教学话语差别，以期揭示其中的规律及特征，加深对近年香港语文教学媒介何去何从的思考和认识。

关键词： 香港语文；教学媒介；话语修辞

传统修辞学重视书面语的锤词炼句，更以辞格为研究中心，对促进文学语言的发展，功不可没。然而，单凭书面语言格式的探求，并不足以解释和描写口语中丰富的修辞现象，是以现代修辞学正重新审视人们口头交际的表达作用和表达规律，积极在“言语修辞学”[①]方面发展。

人们使用语言离不开特定的言语环境，言语与活动彼此制约和影响，形成特定规律[②]，产生语境与语体。语境和语体必须配合，才能达成理想的交际效能，二者还要互相适应，才能发展出独特的言语规律。语境包括时间、地点、场合、对象等客观因素，还有语言使用者的身份、职业、思想、修养、处境、心情等主观因素。语体则专指在特定语境中由使用语言材料的特点而形成的体系，语体不但适应各种语境的表达要求，而且是达成各种交际目的的手段，是社会交际的结果，也是言语的功能变体。适用于日常生活的是日常谈话语体；适用于社会集体活动的是公众书卷语体，由于社会活动复杂，书卷语体又可分为科学语体、艺术语体、政论语体和事务语体[③]。

既然言语可以按照特定的语境类型划分为不同语体，而语体分析又可以突现特定语境中的言语使用规律，研究不同类型的话语，都能拓展言语修辞学的理论与实践。为此，本文通过分析两位小学语文教师的课堂教学实录，也尝试在探讨语文教学过程中粤、普语言形式的异同之余，验证言语修辞学理念的应用途径。综合而言，语境、语体与交际目的的关系，可以以图1表示。

由图1可见，任何涉及言语的活动过程中，语境都受不同因素支配，与语体不断磨合，相辅相成，形成特色不同的言语体式，最终达成交际目的。

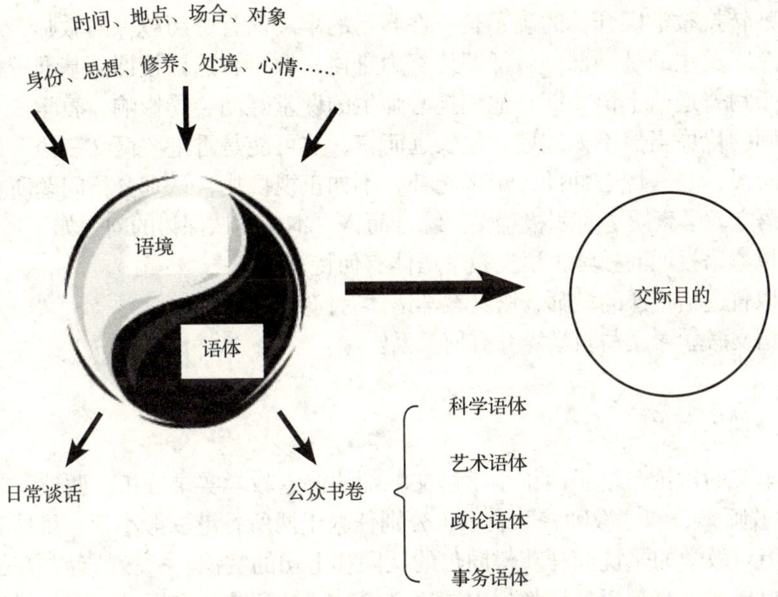

图1语言活动中语境、语体与交际目的的关系

语境和语体的理论不断推进，对言语的研究也有突破性的发展。王德春、陈瑞端对三种实用语体（事务、科学、报道）共18万字的语料进行量化分析，以探求能显示语体特征的语言项目。④ 这些研究不但为不同语体归纳出量化的特征，“从量变到质变”的研究取向，更能确定不同语言要素在语体中的分布和频率。

一、香港语文教师的挑战：用普通话教中文（普教中）

以普通话授课本来是现代教师语言规范的最基本条件。由于种种的历史原因，长久以来香港人都习惯说粤语，香港的学校也大部分采用粤语为授课语言。1997年主权回归后，以普通话授课反而成为一项具争议性的议题。按道理，谁也不反对让香港学生学好普通话，提高国际的竞争力，但怎样才能有效达成这个良好意愿，成为争论的焦点。事实上，从1998年起，香港的中小学均陆续开设“普通话”科。作为学校的核心课程之一，普通话科是一门独立科目，以听说训练为主，每周星期一两节。十年下来，虽然普通话在香港社会已经越来越普遍，但一般香港学生的普通话水平却仍跟规范的准则有相当距离，其中学校课程、教师水平、教法以至社会语言环境等条件的局限，都对推广普通话构成不少障碍。⑤ 为了加快普通话的推广，香港教育局明确规定以“用普通话教中文”为长远目标⑥，而香港的学校也自发地陆续在中国语文课程中加入普通话的学习元素，甚至直接采用普通话授课。

学校的取向，受多方面的因素影响，师资是其中的关键。由于香港大部分的师生都习惯说粤语，即使语文教师受训期间，也没有规定必须掌握普通话，要求语文教师转换教学媒介，的确不是一件容易的事，而且资历越深的教师，越不容易转变。令人关注的是，部分教师即使努力进修，取得普通话授课的基准资格，也并不热衷于用普通话上语文课，他们担心师生的课堂互动会受影响，教学成效成疑。这些教师的忧虑当然不无道理，但长远而言，这可能是香港"两文三语"政策发展的必经阶段，与其忧心忡忡，于事无补，不如正视挑战，认真分析问题所在，可能对提高语文教学素质更有积极意义。综合而言，本文尝试探讨的问题如下：

以粤语授课的教师，语文教学语体有何特征?

以普通话授课的教师，语文教学语体有何特征?

语文教学素质与教学媒介有何关系?

1. 研究对象

本文的讨论，基于两位小学语文教师的课堂教学实录分析。两位女教师（下文以 "教师粤"和"教师普"表示）分别任教于两所香港一般小学，虽然教学年资不同，但对教学的热忱同样获得同仁的认同和上司的赏识。"教师粤"在摄录课堂时教龄11年，一直都以粤语教授中国语文课；"教师普"在摄录时则只任教了四年，除了用粤语教授语文课外，个别班级已开始以普通话授课，有两年普教中经验，一直以来同时任教普通话课。这次比较分析的课堂，同样是小学四年级，教学的题材同样涉及令人敬仰的女性，教学范畴、进度和取向都相近，所以更有利于突出教师粤与教师普的教学语言异同。有关两个个案的资料，见表1的简要对照：

表1研究个案的背景资料

教　　师	教师粤	教师普
教学年资	11年	4年
摄录日期	2007年5月	2006年2月
年　　级	小四	小四
范　　畴	阅读	阅读
课　　题	《李丽珊和滑浪风帆》[⑦]	《守诺言的宋庆龄》[⑧]
教　　节	第二	第三、四

2. 分析方法

首先，两位教师的课堂录像都誊写成文字纪录，以便对照。然后，所有文字数据都经过计算机软件 Nvivo 8 处理，得出量化的统计数据，最后，量化的分析结果结合质化的内容分析对照，以显示粤语与普通话教学语体的特征。

3. 结果

基于不同传统，香港学校的教时并不一致，每节课由30至50分钟不等。本研究中教师粤的学校每教节45分钟，摄录的是一节课的教学内容；教师普的学校每教节

30分钟，摄录的是一次连堂，共两教节。两个课堂的教学或活动流程，概括如表2：

表2研究课堂的教学流程

教　师	教师粤	教师普
录像教时	42’ 12”	55’ 51”
教学／活动流程	引入：师生对话，导入课题	引入：师生对话，导入课题
	全班朗读课文	小组讨论并写出对人物行为的分析
	小组内以自设问题互相激发	分组汇报讨论结果
	课后延伸：自选座右铭，在随笔本上说明，课上先作口头分享	分组角色扮演朗读课文片段，引导学生理解人物的思想
	布置课后阅读	完成工作纸：探讨本课主旨；重申何谓“一诺千金”
	学生自我评估	布置课后作业(包括写下对自己的承诺)

由表2可见，两个课堂都进入“深究”的阶段，学生对课文已有基本的认识，两位教师都能注意组织分组讨论，为学生提供合作学习的活动模式。细察之下，教师粤的小组活动安排似乎比较全面，因为学生必须事先拟定问题，才能在课上互相提问，达到彼此激发的目的。相对而言，教师普的小组讨论活动却属于即兴式的，学生只需按照教师当下的指示磋商，然后向全班汇报。相同的模式，在普教班中其实曾重复出现，在第一次的分组讨论结束后，教师普又让学生与同学商议，才归纳课文的主旨，并重申课文的学习意义，完成工作纸。由此可见，粤语班的小组讨论可能较为深入，而在普通话班里，学生互动的机会则较为频繁。

由于两位教师的教学设计略有不同，在誊写的过程中，录得学生参与课堂的话语分量略有出入，以至反映教师话语的比例，也有较显著的差异。如表3所示，粤教中班的摄录时间虽然较短，但是师生的话语数量竟然是普教中班的3倍，从数量而言，粤语班的师生发言内容，显然比普通话班的丰富。

表3研究课堂的教学话语分布

	粤教中班	普教中班
誊写总字数	8215 字	2883 字
教师话语	53.9 %	71.2 %
全体学生话语⑨	9.24 %	9.97 %
个别学生话语	35.67 %	16.96 %
总计⑩	98.81 %	98.13 %

此外，从两班师生话语所占的比例可见，粤语班的教师发言量（53.9 %）比普通话班的教师发言量（71.2 %）少，而粤语班的个别学生发言量（35.67 %）则是

普通话班的（16.96 %）一倍多。所谓个别学生话语，多半是教师提问后学生的回应及其他同学的跟进补充；全体学生的话语就是集体对教师指示的回应，包括朗读课文。从现代教育理念的观点出发，粤语班似乎更能体现学生为本的精神，而普通话班则较突出教师主导的特色。究竟粤语班的教师话语与普通话班的实质有何不同，则必须通过具体的内容分析。

二、香港语文教师的语体特征

1. 师生对谈

综观两位教师的课堂语体，最明显的共同之处，是采用一种“谈话式”的话语。按宋其蕤、冯显灿，“谈话语”是其中一类教授言语，教师的语气要自然、亲切、温和，而且必须充分准备，有目的指向，不能随心所欲，信口开河。因此，按“谈话语”的交际目的，又可以分为启发性、归纳性和指示性。[11]由以下的示例可见，无论教师采用粤语还是普通话上课，发言的内容都比较简短，而且往往以提问回应学生的意见，师生的互动紧密。这样的教学取向，无疑能让课堂的气氛更活泼，教师连环的提问，更可以引导学生加深对讨论的思考和认识，甚至发现相关的细节，领悟个别的事理。如【例一】的教师粤利用学生的已有知识引起话题，着眼点就在“如果像爱迪生那么说，你认为哪些人可以成功呢？”（行1—2）。当第一名学生按课文内容回应“是李丽珊小姐”之后，教师随即追问为什么，要求同一名学生补充说明。然后，第二名学生接续发挥，就引申出“成功的代价”的抽象概念。接着，教师粤把学生的回应联系他们对爱迪生的已有知识。最后，由第三名学生总结出“成功的定律”是一分天才加上九十九分努力，并把这个道理应用于该篇新学课文的分析——虽然李丽珊有滑浪风帆的运动天分，但仍要经过自己的努力和决心，才能夺得奥运冠军（行9—11）。

【例一】粤教中课堂话语片段

行次

1.	师：	如果呢，真系好似爱迪生 咁讲呢，你认为呢边d人呢可以经验到成功呢？
2.		边d人可以经验到成功？好无？【点名请学生答】
3.	生$_1$：	我认为可以得到成功既，就系呢个李丽珊小姐。
4.	师：	点解呢？
5.	生$_1$：	因为佢，佢，um，佢每个星期都练习六日，系好刻苦咁去练习。
6.	生$_2$：	付出佐一d成功既代价。
7.	师：	嗯，即系你见到佢付出左d咩野呀？
8.	师：	系喇，体现佐爱迪生所……系，请讲。
9.	生$_3$：	系体现左爱迪生所讲既一分天才加上九十九分努力，um，李丽珊小姐呢

10. 就有um，果d叫做天分，喺滑浪风帆上面啦，但系呢佢都要经过佢自己
11. 既努力啦，um，同埋决心呢先至可以攞到um，奥运既冠军啰!
12. 班：同意。
13. 班：【拍掌——啪啪，啪啪啪】
14. 师：嗯，好。同唔同意佢既讲法呀?
15. 师：俾d掌声佢丫。
16. 师：醒。系喎，所以呢，当我地呢，其实，每个人肯付出努力呢，都可以经
17. 验到呢d成功既。咁呢，上一堂呢同大家呢睇过系关于李丽珊既，咁所
18. 以呢阿【某某】帮我地带出左个课题。

当然，由于课堂以粤语进行，教师和学生同用方言表达，即使学生总结的重点鲜明，总结的言语仍然有明显的随想随说痕迹，口语表达能力尚可提升。其实，要改善言语的组织，教师可以进一步要求学生复述，力求表达流畅；或者由李丽珊的成功榜样，再引导学生反省自身的生活或学习态度等，深化对课文学习意义的认识。

反观普教中的课堂，教师的课堂话语显然并无粤方言大量语助词的沙石，连带学生回应的句式也比较整齐，从【例二】第一节的学生话语可见（行1—2），学生的口头表达，完全是规范的陈述句，复句中的分句一律是“是字句”句式，言之有物。教师普的话语，则主要顺应学生的答案，要求学生逐一澄清，并从课文中找出支持的论据，如【例二】中教师普的提问：“你从哪里知道她有这些优点呢？”（行3）及“从哪里可以知道她是一个明白事理的人呢？”（行5）。

【例二】普教中课堂话语片段

行次

1. 生：经过我们小组商量以后，我们认为宋庆龄是一个守诺言的人，是一个一
2. 诺千金的人，是一个不后悔的人，是一个明白事理的人。
3. 师：啊！你从哪里知道她是一个、有这些优点呢?
4. 生：我们从她不去游玩而遵守承诺留在家等同学的时候，可以知道。
5. 师：知道，那从哪里可以知道她是一个不……明白事理的人呢？是明白事理
6. 啊，【某某】!
7. 生：她同学爽约了，也不后悔地说……
8. 师：也不后悔，但这不过是后悔，但明白事理呢？她的同学爽约了，她怎样
9. 呢？而那他可不可以帮你一下啊！谢谢！给掌声鼓励一下啊！好了，跟
10. 着呢，第几组愿意来？诶，第二组，给掌声鼓励，【某某】你的掌声在哪
11. 里呢？诶、诶，shh！用普通话，快，等一下，5，4，3，2，1，好，请省
12. 时间，好了，眼睛看着他们组别啊！大声说！

本来教师普启发性的谈话语方向是十分恰当的，可惜她为了平均学生的参与机会，只能作蜻蜓点水式的追问或回应，个别学生作答后，教师就匆匆转换话题，甚至连忙让下一组出场报告，营营役役，服膺活动形式，错失深化教学的机会和意义。

2. 师生协作

在互动频繁的过程中，两位教师主持的都是动态十足的课堂，二人不约而同，对班上的学生都十分尊重，教学过程中不乏对学生的礼貌用语，不时“请”学生发言（如【例一，行8】），学生发表完毕，教师又会“谢谢”（【例二，行9】），这些话语都体现教师们在管与教的平衡中，努力吸引学生参与，唯有如此，师生的对谈才能延续，学习的目标才有望达成。同理，如果学生表现出色，两位教师也会毫不吝啬地表扬，例如，教师粤会直接说“非常之精神”、“非常之好”的评价；教师普则会表明“我很欣赏某某，因为他真的有投入活动”等。此外，最常见的是教师呼吁全班拍掌，然后加上评语，如【例一】行15和【例二】行9—10等，有时教师还会加上一字评语，如粤语“醒”戛然收结，然后开展新的话题。

师生之间的默契，还体现在教师不完整的语言。教师不用把话说完，学生已经理解教师的用意，如【例一】中教师粤只说了答案的开头“系喇，体验佐爱迪生所……”（对了，是体现了爱迪生所说的……），第三名学生就接着尝试总结同学的意见（行9）。除了以上的片段外，在普教中课堂发现的同类例子如：“等一等，我们需要尊……”，教师的话音未落，全班就齐声说出“重”字，完成教师的话语，并同时检点言行，注意同学的发言。类似的例子，较多集中于管理秩序的教育言语，题材多样，反映不同教师各自的风格。有趣的是，学生秩序越松散，教师的教育口号越生动活泼，以教师粤的课堂为例，只有一对师生合作完成的口号——“师：齐齐坐好；生：专心听讲”；但在教师普的课堂，则有不同的款式，包括：“师：腰……，生：挺直”；“师：手……，生：放好”；有时教师普还会从5倒数，提示学生尽快安静。口头言语之外，教师还善用身体语言，粤、普课堂如是，只要教师拍掌五下，学生就会以行动响应，拍掌五下，表示支持。由此可见，无论教学媒介怎样，教师往往采用类似的策略，凡是涉及教育管理的语体，用语都浓缩精练，节奏分明。

从本文的例证可见，香港的教师，颇能以相对平等的态度对待学生，连对小学生也如是。虽然在教学过程中，教师经常要发施指令，以组织和维系课堂，但两位教师，都甚少直接用祈使句，【例二】中的“大声说！”可谓罕见的例子。相反两位教师都会以较婉转的询问，征求学生的同意或表达教师本人的意愿，例如：

【例三】粤教中教师话语

好，咁呢我地呢有三分钟既时间啦，咁我想组里面既2号同学先去问下，咁然之后呢，跟住3号4号，好无呀？好，跟住分组呢发问时间，我想4号既同学帮我做呢个声浪控制，好无？唔该。

【例四】普教中教师话语

听着，在这七分钟里，你可以有两次举手的机会，让老师给一些提示你们。但是呢，过了这两个机会，我只会看，不会给意见，听清楚了没有？好了，五位组长，请你出来，诶，sh，不要抢啊！先给你，请不要说话啊！慢慢来，现在还没开始啊！请用普通话！

从【例三】可见，教师粤在组织活动时对学生有清晰的分工，而各人的任务都仿佛是对完成教师“心愿”的“帮忙”，分工完毕，教师还征询学生的意见“好无(好吗)”，完了又以“唔该”表示谢谢。【例四】更不用说，“请你出来”、“请不要说话”、“请用普通话”一连串的话语，虽不至于请求，肯定对学生礼貌周到。当然，小孩子不懂事，总会冒失犯错，即使教师尊重学生，也不能不指正学生的缺点，研究内的教师普也会直接表达对学生行为不满意，如：“老师跟大家说，我不满意大家、小组的表现，第三组，我可以说我不满意……”，最终的目的，也是引导学生明辨是非。

三、教学媒介转移对语文教学的启示

由上文的例证可见，无论教学媒介是粤语还是普通话，两位语文教师的语体都有共同的特征，那么香港的语文教学素质，究竟应该以什么准则判断？以本文教师普的课堂为例，学生从中接收的语言无疑比较“规范”，问题是“规范”的载体，盛载的却不一定是能滋养学生语文造诣的甘泉。如【例五】所示，课文《守诺言的宋庆龄》是通过一件宋庆龄小时候的轶事，突出她守诺言的美德，然而教师普与学生对谈的结论却只是一串褒义的形容词“仁慈的、宽广的、守诺言、（有）耐性、大方的”，难道语文课就是学习这些零碎的语言材料？为什么“一诺千金”的人值得敬仰？为什么从小应该培养守信用的美德？教师普并没有注意引导学生根据课文的内容深思，反而花了大量唇舌，重申“工作纸”的做法。因此，教师普的教学语言，只能算停留在陈述操作步骤的层次，谈不上具备修辞艺术的意义。

【例五】普教中教师话语

师：对，有一个仁慈的，对，宽广的，而且守了诺言，耐性，大方的，可以看得到。那今天呢，我要大家一起来做一样很重要的事情，就是要回答你的那个，我记得每一次课文，老师都是帮，教大家写读句子，写读句子的，那今天做了一张工作纸，需要大家合作，里面有三道题目，可以呢，协助大家把主旨找出来，就是整篇文章的中心思想，第一道问题就是从这事件中，我们领悟到什么呢？但这，大家不用写，不用做，但是假如有重要的，可以把它写下来；然后呢，跟这三个小提示呢，可以把下面的主旨，把整主旨都完成了，那一组做……

另一方面，教师粤以方言授课，教师语言中夹杂的不规范成分明显，无疑会妨碍学生发展规范的现代汉语口语。然而，由于教师事前让学生拟定问题，思考较深，准备充足，课堂上学生发表的意见也普遍能言之有物，而且言之成理。学生表现比预期出色，本来可喜，反观教师粤的语言，却似乎点到即止，不见得能有效达成语文学习的目标。以提问为例，教师粤问的问题都很简单直接，如："觉得读得好唔好呀？（觉得念得好吗？）" "我地系轮流去，得唔得呀？（我们轮流［上洗手间］，行吗？）" "喺文章最尾果度讲呢，成功，就系点样呀？（就在文章的结尾那里说，成功就是怎样的呀？）"等，简单的提问，也只要求学生简单地回应，然后表扬作结。因此，教师粤的教学语言，发挥的只能算是管理学生发言先后的活动主持功用，说话的分量不多，也谈不上教师语言的修辞艺术层次。

由以上的对照可见，语文学习质量的优劣，与教学媒介未必有必然关系，最关键的是教师能否把握恰当时机，锲而不舍，启发学生思辨，并巩固学生的能力，使之能灵活地使用丰富的语言。

最后，本文借鉴现代修辞学的理论观点，探析香港两位语文教师的课堂话语，取样虽小，但仍能突出部分香港语文课堂呈现的"师生对谈"及"师生协作"等语用特征，并指出这些"对谈"与"协作"在教学过程中的局限和对教学素质的影响，可见通过分析教师的教学语体，可以评鉴语文教学的效能。由于分析的个案有限，本文描述教师语体的粤普对照，未必吻合其他学者对教师语言的分析，归纳所得的教师语体特征，也未必适用于香港以外其他地区的语文课堂，恳请读者不吝指正。

注释

① 传统修辞学不区分语言和言语，区分"语言"和"言语"的学说由瑞士语言学家索绪尔于20 世纪初提出，主张集中研究反映社会现象的"语言"，而排斥代表个人部分的"言语"。言语修辞学研究言语活动的规律，研究语言材料在具体言语活动中的使用规律。参见王德春、陈晨《现代修辞学》，上海外语教育出版社2001年，第11页。

② 言语规律是指在特定的语境中选择语言体系中的成分组成话语，并使之与言语目的和交际任务相适应的规律。参见同上，第13页。

③ 科学语体涉及科技领域（范围），阐明科学概念或规律（目的）就需要科学术语、精确的数据；艺术语体涉及文艺领域，抒发感情，描绘形象，就需要使用描绘性词语和形象性的修辞方法；事务语体具有传达事务的功能，而涉及行政事务，重在简明达意，讲究工作效率，就要准确的语言、简洁的程序化的形式。参见同上，第71页。

④ 王德春、陈瑞端《语体学》，广西教育出版社 2000年。

⑤ 詹伯慧"从实际出发思考香港的普通话教育问题"，《语言文字应用》2002年第1期, 第41–48页。

⑥ 香港课程发展议会编订《中国语文教育学习领域课程指引 (小一至中三)》，香港政府印务局2002年。

⑦ "李丽珊和滑浪风帆"，黄庆云编《现代中国语文（四下第二册）》，现

代教育出版社2006年版，第86–87页。

⑧ “守诺言的宋庆龄”，《现代中国语文（四下第一册）》第三课，现代教育出版社2002年修订版，第20–21页。

⑨ 一般的香港学校，每班不会超过35名学生。

⑩ Nvivo 8 软件支持多种语言的数据统计，中文繁体字一般占两个字符，加上不同的标点，原来的档案经处理后的总计结果与100% 略有出入。

⑪ 宋其蕤、冯显灿《教学言语学》，广东教育出版社 1999年, 第28页。

A Comparison between Language Teachers' Rhetorics in Cantonese Classroom Discourse and Putonghua Classroom Discourse in Hong Kong

Leung Pui-wan Pamela

(Hong Kong Institute of Education, China)

Abstract: Since the return of sovereignty to China, medium of instruction has become a controversial issue in the Hong Kong community. There are divergent views on the development of a "trilingual and biliterate" policy. With regard to language education in Chinese, the focus of concern is on whether Putonghua should be adopted as the medium of instruction in teaching the Chinese Language subject. To this end, this article attempts to draw reference from theories of rhetorics and pragmatics. Through an analysis of classroom teaching by two primary school teachers, the author attempts to explore the similarities and differences between Cantonese and Putonghua as teaching media in the language teaching process, and aims to reveal the characteristics of classroom discourse conducted in the two languages respectively. It is hoped that a more in-depth thinking about the issue on medium of instruction in language education in Hong Kong can be provoked with a better understanding of the actual frontline practices.

Keywords: Hong Kong Chinese language, teaching medium, discourse rhetorics

第五部分
修辞传播学研究

公共关系修辞研究：领域与重点

冯丙奇

（中国传媒大学）

摘　要： 公共关系研究领域中的修辞学转向自20世纪70年代末80年代初开始。公共关系修辞研究关注的主要领域包括两大方面：一方面是公共关系修辞的基本原则与问题，另一方面是组织传播本身。对于国内公共关系活动的发展而言，目前公共关系修辞研究的重点大致包括两个方面：修辞性危机传播与修辞性媒体操作。

关键词： 公共关系；修辞；研究领域；研究重点

一、公共关系研究的修辞学转向

有众多研究者都指出了公共关系研究的“修辞学转向”（Rhetorical Turn）。[1]总体而言，这种转向是以美国休斯敦大学教授海斯（R. L. Heath）为中心的。他曾经对修辞问题进行过专门研究，他从修辞视野对公共关系进行分析。[2]海斯强调，他之所以将修辞分析引入公共关系领域，主要是因为修辞活动的本质是双向互利性的。人们通过这种双向互利性的传播活动，可以拥有共享性的意义。

这种转向始终坚守已有的修辞概念，并将其作为分析公共关系活动的理论框架。不过处于不断调整之中的修辞概念，突显出公共关系修辞学转向的缺陷。

依据相关说法，公共关系研究大致分为三大流派：“管理学派”、“修辞学派”与“整合行销传播学派”。[3]这种观点也明确显示了修辞活动在公共关系领域中的地位。简言之，公共关系的修辞学派认为，公共关系是组织的“修辞者”（rhetor）。在修辞视野中，公共关系本质上就是“企业公共修辞”(corporate public rhetoric)的施行者，所以“公共关系学”实际的研究对象就是“企业修辞”（Corporate Rhetoric）。

这种转向过程中，一个重要甚至关键性的概念是修辞情境（Rhetoric Situation），即一种修辞操作的语境，基本上包括三项要素，即言说者（rhetor）、议题（issue）和受众（audience）。[4]在公共关系的视野中，也可以将同样的情境称为“公共关系情境”（Public Relations Situation）。

另一重要概念是“修辞行为”(Rhetorical Action)，在公共关系领域中主要指“辩解”(apologia)或“面子功夫”(face-work)，都指个人或组织在形象受损时提出的劝服话语（Persuasive Discourse），试图来修护个人或组织的形象。很明显，修辞行为主要涉及了危机传播领域。

二、公共关系修辞研究的两大领域

自20世纪70年代末80年代初开始，西方研究者们大致从两个方面关注了公共关系修辞问题：第一个方面是公共关系修辞的基本原则与问题（Fundamental Rhetorical Research），尤其关注了公共关系修辞的动机以及对社会产生的影响等；第二个方面的关注点集中于组织传播本身（Organizational Rhetorical Research），即将组织本身作为修辞主体，主要关注组织传播过程中的言语操作。这两个方面至今仍是公共关系修辞研究的两个主要领域。两个领域的研究有逐渐交叉的趋势，不过二者对公共关系研究体系的贡献仍存在比较明显的差异。

1. 公共关系修辞原理研究——理论性公共关系修辞研究

原理性修辞研究者分析组织修辞对社会的影响，同时也关注组织修辞的意图，关注修辞活动的机制、意识、言说者、媒介以及受众等。原理性公共关系修辞研究的两大基本问题是修辞概念与修辞的特征。这是分析公共关系修辞问题的基础。

爱宁格（D. Ehninger）提出了应用于不同领域的三个修辞系统：古典语法修辞、18世纪后期的心理修辞、现代社会学修辞。[5]克莱伯（R. L. Crable）提出了修辞的第四个系统，该系统转而将特定组织视作修辞者。[6]对于可应用于公共关系领域的修辞概念与历史而言，这种分析十分重要，因为这种分析提出了修辞系统的第四个领域，这个领域集中关注组织的修辞性本质。克莱伯等对“企业修辞”（corporate rhetoric）的界定是：调整组织以便使其适应环境，调整环境以便使其适应组织的艺术。[7]依据这种观念，修辞者难以与其代表的组织分开，这些修辞者使用各种形式的媒介（通常是大众媒介）来向多样化的目标公众传播讯息，这样的公众既包括一般的大众，也包括组织选择出的目标公众。

托斯（E. L. Toth）指出，我们可以从四个方面来关注修辞现象：人文性（humanistic）、对话性（dialogical）、象征性（symbolic）以及批判性（critical）。[8]这四种因素有助于分析公共关系修辞现象。

（1）人文性

众多研究者都在人文主义视野中分析修辞现象。在这种视野中，修辞性公共关系研究者在关注传播活动的效果时，并不关注可以通过科学性方法进行评估的方面，而是自己确立标准，并依据这些标准来判断传播讯息、传播者以及传播的受众。

（2）对话性

海斯对企业辩解进行了分析，集中关注了企业与其公众的对话行为，[9]同时将修辞作为公共关系研究与操作的主导性模式。[10]海斯强调了个体与组织之间通过“给予) – 接受”过程进行的影响过程。在这个过程中，公共关系从业人员通过使用劝服性的语言来开展对话。

（3）象征性

修辞现象由语言性以及非语言性符号组成，出现于所有的媒介形式中。[11]修辞学者们相信，象征性行为能在公众与组织之间创造关系并对这种关系产生影响。[12]

（4）批评性

修辞研究者比较关注修辞活动对社会造成的影响及其对社会的价值，并批评性地关注修辞活动的影响，以及修辞活动目的的实现状况。

2. 组织传播修辞研究——应用性公共关系修辞研究

组织修辞学者不十分关注组织的修辞策略对社会的影响，而是更加关注修辞策略对相关利益关系人（stakeholder）的影响。[13] 总体而言，应用领域的修辞研究大致都应当归属于这一研究领域。

这种应用性的研究也是本文认为的公共关系修辞研究的重点所在，大致包括危机传播策略、新闻稿修辞策略以及新闻发言人言语性修辞策略，这些研究可以大致归属于两大方面：修辞性危机传播策略研究与修辞性媒体操作研究。

三、公共关系修辞研究的重点

以实践指导性为目的，下面简要说明公关活动修辞现象的分析重点。

1. 修辞性危机传播策略（crisis communication rhetoric）/危机修辞（Crisis Rhetoric）研究

库姆斯（W. T. Coombs）指出，我们可以使用修辞论述（Rhetoric Discourse）来进行危机管理，并将这种操作称为“给理由”(account-giving)策略。[14] 危机修辞帮助利益关系人认识危机情境并对危机的发展作出判断。当然，作为危机回应主体的社会组织也可以通过危机修辞来影响甚至控制公众对危机的解读。从修辞角度对危机进行的界定，与以往经典的危机定义不同，转而明确强调危机责任的归属、危机影响的程度、危机持续的时间等因素，强调危机回应讯息的发展以及表述因素的重要性，强调在危机前的准备、危机过程中的回应、危机过后的解读与行动等过程中，信息、界定、解读所扮演的重要角色。总之，修辞性危机界定强调危机话语（Crisis Discourse）。危机涉及两个方面，即技术/管理因素与传播因素；很显然，危机修辞属于传播领域。修辞性危机回应需要关注的问题是：危机之前、危机过程中以及危机之后，危机主体需要说些什么？即“语言回应策略”，其前提假设是将危机发生时组织对外的言语说辞看做是处理危机相当重要的符号资源，如果运用得当，就可以降低公众对组织的责难，比较有效地维护组织的形象。

危机修辞研究主要需要关注两大问题：危机情境，组织辩解与形象修护。

（1）危机情境（Crisis Situation）

危机情境就是一种修辞情境。库姆斯用四个面向来界定危机情境：危机类型、证据真实性、危机损害程度、组织以往的表现。这四种因素都会影响公众对危机责任归因的认定。[15] 库姆斯以“内在—外在”和“故意—非故意”两个方面的因素为标准，将危机情境大致划分为四类（其实也就是四类危机）：过失情境（faux pas）、意外（accident）情境、恐怖行为（terrorism）情境、违法行为

（transgression）情境。不同的情境会对危机回应操作的效果产生明显的影响。

（2）组织辩解（Apologia）与形象修护（Image Repair）

辩解并非道歉，而是一种“自我防卫性话语”（discourse of self-defense strategies），目的是使被指控的错误举动能获得较为正面或是中立的看法，也是组织对危机的一种回应方式。有关组织辩解的分析总体可以分为两大领域：辩解分析（apologia theory）与指控性辩解分析（kategoria-based apologia），二者都是组织修辞行为的重要分析视角。[16]

依据海瑞特（K. Hearit）的说法，辩解是一种防卫性话语，目的是对特定组织的行为进行重新界定，以便使其显得更加引人注目。辩解为组织提供三项服务：[17]①劝服陈述（persuasive account）——对组织的行为、目的与责任进行重新界定；②歉疚陈述（statements of regret）——在需要时，为组织表达歉疚；③疏离陈述（dissociation）——允许组织将自己与不利的情境疏离开，从而显示出更加有利的形象。

海瑞特指出，辩解本质上是防卫性的，不过组织还可以通过更主动的方式来回应指控，此即指控性辩解（也称反击性辩解）。海瑞特提出三种形式的指控性辩解操作：①组织对指控者提出指控；②组织通过重新界定指控者的指控来质疑其有效性；③组织通过质疑指控者指控的真实性来质疑指控者的道德水平，也可以直接质疑指控者的道德水平。

形象修护策略体系是修辞性危机传播策略中比较有代表性的操作体系。一定程度上，形象修护理论是在辩解理论基础上发展起来的，是对辩解分析的进一步系统化、操作化。目前比较完整的形象修护理论体系是由伯尼特（W. L. Benoit）经过综合分析之后提出的。他于1995年在以往分散研究的基础上，第一次对危机情境下受到批评的个体或组织的修辞性回应策略进行了比较系统的分析与总结。[18]伯尼特最初将该理论称为“修复”，不过2000年建议改用“修护”：“实际上，我现在更倾向于使用“修护”（repair）而不是“修复”（restoration），因为“修护”或许可以暗示形象已经被修补到其原先的状态。”[19]通过总结与分析，伯尼特提出五大形象修护策略（见表1）。

表1 伯尼特的形象修护策略体系

策略	界定	具体操作	界定
否认	否认受批评行为的发生或否认与受批评行为有关	简单否认Simple Denial	简单否认受批评行为的发生
		转移责难Shift the Blame	指出受批评行为的主体是谁，将罪责转移
逃避责任	无法否认时，逃避或者降低自己应负的责任	正当回应Provocation	声明自己是对他人的不正当行为的正当回应
		无力控制Defeasibility	声明自己缺乏对重要因素的有关信息或者难以对该重要因素进行控制
		纯属意外Accidents	强调受批评行为是意外
		动机良善Good Intentions	强调自己的动机是好的

策略	界定	具体操作	界定
降低事件损害程度	降低公众对自己的不良感受	道己之长Bolstering	强调自己拥有的良好品质或者过去所做的良好行为
		淡化损害Minimization	强调后果并没有那么严重
		差异化Differentiation	将公众批评的行为与其他更加不合人意的行为区分开来
		转换框架Transcendence	试图将公众批评的行为放在另外一个不同的（有利的）语境中
		反击批评者Attack Accuser	受批评者反过来批评指控者
		补偿Compensation	付给受害者酬劳以便抵消受害者的消极感受
开展修正行动		承诺（甚至发誓）要纠正问题	
认错/道歉		承认错误并请求谅解	

（资料来源：Benoit, W. L. *Accounts, excuses and apologies: A theory of image restoration strategies.* Albang, NY: State University of New York Press. 1995. pp.63–95.）

之后的研究者对伯尼特的体系进行了不断的调整与补充，尤其关注了不同文化背景下形象修护操作的差异问题。伯尼特本人也十分同意文化的影响。[20] 这里尤其指出的是黄懿慧，其补充强化了对东方文化的关注。[21] 黄懿慧主要加入四项策略：

①形式上致意——以“遗憾”、“痛心”等字眼，表达对事件的感觉，表达怜悯、关怀之意，但并非要负起责任；②提供信息——向公众提供心理与行为层面的信息，可提供的信息包括三种：指示性信息、心理调节性的信息、事实性信息。提供信息的功能之一是可以让利益关系人感到宽心，同时让公众得到确定的信息，应该说一定程度上，这样的信息可以防止公众受到的影响继续恶化。③建构新议题，试图分散公众关注的焦点。④不作评论。

形象修护体系的应用性研究比较丰富，不过案例主要集中于西方,大致涉及以下领域（每个领域仅举一例）：政治领域——美国里根政府就伊朗军售丑闻进行的回应分析；[22] 体育领域——世界摔跤联合会主席（Vince McMahon）对外界对其工作成效的一系列批评进行的回应分析；[23] 娱乐领域——1995年美国男演员格兰特（Hugh Grant）因嫖妓行为进行的回应分析；[24] 司法领域——1991年美国最高法院大法官托马斯（Clarence Thomas）因被指控性骚扰而进行的回应分析；[25] 国际关系领域——2001年美国就潜艇在珍珠港附近撞沉日本实习渔船进行的回应分析；[26] 商业领域——1992年美国西尔斯（Sears）百货因汽车维修超额收费问题进行的回应分析。[27]

国内开展的形象修护分析尚待进一步加强，以便更好地总结中国文化背景下社会组织形象修护的操作体系。比如，2005年底的松花江水污染事件中，事件的相关政府机构——哈尔滨市政府、黑龙江省政府、吉林市政府、吉林省政府、国家环保总局、国家安监总局、外交部等——都在不同程度上作出了回应。有的机构也采取了伯尼特体系中未曾提及的操作，比如“称赞他人”（Praising Others）操作。这一策略的名称来自马西（J.E. Massey）对“9·11”之后美国航空公司采取的形象修护策略，[28]即赞扬事件过程中其他方面所采取的措施，意图是通过将该组织与受到利益关系人积极评价的符号关联在一起，以获得公众对组织的支持。对于松花江水污染事件而言，由于松花江水污染事件涉及的政府机构是多元的，彼此之间的互相称赞的行为应该可以在相关公众那里获得这样的认识：这些政府机构之间的关系是和谐的，是负责任的。这样的例子如，2005年11月25日，黑龙江省省长张左己表示：水污染事件发生后，党中央、国务院非常关心，国务院各部委和各省市区鼎力支持。张左己说，一方有难，八方支援，在我们全力应对松花江水污染事件，争分夺秒，抓紧恢复城市供水的关键时刻，来自全国各地的急救物资源源不断，雪中送炭，解燃眉之急，哈尔滨人民感谢你们，黑龙江人民感谢你们！这些支援和帮助给予了我们极大的鼓舞，进一步坚定了我们打赢这一仗的信心和勇气。[29]

很明显，我们需要进一步的分析，来显示中西方类似操作的异同，以便进一步提高国内危机传播以及跨文化危机传播的效果。

2. 修辞性媒体操作分析

总体而言，媒体操作主要涉及新闻发言人修辞性言语回应策略以及新闻稿的修辞应用分析。两者之间具备比较明显的相似性。

语言学研究中各种关于语言操作目的性的理论，为新闻发言人言语操作的研究提供了有力的分析框架。新闻发言人的目的性决定着新闻发言人言语操作明显的策略性，也确定了新闻发言人言语操作的修辞性本质。

新闻发言人从事的工作属于公共关系中媒体关系（media relations）活动的范畴。从媒体关系管理的角度来看，新闻发言人行使着公共关系人员的角色，他们试图通过新闻发言的活动维护与媒体的恰当关系状态：“公共关系人员通常试图将自己所在组织的观点与新闻记者关联在一起，反之，也就是希望新闻记者们的问题与观点能与这些公关人员所在的组织的观点关联起来。”[30]显然，新闻发言人如果能够通过特定形式的语言材料，恰当地表达自己所代表组织的观点的话，其新闻发言活动将会取得比较积极的效果。这里仅以语言学评价理论（Appraisal Theory）中的介入（Engagement）操作来说明新闻发言人的修辞性言语操作。在评价系统中,语言只是操作手段。当评价理论研究者们分析语言时，实际上评价的是说话者对事态的立场、观点和态度——“换句话说，评价不只停留在语言的表层意义上，而是通过表层意义看深层的意义取向，”即关注特定话语的“责任根源”，[31]属于比较典型的社会视角。可以说，新闻发言人对语言的操作，是体现这种特性比较典型的例子。

介入主要指说话者通过语言操作，对不同的观点、态度进行适当的处理，以便表达对人、事、物等的特定评价。通过语言操作来对不同的观点进行的处理，只是手段，目的是表达说话者的特定评价。当我们试图说明新闻发言人对介入系统的运用时，主要试图观察新闻发言人如何在维护自己发言内容的权威性与客观性、自己对内容负责还是他人对内容负责之间寻求平衡，并如何通过言语手段与实际的或潜在的受众进行互动。

介入系统详细框架见表2。[32]

表2 介入系统

	具体操作		
单声	直截了当的陈述		
多声	收缩（dialogic contraction）	否认（disclaim）	否定（deny）
			反对（counter）
		公告（proclaim）	同意（concur）
			宣告（pronounce）
			背书（endorse）
	扩展（dialogic expansion）	接纳（entertain）	
		归属（attribute）	承认（acknowledge）
			疏远（distancing）

以四川地震后国务院新闻办公室新闻发布会上新闻发言人的发言活动为例，其对“疏远”操作的运用如：“前一阶段，有传说15名空降兵中有2位同志在跳伞过程中牺牲了，我在这儿可以郑重地告诉大家，纯属无中生有。”（第6次，5月18日）“有传说”本身，有效地表达了发言人有意与该说法拉开距离的立场，这是一种比较明确的评价表达。引入这种说法又将其疏离，即是这种操作的内涵。

类似分析同样适用于新闻稿的修辞操作。我们可以通过类似的分析，逐渐建构新闻发言人修辞操作的策略体系，以便更有效地开展新闻发言工作。

四、总结与分析

本文关注的焦点主要集中于公共关系操作实践。不过从思辨性角度关注公共关系修辞问题，我们还需要关注另外一些领域，其中主要的就是公共关系伦理问题。

总而言之，以上分析已经充分显示出公共关系修辞研究的重要性——在本文的意义上，公共关系修辞研究能够为公共关系操作提供系统的、有力的指引，能在很大程度上促进国内公共关系专业化（Public Relations Professionalism）的发展进程。

参考文献

[1] S. Mackey, Rhetorical Theory of Public Relations: Opening the door to semiotic and pragmatism approaches[C]. Paper presented at the Annual Meeting of the Australian and New Zealand Communication Association, Christchurch, New Zealand, 4-7 July 2005.

[2] R. Heath, E. Toth. (eds.) Rhetorical and critical approaches to public relations[M]. Hillsdale, NJ: Lawrence Erlbaum, 1992. . Heath, D. Millar, (Eds.) Responding to crisis: A rhetorical approach to crisis Communication[M]. Hillsdale, NJ: Lawrence Erlbaum, 2004.

[3] 黄懿慧. 西方公共关系理论学派之探讨——90年代理论典范的竞争与辩论[J]. 广告学研究, 1999(12): 1-38.

[4] L. Bitzer, The Rhetorical Situation[J]. Philosophy and Rhetoric, Vol.1, No.1, Pp. 1-14，转引自：王孝勇.吕秀莲自我辩护策略的类型批评[J]. 新闻学研究, 2004(79): 49-89.

[5] D. Ehninger, On systems of rhetoric[J]. Philosophy and Rhetoric. Vol.1, No.1, 1968: 31-44. cited in S. K. Foss, C. L. Griffin. Beyond Persuasion: A Proposal for an Invitational Rhetoric [M]. Paper presented at the Speech Communication Association convention, November, 1993, Miami, Florida.

[6] R. L. Crable, “Organizational rhetoric” as the fourth great system: theoretical critical, and pragmatic implications?[J]. Journal of Applied Communication Research, V ol.18, No.2, Pp. 115-128.

[7] R. E. Crable, S. L. Vibbert, Mananging issues and influencing public Policy[J]. Public Relations Review, 1986, 11(2): 3-16.

[8] W. Armbrecht, U. Pp. Zabel (Eds.), Normative aspekte der public relations [M]// E. L. Toth, The normative nature of public affairs: A rhetorical analysis. Germany: Westdeutscher Verlag, 1994: 51-67.

[9] R. L. Heath, Corporate advocacy: An application of speech communication perspectives and skills — and more [J]. Communication Education, 1980, 29: 370-377.

[10] R. L. Heath, A rhetorical approach to zones of meaning and organizational Prerogatives[J]. Public Relations Review, 1993, 19(2): 141-155.

[11] E. L. Toth, R. L. Heath, (eds.) Rhetorical and Critical Approaches to Public Relations [M]// R. L. Heath, Critical perspectives on public relations. Hillsdale NJ: Lawrence Erlbaum, 1992: 21.

[12] R. L. Heath, A rhetorical approach: zones of meaning and organizational Prerogatives [J]. Public Relations Review, 1993, 19(2): 141-155.

[13] F. M. Jablin, L. L. Putnam, K. H. Roberts, L. W. Porter, (eds.) Handbook of Organizational Communication: An Interdisciplinary Perspective [M]// G. Cheney, S. L. Vibbert, Corporate discourse: public relations and issues management. Newbury Park CA: Sage, 1987.

[14] W. T. Coombs, An analytic Framework for Crisis Situations: Better Responses From a Better Understanding of the Situation [J]. Journal of

Public Relations Research, 1998, 10 (3): 177-191.
[15] W.T. Coombs, Choosing the right words: The development of guidelines for the selection of the 'appropriate' crisis-response strategies [J]. Management Communication Quarterly, 1995, 8 (4): 447-476.
[16] S. Boys, An Extended Rhetorical Typology of Crisis Communication: Managing the Roman Catholic Clergy Sex Abuse Crisis [C]. Paper presented at the annual meeting of the NCA 94th Annual Convention, TBA, San Diego, CA, Nov 20, 2008.
[17] K. Hearit, Apologies and public relations crises at Chrysler, Toshiba, and Volvo [J]. Public Relations Review, 1994, 20 (2): 113-125.
[18] W.L. Benoit, Accounts, excuses and apologies: A theory of image restoration Strategies [M]. Albany, NY: State University of New York Press, 1995.
[19] W.L. Benoit, Another visit to the theory of image restoration strategies [J]. Communication Quarterly, 2000, 48 (1): 40-43.
[20] I agree with you that cultural background can influence image repair [EB]. 2006年11月13日电子邮件。
[21] 黄懿慧. 危机回应：浅谈形象修复策略[J]. 公关杂志, 2001 (42): 38-41.
[22] D. Rigby, An analysis of the Reagan Administration's crisis communication using image restoration discourse theory [C]. Paper presented at the annual meeting of the Association for Education in Journalism and Mass Communication, The Renaissance, Washington, DC, Aug 08, 2007.
[23] B. McNeil, Foot on the Rope: Corporate Apologia and the Discourse of Vince McMahon[D]. Master Thesis. University of Maine, 2002.
[24] W. L. Benoit, Hugh Grant's Image Restoration Discourse: an Actor Apologizes[J]. Communication Quarterly, 1997, 45(2): 251-267.
[25] W. L. Benoit, A critical analysis of Judge Clarence Thomas' statement before the Senate Judiciary Committee[J]. Communication Studies, 1998, 49: 179-195
[26] K. Drumheller, W.L. Benoit, USS Greeneville collides with Japan's Ehime Maru: Cultural issues in image repair discourse[J]. Public Relations Review, 2004, 30(2): 179-195.
[27] W. L. Benoit, Sears' repair of its auto service image: Image restoration discourse in the corporate sector[J]. Communication Studies, 1995, 46(182): 89-105.
[28] J. E. Massey, Public relations in the airline industry: The crisis response to the September 11th attacks[J]. Journal of Hospitality & Leisure Marketing, 2005, 12(1/2): 97-114.

[29] 第一批恢复市区供水急需的157吨活性炭由唐山运抵哈尔滨市 张左己等到入城口迎接[N].《黑龙江日报》2005年11月25日

[30] M. el-Nawawy, J. D. Kelly, Between the Government and the Press: The Role of Western Correspondents and Government Public Relations in Middle East Coverage [J]. Press/Politics, 2001, 6(3): 90-109.

[31] 王振华.评价系统及其运作——系统功能语言学的新发展[J].外国语, 2001(6): 13–20.

[32] J.R. Martin, P.R.R. White, 评估语言：英语评价系统=Language of Evaluation: Appraisal in English [M]. 北京：外语教学与研究出版社, 2008: 134.

Public Relations Rhetoric Research: The Field and Focuses

Feng Bingqi
(Communication University of China)

Abstract: The rhetoric turn in public relations research arises in the late 1970s to early 1980s. The field of public relations rhetoric research includes two lines, one reflecting the fundamentals of rhetoric, the second considering organizational communication as rhetoric. To advance the development of China public relations practice, there are two focuses of public relations rhetoric study, i.e. rhetorical crisis communication and rhetorical media relations operations.

KeyWords: public relations; rhetoric research; fields

伦理学视域下的广告修辞

石义彬　谈浩渊

（［中国］武汉大学）

摘　要：　在当今的广告传播领域，广告修辞的作用越来越重要。多种修辞格和修辞技巧运用于广告创意和广告传播，既凸现了广告的信息传递功能，又能激发受众的购买欲，实现广告的预期效应。而在以往的实践和研究过程中，较多地从语言学、传播学、美学等角度来观照广告修辞，对于广告修辞的伦理原则重视不够。对仗的工整、语言的优美固然重要，但如果忽视社会道德规范，违反甚至危害公序良俗，则修辞的考究反而会起负面作用。本文拟运用修辞学、传播学、语言学、伦理学等学科的相关理论，结合各媒体刊播的广告实例，阐释广告修辞的伦理学属性及原则，探讨广告修辞的道德伦理边际，并对当前提高广告修辞道德标准的迫切性和具体手段提出新的见解。

关键词：　广告修辞；修辞格；伦理道德原则

长期以来，美国莫里斯烟草公司的“万宝路”广告被广告界引为经典。确实，“万宝路”香烟的广告无论是用光、选景还是配乐都达到了很高的水准，而用浑厚的男中音配的广告语言“万宝路，男人的世界”更曾让无数男儿为之折腰。但实际上，莫里斯烟草公司是通过广告修辞和画面技巧营造一种虚假的男性牛仔形象来掩盖烟草制品的副作用，达到最大程度推销烟草产品的目的。在这一电视广告发布过程中，消费者的知情权被剥夺了，广告语言、广告修辞成了烟草公司的帮凶，极大地损害了消费者的权利。这一广告虽然广告语言运用娴熟、画面精美，但这种“美”是建立在虚假、伪善和欺诈的基础上的，现在反思实在是丑态百出。莫里斯烟草公司虽然借助这一“成功”的广告获得了惊人的短期利益，但它最后也将公司推到了尴尬的境地：在美国乃至世界各地，它所面对的是几千亿美元的索赔要求。这一真实的案例是很值得广告从业人员引以为鉴的。更值得深思的是，在大部分的广告学教材中，虽不乏讲授语言技巧或修辞技巧的内容，但较少甚至没有提及伦理道德的概念。由此看来，如果在广告传播过程中忽视伦理道德规范，违反甚至危害公序良俗，广告修辞的考究反而会起负面作用。因此，从伦理学的角度来审视和探讨广告修辞的伦理道德问题，是一件必要并且迫切的事情。

一、广告修辞的定义及伦理学属性

1. 狭义的广告修辞

论及广告修辞，很多学者都将其等同于广告修辞格，本文将广告修辞格视为狭义广告修辞。多种修辞格运用于广告创意和广告传播，既凸现了广告的信息传递功能，又能激发受众的购买欲，实现广告的预期效应。正如陈望道先生在《修辞学发凡》中指出的："辞格把语辞运用的可能性发扬光大了，往往可以造成超脱寻常文字、寻常文法以至于寻常逻辑的新形式，而使语辞呈现一种动人的魅力"。在广告传播过程中，丰富多彩的修辞手法，可以对产品名称、企业理念、目标人群等碎片化呈现的内容进行再加工，甚至起到"点石成金"的作用。换句话说，原始语料是璞玉浑金，通过修辞格的运用，才得以发出璀璨的光芒。

2. 西方修辞学意义上的广告修辞

古希腊的哲学家亚里士多德将修辞定义为"劝说"，认为修辞是"在某一特定场合下，挖掘所有可能的方法去说服他人的一种能力"[①]。长期以来，修辞的劝说功能在西方被广泛运用于演讲和舆论宣传，而在当代，广告可谓是最能体现修辞的劝说功能的载体。广告的创意和发布，最终目的实际上是劝说消费者购买商品。从这一层面来说，广义的广告修辞实际上是通过劝说让目标受众接受广告传递的理念和价值观的传播行为，面对广告语言（包括文字、图片、画面、符号等）营造的特定语境和时空概念，消费者将信任给予广告的发布者进而购买商品。换言之，通过广告修辞的劝说功能，商品广告的利益相关方能获得经济效益的最大化。

3. 广告修辞的伦理学属性

（1）伦理道德对广告修辞的制约关系

伦理学（或称之为道德哲学）是关于优良道德的科学，也是关于道德价值的科学。它研究的对象是道德的本质及其发展规律。[②] 不管是将广告修辞等同于广告修辞格还是从劝说功能而言的广告修辞，实际上与伦理道德都有着千丝万缕的联系。有人之所以将广告修辞与伦理道德割裂，很重要的原因是仅仅从广告策略或销售效果来考虑广告修辞。实际上，广告要想实现说服效果，必须考虑到广告修辞与社会意识、伦理关系的联系。广告修辞总是受制于某种伦理环境，广告修辞采用何种修辞格，使用什么样的方法来进行消费劝说都受到特定伦理道德环境的影响；而受众对于广告修辞的理解和诠释，也要受到伦理环境和受众自身道德环境的影响。威力洗衣机广告的成功很大程度上是因为它的广告修辞契合了社会伦理，在河边辛苦捣衣的母亲等来了带着洗衣机归来的儿子，在乡亲们围观中响起了画外音："威力洗衣机，献给母亲的爱"。从农村出来的受众固然会产生情感的共鸣，城市里成长的消费者又何尝不被这感人的亲情打动？

（2）广告修辞对伦理道德的推助关系

有的学者将广告视做消费乌托邦，认为它的符号追求的是感官的通货膨胀，更强调广告修辞对于伦理道德的负面效应。这样的广告修辞批评无疑是必要的，它有助于认清广告修辞对于伦理道德的反作用力，进而规避这方面的负面效应。而从实践层面和理论研究的出发点来看，我们还是要多关注广告修辞对伦理道德的推助力。广告修辞受制于伦理环境，要接受受众的道德评判，而优秀的广告作品也能给受众带来正面的审美体验，也能传播正确的价值观念、生活方式等潜在的文化信息，引导着人们对真善美的追求，进而实现文化层面的良性互动。

二、广告修辞格中的伦理道德问题

在狭义的广告修辞即广告修辞格中，比较常用的主要有对偶、双关、仿词、比喻、反复、顶真、夸张等，本文主要选取广告传播实践中与伦理道德结合比较紧密的广告修辞格进行探讨。

1. 双关修辞格的伦理观照

修辞格中的双关可分为语义双关和谐音双关，是目前运用得比较多的一种广告修辞格，如果运用得当可从语义的双关贴切和语音的和谐联想层面产生较好的劝说效果。如天大药业的广告词：您的健康是天大的事。“天大”既极言健康的重要性，又暗合公司名称，表明天大药业为大众健康服务的公司理念，还含有祝您健康的祝愿，这样的双关修辞无疑是让人乐于联系的。而菊花电扇的广告则堪称看似伦理失范实则幽默风趣的典型：菊花牌电扇的名气是“吹出来”的。“吹牛”是广告的大忌，看似说提倡浮夸，实际上用了“吹”的生活含义，符合风扇的功能要求，让人难以忘怀。而“百年润发”的洗发水广告，则是让国际影星周润发当代言人，他的名字和产品品牌谐音，而且又在语义层面含有滋润秀发的意思。“百年润发”的“百年”也有双关的含义，既是品牌的名称，又通过“青丝秀发，缘系百年”的广告词，通过锣鼓京胡等传统元素，通过周润发为女主角洗头时默契的肢体语言和表情，揭示夫妻相好百年的主题，唤起受众对美好爱情的认同感。这样的多重双关的、提倡家庭和谐的广告受大众欢迎是在情理之中的。它也证明了好的广告修辞对于伦理道德是有推助作用的。

与以上广告形成鲜明对比的是一个妇科洗液的广告，“伊能静”是台湾的著名影星，这则电视广告选用了一个和伊能静长相相似的人做代言人，并用发嗲的声音宣称“妇科炎症，首选伊能净”。广告的发布者就是想通过明星姓名的谐音来推销自身的产品。且不论广告播放时段是否合适，这种劝说手法是非常拙劣的，恶意借用谐音和模仿名人的广告推广方式只会降低产品档次，而被消费者摈弃。类似的例子还有治疗痢疾的药物“泻停封”（与“谢霆锋”谐音双关），润肠剂“流得哗”（与“刘德华”谐音双关）等。事实上，这一类未经名人认可，恶意借用谐音的产品虽然不受法律制裁，但在伦理道德层面一开始就输了。我们也可以观察到，几年过去后，那些恶意谐音双关的产品已经销声匿迹了，而“百年润发”虽然换了代言人，但依然在市场上销售。

2. 仿词修辞格的伦理观照

广告的仿词修辞格是用人们熟知的成语、诗句、典故、格言等来创造一个新的语句以符合广告特定的表达需要，达到劝说效果。符合伦理道德规范的、优秀的仿词广告语既不伤害熟语的特定含义，又能让人产生审美的新鲜感。

山西汾酒的广告“汾酒必喝，喝酒必汾”巧妙地仿用了“天下大势，分久必合，合久必分”的熟语，给我们创造了一个全新的意境，引起人们无限的回味和联想（有一个很重要的前提是该熟语的认知度非常高，汾酒的广告很难起到模糊记忆、影响认知的负面作用）。台湾的中信房产广告则是：你安居，我乐业。这样的拆分仿词，并没有损害“安居乐业”这一成语的文化内涵，并表明房地产业合法合理的生存状态是建立在百姓安居的伦理出发点上的，广告修辞不仅是一种劝说行为，也成了企业理念和企业文化的载体。

但对于仿词修辞格的运用切忌随心所欲，产生不良的文化影响。比如胆舒胶囊广告：大石化小，小石化了。此电视广告是仿“大事化小，小事化了”而造的，也许在广告发布者看来，人体有“大石”当然是“大事”，比较而言，“小石”可不就是“小事”，“大石化小，小石化了”这则广告与所宣传的商品的疗效“消石、排石”联系得很紧密。但实际上，由于电视传媒单向传播的特点和强大的辐射力，对于处于语言学习期的少年儿童来说，他们就可能将这一俗语简单地和人体的结石联系起来，从而错过了正确理解熟语的最佳时机。李宁的羽毛球器械的广告“胜器灵人”仿的是贬义词“盛气凌人”，刻意用贬义成语的谐音来表达李宁器械是能为灵动的人带来胜利的器械。可是，生造的“胜器”和“灵人”晦涩难懂，还避免不了“盛气凌人”一词带来的负面影响，同时损害了李宁体育产品和广告媒体中央电视台、代言人林丹等中国羽毛球队员的形象，这种生搬硬套的仿词对成语的认知更是种伤害。我们都知道，语言是文化的载体，成语、诗句、典故等熟语蕴涵了文化历史的深度和现实的广度。透过成语等熟语透析文化本应是一条通畅的途径，如果广告不管三七二十一，强行、粗暴地进行仿词，则会割裂我们与传统文化之间的联系，这当然是不符合伦理道德规范的。

3. 夸张修辞格的伦理观照

广告修辞中经常使用夸张的修辞手法，把广告对象夸大或缩小都属于夸张修辞的范围。夸张可以鲜明地强调广告产品或服务的特性，好的夸张修辞并不会让人觉得反感，反而能给人以强烈的感染。交通银行的太平洋卡广告是“太平洋卡，理财通天下”，如果严格来讲，交通银行的信用卡肯定达不到“理财通天下”的程度，但它通过广告修辞传递了一种美好的愿景，希望信用卡和信用卡客户一起能在全球理财。大家熟悉的“滴滴香浓，意犹未尽”的咖啡广告则是一种缩小夸张，虽然极言咖啡的香浓，但受众并没有觉得接受不了这种夸张。

在运用夸张修辞格时也需要小心谨慎，因为运用不当，合理的夸张很容易变成自吹自擂或者故弄玄虚，对于社会风气和品牌形象都会产生不良影响。这方面的例子很多，比较集中体现在电视购物广告和电台购物广告中：明明只是表面镀金，价值不过几十元的产品，广告主持人就歇斯底里地大叫“物超所值”，声称产品光以金子的价格计算都超过了产品的售价，还没有算上产品的使用价值。明明只是名贵邮票的仿制品，收藏价值很低，却偏偏吹嘘“价值连城”，限量发售。这样的广告修辞实际上已超过了单纯的夸张，涉嫌广告欺诈了。

4. 反复修辞格的伦理观照

顾名思义，反复使用同一字、词、句，以加强广告劝说效果的广告修辞格称为反复。较早运用反复修辞格的广告是史克肠虫清的广告，“有治蛔虫的药吗？——两片儿！有治蛲虫的药吗？——两片儿！有治钩虫的药吗？——两片儿”。这则广告之所以给人留下不错的印象，是因为它使用的是间隔反复，广告总时间不长，且三个问题一种回答的方式让需要灭虫的人认识到肠虫清区别其他灭虫药的全效性。

但是在此之后出现的大量运用反复修辞的广告就产生了非常不好的社会影响，强行粗暴地运用语词的重复来达到吸引注意力和劝说受众的目的。比较典型的有“黄金搭档”的广告“黄金搭档，乖乖，礼品真棒！黄金搭档，乖乖，礼品真棒！黄金搭档，乖乖，礼品真棒！”和恒源祥的“恒源祥，羊羊羊！恒源祥，羊羊羊！恒源祥，羊羊羊！”。更让人匪夷所思的是，面对受众的抗议声，恒源祥将粗暴反复进行到底：先在2008年春节期间，推出了一款运用反复的12生肖广告，12幅静止的生肖画面配以从“恒源祥，北京奥运会赞助商，鼠鼠鼠”一直到“恒源祥，北京奥运会赞助商，猪猪猪”的画外音，无趣的广告词和静止的画面引来相当多投诉。2009年春节，恒源祥继续采用反复修辞，在一分多钟的时间里，12个代表着不同生肖的演员依次登场，从“我属牛，牛牛牛”一直到“我属鼠，鼠鼠鼠”。[③]这样的广告修辞看不到恒源祥的主营业务和价值理念，有的只是画面和声音的反复骚扰。也许恒源祥公司觉得广告再恶俗，只要有人关注，品牌就有影响力。问题是，这样的违反受众意愿和公序良俗的影响力有价值吗？恒源祥这样的广告有利用人的潜意识，试图操纵一个无意识的消费者之嫌，其实这一招，上个世纪纳粹德国的宣传部长已经尝试过了：“人民大多数比我们想象的要蒙昧得多，所以宣传的本质就是坚持简单和重复。”可是这样的蒙蔽最后成功了吗？当然，戈培尔“谎言重复千遍就是真理”的论断是建立在心理暗示的累积和对大众媒体控制的基础上的。我们今天的大众媒体没有理由为反复暗示、伦理失范的广告提供发布空间，这是媒体的责任，也是媒体的义务。

三、个人身份角色与广告修辞

广告所面对的消费者是一个个具有特定身份角色的人，针对不同的社会角色，广告修辞的相关策略也应有所调整。一则成功的广告在创意的过程中就会考虑到消费者在某一特定情境中的身份角色，在符合伦理道德规范的基础上结构广告情节、创作广告语言，进而起到促进家庭和谐，协调人际关系的作用。而我们也不得不面对这样一个现实：有相当数量的广告并没有充分考虑到身份角色的伦理规范，一味追求刺激受众的购买欲望，甚至以创意为名，刻意颠覆公民身份角色所对应的伦理规范，阻碍乃至消解社会伦理道德的构建。

四、个人家庭角色与广告修辞

个人在家庭生活中的角色可以分为血缘角色和契约角色，前者指父子、母女、兄妹等基于血缘关系的角色，后者主要指夫妻、养父母与养子女等基于契约的角色。通过广告发布的产品中，家庭用户占了相当大的比重，“亲情”是广告修辞常打的一张牌。

我们不妨先来分析一例台湾中华汽车的广告，它的画外音是这样呈现的：如果你问我，这世界上最重要的一部车是什么？那绝不是你在路上能看到的。30年前，我5岁，那一夜，我发高烧，村里没有医院。爸爸背着我，走过山，越过水，从村里到医院。爸爸的汗水，湿遍了整个肩膀。我觉得，这世界上最重要的一部车是——爸爸的肩膀。今天，我买了一部车，我第一个想说的是：“阿爸，我载你来走走，好吗？”最后是广告语：中华汽车，永远向爸爸的肩膀看齐。这则广告的画面拍得非常感人，尤其是父亲深夜背着生病的儿子在乡间小道上奔跑和儿子长大后搭着父亲的肩远去的镜头让人印象很深；但更让人感动的是通过画外音所呈现的父子间血浓于水的亲情，这样的语言朴实又真实，打动了相当多经过艰苦岁月而终于生活富足的台湾受众的心灵。对于很多出身草根的都市人来说，这样的广告语言无疑勾起了他们的思亲之情和报恩心愿，广告也就顺理成章地取得了理想的传播效果和劝说效果。这样的广告修辞既能说服消费者购买产品，同时也达到了商业目标和人文精神交汇双赢的效果。

另一则有意思的广告则是20世纪90年代初的“大宝SOD蜜”广告，很多人对这样一段广告情节记忆犹新：有两个男子在对话，其中一男数落对方：哎，你怎么又用我的（潜台词是珍惜该产品，不舍得老让别人用）；另一男则很委屈：唉，我的都让我老爸用了。这段广告词之所以让人印象深刻，并能会心而笑，很重要的原因在于画面中并未出场的“老爸”。一个普通的称呼“老爸”，为什么能达到这么好的传播效果呢？原因恐怕还是与个人角色背后的伦理观念有关。我们都知道，中国的传统社会是非常讲究纲教伦常的，由家庭伦常推演出各种社会制度，正是中国古代社会特点之一，所谓“君君臣臣父父子子”，是很难也是不许越位的。从对父亲称谓的社会语言学研究我们可以发现，虽然由于地域和文化背景的不同，父亲这一身份的称谓复杂多样，但大部分历史时期和地域都是以“父亲”为敬称的，“爸”虽古已有之，但很少用于公开场合。据郭熙考证，直到20世纪30年代，“爸爸”一词还不为社会所认可，以至于汉语的积极推行者们想方设法来证明它的“古雅”[④]，更不用说更加随意的“老爸”了。而“父为子纲”，在传统社会中，讲究“父道尊”的父亲怎么会悄悄用儿子的东西呢？因此，“老爸”这一称呼出现在广告修辞中，出现在大众媒体中，是对传统刻板父子关系的一种消解；“老爸”悄悄地用儿子的东西，看似不庄严，实际上体现了轻松和睦的家庭关系。因此，这样的广告修辞看似不符传统伦理观念，实际上，正是通过这样的在伦理层面的小“突破”，达到了广告修辞“意料之外，情理之中”的良好效果，它所收获的，远远比80年代“省优、部优、国优”的广告语言要多。

那么，既然对传统伦理观念的小“突破”能带来不错的传播效果，是不是意味着更大的“突破”能有更好的效果呢？答案是否定的。前述“大宝”广告的成功从某种程度上说是广告修辞对于我国大众媒介中父亲形象的一种修正，而这种修正是有社会基础和生活实践做保障的。相比较而言，有些广告对于个人身份的伦理观念的突破则违背了道德规范和家庭伦理原则。以多次被食品、药品监督管理局查处的活芙1号美妍胶囊为例，该产品通过电视和报纸联动的方式高频律发布“留住老公心，我有绝招”、“一记妙招，让老公乖乖回家”等广告，不妨来看看它的部分广告词：“男人40一枝花，女人40豆腐渣，真是可怕，还没迈进40岁的门槛，衰老便不知不觉地来临了，脸上红润的光泽几乎褪尽，变得发暗发黄，每天都感觉皱纹好像比昨天又多了一条，色斑也比往日又深了一层，而且身体不停地发胖……以前我年轻漂亮，老公对我宠爱万分。现在我老了，没有吸引力了，老公也嫌弃我了。女人真的不能老，一老就什么都没有了。有什么办法让自己年轻呢？ 密友向我推荐了活芙1号，这让我看到了希望。刚吃的那阵子，只感觉对睡眠和便秘都很有好处，没想到后来，一下子发现脸上，身上，每个地方的皮肤都变得特别光滑，水润，脸上的黄褐斑，鱼尾纹，全都不见了，皮肤变得又嫩、又滑、又白、又亮，脸色也变得特别好，感觉一下子年轻了好几岁。现在，老公每天下了班就早早地回家，到哪都带着我，生怕我跑掉似地……”[⑤]且不说该产品在商品名称、疗效宣传等方面的言语失范问题，它所传递的夫妻的伦理模式是相当粗暴甚至可怕的。在现代社会中，维系婚姻的基础应该是爱情，建立在彼此吸引基础上的情感会为夫妻间带来共同的理想、情操；而男女平等理念更决定了夫妻双方地位的平等应是家庭的常态，夫妻双方齐享权利、共担义务是家庭稳定的基石。活芙1号广告的修辞传递的信息则是：夫妻的关系是建立在妻子的容貌上的，妻子只有保持容貌美丽丈夫才能“早早回家”，否则就会嫌弃她，女人“一老就什么也没有了”。这样的人身依附甚至比封建社会还要可怕，因为它排斥了除了容颜美貌之外的一切情感因素。通过贬抑女性家庭地位而意图达到修辞效果的广告，就算一时取得了经济利益也注定不会有长久生命力的。当然我们也注意到更多的以夫妻关系为卖点的广告是以体现夫妻真情为逻辑起点的，但是问题在于，活芙1号这样的广告怎么能反复地出现在大众媒体上，而且不加任何的遮蔽和掩饰（事实上，以贬抑妻子为说服手段的广告绝非仅此一个)!

2. 个人职业角色与广告修辞

个体在社会上无疑承担了不同的社会职能，而职业角色的差异性使广告创意者得以有的放矢地进行定向传播。在广告创作的过程中，以老师、白领、演员等社会地位相对较高的职业角色为主角的广告较多，就是因为这样的广告更有贴近性和针对性，更能说服受众，通过他们的角色代入和认同来推销产品或服务。

教师是教育工作者，是知识的传授者，广告修辞以他们作为主角是比较多的，也是可以理解的，但必须要尊重教师身份、师生关系暗含的职业伦理。我们先来看一下“阿尔卑斯糖”的广告，片子一开始是一群小学生站得整整齐齐在手捧鲜花的老师面前说：“敬爱的老师您辛苦了，您关心我们，爱护我们，我们谢谢您，敬爱的老师，我们爱您，爱您，爱您……”我们注意到那些学生都化着较为夸张的校园晚会妆，语言、语音、语调显得夸张和刻意，老师拿着花坐在前面也不太自然，看似通过解构师生关系达到广告修辞目的。结果，画面一切换，有一个没有化妆的孩子拿着糖交给老师吃，老师很自然、很开心地含着糖搂着那个孩子。画外音响起：表达爱，一颗阿尔卑斯就够了；百般滋味万般爱……虽然广告修辞的目的是为了劝说受众接受阿尔卑斯糖果，但画面的最后，师生间那会心的微笑和温馨的气氛也表明：师生间的伦理关系不需要用事先准备的语言刻意确认，而只需用爱心来浇灌，用默契来维护。

有些广告则是对师生关系的刻意解构和对教师角色的污名化。比如娃哈哈“啤儿茶爽”广告的首画面是一大群小学生在课堂上拿起类似啤酒瓶的瓶子在痛饮，一个打扮俗艳的老师用尖细的声音发出疑问：哎？喝啤酒？众学生异口同声地说：老师你OUT（落伍）了。一女生拿着瓶说：娃哈哈啤儿茶爽，那个女老师在啤酒和绿茶的特技画面中做陶醉状：啤酒？绿茶？酷酷的味道，又在黑板前拿着瓶子嗲声嗲气地喊：爽！画外音响起：娃哈哈啤儿茶爽。下一个画面是这个女老师在汽车里喝啤儿茶爽，同车的男性问：开车还喝酒？女老师很嗲地说：你OUT了。先不说这则广告让小学生拿着啤酒瓶状的瓶子痛饮是否妥当（小学生在广告中以饮酒的姿态出现在广告管理严格的国家是不可想象的）；老师的形象那么俗艳，声音那么尖细，又被以“落伍”来形容，确实是对教师身份的污名化。这则广告以对教师身份的贬损来推销其仿啤酒类饮料，是对教师职业角色的侮辱，也是不道德的。

2006年，一个名叫“圣帝魅力坚”的恶俗的壮阳药广告居然同时在几个卫视播出，这则广告里充斥着极其污秽、色情的内容——镜头1：公司刚散会，老板问：“小王，晚上去哪儿玩儿去啊！我请客！”小王：“不行啊，老总，我最近这腰老是酸。”站在老板旁边的很妖艳的女秘书笑道：“赵总，怎么你总有使不完的劲呢……让小王也试试……”老板随即掏出一盒壮阳药：“自从我用了这个圣帝魅力坚……”小王赶紧追问道：“效果怎么样？”随后老板与女秘书对视一眼，会心而笑……镜头2：电梯偶遇的两个同事互相打招呼，一个问：“这么难的订单，你是怎么拿到手的？”另一个答：“对付这种女客户，我最有办法了！”随后，他便从包里掏出壮阳药向对方展示。这时，女客户从电梯中走出，两人相拥而去……[⑥]这样的一则通过广告修辞，将女秘书和“小蜜”画上等号，将生意的成功和与男性经理人的性能力联系起来的广告，居然在全国那么多卫视播出，实在让人愤慨。女秘书和女客户这类人群的职业身份被污名化了，而这种污名化还是在卫视这样的播出平台公然进行的。这一广告被网友称为“史上最无耻的广告”，但不管怎么抗议，节目仍然照播，一直到报纸媒体介入，这一广告才陆续在卫视停播。

广告主和广告客户最青睐的职业角色应该是演员了，演员（尤其是著名演员）可以利用自己的品牌来影响受众的购买行为，受众的价值观和消费观更容易受演员等名人的牵引，广告修辞以演员为主角则劝说功能得以强化。这种强化应有边际限定，而我们在这方面恰恰缺乏法规约束和伦理规范。广告业发达的国家通过法规和行业自律规范明确：如果代言人具有导向性地向消费者推荐产品，代言人必须是该商品的真实用户，即“证言广告”，需“明示担保”。

五、广告修辞伦理失范的成因分析及对策

1. 广告修辞伦理失范的成因

通过前面分析的种种广告修辞伦理失范的例子，我们可以看到广告修辞伦理的失范与全社会道德水平、广告环境、职业角色歧视、女性歧视等诸多因素有关。从受众层面分析，部分广告受众偏好满足感官刺激和低级趣味的广告，缺乏审美需求，如果以这部分受众为指向进行广告创作的话，在修辞伦理上就会产生问题；而从经济层面来说，广告主、广告公司、广告媒体如果仅强调“经纪人”角色，而忽视“道德人”的责任，几乎必然会导致修辞伦理的失范。

在目前的广告运作层面有两个情况也可以和广告修辞的伦理失范联系起来，一是现在相当多的广告主实行变了调的“比稿制”，广告公司各显神通做的方案，通过比稿后经常创意被抄，公司出局。因此，广告公司就调集创意能力特别强的团队进行比稿，他们的广告方案往往考虑“新奇特”多于伦理标准；而一旦比稿胜出后，实际操作的团队往往在修辞能力等综合素质上逊色得多，他们不一定具备防止广告修辞伦理失范的水平。二是现在部分广告主由于感觉受到广告公司的制约（从广告公司方面来说，对于明显违反法律或者严重违背公序良俗的广告修辞他们也是抵制的），跳开原先合作的广告公司，独资设立或控股某一广告公司直接制作广告。这点在一些烟草企业、整形医院和保健品生产企业时有发生（当然从形式上很隐蔽）。这样一来，个别不良的广告主就直接面对广告媒体了，而只要这一地区的媒体竞争激烈或者地方经济发展水平滞后，就很难拒绝哪怕是完全诲淫诲盗或违背法律的广告作品。

行业自律层面存在问题，而我们的广告法规制度和执法层面的问题也不少（法律、规章条文笼统、空泛导致制度有效供给不足）。前面提到的“圣帝魅力坚”就

是挂着保健品的幌子以兜售壮阳药做广告，语言那么黄色下流，却很难直接让厂商承担法律责任，最多换个牌子换家电视台照样做（这些企业的兜里往往藏着好几个获得批文的保健品商标）。再如前面提到的贬抑妻子身份的活芙1号，从2008年开始，多个省的食品、药品监督管理局因其任意夸大保健功能、含有不科学的表示功效断言、保证而予以曝光，但时至今日它仍然在媒体做着同样内容的广告！(《湖北金报》2009年5月18日仍然刊登题为“一记妙招，让老公乖乖回家”的活芙1号广告)而管理和执法的主要部门工商行政管理局更多依赖运动执法，经常轰轰烈烈走过场，对于广告修辞层面的伦理失范也缺乏研判力。

2. 广告修辞伦理失范的对策

对于广告修辞伦理失范的对策，实际上也不外乎完善相关法规建设、提高执法水平、强化职业道德规范、强化社会监督等几个层面。问题是如何能走出宽泛的讨论，而将应对修辞伦理失范的措施落到实处。我们认为，目前可以从以下几点着重推进：

（1）对受众诉讼权的支持和强化

如果还是像目前这样以近乎公益诉讼的形式操作肯定是不够的。对于像恒源祥和圣帝魅力坚这样严重的修辞伦理失范，建议引入精神损害赔偿机制，提高赔偿金额；受众可以就一个受损事实同时起诉广告主、广告公司和刊播媒体。

（2）广告协会等自律部门彻底独立

广告自律只靠广告主、广告公司、广告媒体的内部自律是不够的，广告协会应从行业自治的层面发挥更大的作用，然而现在它发挥更多的是联谊的作用，而没有发挥像美国BBB(Better Business Bureau)那样的对于广告、广告修辞行之有效的自我审查作用。广告协会只有彻底独立，才能真正做到客观公正，否则永远只能仰人鼻息。现在的广告协会与工商部门的关系过于密切，且受一些资金实力雄厚的广告公司影响过多，值得惕醒和进行变革。

（3）发挥公益广告修辞的说服和教化功能

要确定一个强制性的时间比例和时段控制让媒体发布足够数量的公益广告，用公益广告来确立广告修辞的伦理标杆，来影响公众道德行为的选择，并以公益广告修辞道德意识的超前性来引领全新的伦理规范以及行为方式。

（4）推进广告批评

以往国内的广告批评主要集中在营销层面，审视其能否达到预期的广告销售效果，较少从修辞学、伦理学、社会学的角度来观照。修辞格运用是否造成伦理失范？广告修辞的说服功能能否从社会学批评的角度来审视？广告修辞如何同时满足受众的利益期待和审美期待？这些都是广告批评可以着重关注的问题。

（5）加强和保护公民监督权

通过加强消费者公民意识可以推进广告修辞公民监督。公共领域的公民舆论场一旦建立，它的作用和威力是不可小觑的。可借鉴国外经验，公民的相关投诉在工商部门、广告媒体、广告协会留档备查，并第一时间核实处理。更重要的是，随着新媒体时代的到来，公民不再单纯被动式单向接收广告信息了，他们随时可通过网络和手机反馈，并放大修辞格调低下、伦理失范广告的缺点，甚至造成不良、恶俗广告涉及的产品雪崩式被淘汰。

注释

① 吕行《西方说辩学/修辞学》，鲁曙明主编《沟通交际学》，北京：中国人民大学出版社2008年，第4页。

② 陈正辉《广告伦理学》，上海：复旦大学出版社 2008年，第3页

③ 《专家称恒源祥广告缺社会责任感 有关部门应处罚》，《新浪财经》，http://finance.sina.com.cn/consume/puguangtai/20090205/07455818611.shtml

④ 郭熙《对汉语中父亲称谓系列的多角度考察》,《中国语文》2006年第2期第166页。

⑤ 《留住老公心我有“绝招”》，《楚天金报》2009年1月5日，第29版。

⑥ 《网友怒斥：午夜壮阳广告太无耻》，《重庆商报》2006年8月31日，第25版。

参考文献

[1] 陈望道. 修辞学发凡[M].上海：上海世纪出版集团, 2006.

[2] 陈汝东. 语言伦理学[M].北京：北京大学出版社, 2001.

[3] 王军元. 广告语言[M].上海：汉语大词典出版, 2005.

[4] 张金海, 姚曦. 广告学教程[M]. 上海：上海人民出版社, 2003.

[5] 鲁曙明, 主编. 沟通交际学[M]. 北京：中国人民大学出版社, 2008.

[6] [加拿大]马歇尔・麦克卢汉. 理解媒介——论人的延伸[M]. 北京：商务印书馆, 2000.

[7] [美国] 弗兰克・梯利・伦理学导论[M]. 桂林：广西师范大学出社,2002.

[8] [美国]克利福德・G・克里斯蒂安.媒体伦理学[M]. 北京：华夏出版社, 2000.

[9] [美国]巴茨. 广告管理[M]. 北京：清华大学出版社, 2003.

Advertising Rhetoric in Perspective of Ethic

Shi Yi-bin Tan Hao-yuan
(Wuhan University)

Abstract: In the field of contemporary advertising and communication, advertising rhetoric is more important than before. The using of various Rhetorical Devices and Rhetoric Skills presents the information transferring function of advertising, also stimulates the audiences' desire to purchase and realizes the expected effects of advertisements. However, the previous practice and study mostly investigated advertising rhetoric in perspective of linguistics, communication, and aesthetics, paying little attention on the ethic principle of advertising rhetoric. Good parallelism and elegant language is no doubt important, but being fastidious about rhetoric could have negative effect if we ignore the social ethic or even destroy the public order and moral. The present essay aims to explain the ethic property and principle of advertising rhetoric and discuss its moral boundary using the relevant theories of rhetoric, communication, linguistics and ethics. It also aims to put forward a serious of new views in the urgency and measures on improving the ethic standards of advertising rhetoric.

Keywords: Advertising rhetoric; figure of speech; principle of ethic and moral

从跨体式新闻语言看新闻记者的话语角色定位

周 芸 李秋萍

（［中国］云南师范大学）

摘 要： 新闻报道语体作为实用语体的分支语体，在与其他语体形成对立性、封闭性的同时，还与其他语体具有一定的交叉性、渗透性，其结果便是跨体式新闻语言的产生。就其本质而言，跨体式新闻语言是新闻记者根据自身在特定社会结构、社会关系中所处的位置以及与之相应的角色行为模式，重新认知并巧妙转换其话语角色的直接产物。就当前新闻报道语体的风格基调及跨体式新闻语言的使用情况来看，新闻记者的话语角色定位主要涉及到准评论家、准科学家、准事务工作者、准文艺家、准闲聊者等几种类型。

关键词： 新闻报道语体；语体标记；跨体式新闻语言；话语角色

从话语的功能风格分类来看，消息、报道等新闻作品不管通过什么媒介进行传播，在语言体式上都具有独特的语用特征以及由此形成的风格基调。这是因为它们产生于特殊的语境，即新闻记者通过大众传播媒介向广大受众及时传播国内外发生的重大事件和重要的社会公众信息。这一语境决定了新闻报道必然会有规律地、经常性地使用某些语言材料，例如：风格色彩朴素平实、语义表达清晰明确的词语；句法结构简单的短句、陈述句、主动句和肯定句；表明消息来源和具有现场感的直接引语；独特新颖的标题、凝练真实的导语和倒金字塔式的篇章结构等。与此同时，这些语言材料也因为高频率地出现在新闻报道中，承担着向受众传播新信息、进行信息沟通、组织和引导受众等社会功能，与其他的语言材料形成了功能风格色彩上的区别，并以一种“语体标记”的形式整合出了全民语言的一种功能变体——新闻报道语体。

但是，从新闻报道语体所在的整个语体体系来看：一方面，新闻报道语体和政论语体、科学语体、事务语体一样，均属于为满足日常生活需要而形成的实用语体的分支语体，构成各种语体物质基础的都是民族共同语，即本同关系；另一方面，新闻报道语体和政论语体、科学语体、事务语体在语用特点上虽然各具特色，但这些特色是包含在作为整体的实用语体中的，而实用语体又因与文艺语体审美功能的对立而同时被包含在作为整体的书卷语体的语用特点当中，并与谈话语体的语用特点及其日常交际功能形成对立关系。这样，新闻报道语体便与上述各语体之间既具有对立性、封闭性，同时也具有交叉性、渗透性。于是，由不同语体标记之间的相互渗透所造成的“跨体式新闻语言”便产生了。例如：

（1）纳西古乐的演奏风格既有宫廷式的音乐特色，又有南国音乐的韵味，乐起乐落，鼓瑟齐鸣，犹如“丝弦一拨起春风，银铃响处天眼逼；竹海涓涓金盘露，玉水潺潺扑面来”。整台音乐会充满地方特色和民族风情，无论其演奏风格或乐队建制，都令首都观众和各国来宾大开眼界。　　（《纳西古乐在京演出圆满成功》，《云南日报》1998年2月9日。）

（2）“昆明相亲会”要咋个弄 请大家出出主意 （《春城晚报》2006年5月6日。）

例（1）属于新闻报道语体和文艺语体交叉渗透所形成的跨体式新闻语言，在完成客观、及时报道新闻消息任务的同时，还为读者勾勒出了新闻发生的优美背景。例（2）属于新闻报道语体和谈话语体交叉渗透所形成的跨体式新闻语言，让读者有一种“新闻就在我的身边”的真实感、亲切感和熟悉感。

由此可见，跨体式新闻语言具有一种强烈的语体风格色彩反差。这意味着它只有通过与受众的互动使新闻报道语体的功能得到社会化，才具有存在的可能和合理的语用价值。而这正是我们从言语交际的角度考察跨体式新闻语言产生的出发点和归宿。一般说来，构成言语交际的基本要素为：①言语交际必须是一种包括发送信息和接受信息的社会文化行为；②信息的编码、解码分别由发话人和受话人完成。他们都是特定社会语言社团的成员，是特定文化语境中整个言语交际过程的参与者；③信息的发送与接收都是为了实现某种语用目的，需要依靠特定的交际渠道和传播媒介。[①] 就此而言，新闻记者的话语角色作为新闻报道这一特殊言语交际活动的本体性因素，直接介入到了跨体式新闻语言的生成过程中。

所谓“话语角色”，是指社会化言语交际活动规定的用于表现交际主体社会地位的模式行为。它和交际主体的社会身份不同，后者主要是根据交际主体的职业、社会地位而定，而前者则是在具体的言语交际活动中，交际主体在语用行为方面所反映出来的各种社会规范特征的总和。对于新闻记者来说，他们的话语角色就是在具体的新闻报道形成过程中所担任的具有某种社会角色特征的采访者和写作者。

在西方，新闻记者常常以“无冕之王”自居，因为他们认为记者的权利是至高无上的，甚至可以超越议会、法院之上。在我国，新闻界主流传统对记者职业的定位是以受众为启蒙对象的“宣传者”。但随着新的媒介种类的不断产生、新闻媒介内部结构的适时调整、新闻工作思维方式的不断更新，当前新闻媒介与受众的关系已经由“我报道什么，你就看（听）什么”的卖方市场变成了“受众想看（听）什么，我就报道什么”的以受众为主导的买方市场，新闻记者的话语角色也因此由高高在上的“宣传者”、“指导者”、“观察者”变成了和受众居于平等地位的“交流者”、为受众服务的“服务者”。[②] 与此同时，受众在长期接受新闻信息的过程中形成的各种审美经验、审美趣味和文化素质也在不断地发生着变化。它们一方面规定了受众以其所处的历史文化背景所允许的方式（包括受众的身份）参与新闻报道的创造，另一方面则要求新闻记者把新闻报道语言预设为与受众顺利沟通、展示其价值的唯一途径。在这个过程中，常规性的新闻报道语言容易被读者理解，但其语用价值也可能会被受众所忽略。假如其中突然出现了一个与之不相匹配的语言成分，受众的心理感觉就会大不一样。从这个意义上讲，跨体式新闻语言正是新闻记者根据自身在特定社会结构、社会关系中所处的位置以及与之相应的角色行为模式，重新认知并巧妙转换其话语角色的直接产物。

就当前新闻报道语体的风格基调及跨体式新闻语言的使用情况来看，新闻记者的话语角色定位主要涉及以下几种类型：

一、准评论家的话语角色定位

所谓“准评论家角色”，是指新闻记者在不偏离新闻报道语体功能的前提下，从强烈的社会责任感出发，在新闻报道语言中间接地发表自己的批评或议论。这种话语角色定位往往通过政论语体标记交叉渗透到具体的新闻报道语言中而形成。例如：

（3）今春，人们对沙尘暴的危害有了进一步的切身感受，值此之际，有识之士指出：发菜和羊绒都不是生活必需品，而用巨大的甚至是无法挽回的生态环境损失来换取二者带来的区区经济利益，实在不值得！沙尘暴再次告诉人们：植树种草是建设性的，应抓紧进行，同时必须首先制止人为的破坏！因为破坏容易建设难。而且，许多被破坏的东西是今后无论花多少钱也弥补不了的！

（《不吃发菜，少穿羊绒，行不行》，《经济日报》2000年4月28日）

在例（3）中，记者把政论语体的语体标记，如大量的科学术语和政治术语“沙尘暴、生态环境、建设性”等，思想感情异常强烈的感叹句，说话口吻不容置疑的祈使句，善于揭示事物本质特征的对照辞格等，巧妙地放在新闻报道的最后一段，从而使整篇报道根据客观事实发出“理直气壮”的议论，大大增强了人们对生活消费和生态平衡之间关系的理性认识，具有较好的“宣传鼓动性”。

应该指出的是，新闻记者的“准评论家角色”并不意味着记者可以完全摆脱“观察者”的话语角色，而随心所欲地在新闻消息中掺入自己的主观言论。因为新闻报道语体的功能作为一种本质性的制约性因素，严格地限制了能够进入新闻报道中政论语体标记的类型和数量，一些个性色彩张扬、明显带有鼓动性和煽动性的政论语体标记是不可能进入新闻报道中的。这样，准评论家的话语角色定位就完全可以确保记者在遵守新闻报道的客观性和真实性的同时，间接地对新闻事件做出恰当、客观、公正的评论。

二、准科学家的话语角色定位

现代社会中，科学技术的发展日新月异，科学技术在促进人类社会发展中的作用也日渐显著。在推动科学技术实现对人类社会发展的作用中，新闻媒体正在发挥着越来越重要的作用。为了客观、真实、精确地传播最新的科技信息，新闻记者往往把自己定位在反映自然、社会、思维等的客观规律的“准科学家”的话语角色上，并由此出现了新闻报道语言和科学语体的语体标记交叉渗透所形成的跨体式新闻语言。例如：

（4）美国“9·11”事件后，恐怖分子利用邮件、邮包等携带炭疽病菌来危害社会和人类生命安全，并造成了严重的后果。中国原子能科学研究院的核技术专家研制了能杀死邮件中炭疽菌的电子束设备，可防止恐怖分子利用邮件携带生物细菌危害社会和人类。

这种用于邮件消毒灭菌的新型电子束装置是一种自屏蔽的台式设备，体积不到2立方米，放置在普通房间内就能工作，不需要任何额外屏蔽防护设施。该装置能够产生强流高能电子束，在一天内能完成对数万封信件的消毒灭菌工作。它不会对人体产生任何危害。经处理后的邮件也不会有任何放射性。

（《原子能院生产杀死邮件炭疽菌的电子束设备》，《中国核工业报》2001年11月28日。）

不难看出，记者为了增强报道内容的科学性，在例（4）中选用了许多精确的科学术语，如“炭疽病菌、电子束、生物细菌、屏蔽、强流高能电子束、放射性”等，词语形式精简，句子结构完整，基本无句法省略现象，“论述”层次分明、条例清楚。

事实上，科学本来就是一件非常严肃的事情，容不得半点马虎，新闻记者是科学技术和广大受众之间的桥梁，他必须尊重科学的本来面貌，以高度负责任的态度如实向受众报道有关科学技术的新闻事件。可以说，由科学语体的语体标记交叉渗透而形成的跨体式新闻语言是所有跨体式新闻语言中，新闻记者主观信息含量最少的一类。当然，在这类跨体式新闻语言中，并非每句话都能达到科学语体所要求的精确、严谨和标准化。这并不是说新闻记者语用态度不严谨，而是新闻记者作为一位“准科学家”所应有的对受众高度负责的表现。毕竟，新闻记者并不是真正意义上的科学家，不可能对相关事物及现象做出“还原性质”的研究。

三、准事务工作者的话语角色定位

如果新闻记者在报道新闻消息时，把事务语体的语体标记，如程式化的习惯用语和句式、完整严谨的句法结构、客观如实地叙述等，和新闻报道语言结合起来使用，那么就会产生新闻报道语体和事务语体交叉渗透的跨体式新闻语言。这类跨体式新闻语言反映了新闻记者将自己置身于公众行政事务领域当中的话语角色定位。例如：

（5）每到节假日，各行各业都有大量的劳动者要加班，加班理应按照国家相关规定领取加班费。但条形码对节假日加班能否领取加班费进行民意调查后，大部分的观众却说，他们领不到加班费。……我国《劳动法》规定，休息日安排劳动者工作又不能安排补休的，用人单位应支付不低于工资200%的报酬。法定休假日安排劳动者工作的，应支付不低于工资300%的报酬。……尽管国家有相关法规，各单位在执行时却不尽相同。

（《节日加班费难领》，云南电视台《都市条形码》，2006年5月10日。）

例（5）为了加深受众的维权意识，根据表达内容的需要，在新闻报道中引入了一段《劳动法》的具体条例。这是一段典型的事务语体话语，对客观事物的说明朴实平直，无夸大渲染之意，力求语言运用的无懈可击。

准事务工作者的话语角色定位，属于一种实用性较强的话语角色定位。因其交际目的、任务和对象非常具体而且明确，所以定位于这种话语角色的新闻记者往往具有一种高效率处理事务、从权威性的角度对相关社会生活领域成员言行举止进行规范和约束的逻辑思路。

四、准文艺家的话语角色定位

文艺语体最基本的语体特征是语言的形象性，新报道语体最基本的语体特征则是真实性，二者区别十分明显，不在同一层次上。但在特定的语境中，新闻记者为了达到更好地反映社会生活的目的，常常也会把自己定位在感情细腻的“准文艺家”的话语角色上，从而在客观记叙的基础上，适当地对人物、事态、环境、气氛做一些形象化的描绘。如前面提到的例（1）即是。

反映新闻记者“准文艺家”话语角色定位的跨体式新闻语言，是由新闻报道语体和文艺语体交叉渗透所构成的。它在尊重客观事实的前提下，以生动形象的文学语言报道新闻消息，往往能够给受众带来强烈的审美感受。

五、准闲聊者的话语角色定位

从1992年开始，我国的新闻改革以对新闻事业性质的重新认定为突破口，引发了新闻工作在报道思路、报道模式、管理体制等方面的一系列根本性转变，而这一切又直接影响到了新闻记者报道角度的转换：变领导角度为群众角度，变工作角度为生活角度，变生产角度为市场角度，从平面的视点转向全方位的扫描，最终以贴近受众。③相应地，新闻记者对话语角色的认知也发生了改变：新闻记者是与受众关系密切、平易朴实、亲切感人的“闲聊者”。体现在跨体式新闻语言中，就是谈话语体标记开始频繁出现在新闻报道中。例如：

（6）朋友相聚悠着点 小心“撑”出病来　　（《云南信息报》2006年5月5日）

（7）北京酱油为啥脱销　　（《市场报》1979年12月15日）

受众在阅读例（6）、（7）时，感觉就像是在与同事、朋友、邻居聊天，显得格外亲切。这说明新闻记者完全是站在平民的位置上，想百姓所想，急百姓所急，真正深入民间，亲自体验民生，所以写出来的报道具有浓郁的生活气息，老百姓喜欢看。

需要说明的是，新闻记者的“准闲聊者”话语角色，一般适用于地域性较强的新闻报道中，而且以社会新闻、娱乐新闻、体育新闻、生活居家信息等软新闻居多。这种话语角色定位虽然可以增加新闻报道的趣味性和人情味，但如果是严肃、重大的政治新闻、会议新闻等硬新闻则还是应该使用规范的新闻报道语体；否则，不但会导致受众的理解障碍，而且还会破坏新闻报道语言的规范化。关于这一点，我们曾进行过相关的问卷调查：④

类别 态度	合理	不合理	无所谓	不愿回答
新闻报刊中出现方言词	17.8%	72.6%	9.5%	-
娱乐报刊中出现方言词	53.3%	28.7%	17.8%	0.2%
体育报刊中出现方言词	23.1%	59.6%	17.2%	-
综合类报刊中出现方言词	26.3%	43.7%	30.0%	-

由此可见，新闻记者能否成功定位在“准闲聊者”的话语角色上，与受众对大众传媒语言与表达内容之间的关系的语用态度有非常密切的关系：对于严肃性、高雅性的内容，受众倾向于使用普通话；对于随意性、娱乐性的内容，受众则倾向于使用方言。

综上所述，新闻记者的话语角色定位是在服从新闻报道语体功能的前提下，适应现代社会新闻媒介发展需求的结果。但需要指出的是，从跨体式新闻语言所反映出来的新闻记者的话语角色，也有因定位不当而导致新闻报道偏离新闻报道语体功能的情况，如有些记者错误地把自己定位在“政治代言人”、“法律代言人”、“经济代言人”，甚至是“广告代言人”、“搞笑代言人”等话语角色上，从而出现记者在新闻报道中大肆评论现有体制、对执法人员指手画脚、“有偿新闻”屡禁不止、低俗化新闻泛滥等新闻实践中的负面现象。这些现象的背后，其实就是新闻记者话语角色的错位。如果新闻记者话语角色错位现象持续出现而不加更改的话，就会导致受众对新闻记者话语角色定位认同感的降低。事实上，J.Thomas（1991）曾根据说话人对所传递信息担负责任的大小程度，将其划分为五种话语角色类型：正在说话的“说话者”（speaker）、隐藏在话语信息后面的“作者”（author）、自作主张发布信息的“传递者”（reporter）、作为某一团体成员代表的“代言者”（spokesperson）、传递某一团体信息的“传声筒”（mouthpiece）。⑤ 在这五种角色中，新闻记者最不应该充当的就是未得到作者授权而私自传播“小道消息”或“虚假信息”的话语角色；如果充当了这种角色，新闻记者就必须对其传播行为所引起的后果承担起相应的责任。

注释

① 参见Fiske.John.（1995）*Introduction to Communication Studies.*（Second Edition）. London：Routledge.

② 参见沈爱国《新闻学基础》，浙江大学出版社，2001年，393页。

③ 沈爱国，《新闻学基础》，浙江大学出版社，2001年，393页。

④ 问卷调查小组成员：周芸、保玲、江琳、徐岚、黄燕、浦仕春、毛艳红、严海国、李虹、何等红。

⑤ 参见何兆熊《新编语用学概要》，上海外语教育出版社，2000年，330-333页.

参考文献

[1] 周芸. 从跨体式新闻语言看传媒语言的规范[J]. 云南师范大学学报（哲社版），2006（6）.

[2] 周芸. 跨体式新闻语言与语义特征的认知[J]. 语文学术，2007（下卷）.

[3] 陈阳. 当下中国记者职业角色的变迁轨迹[J]. 新闻与传播，2007（3）.

[4] 沈爱国. 新闻学基础[M]. 杭州：浙江大学出版社，2001.

[5] [美国] 利昂·纳尔逊·弗林特. 报纸的良知[M]. 北京：中国人民大学出版社，2005.

[6] 何兆熊. 新编语用学概要[M]. 上海：上海外语教育出版社，2000.

From the Cross-style Language in News to Analyse the role of Newspaper Reporter

Zhou Yun, Li Qiuping

(Yunnan Normal University)

Abstract: Style of news report is the branches of pragmatic style. It has a lot of specific property which causes the cross-style language in news. In fact, the cross-style language in news is the result which newspaper reporter recognizes discourse role in accordance with the context. Today the role of newspaper reporter involves major matters of quasi-critic, quasi-scientist, quasi-writer and so on.

Keywords: style of news report; stylistic markedness; cross-style language in news; discourse role

论报刊标题中标点的修辞功能*

王恩旭

（［中国］曲阜师范大学）

摘　要： 报刊标题中的标点符号，除了其基本功能外，还有一些潜在的特殊功能，如标识功能、衔接功能、迁移功能、启发功能等。在新闻标题的制作过程中适当地运用标点符号，发挥其积极的修辞功能，对于增强标题的信息含量、提高新闻的注目价值往往会起到十分重要的作用。

关键词： 标题；标点；修辞

对于标题以及其中的标点符号使用问题，据我们考察只有在《国家行政机关公文处理办法》（国发[2000]23号）第十条第六款中有明确的规定："公文标题应当准确简要地概括公文的主要内容并标明公文种类，一般应当标明发文机关。公文标题中除法规、规章名称加书名号外，一般不用标点符号。"尽管在其他体裁的文章标题中对标点符号的使用并未做出明确的规定，但也多遵循标题"一般不用标点符号"的潜规则。而当这一规则运用到报刊新闻写作中的时候，显然宽松了很多（在新闻标题中，往往可以根据内容、题材、版面等方面的需要适当地使用一些标点符号）。比如说在常用的16类标点符号中，除句号、分号、括号、着重号、专名号等一般很少能用得到外，其余的标点符号报刊标题几乎都使用过。其中使用频率较高的有问号、叹号、破折号、引号、冒号、省略号等。应该说，在报刊标题中合理地使用标点符号，其积极作用是毋庸置疑的，而且，标点符号的正确使用不仅能有效地增加报刊标题的信息含量，还能达到活跃标题形式、吸引读者注意的效果。

在对报刊标题中标点的使用情况进行了较为全面地考察后，我们发现它们主要具有以下五种功能：标识功能、衔接功能、迁移功能、启发功能和传情功能。前两种功能主要影响的是标题的形式，后三种功能主要影响的是标题的意义。在标点的诸多修辞功能中，有的是新闻标题所特有的（如衔接功能）；有的是和通常文章标题所共有（比如迁移功能），但受新闻体裁的影响其表现的形式又有所不同，这些需要我们特别注意。

一、标识功能

在语言序列中以一个标识（标志）的形式出现是标点最基本、最常见用法，正

*本文曾在2008年世界汉语修辞学会第一届年会暨修辞学国际学术研讨会上宣读。

如在通常文本中，句号是陈述语气的标志、问号是疑问语气的标志一样。所不同的是：在通常的文本中，大多数标点不只是一个标识，同时还兼有表达语气、丰富话语含义、表明逻辑关系等多种功能；而在报刊标题中有些标点起到的只是一个标志的作用，它对于标题的表达基本没有其他的作用，去掉以后标题的表意依然完整、标题间的关系照样清晰。也就是说这类标点并不承载语言信息，只是形式上的一个标志。在报刊标题中仅作为标识的标点主要有破折号和间号两种，且两者的使用均有比较严格的条件限制。

1. 破折号

具有标识功能的破折号通常只出现在新闻的多级标题中。在制作时，一则新闻如果需要的话最多可以设置三级标题，分别为引题、主题和副题。而且三级标题无论是位置还是性质、作用都有明显的不同。比如，在性质上，引题只出现在主题的前面，为引出主题做一些铺垫性的介绍或说明；副题只出现在主题的后面，补充主题的内容使之进一步明确化。在形式上，引题和副题的字号一般都比主题小，且语句的结构也较为完整。通过这些已经能将三级标题非常明显地区分开来了，但有时还要在引题之后或者副题之前加上一个破折号来标明标题的身份、地位。如：

（1）打通障碍 释放能量（主）　　（《中国环境报》2003年9月8日第5版。）

——发展可再生能源，提高能源效率机制综述（副）

（2）中国管理学——（引）

在实践沃土中茁壮成长（主）（《人民日报》2008年7月8日第7版）

在这样的标题中破折号显然并未发挥出其应有的作用，使用与否对新闻标题的表达都不会产生太大的影响。因此，看起来两个例子中破折号的功能基本相同。但如果仔细地体会例（1）和例（2）两则标题，会发现破折号用在引题后与用在副题前还是有一点差别的。副题前的破折号在标识的同时还隐含着递进或解说的味道；而引题后的破折号除了能标识标题的身份之外，很难体会出还有其他的附加含义。相比之下引题后破折号的标识性更为典型，只是形式上的一个标志，是可以用也可不用的。也许正因为标识性标点有这样的特点，才使得其在报刊标题中的使用显得尤为混乱，用还是不用完全取决于编者的兴趣、爱好，随意性极强。这样的情况不仅普遍存在于各类报刊标题之中，有时还有可能出现在同一期或同一版面的报纸当中。比如：

（3）《理论热点面对面·2008》赠书活动在10省区市举行，基层反映（引）理论讲得准、讲得活 群众听得懂、听得进（主）

（《人民日报》2008年7月8日第12版。）

（4）就严厉打击利用互联网非法转播奥运赛事及相关活动，国家版权局有关负责人接受采访——（引）

打击侵权，不会影响奥运赛事传播（主）

（《人民日报》2008年7月8日第12版。）

例3和例4都出自7月8号《人民日报》的第12版。可以看出例（4）中的破折号除了能够让引题的地位更加明显外，和例（3）中不加破折号的没什么不同。正是由于破折号已再不具有明显的表情达意功能，才使其标识性的地位得以突显出来。

2．问号。

有标识功能的问号只出现在疑问句中，且疑问句中有明显的疑问代词（如“什么”、“怎样”、“哪里”、“谁”等）或疑问语气词（如“吗”、“呢”等）。也就是说，标题中已经有了明显的表示疑问语气词语，但仍在标题的后面加上问号，这时的问号不需要再表示疑问语气，变成了冗余成分。因此，将此时的问号看作标识更合适。为了证明这一点，我们可以做一个比较：

（5）a. 激素能补回青春吗？　（《中国中医药报》2007年8月15日第7版。）

b. 饮冷茶能防治糖尿病吗　（《中国中医药报》2007年5月21日第6版。）

（6）a. 戒掉“石油瘾”，世界准备好了吗？

（《新华每日电讯》2006年8月9日第6版。）

b. 有了“紧箍咒”的中行，准备好了吗

（《新华每日电讯》2006年7月6日第6版。）

例（5）、例（6）中分别列举了疑问词和提问方式都基本相同的两组标题，比较后可发现：每例中的a、b除了有无问号的差别外，疑问的语气、程度都没有任何的不同。问号本是用来表示疑问语气的，可当句中已有明确的表示疑问语气的词语时，问号的价值也就不复存在了，此时的问号只能被降格为标识。这样的问号在报刊标题中不仅标识性强，而且出现的频率高。我们曾在CNKI中对从2000年到2008年的报纸标题进行检索，检索条件是“吗”，共检索到21 193条记录。限于精力，我们只对记录前2 300条进行了统计，统计结果表明：在2 300条记录中既符合检索条件又是疑问句的记录共2 115条，其中只用“吗”结尾的疑问句标题是975条，占46.1%；既用“吗”又用问号的疑问句标题是1 140条，占53.9%。可见，在报刊标题中起标识作用的问号的数量！

既然标识性标点在标题中所起的作用是如此的微不足道，那么为什么人们还总是倾向于使用它们呢？我们认为造成这种情况的原因主要是心理上的，是报刊的制作人在有意无意地追求一种完形美。这种“完形”是人们在日常的阅读写作中潜移默化形成的，是一种心理定势、一种习惯：即句子的末尾都应该有一个标点，句子的语气都应该通过标点表现出来，句子之间的层次关系要用标点符号来标明……报刊编者在进行新闻创作时，往往会下意识地将此习惯带到标题的制作中来，似乎标题只有像通常文本一样加上标点才算表意完整、表情到位，否则便有内容上或形式上的缺憾。

二、衔接功能

和一般的文章标题不同，在报刊中用来做标题的并非总是一个个表意完整的语句。有时为了特殊的需要（比如为了吸引读者、为了版面和谐美观、为了突出重点等），报刊标题在制作时往往会有意无意地漏掉一些成分（比如修饰限定成分、与焦点信息关系不大的句子主干成分、关联词语等），只保留能突出焦点信息的关键性成分。报刊标题在追求经济、醒目的同时也不可避免地带来了很多缺欠，如造成标题内容的残缺、内部关系松散、层次混乱等。这不仅降低了标题的可读性，同时也影响了大众阅读报刊的心情。为了解决这一问题，报刊编者将标点符号巧妙地运用到标题之中，这样做既保持了标题原有的风格，又在最大限度地弥补采用这种风格所带来的欠缺。最后使得标题不仅形式上实现了经济、醒目，而且在内容表达上也变得更加紧凑、连贯。此时标点符号的功能相当于略去的关联词或连接词，因此我们将标点的这种功能称为衔接。如：

（7） 老人·女儿·狗 （《重庆晚报》2008年4月23日第13版。）

（8） 迎奥·鼓劲 （《人民日报》2008年7月7日第9版。）

（9） 年台·草台·水戏台 （《文汇报》2008年7月6日第6版。）

（10） 河南“癌症村”里的死亡：有一种利润蔑视生命 （《中国青年报》2007年9月26日。）

这些标题都是为了突出焦点信息通过提取关键词形成的。其中例（7）中讲的是老人收养了大量的流浪狗，养狗已让她家徒四壁、负债累累，恰逢此时女儿患上了癌症。既然两者不能兼顾，是继续养狗还是为女儿治病老人始终难以抉择。例中只提取了文中的焦点三方作为标题，如果没有标点三者之间可以认为有关系，也可以认为没有关系；而一旦用标点将之衔接起来，三者就成为了一个整体。因此，合理使用标点不仅能突出了重点，同时也可达到整合标题、增进联系的作用。例（8）中的两项乍一看似乎很好理解，是为了即将到来的奥运会鼓劲。其实这里面还有另一层含义，而这层含义才是文章的焦点所在：奥运会即将到来，北京的奥运氛围越来越浓厚，在奥林匹克公园中吉祥红火的大鼓在静静矗立。但无论是哪一层含义，标点都使得两者之间实现了完美的衔接。如果说前两例中的标点还只是为了使标题连贯为一个整体的话，那么例（9）中的衔接就是在满足连贯的基础上追求韵律美了。例中的间隔号不仅令标题中各词语间的关系变得更加紧密，同时赋予了标题以鲜明的节奏感，给读者以美的享受。当然，除了间隔号以外，能够在标题中起衔接的作用还有连接号、破折号、冒号等，比如例（10）。该例中冒号的前后两项之间不是总括—分述关系，也不是典型的解释说明关系。标题各部分之间无论从语义上、还是语法上看都没有必然的联系，而冒号的使用实现了两者间的有效衔接，使之建立一种必然联系，让松散的标题变得紧凑、连贯。

说到这里，需要提醒一句：衔接只是标点的功能之一，而非全部。通常一个标点往往具备多种功能，而且能够实现同一功能的往往也有多种标点。这就出现了一个难题：如何判断标点在标题中起的就是衔接作用而不是别的作用呢？其实也很简单，就是采用“删略法”，即看标点删除前后对标题的理解是否有影响。如果去掉标点后，标题各部分之间依然关系密切、前后连贯，如例（11），则此时的标点是为了断句或强调某一部分而设的，不具有衔接功能；否则，关系不明确，各部分之间逻辑层次不清、表意不明，往往有多种理解，那么，这时标点所起的作用就是衔接，如例（12）。试比较：

（11） 博物馆——被“黄金周”遗弃

（《光明日报》[①] 2003年10月27日。）

（12） 机构——多空相当　散户——六成看涨

（《文汇报》2008年7月7日第14版。）

三、迁移功能

“迁移”在《现代汉语词典》（1996年修订本）中的解释是“离开原来的所在地而另换地点”。在这里指：受标点的影响，报刊标题中语言单位的意义发生了变化，原来的常规意义被更换成了新的临时性的意义，我们将意义的这种变化称之为迁移。由迁移所造成的变化可以发生在理性意义层面上，也可以发生在附加意义层面上。在报刊标题中最具有迁移功能的标点是引号。如：

（13） 墨蛇头推出偷渡新“业务”（引）

“租”一本护照去美国　（主）（《文汇报》2008年7月2日第7版。）

（14） 大港“突围”　（《解放日报》2008年7月8日第1版。）

（15） 上小学何须“背井离乡”　（《今晚报》2008年7月8 日第2版。）

（16） 网民“打虎”凸显网络理性　（《文汇报》2008年7月3 日第3版。）

（17） 留英的学费能控股“大飞机”？

（《中国经济周刊》2007年7月7日。）

例（13）引号中词语感情色彩发生了迁移。墨西哥蛇头帮助不法之徒偷渡美国竟成了正经的“业务”，明明是用抢来的护照让相貌相像的偷渡客高价使用却变成了合法的“租”。通过词语感情色彩的迁移，为标题注入了一股幽默的元素，同时也将不法分子无视法律、肆无忌惮牟取暴利的猖狂情态形象地展现在读者面前。例（14）是词语的使用领域发生了迁移，“突围”本属于军事术语而在这里却用到航运中来。例（15）中是词语的程度发生了由重到轻的迁移，并非要“远离故土，到外地谋生”；而是为了孩子能上重点小学，要离开自己的小区到重点小学的学区不惜重金购买学片房，从而实现孩子学区的转移。所以用“背井离乡”就是要故意在标题上显示出事情很严重，从而达到使人生疑、引人注意的目的。例（16）属于语义由实到虚的迁移，网民打虎是虚，质疑、调查、揭穿陕西镇坪县的“假老虎”是实。整个标题中，只有“打”和“虎”是具体实在的，其余的都虚化的或抽象的。这样虚实搭配造成了逻辑上的错位，以此为标题会让读者好奇心大增，阅读的兴趣也就一下子提上来了。例（17）使用的标点不仅使得“大飞机”的含义模糊，而且标题中动词和宾语搭配的不合法性也暴露了出来——“飞机”怎会被“控股”呢？带着这样的疑问，读者开始阅读，并寻找答案。

总之，利用标点符号的迁移功能来完成对标题的修辞润色确实好处众多：不仅能促进报刊标题不断地推陈出新、平中出奇，从而达到吸引“眼球”、引导阅读的目的，而且能丰富语言的表现手段、增强语言的表达功能，使语言仅靠有限的表达手段就能具备无穷的表达力。另外，对于读者来说，还可以不时地享受到新奇而富于创意的语言表达形式，使他们在读报的同时感受到更多额外的新奇和乐趣。

四、启发功能

受报刊中特殊表达内容的制约，有些新闻标题在制作时往往难以补充完整，有的甚至故意表述不完整。如果以这样的语句做标题一定会让读者不知所然、望而生厌，但聪明的报刊编辑却能运用标点符号这一手段将补足标题这一难题巧妙地抛给了读者。用标点来启发读者，让读者自己去体会、去思考、去补充标题中缺失的部分，这就是标点符号的启发功能。在报刊标题中，要启发人思考时常用的标点是省略号和问号。如：

（18） 人类一思考……

（《人民日报海外版》2008年7月5日第8版。）

（19） “我们不攀比，湖北也有困难……”

（《人民日报》2008年7月8日第10版。）

（20） 法国：美国的“最佳盟友”？

（《文汇报》2008年7月3日第6版。）

（21） 免费了，还是“穷”教育？

（《人民日报》2008年7月7日第12版。）

例（18）讲的是在基因工程飞速发展的同时，一种甚于核弹威胁的巨大阴影也悄然逼近——基因武器在大量研制并开始投入使用。而看到标题后，很多人都会想起一句犹太的古谚，“人类一思考，上帝就发笑”。本标题仅出现古谚的前半部分，后半部分用省略号代替。这样一个科普性的文章却用古谚的一半来做标题，这不能不让人浮想联翩：标题的后半部分隐含的是“上帝就发笑”吗？如果是，上帝为什么会笑，笑的是什么？是笑人类的盲目自信，是笑人类在创造先进文明的同时又给自己带来了无穷的灾难，还是笑人类无论如何聪明终究难逃冥冥中已经注定的宿命？结论作者没有给出，只能是靠读者自己去分析、去判断。例（19）中，是在抗震救灾对口支援会议上，四川雅安市的领导向湖北省领导说的一段话。本文选取其中的一句为标题，其余的部分用省略号代替，而且据我们考察，大多数的新闻媒体也都只选取这一句为标题。这不免又要引发人们一连串的猜测和思考，文章为什么以此为标题？要突出什么？是雅安市真的理解湖北省，还是含蓄的抱怨湖北省援助的太少？这样耐人寻味的标题往往一出现就能引起读者的注意，并会满怀期待地去阅读、去思考，直到找出一个满意的答案。例（20）中由于法国新总统上任后采取了“亲美、亲以、反核扩散和人权”的外交原则，这与前总统有很大的不同。这引发了人们的猜测：法国是否将取代英国而成为美国的“最佳盟友”？当然，结果如何只能等待时间来检验。以此为标题不仅极大的突显了法国当前外交政策的变化，同时也促使人们去思考，这些政策变化意味着什么？例（21）的标题形式上和前3例基本相同，都是利用标点来启发人思考。但在结果的处理上却有所不同，前3例中都是只引出思考的问题，并没给出结论，结论要读者自己来下，而该标题先用一个出人意料的反问设了一个大大的疑问，引导人去阅读，并在文中给出答案。为什么还是“穷”教育呢？这激起人极大的好奇心，细细读过文章才知道，是教育经费被层层的截留、占用、挪用之后，最后到教育部门时已所剩无几，因此使得教育乱收费现象屡禁不止。标题采用如此启发的方式不仅达到了揭露教育界黑暗面的目的，同时也向人们昭示了教育目前的处境依然不容乐观。

利用标点符号的启发功能来设计报刊标题，其修辞的特点为：利用标点在新闻标题中设置悬念或疑问，激发人的好奇心和探究的欲望，既达到了吸引大众“眼球”的目的，又让重点话题在大众中得到了应有重视和思考。此类标题的构成方式主要有两种：一是先有意识地设计某个问题，然后利用问号构成疑问，引发人去思考；一是在标题中只说半句话或只说有头无尾的话，由此提起线索、引出思路，余下的通过省略号占位来引发思考。除此之外，在个别情况下还可以综合运用多种标点符号来达到启发人的目的。比如：

（22）　水！水？水……

——兰州军区给水工程团扶贫攻坚纪实　（《经济日报》[②]1997年4月21日。）

该例的主标题中只有三个“水”字，在每个字的后面依次用了感叹号、问号和省略号。这样的标题极具创造力，诗一样的语言配合标点符号的变换使用给人以无限遐想的空间，激起了读者一探究竟的欲望。读过方知：在“甜水贵如油，苦水也少有”宁夏西海固地区，人民子弟兵却排除万难一下子掘出几百眼清泉。标题中的第一个标点感叹号写出了当地百姓对“水”的深情呼唤，第二个标点问号是对当地能否有地下水的质疑，第三个标点省略号象征着清泉源源不断地从地下涌上来。而且，标题中的三个标点不仅具有启人思考的作用，还表现出了找“水”过程中细微的心理变化，从无水时的期盼到寻水时的怀疑到有水后的喜悦和感激，这一切仅靠一个简简单单的标题就淋漓尽致地表现了出来。

五、传情功能

新闻媒体自身的特点决定了新闻必须客观、准确、及时、公正，尽量避免夹杂个人的主观情感、态度、评价等。因此，在严肃的、全国性的报刊中，除非特殊需要，否则不太可能会使用带有感情色彩的新闻标题。这样的标题只在比较轻松、活泼的地方性报刊中偶尔使用，但数量也不是很多。如果要利用新闻标题表达一定感情色彩，用遣词造句的方法可以实现，巧妙发挥标点符号的作用同样也可以实现。运用标点来表达感情色彩，只有在极少数情况下可能用到省略号（如例22）或引号（如例13），多数情况下只用感叹号或问号。如：

（23）　两菜贩砍死劫匪 自卫!无罪!

（《华西都市报》[③]2005年12月23日第17版。）

（24）　曹雪芹是同性恋？眼球学术何时休！

（《重庆晨报》2008年7月9日第10版。）

（25）　超微诉英特尔：原来不是烟幕弹啊？！

（《电子资讯时报》2005年7月18日第2版。）

例23中连用两个感叹号，前一个表现出了砍死劫匪理由充分而又出于无奈的态度；后一个表现的是一种理直气壮的口气，匪徒的死罪有应得。而且，标题中两个感叹号连用，也以更加坚定的语气表达了法制社会对于保护公民合法权益的决心和态度：坚决支持广大群众同犯罪分子做斗争，并希望全社会共同携起手来伸张正义。例24，前一个问号不仅只是对此结论的质疑，结合后半句可以看出，前半句的疑问中还有带有一种不屑；后面的感叹号更是明显地以一种斥责的语气在批评当前浮躁、务虚的学术风气。例25同时使用两种标点符号，将知道事实真相后的那种既迷惑惊讶而又恍然慨叹的心情一下子就表现了出来。

总之，在新闻标题背景下，恰当地运用标点符号往往能实现很多独特的修辞功能。它们不仅能影响到标题的形式（比如标识功能、衔接功能），也能影响到标题的意义（比如迁移功能）；不仅能使标题的理性意义发生改变（比如启发功能），还能使新闻标题的色彩意义发生改变。如果把新闻标题的制作比作是织锦，或许巧妙运用标点符号就像是在织锦中镶嵌上一颗颗闪亮的明珠，会使标题熠熠生辉，光彩耀人。

注释

① 转载自http://www.people.com.cn, 2003年10月27日。

② 转引自www.CCTV.com, 2008年1月19日。

③ 转引自http://www.scol.com.cn, 2005年12月23日。

参考文献

[1] 何兆熊，主编. 新编语用学概要[M]. 上海: 上海外语教育出版社, 2000.
[2] 罗远林. 新闻修辞研究[M]. 大连: 辽宁师范大学出版社, 1994.
[3] 陈汝东. 当代汉语修辞学[M]. 北京: 北京大学出版社, 2004.
[4] 陈汝东. 语言伦理学[M]. 北京: 北京大学出版社, 2001.
[5] 李元授, 白丁. 新闻语言学[M]. 北京: 新华出版社, 2001.
[6] 尹世超. 标题语法[M]. 商务印书馆, 2001.
[7] 王恩旭, 郭智辉. 论新闻标题修辞的差异性[J]. 现代语文, 2006(07).
[8] 尹世超. 标题说略[J]. 语文建设, 1991(04).
[9] 刘云. 新闻篇名运用引号实现的各种转换[J]. 修辞学习, 2003(04).
[10] 刘云. 汉语篇名中的省略号[J]. 汉语学习, 2004(03).

The Punctuation Rhetoric Function on News Title

Wang Enxu

(Qufu Normal university)

Abstract: Besides its basic function, the punctuation mark has many special functions in news title, such as marking, conjunction, migration, inspiration etc.. If we utilize it suitably in the news title, display its positive rhetoric function, the punctuation mark can play a very important role on enhancing title information and attentive value.

Key word: Title; Punctuation; Rhetoric

刍议消遣娱乐类短信的语用偏离

赵雪 路越

（［中国］中国传媒大学）

摘　要： 本文选取366条消遣娱乐类短信作为语料，采用定性分析和定量分析相结合的方法，运用合作原大戛则、礼貌原则和关联理论，对消遣娱乐类短信中语用偏离的现象和个特点进行了分析，并尝试运用语域理论对消遣娱乐类短信语用偏离的特点进行了解释。

关键词： 短信；偏离；语用；合作原则；关联

一、引论

消遣娱乐类短信是“为了一定的目的，如加强人际感情、表白个人观点、获取快乐心情、发泄个人情绪等而在用户之间传递祝福、娱乐、讽喻等写意、写实性的文本信息”①。这类短信流传甚广，深受人们的喜爱和欢迎，也引起了语言学界的关注。有许多学者从语用学角度对手机短信语言进行了研究，如李雪燕（2008）从违反合作原则的角度对幽默类手机短信语言的分析、徐正科（2008）从语用预设角度对幽默类短信语言的探讨、程婧（2008）从关联理论的角度对幽默类短信语言的研究等等。

“偏离”(deviation) 和“常规”(norm) 是文体学中一对重要的概念。语言使用中约定俗成的规则就是语言的“常规”；由于某种特定需要，有目的地违背语言规则的现象便是“偏离”。“常规”是“偏离”赖以存在的基础，它为具有前景化功效的偏离作背景。“常规”和“偏离”相互依存。英国语言学家利奇（1969）指出了诗歌中的偏离，包括词汇偏离、语法偏离、语音偏离、字音偏离、语义偏离、方言偏离、语域偏离、历史时代的偏离等。

我们曾经从语音、词语、语法、语义、方言、语用、语体、书写这几个方面对消遣娱乐类短信语言中的偏离现象进行过分析，发现在消遣娱乐类短信中，语用偏离出现的频率最高②。本文拟对消遣娱乐类短信的语用偏离进行探讨。我们通过短信网站下载和自己收集短信的方式，共收集了366条存在语用偏离现象的消遣娱乐类短信，以此作为语料。

二、消遣娱乐类短信中的语用偏离

根据文体学中对“偏离”的定义，我们认为“语用偏离”是指说话人由于某种特定需要,有目的地违背某些语用规则以取得某种表达效果的现象。消遣娱乐类短信中的语用偏离主要是为了获得幽默、搞笑、调侃的表达效果，具有逗人开心、增进情感的作用。消遣娱乐类短信中的语用偏离主要表现在对合作原则、礼貌原则、最大关联的偏离，下面我们就从这三个方面来讨论消遣娱乐类短信中的语用偏离。

1. 对合作原则的偏离

合作原则是使会话正常、顺利进行的基础。人们在大多数情况下，都会在交际中恪守合作原则中的各项准则，但有时候人们也会有意地违反这些准则，从而产生出相应的会话含义。在消遣娱乐类短信中，我们经常可以看到人们有意地偏离合作原则来获取风趣幽默效果的现象。例如：

a. 我爱你我爱你我爱你我爱你我爱你我爱你我爱你我爱你我爱你我爱你我爱你我爱你我爱你我爱你我爱你塞北的雪。对不起，卡带了。

b. 天气预报：今天夜间本地区会下人民币，西北方向有时有支票，局部地区还会有金块！气象部门提醒市民备好大麻袋，准备发财！祝愚人节愉快！

c. 唐僧：我想喝酒，谁去问酒吧怎么走？八戒随口说：师父，您老土啦！现在都用Windows XP了，谁还用WIN98？

d. 在乎你的我只在乎我在乎的是是否在乎在乎你的我，我在乎的你是否和在乎你的我在乎我在乎的你一样在乎在乎你的我，小样儿，看晕你！

例a偏离了合作原则中的“数量准则”。在短信的前半部分，作者不断重复“我爱你”，故意不提供足量的信息，感情虽然强烈却令人摸不着头脑，使收信人误以为对方是要向自己表白爱意。读到最后，收信人才发现原来对方发送的只不过是一句歌词，之所以不断重复“我爱你”，竟然是因为“卡带了”！例b是对“质量准则”的偏离。短信采用天气预报的文体，告知收信人“今天夜间本地区会下人民币，西北方向有时有支票，局部地区还会有金块”。很明显，作者提供的是虚假信息。然而，其目的却是为了送上祝福。例c偏离了“关联准则”。短信中的唐僧要打听的是去“酒吧”怎么走，而八戒却回答他，现在还用WIN98，太老土。作者巧妙地利用谐音将两个毫无关联的事物联系了起来。例d是对“方式准则”的偏离。“方式准则”要求人们说话简洁明了，而作者却故意将短信写啰嗦、拗口，使人读来头晕眼花，以达到调侃逗笑的目的。

2. 对礼貌原则的偏离

人们在交际中一般都会遵守礼貌原则，即“说话人说话时往往尽量多给别人一些方便，尽量让自己多吃一点亏，从而在交际中使双方感到受尊重，同时反过来获得对方对自己的好感”[③]。但是，人们并非在任何时候、任何地方、对任何人都恪守礼貌原则。在消遣娱乐类短信中，就有偏离礼貌原则的现象存在。例如：

e. 若我有一粒糖，我会给你一粒，愿你快乐！有两粒，一人一粒，我们共同快乐！有三粒，给你两粒，我要你快乐比我多！有四粒，全给你，我要你蛀牙比我多！

f. 如果感到心里挖凉挖凉的，请拨打俺的电话！谈感情请按1，谈工作请按2，谈人生请按3，给俺介绍对象请按4，请俺吃饭请直说，找俺借钱请挂机。

g. 某日你在街上走，被拦，说你丑，你否认，被痛打：虚伪！隔天又被拦，说你丑，你承认，被打：不谦虚！第三天再次被拦，不敢回应，被打得更惨：丑还这么拽！

h. 如果长得漂亮是一种错，我已经铸成大错；如果聪明是一种罪，我已经犯下滔天大罪。做人真难！但你就好啦，既没错又没罪，真羡慕你！愚人节快乐！

i. 你知道我们的友谊对我充满了丰富的含义，你哭的时候我也哭，你笑的时候我也笑，当你从高楼跳出去，我也会毫不犹豫地探出头去："哇噻！不死才怪！"

例e是对礼貌原则中"得体准则"的偏离。在短信的前半部分，作者表示希望收信人快乐，这符合"得体准则"中"减少表达有损于他人的观点"的要求，但是，在短信的最后，作者话锋一转，却说把四粒糖都给收信人是希望他蛀牙比自己多，这明显违背了"得体准则"。例f是对"慷慨准则"的偏离。作者在短信中说"谈感情"、"谈工作"、"谈人生"、"介绍对象"、"请吃饭"都可以找"俺"，但若是"借钱"却"请挂机"。作者一味地表达利己的观点，违背了"慷慨准则"。例g是对"赞誉准则"的偏离，该短信毫不留情地讽刺收信人长相丑陋，违背了"减少表达对他人贬损"的"赞誉准则"。例h是对"谦逊准则"的偏离，该短信毫不客气地夸奖自己"漂亮"、"聪明"，违背了要求"减少对自己表扬"的"谦逊准则"。例i是对"同情准则"的偏离，作者在短信中说，当"你"从高楼跳出去时，"我"会毫不犹豫地探出头去。但是，探出头去的"我"却只说了"哇噻！不死才怪！"这两句话，一副"事不关己，高高挂起"的态度，违背了"同情准则"。

当然，在上述短信中，作者对礼貌原则的偏离并无恶意，只是为了博得收信人一笑而已。

3. 对最大关联的偏离

"最大关联"和"最佳关联"是关联理论中的两个基本概念。关联理论认为，话语关联性的强弱取决于语境效果和处理努力。在同等条件下，付出的处理努力越大，话语的关联性越小；付出的处理努力越小，话语的关联性就越大，因而人类认知倾向于同最大关联相吻合。而最佳关联取决于两个前提：一是具备足够的关联，听话人能够进行加工处理，二是与说话人的能力和偏爱相符，能够产生足够的认知效果。从这个角度来看，幽默往往产生在话语的最佳关联与最大关联出现巨大反差的情况中。消遣娱乐类短信中，我们经常可以看到使最佳关联偏离最大关联以取得幽默效果的现象。例如：

j. 我第一次对你有感觉是在公车上。那天人很多，你依偎在我身旁，迷人的气息让我从脚底开始酥麻。我望着你，终于鼓起勇气向你告白：哎，你踩着我脚了！

上例短信中，作者在前半部分设定了一个语境，表明“我”对“你”很有感觉，想要向“你”告白。收信人根据自身的交际背景和认知倾向，自然而然地期待接下来的短信内容与这个语境假设具有最大关联，即对方是要向自己表达爱意。然而，短信最后的“真情告白”却是：“哎，你踩着我脚了!”这与收信人的期待相去甚远。不过，仔细琢磨，倒也符合前半部分的语境假设，只不过需要付出更多有效的处理努力才能获得这一最佳关联。这条短信通过话语最佳关联对最大关联的偏离，获得了风趣幽默的效果。

我们在所收集到的语料中发现许多短信将上述几种语用偏离结合起来使用。例如：

k. 据报道：日前伊拉克武装在巴格达城墙上挂起你的玉照，导致大量美军士兵呕吐身亡。联合国调查取证后确认，此乃大规模杀伤性武器，你快逃吧。愚人节快乐!

l. 夜空一颗流星划过，我连忙许了心愿，希望你能变漂亮些，谁知刚许完心愿，流星“嗖”地返回来，对我说：“大哥！成心为难我，是不是？！”

例k虚拟了一条消息，即收信人的“玉照”被用作武器，“导致大量美军士兵呕吐身亡”，于是被联合国认定为“大规模杀伤性武器”，这是对合作原则中“质量准则”的偏离。这条短信其实是“无情”地嘲讽了收信人长相丑陋，这又偏离了礼貌原则中“赞誉准则”。例l的开头部分，说的是“我”对着流星为“你”许愿，使收信人自然而然地推测到发信人是在为自己祈福，因此获得了最大关联。然而，在短信的后半部分，“流星”却返回来说：“大哥！成心为难我，是不是？！”作者“辛辣”地讽刺了收信人的相貌丑陋到了无可救药的地步。这条短信既是对合作原则中“质量准则”、礼貌原则中“赞誉准则”的偏离，又是话语“最佳关联”对“最大关联”的偏离，作者将这三种语用偏离巧妙地结合起来，增强了表达效果，更富有幽默意味。

三、消遣娱乐类短信语用偏离的特点

我们收集了366条存在着语用偏离现象的消遣娱乐类短信，并对各类语用偏离的数量进行了统计，图示如下：

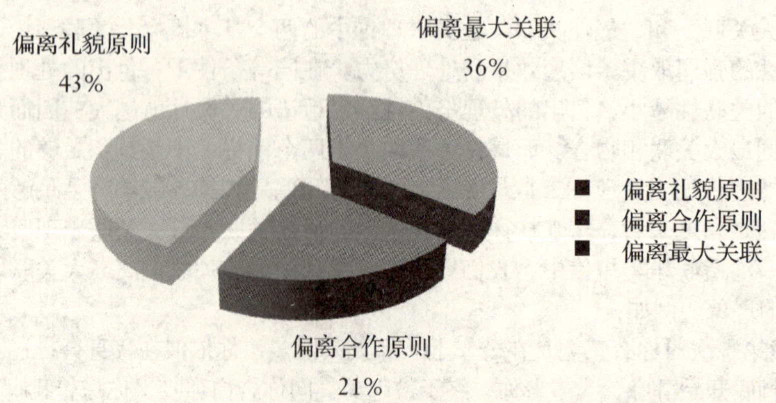

统计结果显示，在存在着语用偏离现象的消遣娱乐类手机短信中，对礼貌原则的偏离出现的频率最高，其次是对最大关联和合作原则的偏离。我们认为这是由消遣娱乐类短信的语域所决定的。

韩礼德（1964）认为，语域（register）是“语言的功能变体”（functional variety of language），即因情景语境（context of situation）的变化而产生的语言变化形式。葛里高利和苏珊·卡罗尔（1978）指出，语域包括话语范围（field of discourse）、话语基调（tenor of discourse）和话语方式（mode of discourse），话语范围指的是交谈的话题以及场地等情境因素，话语基调指的是交际双方的社会角色关系，话语方式指的是语言活动所采用的媒介或渠道。下面我们就从话语范围和话语基调这两个方面来分析消遣娱乐类短信语言中语用偏离的特点。

1. 消遣娱乐类短信的话语范围

消遣娱乐类短信是为了沟通情感、表达自我、获得快乐、发泄情绪等目的而发送的信息。内容多与祝福、娱乐、消遣有关。消遣娱乐类短信话题的非正式性，决定了在这类短信中存在着偏离合作原则和最大关联的现象。例如：

m. 4月1日起，单位所有工作人员工资上浮100%，请于4月1日9：00至17：00至财务科领取1–3月的差缺部分。祝你节日快乐！

n. 在我眼里，你看上去永远是无忧无虑，吃饭永远是津津有味，睡觉永远是酣然入睡……我真羡慕你呀，唉！有时候想想，像你那样做头猪也挺好的！

例m是一条愚人节短信，它违背了合作原则中“不要说自知是虚假的话”的“质量准则”，却符合愚人节的语境，风趣幽默。例n前半部分的语境假设，使收信人期待接下来的话语符合其最大关联，即发信人对自己表示羡慕；然而，读到短信的后半部分，收信人才明白对方在讽刺自己是猪，而永远“无忧无虑”、吃饭“津津有味”、睡觉“酣然入睡”原来都是猪的优点。因为这条短信话语的最佳关联偏离其最大关联，所以收到了调侃搞笑的效果。

而在以新闻报道为主要内容的《手机报》中，我们却很少见到这些现象。这是因为新闻报道要求内容真实可信，清晰明了，必须遵守合作原则和关联理论。

2. 消遣娱乐类短信的话语基调

有研究表明，借助手机短信交际的最重要群体为同学、朋友、熟人、亲人等[④]。也就是说，手机短信交际双方的社会角色关系是同学、朋友、熟人、亲人，在具有这种亲密关系的人之间，彼此才会经常发送消遣娱乐类短信，也才有可能出现偏离礼貌原则的现象。而且，由于彼此关系较为亲密，短信交际双方往往会故意说一些违背礼貌原则的话，以满足彼此的心理需求，显示相互间的亲密关系。如果一味使用礼貌程度较高的、比较客气的语言，反而会使对方觉得彼此关系疏远，达不到理想的交际效果。这就是在存在着语用偏离现象的消遣娱乐类短信中，偏离礼貌原则的现象出现频率最高的原因。例如：

o. 小猪小猪了不起，每天睡到十点起，顿顿五碗都见底，体重没有谁敢比，要问小猪在哪里？正在偷看短信息！

这条短信嘲讽收信人是又懒又馋的“小猪”，违背了礼貌原则。但实际上，这不过是好友间的善意调侃。如果在陌生人或者地位悬殊的人之间发送这样的短信，结果是不堪设想的。

四、结语

本文对消遣娱乐类短信中的语用偏离现象进行了分析。运用定量分析和定性分析相结合的方法，对366条存在着语用偏离现象的消遣娱乐类短信中语用偏离的现象进行了描写，总结出消遣娱乐类短信语用偏离的特点——对礼貌原则的偏离出现的频率最高，对关联理论和合作原则的偏离次之。我们运用语域理论对此进行了解释，认为这是由消遣娱乐类短信非正式性的话题内容及交际双方亲密的社会角色关系所决定的。

注释

① 郑庆君《手机短信中的语言学》，长沙：湖南大学出版社 2006年，第15-16页。

② 参见赵雪、路越“消遣娱乐类短信语言中的偏离”，《澳门语言学刊》，2009年第2期，第88页。

③ 何自然《语用学概论》，长沙：湖南教育出版社 1987年，第98页。

④ 参见匡文波《手机媒体概论》，北京：中国人民大学出版社 2006年，第45页。

参考文献

[1] 胡壮麟. 理论文体学[M]. 北京：外语教学与研究出版社，2000.

[2] 何自然. 语用学概论[M]. 长沙：湖南教育出版社，1987.

[3] 何兆熊. 新编语用学概要[M]. 上海：上海外语教育出版社，2000.

[4] 匡文波. 手机媒体概论[M]. 北京：中国人民大学出版社，2006.

[5] 刘润清. 关于Leech的礼貌原则[J]. 外语教学与研究,1987(2).

[6] 李燕飞. 言语幽默的语用分析[J]. 聊城大学学报（社会科学版）, 2004(2).

[7] 吴承雅. 网络语言交际对礼貌原则的运用和突破[J]. 语言应用研究, 2007(11).

[8] 韦小敏. 违反合作原则的会话含义[J]. 语言应用研究, 2007(1).

[9] 王钟锐. 从关联理论的角度解析短信幽默[J]. 河北大学成人教育学院学报, 2006(4).

[10] 许力生. 文体风格的现代透视[M]. 杭州：浙江大学出版社，2006.

[11] 周江源. 论偏离Grice合作原则导致的会话幽默性[J]. 合肥工业大学学报（社会科学版），2000(4).
[12] 郑庆君. 手机短信中的语言学[M]. 长沙：湖南大学出版社，2008.
[13] 张玉彪. 礼貌难以承受距离之近——兼评Leech礼貌原则[J]. 巢湖学院学报，2006, 8(1).

Humble Opinion on the Pragmatic Deviations in the Entertainment Text Messages

Zhao Xue Lu Yue
(Communication University of China)

Abstract: With 366 entertainment text messages as corpus, combining the qualitative and quantitative analysis methods, this paper analyzed the pragmatic deviation phenomenon in the language of the entertainment text messages by applying the cooperative principle, the politeness principle and the relevance theory in the Pragmatics. Then we find out its feature, and made an attempt to explain it with the register theory.

Key Words: entertainment text messages; deviation; pragmatics; cooperative principle; politeness principle; relevance theory

创新传播战略定位与美国总统竞选

富铁东

（［中国］北京工商学院）

摘　要： 洞见社会大势，把握战略机遇。一个成功的传播战略定位，造就了首位美国黑人总统，帮助他找到前进的方向，发挥出自己最大的优势，发现了力量的爆发点。越是激烈竞争，越是传播战略定位的重要关头。危机时刻它是对付竞争的法宝，持续成功的有力保障。

关键词： 传播策略；美国大选；多元文化

一、新媒介传播战略

巴拉克·奥巴马利用新媒体为自己创造有利的公共舆论环境，使总统候选人从新闻发布会、电视辩论等传统方式延伸到了web2.0、iphone、SMS、电子游戏等新媒体上。这一切都使得展现在公众面前的巴拉克·奥巴马激情四射、光彩照人，宛如好莱坞明星一般。真是谁顺应时代，谁就能赢得未来。在刚刚过去的几个月里，显然美国共和党的竞选人麦凯恩才注意到利用网络来进行自己的政治营销，而此前这一领域一直是年轻的民主党候选人巴拉克·奥巴马的“核心竞争力”。让我们看一下2009年3月5日的相关数据：

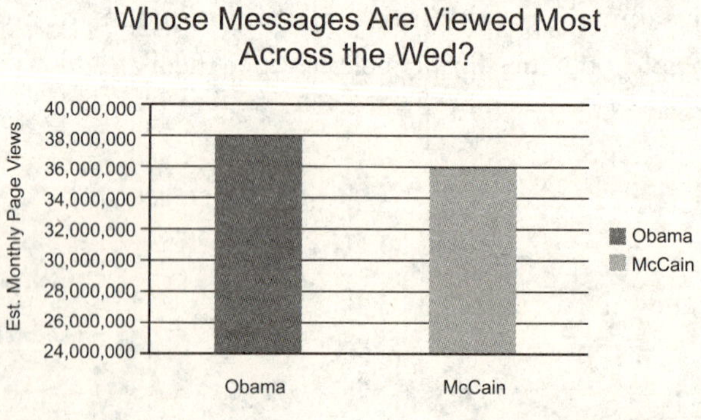

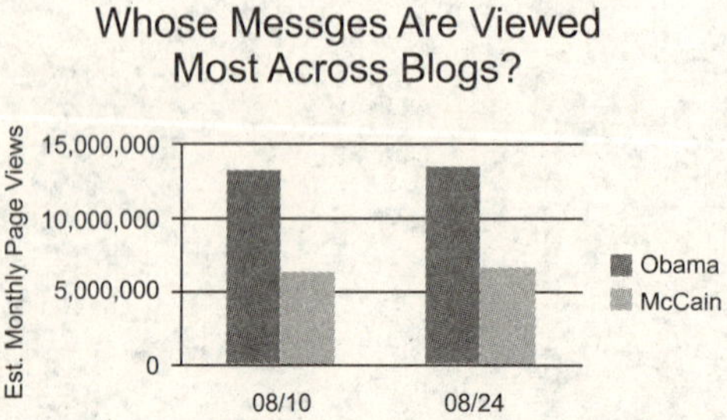

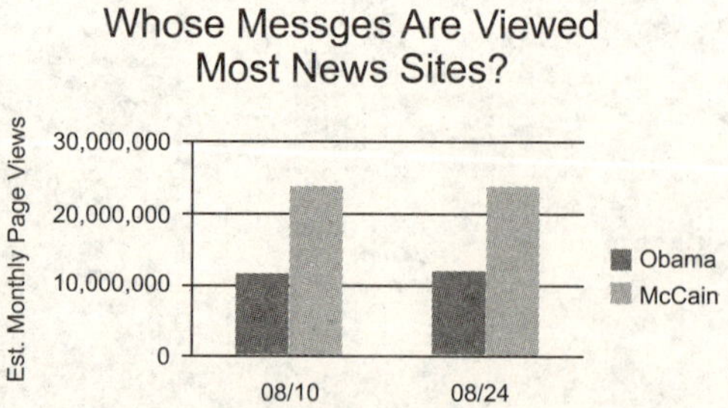

从上图可以看出，在网络社区与博客领域，巴拉克·奥巴马遥遥领先，在博客圈，倾向巴拉克·奥巴马和倾向麦凯恩的比例约为2：1。巴拉克·奥巴马的新媒体政治宣传用的是“新技术自媒体策略”，它启动的是与先前完全不同的人群来进行竞选信息传播。走的是我的媒体我做主的策略。

而在传统的权威的新闻网站，年迈的麦凯恩似乎更受欢迎。情形全然不同，研究机构Attributor日前发布的一份报告显示，麦凯恩在主流新闻网站中取得领先。而麦凯恩依然沿用着传统政治营销的思路，占领“权威”媒体，发出主流声音。只不过媒介换成了“网络”。

1996年美国总统大选被视为“网络竞选”的开端，民主党候选人克林顿和共和党候选人多尔都为该年大选建立了竞选网站。

2000年，互联网已被普遍运用于总统竞选，共和党候选人布什早在前一年的三月便开通了竞选网站，两党共有近10%的竞选经费来自网络募捐。

2004年，“网络竞选”更是如火如荼，表现了布什、克里、霍华德·迪恩(民主党初选候选人)等候选人在对竞选网站的重视和精心经营的程度。

2008年美国总统选举。巴拉克·奥巴马2007年2月1日的社区创建者，深知网络力量的他在本次竞选中也操起了老本行，他的竞选团队正式宣布参加竞选美国总统，而他赢得的这场选举却有些与众不同。

互联网的异军突起，彻底改变了大选的游戏规则：在游说选民，募集资金，组织支持者，操纵媒体，跟踪和制造公众舆论等与互联网的运用密切相关。而在四年前，民主党根本就没有这些东西。巴拉克·奥巴马的当选仰仗了互联网技术与新媒体策略的使用。

在对网站功能的拓展与充分利用方面都远超前人，有评论称本届美国总统巴拉克·奥巴马是“互联网总统”。

1. 网络软宣传及感性设置策略

巴拉克·奥巴马倾向于巧妙地传递自己的政治主张和策略。并利用网络精英为其打造亲民形象。案例1：一封名为《我们为什么支持巴拉克·奥巴马参议员——写给华人朋友的一封信》的邮件到处传播。邮件内容甚至非常有针对性的采用了中文，非常详细地阐述了巴拉克·奥巴马当选对美国当地华人选民的好处，最后他们说“请将这封信尽快转送给您的亲朋好友，并烦请他们也能将这封信传下去。这是您在最后几天里所能帮助巴拉克·奥巴马参议员的最为有效的方式之一。”

案例2：“我等不及2008年大选，宝贝，你是最好的候选人！你采取了边境安全措施，打破你我之间的界限。全民医疗保险，嗯，这使我感到温暖……”这是视频网站Youtube上《巴拉克·奥巴马令我神魂颠倒》的一段歌词。最受关注的美女视频：《我爱巴拉克·奥巴马》在视频中，身着比基尼的演唱者埃廷格搔首弄姿，在巴拉克·奥巴马照片旁大摆性感热辣造型，毫不掩饰地表达着自己对巴拉克·奥巴马的倾慕之情。据统计，这段视频在Youtube已被点击超过900万次，并且被无数的网站和传统媒体转载，再次帮助巴拉克·奥巴马提升了人气。

2. 求新求变敢为天下先

当巴拉克·奥巴马接受民主党总统候选人资格时，他的作法有种舞台表演的感觉，他没有选择传统的竞选舞台，而是选择演艺大腕演出的现代体育场。这一行为让我们觉得他不属于一个枯燥的政治集团，而是来自体育馆音乐会的一分子或者美国橄榄球大联盟的一名成员。此举通过创造先例，还有助于打造英雄形象。有时舞台不仅仅是一种背景，它可能对人们的意识有着非语言的冲击力。1988年，杜卡齐斯（民主党总统候选人）戴着一顶比他的头还要大的头盔，让他看上去荒谬可笑，形象也因此一落千丈。不当作法只能使你看起来更“渺小”。想办法让你鹤立鸡群，而不是相形见绌。视频用户主要是年轻人，他们喜欢那些别出心裁、富有创意的内容。如果希望更好地利用互联网资源，竞选者就要改变传统的、道貌岸然的宣讲和说教，学会直接面对选民谈话，他们要像老朋友一样，而不是站在演讲台上的竞选者。

3. 网络传播方式细分策略

巴拉克·奥巴马在竞选总统之初就建立了个人网站，在网站上巴拉克·奥巴马向支持他的民众全方位展示自己，展示他的政治理念，展示他的经历，展示他若当选总统后会给美国人民带来哪些福祉，展示他当选后的内政外交政策。巴拉克·奥巴马的官方网站截止到今年3月底，注册用户就高达50万。巴拉克·奥巴马个人网站上主要传播方式有：巴拉克·奥巴马博客（Obama Blog）、巴拉克·奥巴马新闻（Obama News）、巴拉克·奥巴马大事记（Obama Events）、巴拉克·奥巴马地图（Obama Map）、巴拉克·奥巴马商店（Obama Store）、巴拉克·奥巴马电视（Barack TV）、巴拉克·奥巴马全追踪（Obama Everywhere）等。

巴拉克·奥巴马博客是为竞选总统开设的个人博客，展示巴拉克·奥巴马的才华和理念，便于与选民交流沟通。

巴拉克·奥巴马新闻和巴拉克·奥巴马大事记全面展现巴拉克·奥巴马及巴拉克·奥巴马竞选的新闻事件。

巴拉克·奥巴马地图展示他为竞选总统在美国各地奔走的足迹。

巴拉克·奥巴马商店销售各种巴拉克·奥巴马的签名书籍、玩偶、旗帜、徽章、T- Shirt等。

巴拉克·奥巴马电视则是展示他的竞选演说视频（Youtube）。

巴拉克·奥巴马全追踪提供巴拉克·奥巴马在美国知名社交网站上的所有个人页面，包括Facebook、MySpace、Youtube、Flickr、Digg、Twitter、L2008美国大选创下了投票人数新高，这绝非偶然，一个重要原因是巴拉克·奥巴马和麦凯恩两人，尤其是巴拉克·奥巴马有效地利用网络等现代化拉票方式，吸引“不关注政治”的年轻选民等群体投票。巴拉克·奥巴马牢牢地抓住了新媒体的“草根特性”通过新媒体发动了一场“草根总动员”。在全球有名的社交网站Facebook（“脸谱”）上面，巴拉克·奥巴马“阵营”的粉丝数量长期高居榜首。Youtube 视频网现在，每个竞选者都不敢怠慢Youtube，民主党和共和党竞选者都已经在Youtube上安营扎寨。多数竞选者的团队里都多了一个职位：录像师。他们对竞选活动全程跟踪，然后选择内容放到巴拉克·奥巴马的个人网站上：http://www.barackobama.com/index.php上。

Google公司CEO埃里克曾在2006年年底预言：“能够发挥互联网全部潜力的候选人，将会在下一次总统大选中脱颖而出。”现在美国大选已结束，毫无疑问，Web2.0 已经深刻地改变了大选。网络新招层出不穷电视辩论相形见绌。

Blog博客：让每个人都有自己的媒体博客。它一开始是网民共享个人思想的一种方式，但是，现在博客已经成为一种高级媒体，美国联邦选举委员会甚至正式裁定政治博客属于媒体，按照这一裁定，博客已经被列入媒体的范畴。并将拥有媒体活动豁免权，不受竞选募款法案的限制。而本次的总统选举则给我们上了生动的“关于博客的媒体作用”的一课。

经典案例：巴拉克·奥巴马的竞争者之一希拉里通过自己的博客发布了自己的竞选宣言，并且不断通过博客这一窗口展示着自己的政见和观点。选民可以在她的博客发表对她的看法，希拉里的团队则会选择好的博客放在首页进行推广。而善于学习的巴拉克·奥巴马则通过自己在网络的博客为自己鲜明地树立起清新、年轻、锐意进取的候选人形象。拉近了选民与自己的距离，更具亲和力更有竞争力。无论是希拉里还是巴拉克·奥巴马，都生动演绎了博客在总统竞选广告战中的重要性。总统大选已经结束，巴拉克·奥巴马的胜利代表着太多太多的革新，尤其是网络互动的应用。

Myspace社区：巴拉克·奥巴马在Myspace社区空间上有41.5万个朋友。在巴拉克·奥巴马的竞选网站上，网民注册后立即就会收到巴拉克·奥巴马团队热情洋溢的电子邮件。网民不但可以加入社群，还可以在线购买巴拉克·奥巴马标记的产品，甚至下载巴拉克·奥巴马的演讲作为手机铃声。Myspace社区网站也是竞选者不得不重视的渠道。2007年3月下旬，Myspace启动“Myspace影响力”频道，这是一个专门为大选设计的频道。竞选者可以在上面发布视频、音频、博客等各种宣传资料。截至6月5日，已经有86909位Myspace用户将希拉里设为好友，巴拉克·奥巴马则拥有96016位好友。这些用户发表了数以千计的留言，支持竞选者或与其讨论问题。一名共和党党员甚至改变了自己的立场。

Facebook社交网站：是美国最著名的网站，它将同一类型的人聚到一起，他们使用聊天、上传照片和网络日记等形式进行交流。巴拉克·奥巴马在Facebook拥有一个包含230万拥护者的群组，Facebook当然不会放过大选这个热点，在登录Facebook的时候，可以将你支持的政党或者竞选者加入到你的个人档案。短短几天时间里，就产生了将近20000次投票。美国政治学者波尔斯比和威尔达夫斯基跟踪分析了上世纪40年代至2004年的美国大选，得出一个结论：大约20%的“中间选民”，是决定某位总统候选人是否当选的主力。

官方(个人)网站/电子邮件：

这些传统的互联网应用在今天强调互动的Web2.0时代，显然已经过时了！但政治人物和商业活动大胆将“首发式”安排在网上进行，仍然可算得是标新立异。

Youtube视频：在最流行的视频类网站Youtube上，仅仅在一星期内，其竞选团队就上传了70个巴拉克·奥巴马的相关视频。竞选活动被全程跟踪，一些录像内容被有选择地放到网络上。视频短片像一阵飓风一样席卷整个世界。

二、网络大选最核心的两个理论及特点

互联网技术的发展使所有人可以向所有人传播；另外伴随互联网技术成长起来的是新一代年轻选民。这两个特点决定着美国大选的新方向。新的一代选民出现了。他们是在互联网、动漫、游戏中长大的一代人，对传统的信息传播方式有着本能的厌恶，他们更喜欢平等的、参与式的、体验式的获取信息方式。随着自然的新陈代谢，所有的游戏规则必然将会全部改变。

1. 参与式新闻（Participatory Journalism）新策略的应用

新媒介时代将是一个“融入式”传播的时代，这里没有的主体和客体，唯一能做的，就是将自己融入选民之中，以他们的方式说话，以他们的方式思考，以他们的方式影响他们。“Participatory”的含义是“提供参与的机会的、供人分享的”，这里指的是普通公众可以借助现代网络技术主动地加入到传播活动中。美国学者最初在研究这个现象的时候还先后使用过“开放信源新闻”（Open-source Journalism)、“个人媒体”(Personal Media)、“草根报道”(Grassroots Reporting)、“博客新闻”(Blogging Journalism)等名称，最后得到大家较一致认可的是用“参与式新闻”（Participatory Journalism)。目前，在美国所看到的这方面的研究成果大多还是对这一新现象的描述和前景展望，有学者对“参与式新闻”做了大致的分类，也有人预测了这一现象对传统媒体的影响等。

2.《长尾理论》（Chris Anderson）是传播策略

巴拉克·奥巴马这一次竞选战役的胜利，得益于那本著名的《长尾理论》。长尾理论，正是互联网时代最有影响的一个理论。在长尾理论指导下，巴拉克·奥巴马也给自己建立了一个美国政界见所未见的筹款机制，同时吸引了“大户”和“散户”、想给钱的人和想筹钱的人、经验丰富的老手和首次关注大选的新鲜人，还有任何能上网的人——有电脑、手机的人。美国的选举是“市场民主”的金钱游戏，没有钱是无法竞选的。巴拉克·奥巴马光在2月份一个月筹到5 500万美元，打破美国纪录，其中4 500万美元来自网络，而巴拉克·奥巴马本人甚至一次也没出席过募捐会议，钱就这样滚滚而来，不可阻挡。超过10万人捐钱给巴拉克·奥巴马参加

总统选举，其中5万人是通过互联网捐款。2月份巴拉克·奥巴马阵营报告说，巴拉克·奥巴马94%的捐款由200美元或更少的捐赠构成，希拉里这一比例为26%，麦凯恩为13%。整个三月份，有127.6万人为巴拉克·奥巴马捐款，巴拉克·奥巴马阵营每个月都在增长的筹款数额。

《纽约时报》曾经给这个事件盖棺定论，定义为“Web2.0 时代的美国大选”。可惜《纽约时报》只谈到Youtube、Facebook等对选举进程造成的影响，却从未提到那条长尾巴的实质。

三、招精兵募能人策略

Web2.0 的运营的核心不在于技术，不在于内容，而在于“人”。互联网竞争的核心，又回到了大多数行业面临的竞争的本质，既“关系”上来，“建立关系、维持关系、运营关系”，从而使“关系最终创造价值”。技术的门槛越来越低，直接的结果就是技术之外的门槛越来越高。运营“人”的核心在于“关系”。这也是我们对于SNS在2009年以及此后的年度里都非常乐观的一个重要原因。当网友一键能将曾经安营扎寨的网站抛之身后，而选择新主投奔时，你会发现：在这个时代，选择与抛弃都如此简单，无需理由！此时，忠诚与依赖就变得格外重要，二者都因稀缺而创造价值！

选择乔·拜登作为他的竞选伙伴是巴拉克·奥巴马冷静、理智而且极具策略的举措。就一个人的力量而言，总统这个角色太大了，政府的成功经常与总统手下的智囊团息息相关。副总统当选人拜登最显而易见的优势是他多年的丰富经验，没人会认为巴拉克·奥巴马这一选择只是为了引人注目。

克里斯·休斯（chris hughes）：facebook创始人之一，2007年离开公司，加入巴拉克·奥巴马竞选团队，并为其在facebook上建立了竞选网站，吸引了100万“粉丝”。而麦凯恩在facebook上只有不到20万的支持者。巴拉克·奥巴马延揽了这样一批互联网营销方面的专家，其中克里斯·休斯就是其中的佼佼者。巴拉克·奥巴马非常聪明，他深知，打赢2008年的竞选，网络的力量非借用不可，克里斯·休斯的另外一个身份就是当今世界上最大的SNS网站facebook的创始人之一。有了这样的一个强大的网络营销幕僚团队，巴拉克·奥巴马的全部规划紧紧围绕互联网展开，他是怎么做的？保持自己的核心圈子，这个圈子是由能力和智慧超群的，为他服务并有利于他的人组成，还必定有可以补充他自身不足的人，一个属于你圈子的人。

巴拉克·奥巴马当选美国总统对于生活在美国的人是一个振奋人心的消息，对于互联网世界来说也是一个好消息。回过头来看巴拉克·奥巴马的成功会发现，有效地利用当前科技是他最为聪明的决定。巴拉克·奥巴马不是第一个借用科技的总统——罗斯福安抚美国民众的“炉边谈话”，肯尼迪的电视辩论都利用了当时的高科技，但是，新一代网络的弹性让巴拉克·奥巴马在社交网上成了数百万人的“粉丝”，之前没有一位总统候选人能够做到这一点，它是巴拉克·奥巴马独有的方式。拥抱科技让我们感觉首先他是一个可以亲近的人，其次才是总统候选人，一个敢于创新不受束缚的总统候选人。

四、传播的互动战略

互动的本质是媒体融合，互联网等媒体更看中让选民自己去选择信息，选民的主动性得到更大提升，其影响力得以有效扩展。不同形态、不同介质的媒体正在打破固有的边界，跨越历史的鸿沟，走到一起来了，紧密结成一体了，这是媒体发展的大势所趋。今后，将会有更多形态的媒体相互渗透，逐渐融合。内容资源将在各种媒体以不同的形式多次发布，复合使用，从而实现内容的增值服务。

1.信息互动 网站成为重要选民的信息来源已经从传统方式走向了网络时期。通过网络寻求选民支持，从中既可以找到新闻线索，更可以找到追踪线索。Blog更带来了无数的“大众记者”。

2.受众互动 网站沟通受众的新渠道却十分畅通，通过论坛、跟帖、每日的新闻评比排行等形式，可以掌握到受众的兴趣点和关注度，听到更多的反馈意见，也随时可以向受众进行有关说明，及时沟通。

3.广告互动 网络更适合全国性的低成本的广告，即长尾效应中的广告。传统媒体广告与网络广告的功能有所不同，双方可以形成互补。网站和传统媒体转载互动栏目是一种运作和管理要求都非常高的平台，确定占领和引领网络互动平台的战略目标。1. 论坛注册人数的发展目标；是为了在总体上保持论坛拥有一个相对稳定的人气指数；2. 每天平均同时在线人数的发展目标。为了论坛在每时每刻都相对保有一定的人气指数。

五、人本传播策略

那些极易被人忽略的平民得到重视，在新技术环境下，每一个个体单独看起来（那些极易被人忽略的）平民得到重视，在新技术环境下，每一个个体单独看起来也许是再平凡不过的，但是数量巨大的百姓聚集起来形成的力量却是令人意想不到的。如果政治家是为了争取更多草根和年轻人的群体，他可能会采取的形象策略就是那部分人群喜好的“年轻、时尚、创新、突破”的策略，而新媒体是最佳的选择!2008年美国大选尘埃落定，民主党候选人巴拉克·奥巴马笑到了最后，当选第56届美国总统。民主党治理经济方面的丰厚历史遗产及内部的团结，结合运用网络新媒体等现代化公关手段掀起的一场“草根革命”，终于成功地将巴拉克·奥巴马送入白宫。

1. 人本关怀高尚品质

当媒体追问巴拉克·奥巴马，让他就萨拉·佩林十几岁的女儿怀孕一事做出评论。巴拉克·奥巴马的回答有很多选项——其中很多选项都可能对他的政治得分有利，但是，他选择的答案令人赞叹：我妈妈18岁时便生下了我！这真是一个高尚而诚实的答复，与你想象中的政治家的回答完全不同。这句话突显了他宽宏大量的高贵品质。如果巴拉克·奥巴马趁机抓住机会攻击佩林是一名伪君子或糟糕母亲的话，他会为自己贴上同样的标签。高尚不是被忘却的行为，但它的稀缺增强了其价值，帮助提高你未来的声誉。

2. 网络社交战略延伸至白宫

2008年5月1日巴拉克·奥巴马总统正式宣布白宫在美国主流社交网站Facebook Myspace和twitter上开设主页，白宫跃进Web2.0时代，此举将大大拉近网民与美国政府的距离，特别是年轻人的距离，在主页上曾浏览过的网民数以万计，这些主页主要展示巴拉克·奥巴马的形象和他对政策的看法为主，并突出强调巴拉克·奥巴马总统的人本亲民色彩。例如在twitter的白宫页面上，巴拉克·奥巴马与一个大学女子篮球队一起打篮球的消息被置于显著位置。通过网络普通百姓直接与巴拉克·奥巴马政府接触，通过留言，参与讨论等方式向政府表达声音和关注的机会。巴拉克·奥巴马筹集的超过5.2亿美元的竞选经费，据估计超过85%来自互联网，其中绝大部分是不足100美元的小额捐款。凭借着网络的力量，巴拉克·奥巴马互动的手法赢得的不仅仅是捐款，更是一张张珍贵的选票，以及伟大的美国梦的传奇。

六、多元文化整合策略

文化认同是国民团结和国家凝聚力的基础，是决定霸权兴衰的重要因素之一。巴拉克·奥巴马为迎合各阶层不同文化背景选民的口味，密切与民众的关系。例如：巴拉克·奥巴马关于种族问题的37分钟演讲，自从3月上传至网络以来查看率已经超过500万次，使他成为网络红人中的一颗闪亮的明星。多元文化主义也对依然占据主导的美国认同构成。

美国国家认同经历的过程。基本上都来自共同或相近的血脉和文化，有着明显的机体和文化特征：白种（White）、盎格鲁－撒克逊人（Anglo-Saxon）、清教徒（Puritan），统称WASPs。这群人创造了美国，缔造了美国的宪法，控制着美国、文化和政治，他们的族裔、文化、宗教和意识形态特征也构成了美国的主体认同。著名黑人学者杜波伊斯写道：每个美国黑人始终生活在两种并存的意识之中，我到底是谁？我是美国人，还是黑人？我可不可以同时成为两者？我是不是有责任尽快停止成为一个黑人而变成一个美国人？”多元文化主义的回答是：我既是黑人，也是美国人，因为美国的社会、文化和传统不是某个单一的种族或族裔书写的，美利坚民族的认同不是“一元的”，而是“多元的”。每个种族和族裔在国家认同中的地位是平等的，它们的语言、文化、传统特征都必须得到尊重和保护，每个族裔都有权争取同群体认同相关的权力和利益。随着民权运动的深入，多元文化主义以“多元论”彻底摧毁了“一元论”和“熔炉论”，成为美国国家认同的意识形态基础和政治正确性的标准。

此外，多元文化主义还进一步促进了美国族裔关系的多元化。在政治上，黑人和其他少数民族的权利和地位得到了保障和提高。1965年的《选举权法》扫除了对黑人选举权的限制，黑人参政的数量大大增加。

少数族裔的、经济和社会地位也有所提高。美国大学毕业生中的少数民族比例从1960年的6%上升到1988年的20%。2001年在保守色彩相当浓厚的布什政府里，鲍威尔成为美国有史以来第一位黑人国务卿，黑人女性赖斯任国家安全事务助理。

1965年的移民法废除了对有色人种的歧视性政策，掀起了美国历史上的第三波移民浪潮。到1990年，共有1 600万新移民进入美国，其中1 200万来自欧洲以外的地区。白人人口比例从1960年的88.6%下降到1990年的75.7%。考虑未来60年移民的来源趋势以及各族裔人口出生率，到2050年白人将勉强占到总人口的一半。这就意味着，现在所谓“多数”、“少数”的概念到了21世纪中叶将出现质的变化。

新的移民浪潮使美国人口结构中的多元种族和族裔的色彩会变得更加鲜明。目前，拉美裔已经占美国人口总数的13%，超过黑人成为美国第一大少数族裔。拉美裔移民另一大特点是居住地十分集中。这在政治上具有十分重要的意义。2000年总统大选，共和党候选人布什就是依靠佛罗里达的24张选票登上总统宝座的，当时布什赢得了佛州82%的古巴裔选票，尤其在迈阿密周围几个县获得了关键性的、微乎其微的多数。

美国社会的政治和文化命脉仍然掌握在主流的WASPs手上。这个问题不仅关系到美国的民族认同，而且还关系到美国未来的兴衰和走向。

巴拉克·奥巴马新政府成员名单上的族裔和教派是多元化的，比如：“Hillary Clinton，女，61 岁，新教卫理公会信徒，前第一夫人、纽约州联邦参议员，被提名为国务卿”；“Janet Napolitano，女，51 岁，意大利裔，新教卫理公会信徒，亚利桑那州州长，被提名为国土安全部长”；“Ron Kirk，54 岁，非洲裔，新教卫理公会信徒，前德州达拉斯市市长，被提名为美国贸易代表”，等等。这种多元化结构也赢得民心。

七、娱乐式传播策略

巴拉克·奥巴马是历史上第一名把电子游戏植入广告的美国总统候选人。年轻人乐于尝试和接受新事物的惊人的好奇心。这给大选中杜撰各种小道消息创造了条件。2007年，facebook创始人之一Chris hughes离开公司，加入巴拉克·奥巴马竞选团队，并为其在facebook上建立了竞选网站，吸引了100万“粉丝”。而麦凯恩在facebook上只有不到20万的支持者。

巴拉克·奥巴马阵营利用的新媒体平台包括在大网站投放广告、在YouTube网站发布视频、向支持者发送手机短信等。这其中，YouTube在2004年选举时根本还不存在；网上广告和手机短信的投放频率、使用力度也远超以往。他更是在游戏广告方面大有动作，《第二人生》背景里就有他的广告牌，甚至角色身上都有他的影子。他的阵营还将广告投放到新的Xbox赛车游戏Burnout Paradise上。

据权威调查，在数百万具选举资格的MySpace用户中，60%支持巴拉克·奥巴马。同时，仅34%的MySpace使用者表示可能投给共和党总统候选人麦凯恩，这项民调的误差值为3%。

麦凯恩在Facebook中赢得了572 009个支持者，但巴拉克·奥巴马却有2 071 473个支持者；巴拉克·奥巴马的Youtube有100 000个订阅者，他的视屏被浏览过1 710万次。而麦凯恩只有24 000个订阅者和1 110万次视屏浏览。

八、重磅网络广告关键词购买策略

1. 巴拉克·奥巴马在美国知名网站，甚至网络游戏投放广告

根据统计有超过一半的网络预算投放到Google搜索引擎广告上，其次是Yahoo。如此高度重视搜索引擎广告，这与两大搜索引擎在美国的使用普及率息息相关。Centro则是位于芝加哥的投放区域展示性广告的公司，有助于针对各个区域重点宣传；此外，新闻媒体、web2.0 社会化网络媒体也对巴拉克·奥巴马竞选的网络营销预算各有斩获。

美国民主党总统候选人巴拉克·奥巴马共支出了347万美元的互联网广告费用。而Google获得了其中的280万美元，位居各网站第一。美国联邦选举委员会的文件显示，巴拉克·奥巴马将82%的互联网广告支出投放在Google上。其1至4月的互联网广告支出总额分别为64万、190万、88.8万和23.4万美元。其中4月份的数据有可能进一步上升。巴拉克·奥巴马还在著名网络游戏公司EA的《火爆狂飙：天堂》、《麦登橄榄球09》、《云斯顿赛车09》、《冰球09》、《滑板》等Xbox 360游戏中投放竞选广告，意在争取年轻选民。

2. 在网站购买以行动收费（cost-per-action）广告

值得注意的是，与大部分商业广告不同，巴拉克·奥巴马竞选团队更注重广告效果。购买以行动收费广告，这些包括雅虎搜索广告，以及来自 SpecificMedia、Pulse360、DrivePM 和 Quigo 等广告网络的广告。 巴拉克·奥巴马阵营利用的新媒体平台包括在大网站投放广告、在 Youtube 网站发布视频、向支持者发送手机短信等。这其中，Youtube 在 2004 年选举时根本不存在；网上广告和手机短信的投放频率、使用力度也远超以往。

3. 搜索引擎关键字广告的精准策略

大家广为熟悉的搜索引擎广告也没有被巴拉克·奥巴马忽视。如果一个美国选民在Google中输入巴拉克·奥巴马的英文名字Barack Obama，搜索结果页面的右侧就会出现巴拉克·奥巴马的视频宣传广告以及对竞争对手麦凯恩政策立场的批评等。他购买了包括自己英文名字在内的很多热点话题的关键词，“Barack Obama”、“油价”、“伊拉克战争”和“金融危机”。轻轻一点，即知道巴拉克·奥巴马对这些敏感问题的观点评论，有助于人们更好地了解这位竞选人。可以想象，美国人日常搜索的关键词都打上了巴拉克·奥巴马的烙印，想不关注巴拉

克·奥巴马都难。这可难为了同台竞争的麦凯恩，麦凯恩在互联网的信息，就这样轻松的被狙击了。

九、互联网募集竞选资金策略

随着互联网技术的进步、候选人对网络传播驾驭能力逐渐增强，竞选网站开始呈现出竞选信息、募集政治捐款、与选民互动，网络传播的优势开始与政治选举宣传的需要相融合。巴拉克·奥巴马总共筹集竞选资金6.415亿美元，花费5.64亿美元；而麦凯恩加上公共竞选资金才筹到3.58亿美元，花费2.62亿美元。巴拉克·奥巴马所募集的大量款额，高达87％是通过网络募来的200美元以下的小额捐款。网民在巴拉克·奥巴马的竞选网站注册后，就会收到邮件请求“在下周一前捐款15美元或更多”，因为“周一将看到我们的捐款总数，看我们能否与麦凯恩的竞选活动相竞争”。捐款链接也附在邮件里，点击即可进入。就算没有大财团的支持，黑人巴拉克·奥巴马一样也能筹到竞选需要的巨额资金。

1. 专业募捐网站的建立

巴拉克·奥巴马拉拢了Facebook的创始人之一的Chris Hughes，在他的协助下创办了小型的募捐网站mbo。mbo目前已经吸引了90万名用户。截止到2008年4月，巴拉克·奥巴马通过互联网成功募集了1.22亿美元资金，远多于麦凯恩的2700万美元。

2. iPhone免费软件争取捐款与人气

巴拉克·奥巴马竞选阵营说，用户可登录苹果公司购物网站AppStore，获得巴拉克·奥巴马08官方版iPhone应用软件。软件提供一系列与巴拉克·奥巴马相关的信息，包括他对诸多议题的立场、竞选宣传照片和视频以及选战新闻。巴拉克·奥巴马支持者能借助这一软件找到附近的巴拉克·奥巴马办公室或助选盟友。用户按下软件界面中一个标为“捐款”的绿色按钮，还能便捷地向巴拉克·奥巴马阵营竞选活动捐款。

十、网络面临新的挑战

总统候选人和主流媒体都无法控制这场网络风暴，政治人物难免遭遇恶搞。选民利用互联网给竞选者带来的负面影响，会远远大于竞争对手。在希拉里通过视频发布了她的竞选宣言之后，仅仅过了数小时，网上就出现了各种版本的用克林顿丑闻来恶搞希拉里竞选宣言的视频。美国政治生活的Web2.0化，让竞选者们获得了新的力量，也给他们带来了新的挑战。

1. 诋毁邮件遍发百万人

互联网对选举的最大影响之一在于其最早的一项应用：电子邮件。2008年初，巴拉克·奥巴马阵营尝到这一苦果，诋毁其宗教信仰的电子邮件出现在数百万人的邮箱中。传统的有计划性诽谤造谣通常只在较小规模的团体内传播，有了电子邮件后，这种人身攻击就变得全国化，而且几乎在瞬间产生效果。

2. 好友激进言论视频点击率飙升

巴拉克·奥巴马的好友、牧师赖特发表激进种族言论后，其视频在网上不断被点击播放，使巴拉克·奥巴马选情一度吃紧。随后，巴拉克·奥巴马发表回应的视频，而这段长达37分钟的种族问题演讲很快成为下载最多的视频之一，从而扭转了选情。

3. 反对者数小时撰写博客批评文章

美国金融危机发生后，针对金融救助，巴拉克·奥巴马发表了自己的经济政策。随后，很多麦凯恩的支持者利用博客指责巴拉克·奥巴马政策的不可操作性。而当麦凯恩发表主要政策演讲后，另一些评论人士也在短短几小时内利用博客发表自己的观点。

4. 社区论坛热炒巴拉克·奥巴马“私生子”

共和党悬赏重金要找巴拉克·奥巴马传说中的“私生子”，这一桃色新闻立即成为网络论坛的重点话题，在参与式论坛和Web2.0社区之类的互联网社区中，众多网友以最新、最时髦的网络方式进行讨论，并纷纷发表自己发现的线索和推测。

不管是Youtube还是Myspace，都可以让竞选者越过所有中间环节，直接、完整、清晰表达他们的观点。同时，可以迅速获得选民的反馈，这是传统媒体无法做到的事情。

在传统媒体中，竞选者不得不回答记者提出的各种让人难堪的问题，不得不接受媒体按照已经定格的印象来诠释自己。在网络视频或者网络社区中，这些烦恼全部消失了。比如，希拉里可以在视频中宣称她想要让美国以合适的方式离开伊拉克，这个时候，没有烦人的记者来刨根问底。

5. 建立反诽谤网站

巴拉克·奥巴马竞选团队建立了这个专门网站为应对更加激烈的大选，开始全面反击针对他的各种谣言。

竞选者必须认识到，能够利用Web2.0这一革命性新媒介力量的，不仅仅是竞选者自己，还有选民。在2006年美国中期选举中，有6 000万美国人通过互联网搜集信息并以此决定是否改变自己的观点。创新传播策略与媒体技术本身的提高对社会变革、商业竞争及其他领域各势力之间的角逐必将产生深刻的影响。是当前传播领域一个需要持续关注的一个课题。

参考文献

[1] James Glen Stovall, Web Journalism: Practice and Promise of a New Medium[J].Pearson Education Inc., 2004.

[2] Ansolabehere, S., Behr, R., Iyengar, S., Mass Media and Elections: An Overview[J] American Politics Quarterly, Vol. 19, January, 1991(1):109–139.

[3] Gyotae, K., Lynda, L.K., The Impact of Web Site Campaigning on Traditional News Media And Public Information Processing[J]. Journalism & Mass Communication Quarterly, Vol.80, Autumn, 2003(3): 528–547.

[4] McKeown, C.A., Kenneth D. Plowman, Reaching Publics on the Web During the 1996 Presidential Campaign[J]. Journal of Public Relations Research, Vol.11,1996(4): 321–347.

[5] Foot, K., Schneider, S., Online Action in Campaign 2000: An exploratory analysis of the U.S. political web sphere[J]. Journal of Broadcasting and Electronic Media, Vol.46, 2002(2): 222–244.

[6] Dutton, W.H., Lin, W.Y., Using the Web in the Democratic Process: The Web-orchestrated ‘Stop the Overlay’ Cyber-campaign[J]. European Review Vol.9, 2008: 185–199.

[7] Rachel, K.G., Web Campaigning from a Global Perspective[C]. IIPS International Conference, Tokyo, 2003 Nov. 5–6.

[8] Mike Ward. Journalism Online[M]. Focal. Press, 2002.

[9] 赵玉明, 王福顺. 广播电视词典[M]. 北京：北京广播学院出版社, 2011.

New medium strategy of innovation and the U.S. presidential election

Fu tie-dong

(University for Science & Technology)

Abstract: The insight into the social situation makes a lot of strategic opportunities. The medium of a successful strategic positioning that created the first African-American president and found his a way forward in the future, the biggest advantages of its own and got that the flash point of strength. The more intense competition is an important moment of the medium of strategic positioning. Times of crisis it is a magic weapon to deal with competition, a strong guarantee for continued success.

Keywords: medium strategies; multicultural; the U.S. presidential election

第六部分
认知修辞学研究

浅议公诉意见的修辞功能

张鲁平　冷海涛

（中国政法大学　山东省乳山市检察院）

内容摘要： 充分的事实、严密的逻辑、合理的推理和正确的法律适用是成功的法庭辩论之必备特点。此外，成功的公诉意见往往还有一项基本特征，即对语言特别是修辞的巧妙运用，毋庸置疑，充分实现修辞功能可使法庭辩论更具说服力。本文通过实例，从修辞的信息功能、情感功能、控制功能和人际功能对公诉意见进行具体分析，旨在揭示修辞对辩论的重要作用。

关 键 词： 公诉意见；修辞功能；修辞特点；修辞结构

一、引言

1. 公诉人法庭辩论的定义和使用环境

"修辞就是人们依据具体的言语环境有意识、有目的地组织建构话语和理解话语，以取得理想的交际效果的一种言语交际行为。"（陈汝东，1999：1）公诉人进行法庭辩论的直接目的是支持起诉书指控的事实及公诉机关对案件的定性，最大程度地影响审判人员的内心确认。公诉机关不可能将自己的意见强加给审判人员，如果让审判人员同意自己的主张，只有通过公诉人在法庭的辩论，充分摆明事实和证据，揭示案件的性质。法庭辩论的成功与否，取决于公诉人运用辩论艺术和辩论技巧对案件事实、证据及适用法律三者内在联系的揭示，制胜的关键在于公诉人所确定的论题是否正确，提出什么样的论据，用什么方法去论证论题和论据之间的关系根据社会心理修辞学的相关观点。

2. 公诉意见的修辞特点

公诉意见作为一种在法庭中使用的语体，无论在结构、内容还是语言上都有自身的修辞特点。 各案有各案的特点，各人有各人的风格，其结构和内容不可能千篇一律。但作为一种语体其基本内容在格式上是一致的。公诉意见书是法庭辩论的开始，它要求公诉人对前面的举证、质证环节进行归纳总结。一般而言，公诉意见书主要包括证据状况、法律适用、犯罪情况及犯罪特点、主观恶性及犯罪原因和警示教育五方面。在修辞特点上具有以下特征。① 采用消极修辞方法，较少使用修辞格，尤其不能使用夸张、比拟等修辞手法。 ② 恰当使用文言词语，避免使用口语和方言词。③ 用词准确，符合法律要求和案件的客观事实，提法准确，恰如其分，无不实之词。④ 句式合乎语法规范，结构完整、严谨，语句流畅通顺，较少使用省略句和感叹语气，一般不使用简称，正式的检察诉讼文书应使用全称。⑤ 语言精练，简明扼要，朴实无华，通俗易懂。无空话、套话，不摸棱两可、含糊其词，要表达周密，合乎逻辑，无懈可击。

二、修辞的功能

1. 修辞研究概况

修辞研究主要可分为古典修辞学和新修辞学。古典修辞学自公元前5世纪左右产生，发展至19世纪20年代，存续了大约两千年。亚里士多德是古典修辞学的代表人物，在他看来，修辞可以被定义为任何领域内的劝说功能。（Goodrich, 1987:101），因此亚里士多德对修辞的研究实际上是对修辞技巧的研究，这种修辞研究为人们提供修辞手段、修辞方法，至于修辞的功能则重视说服功能；修辞研究在古罗马时期则落入了纯粹的修辞手段的归纳；在中世纪修辞研究的概况可以从Richard Mckenon 在他的论文"Rhetoric in the Middle Ages" (Speculum, 1942) 中的一句论述窥见一斑："Yes, if rhetoric is defined in terms of a single subject matter—such as a style, or literature, or discourse—it has no history during the Middle Ages." (转引自Corbett & Connors 1999)。这一时期，奥古斯丁重点研究了修辞的说明功能。19世纪初至70年代中期，出现了Campbell，Blair和Wattely三位著名的修辞学家。其中Campbell与Wattley将修辞学建立在逻辑学和心理学原则基础上，对后世产生了深远的影响。但是，自此之后，欧洲国家修辞学的研究进入了一个停滞期。与此同时，19世纪美国的修辞研究却得到了飞速发展。美国新修辞学研究运用话语对修辞学进行了彻底改造，研究内容丰富，并提出将语言作为社会行为研究，进而成为一种把目的和阐释作为意义的决定性因素的新理论。各种理论和学说也相继出现，如情境论、概念论、范围论及实质论等都为学者所熟知。20世纪，随着结构主义语言学的兴起，修辞性质的"语言化"倾向更加明显。汉语修辞学主要着眼于对语言本身的研究，如"语词修辞说"、"词语调整说"、"美词说"等都属于这一类研究，这类研究中在追求语词的修饰、调整，突出修辞的审美功能。我们认为，修辞具有说服和美辞功能，但除此之外修辞还有其他功能。纵观前人研究，修辞的功能曾是研究的内容，但并没有一个全面系统的认识和研究。只有把修辞放置于人类言语交际的视野中，才能正确、全面地把握修辞的功能。

2. 修辞的功能

修辞观不同，修辞研究的指向及对修辞功能的认识也不一样。社会心理修辞学把修辞视为人类的一种有意识，有目的的言语交际行为，并认为修辞有以下四种功能：信息功能、情感功能、控制功能和人际功能（陈汝东，1999：21）社会心理修辞学以社会和心理为出发点，对言语交际的过程进行研究，其对修辞功能的把握是比较全面的。通过考察公诉书修辞功能的有效实现可以对其的撰写产生重要启示。作为一种语言表达方式，公诉书需要准确地传递与修辞主体有关的角色、动机、情感、需要、性格以及审美观念和道德观念等信息和作为修辞客体的案件事实、证据材料以及法律适用等信息，并通过态度和情感互动，实现对对方的控制，从而达到协调人际关系的目的，即顺利实现修辞的功能。

（1）信息功能

所谓信息功能即传输信息的功能。人们精心组织话语进行交际，实际上都是以信息传输为基础。修辞所要达到的目的之一，就是使话语信息正确、适切、有效。可以说，修辞过程就是一个信息互动的过程，是修辞主体间信息生成、发出、传输、接收、反馈的运动过程。（陈汝东，1999：21）修辞过程中信息传输的方式主要有两种：一是话语，二是话语之外的其他辅助手段，如语气、表情、姿态及辅助动作。修辞过程中的信息也可以分为客体信息与主体信息两种。客体信息是指话语中的所蕴含的被陈述对象的内容，即话语中体现的修辞主体对于客体的认识，如教科书、布告、通知、说明书等话语所传输的信息。主体信息指修辞行为所传达出来的修辞主体的社会心理信息，如言语动机、角色、态度、情感、需要、性格及审美观念和道德观念等等。（陈汝东，1999：22）

传递信息是公诉意见书修辞功能中最基础的，其修辞主体即公诉人本身，修辞客体即是案件事实、证据材料和法律适用（秦甫，2001）。公诉人在公诉意见书中将真实准确的案件事实、充分有力的证据材料及正确的法律适用等客体信息呈现并传递给法官和其他听众，并运用恰当的语言表达自己的立场、观点、态度等信息，让对方当事人及审理案件的法官有准确的认识。

（2）情感功能

情感功能是指人们积极能动地使用语言传达情感的功能。不论是日常谈话，文学创作还是戏剧影视表演，话语中除了客体信息外，还有很大的情感成分。这些情感成分在很大程度上带有说服、影响、改变或左右交际对象的情感、态度和行为的性质和作用。修辞双方通过态度和情感互动，最终实现社会控制，达到协调人际关系的目的。古典修辞学一向被视为理性的，但这只是就其与哲学和逻辑学的关系而言。归根到底，它是感性的。因为说服就是通过修辞主体的情感输出和接受者的情感认同而实现的。根据我国《刑事诉讼法》的相关规定，公诉人在刑事诉讼中行使控诉职能，在大部分的刑事案件中公诉人所控告的被告的犯罪行为，特别是一些手段残忍、有危害结果的暴力犯罪会引起世人的极大愤慨和斥责。有鉴于此，律师往往会利用辩护词的情感功能改变听众的情感、态度和行为，才有利于维护当事人的合法权益。

（3）控制功能和人际功能

人们通过修辞进行社会互动，就意味着相互间的行为控制。这既有个体间的相互控制，又有个体对群体的控制，也有群体对群体的控制（陈汝东，1999：22）。社会生活需要人们的社会行为趋于有序化，言语控制是实现社会生活有序化的重要手段。古代修辞学把修辞称作说服人的艺术，体现了那时人们对修辞的社会控制功能的认识。康帕拜尔（Campbell）在其《哲学和修辞学》一书中，就将修辞定义为一个改变听众的过程，也是立足于修辞的控制功能的。公诉书的控制功能体现在公诉人要用自己的辩护语言控制法官及其他审判人员使他们作出对于公诉方有利的判决，以达到人际互动，进而实现修辞的人际功能。

三、公诉意见书实例分析

成功的公诉意见书是那些准确地将法律适用于事实成功地实现了修辞的意见书，是那些成功地运用了修辞手段达到自己的交际目的的公诉书。以下为笔者以江西省南昌市人民检察院对余强故意杀人案所作的公诉意见为例，分析各修辞功能的成功实现和修辞手段的运用。

公诉人起诉被告人余强因恋爱纠纷，持刀闯入前女友家中，将家中6人全部杀死。本案因事实清楚，证据确实充分，被告人对犯罪供认不讳，公诉人在发表公诉意见时并没有对证据状况及法律适用再作赘述，而是采用生动的语言从犯罪情况及犯罪特点、主观恶性及犯罪原因和警示教育五方面分叙。整个结构紧凑、前后紧密照应，并且用语简洁、有力、含义清楚、明确，成功地实现了修辞的各个功能。

1. 信息功能的体现

在本篇公诉意见中，主体信息和客体信息都被成功地传输给听众。在公诉意见的开始部分，公诉人首先表明了自己的观点，指出“本案的犯罪情节特别恶劣”，并从被害人人数，刺杀刀数、刺杀部位、刺杀力度及被害人年龄等角度充分展现了被告人的残忍与暴虐。如谈到被害人人数时，公诉人指出“被告人余强一次连续杀死六人，这是我市乃至全省建国以来一人一次杀人最多的恶性杀人案，在全国也属罕见，被告人杀人之疯狂令社会震惊。”在信息的传递中，“最多”、“恶性”、“罕见”等修饰词语的使用都是成功实现修辞功能所必需的。紧接着公诉人又指出“从刺杀部位看，被告人以前练过武术，喜好兵器，所以在杀人中刀刀致命，无一不刺中要害部位，据法医鉴定，死者所中刀部位均为心脏附近。”

最后，公诉人指出 “从刺杀对象看，六名死者中有两名是老人，两名是儿童，年龄最大的61岁，最小的4岁半，均未能幸免。”通过信息的传递公诉人表明了对起诉案件的基本评价和态度。

2. 情感功能的体现

由于故意杀人罪以直接剥夺他人生命为目的，社会危害性特别严重，特别是在本案中被告被指控杀害6人，其中包括两名不满10岁的无辜儿童，手段残忍。本案的公诉人抓住了听众的心理，从感情上引导和说服听众，“动之以情，晓之以理”，巧妙地利用了修辞的这一情感功能。请看“中国历来有尊老爱幼的传统，老人与儿童是弱势群体，是社会关爱的对象，但被告人在将尖刀刺进他们胸膛的那一刻，却没有丝毫迟疑，没有丝毫的怜悯，没有丝毫的颤抖，这充分体现出被告人杀人之残忍。”一组排比的修辞手法如连珠炮一般准确而强烈地反映和表达了对杀人凶手深恶痛绝的情感。为了进一步打动听众，公诉人引用被害人与其母亲的对话来说明凶手的残害无辜小孩的非人道。被害人的母亲带她去买东西，她乖巧地说“我长大以后赚钱给妈妈，现在我买东西，妈妈付钱，以后妈妈买东西，我付钱。”

3．控制功能和人际功能的实现

控制功能和人际功能作为修辞的功能是辩护意见的一大特征，公诉人传递相应的信息，做到与听众情感互动的目的都是要控制听众的态度和行为，使一般听众作出有利于己方的判断，使审判人员作出有利于己方的判决。因此，辩护意见要从语言上实现这一功能就会使用肯定的语气和肯定的具有控制力的词语和表达方式。在公诉意见中“本案的发生引起了强烈的民愤。犯罪引起的公愤，体现了犯罪给社会公众心理带来的伤害。”就是公诉人利用心理暗示引导听众情绪的典范。

4．修辞手段的运用

合理地运用修辞手段能增强语言的表达效果，更有利于实现修辞的各项功能，在本篇公诉意见中，公诉人就合理的使用了排比、暗喻、夸张等修辞方式，这些修辞方式的使用更有利于信息的传递，情感的感染及最终控制功能的实现。

但是这并不表明任何修辞手段的运用都能达到好的辩护效果，如修辞手段运用不恰当有时也可能起到相反的作用，甚至会弄巧成拙。无论是陈述事实还是说明事理，都不能随便使用比喻等修辞手段，而是要考虑法律关系等其他隐私。修辞手段的正确运用有利于辩护词修辞功能的实现，但也只有在运用恰当时才是正确的。

四、结语

本文通过对公诉意见的修辞功能及其实现形式的分析，论述了一篇成功的公诉意见必然是成功地实现了修辞的信息功能、情感功能、控制功能和人际功能。只有运用恰当的修辞手段并完整准确地实现这些功能，才可能成为一篇真正意义上的成功的公诉意见。本文从修辞的角度出发，分析和探讨公诉意见的文体特征，以抛砖引玉，加深人们对于公诉意见的认识，并对公诉人撰写公诉意见提供一定的指导和帮助。

参考文献

[1] Corbett Edward P.J. Connors Robert J. Classical Rhetoric for the Modern

Student (4 th edition) [M]. Oxford University Press，1999.
[2] Campbell Karlyn Kohrs. The Rhetoric Act [M]. Wadsworth Publishing Company, 1996.
[3] Goodrich Peter. Legal discourse: Studies in Linguistics, rhetoric and Legal Analysis [M]. Palgrave Macmillan, 1987.
[4] 陈汝东. 社会心理修辞学导论 [M]. 北京：北京大学出版社, 1999.
[5] 胡曙中. 美国新修辞学研究 [M]. 上海：上海外语教育出版社, 1999.
[6] 王洁. 法律语言研究 [M]. 广州：广东教育出版社, 1999.
[7] 秦甫. 律师论辩学 [M]. 北京：人民法院出版社, 2001.
[8] 熊红文. 公诉实战技巧 [M]. 北京：人民检察出版社, 2007.
[9] 胡慧英. 试论消极修辞在司法文书中的运用 [J]. 湖南公安高等专科学院学报, 1999(5).

A Tentative Study on the Rhetoric Function of Public Prosecution Opinion

Zhang Luping, Leng Haitao
(China University of Political Science and Law)

Abstract: Facts, logistics, legal reasoning and right application of the law are inseparable parts of a successful court debate. Besides, a public prosecution opinion always has one basic feature, namely the application of language, rhetoric in particular. With the analysis of specific examples from randomly selected public prosecution opinions, this essay endeavors to demonstrate the importance of rhetoric in court debate from the perspectives of information, emotion, control and interaction.

Key words: Public Prosecution Opinion; Rhetoric function; Rhetoric feature; rhetoric structure

汉文化语境中的动物隐喻

周 健

（［中国］暨南大学华文学院）

摘 要： 隐喻不仅是一种语言修辞现象，也是人类的认知现象。动物的隐喻在不同的文化中存在着相似的一面，但更多的是差异的一面。文章对汉文化语境中牛、马、羊、狗、龙等五种常见动物的隐喻进行梳理分析，对比英语的动物隐喻现象，提出对外汉语教学中进行动物隐喻教学的对策。

关键词： 隐喻；动物；汉文化语境；对比

一、动物隐喻的文化差异

隐喻不仅是一种语言修辞现象，也是人类的一种认知现象，是人类理解周围世界的一种感知和形成概念的基本的认知方式（Lakoff & Johnson，1980）。隐喻在日常生活中是无处不在的，不但在语言中，也在思想和行动中。隐喻的本质是从一个认知域投射到另一个认知域，是通过另一类事物来理解和认知某一类事物或某种道理。隐喻中喻体与本体的相似性是构成隐喻的基础。

在对外汉语写作教学中我们曾搜集到一些句例。例如，日本学生说“我要像龟一样坚持下去”，阿富汗学生描写美丽的姑娘“眼睛像鹰一样”，美国学生称赞“老师跑得像狗一样快”，英国女学生介绍家庭成员时说“我家有妈妈、爸爸、哥哥、我和狗”等等。这些句子反映了外国学生的动物观，或者说对汉语动物隐喻的文化认知偏误。

动物的隐喻在不同的文化中存在相同或相似的一面，如狐狸象征狡猾、欺诈，蜜蜂象征勤劳，猪象征蠢笨、贪吃、懒惰，猴子象征精明、灵活，鸽子象征温顺、和平，蛇象征阴险、恶毒等。但在不同文化语境中动物的隐喻也存在许多差异，这些差异有些是明显的，甚至是截然对立的，有些则是不易觉察的，易被忽略的。

例如，英国的教堂是教徒说教做弥撒的地方，不存放食物。因而用“as poor as a church mouse”比喻一贫如洗。中国的硕鼠总在庙堂里偷吃供贡品，过着活神仙般的生活。因而两国宗教场所的老鼠给人的联想完全不同。中国人把猫头鹰当做不吉祥的象征，但英语“as wise as an owl,”却把猫头鹰当做智慧的象征。蜗牛象征缓慢、落后，snail在西方则象征顽强和坚持不懈；喜鹊、蝙蝠因名字谐音喜、福而隐喻报喜、幸福或富贵，而magpie象征喋喋不休，bat被视为丑陋、凶恶、吸血的恐怖动物；乌龟象征长寿或讥讽妻子有外遇者，而turtle象征纯洁；乌鸦象征凶兆，而crow象征长寿；螃蟹象征横行霸道的人，而crab象征脾气乖戾的人；鸭子象征笨拙的人，而duck象征可爱的人；鹅象征优雅（王羲之书成换白鹅,丑小鸭变天鹅），而goose象征愚蠢、自负；蝴蝶象征拈花惹草或舞姿优美，而butterfly象征忙碌；熊象征无能或笨拙,而bear象征易怒、粗鲁；牛象征壮实、勤劳或倔强，而ox象征壮实或愚笨的女人；猫象征机灵、温顺，而cat象征心藏祸水的女人。“落汤鸡”在英语中的表达则是“wet as a drown rat”(湿的像溺水的老鼠)；“牛饮”在英语中对应的是“drink like a fish”(像鱼一样喝水)。

不同民族所共有的经验、情感和认知，在是否使用动物隐喻、使用何种动物喻体以及使用同一动物喻体的何种特征等方面也有许多差异。比如，白鹤在西方象征警惕,而鸳鸯在中国象征忠贞的爱情，这两种隐喻都是对方文化所没有的；汉语说“狼吞虎咽”，英文说“eat like a horse”；汉语说“一箭双雕”，英文说“一石二鸟”（Kill two birds with one stone）；汉语说“狡兔三窟” 英语说“It is a poor mouse that has only one hole”（只有一个洞的老鼠最可怜）；汉语说“快马加鞭”，英语却说“A running horse needs no spur”（奔马无需鞭策）；汉语讽刺某些人“班门弄斧”，英语说的是“Never offer to teach fish to swim”（别想教鱼游泳）；“不入虎穴，焉得虎子”，英语说“Go to the sea, if you would fish well”；汉语说“兔子不吃窝边草”，英语却是“The fox preys farthest from his hole”（狐狸捕食，远离洞府）；汉语说“江山易改，本性难移”，英文的表达是“A crow is never the whiter for washing herself often”（乌鸦再洗澡羽毛也不会变白）；汉语说“人要衣装，马要鞍”，英文却是“Fine feathers make fine birds” “顾影自怜”、“自恋”这样的意念英文用“Each bird loves to hear himself sing”（鸟儿都爱听自己唱）来表达。“井底之蛙”是中外共有的比喻，但英文说“The frog in the well knows nothing of the great ocean”，说的是“井底之蛙，不知大海”，汉语则多和天空相联系，如“坐井观天”、“井蛙窥天”。猪的隐喻在中西方虽然类似，但汉语“猪”的隐喻主要是愚蠢、懒惰，而pig的性格隐喻主要是贪吃、肮脏、顽固；狼虽然在中西文化中都隐喻贪婪凶狠，但在汉语中还常常把“狼”同“好色”联系起来，有“色狼”之说。龟鹤在汉语语境中都是长寿的象征，所以有“龟鹤延年”的说法。鹿与“禄”谐音，猴与“侯”谐音，鱼和“馀”谐音，汉语中就产生了“鹤鹿回春、马上封侯、连年有余”等吉祥喜庆的词语。这些隐喻在非汉族文化中是空缺的。

本文拟对汉文化语境中五种常见动物的隐喻进行梳理分析，并与英语的对应情况进行简单比较，以帮助和促进外国学习者掌握汉语中的动物隐喻。

二、五种常见动物的隐喻

1. 牛

中国农耕社会长达数千年，牛在人们生产生活中占有重要地位。汉语中关于牛的隐喻，既有正面的、褒扬的，也有负面的、贬斥的。

传说炎帝神农氏就是牛首人身的形象。牛郎织女的传说几千年来脍炙人口。人们赞扬牛力气大、供役使，肉乳供食用，皮可制革。“老牛”、“老黄牛”，常常用来比喻踏实勤恳、任劳任怨工作的人。鲁迅也曾以牛自比，“俯首甘为孺子牛”，“我吃的是草，挤出来的是牛奶”。

“力大如牛”、“九牛二虎之力”、“牛劲”、“初生牛犊不怕虎”等都是形容牛力大、强壮、无所畏惧。在口语里，“牛”往往指那些最有本领、最有办法的人。比如：“那小子可真牛，三下两下就把进口机器修好了。”如今，“牛”已经成为媒体上最常见的夸张的形容词了。如“中国股市最牛的散户”、“史上最牛的重庆钉子户”、“史上最牛的婚礼”、“史上最牛的小偷”、“史上最牛的乞丐”……只要把“最牛”输入百度网，这样的词语简直铺天盖地。

“庖丁解牛”、“目无全牛”、“牛刀小试”都是对精湛技艺的称颂。古代诸侯订立盟约，要割牛耳歃血，由主盟国的代表拿着盛牛耳朵的盘子，故称主盟国为“执牛耳”，后泛指在某一方面居最有权威的地位。“九牛一毛”，喻数量之少，微不足道。“牛角挂书”形容勤奋向学；“汗牛充栋”喻书籍很多；“牛鼎烹鸡”比喻大材小用；“牛衣对泣”比喻贫贱夫妇生活困苦。

可能由于牛倔强少智、牛头形象不佳，汉语也有不少讥讽牛的比喻。“牛鬼蛇神”、“牛头马面”就用来比喻丑恶的形象和坏人。“牛脾气”说的是倔强固执的脾气。形容夸口为什么说“吹牛”？史学家顾颉刚先生曾在《史林杂识初编·吹牛、拍马》一文中作过考证：吹牛一词最早是西北方言，源于陕甘宁和内蒙古一带。本地人就地取材，用若干牛皮或羊皮袋吹成气囊，做成皮筏子，扎好口后连接成筏，作为渡河的工具（邵颖涛，2008）。还有一种说法是游牧民族逐水草而居，最看重的财产就是牛马。因此，人们聚在一起时总喜欢谈论自己的牛马，其中就难免有夸大的成分。日久天长，“吹牛”之说流传开来，有了说大话的意思。但在云南方言里，“吹牛”是聊天、拉家常的意思。此外，“对牛弹琴”讥笑听话的人什么也不懂，也讽刺说话人不看对象。“牛黄狗宝”，牛黄是牛胆囊中的结石，狗宝是狗脏器中的凝结物，两者都是内脏病变的产物，因此比喻坏透了的心肠。费力研究不值得研究或无法解决的问题或指思想方法狭窄，叫“钻牛角尖”。“气壮如牛”说的是表面上气焰很盛，内心却可能是虚的。

在英文中也有一些关于牛的隐喻，有的跟汉语类似，如“吹牛”叫Shoot the bull。形容股票的涨势“牛市”就源于Bull market。中英文都把强壮的人比喻成为牛，如Strong as an ox/bull。Raging bull，蛮牛，形容已经失去控制的残暴的男人。与中文不同的是，在西班牙、葡萄牙以及拉丁美洲有斗牛的传统，因此在英文中有很多与斗牛相关的词语出现，如形容人采取果敢行动应付艰险局面，中文说“明知山有虎，偏向虎山行”，而英文却说Take the bull by the horns。表示击中要害，Hit the bull’s eye。加快速度，中文说“快马加鞭”，英文却说Punch this cow，这个说法来自放牛的牛仔，他们用手打牛的目的是要让牛群快速地离开或者进入牛圈。

2. 马

在《易经》中，马为乾，牛为坤。在车出现之前，马是最重要的交通工具。秦始皇统一中国以后，马上着手“统一文字、车轨、度量衡”、“修驰道”。至今城市的公共道路仍被称为“马路”。汉语成语中有大量马的隐喻，其中多数都是赞誉马的，如：“马首是瞻”、“马到成功”、“一马当先”、“万马奔腾”、“快马加鞭”、“龙马精神”、“千里马”、“老骥伏枥，志在千里”、“老马识途”、“走马上任”、“马革裹尸”、“一马平川”、“一言既出，驷马难追”、“车水马龙”、“蛛丝马迹”、“塞翁失马”、“指鹿为马”、“悬崖勒马”、“走马看花”、“心猿意马”、“一朝马死黄金尽”。少女心目中理想的恋人多半不是“青梅竹马”，而是“白马王子”。

马在战争军旅中更显重要，隐喻颇多，如“兵荒马乱”、“千军万马”、“单枪匹马”、“马不停蹄”、“汗马功劳”、“厉兵秣马”、“招兵买马”、“金戈铁马”、“人仰马翻”、“杀回马枪”。

在古代，牛和马是最主要的耕田工具和运输工具，因此用“牛马”、“做牛做马”比喻做苦工的人，或生活艰苦劳累；“牛溲马勃”比喻低贱之人或物；“牛马襟裾”，犹言衣冠禽兽；“马耳东风”比喻充耳不闻、无动于衷或互不相干。从马的牙齿数量可以判断其年龄，因此用“马齿徒增”形容自己年岁白白地增加了，学业或事业却没有什么成就。“寒蝉仗马”寒天的蝉和皇帝大朝时所设的仪仗马，喻指缄口不语之人。

含马的词语中，也包含有少量贬义隐喻，如“害群之马”、“牛头马面”、“牛头不对马嘴”、“声色犬马”、“盲人骑瞎马”、“非驴非马”、“露出马脚”等，以及“马虎”、“马大哈”（它们不一定直接跟马相关，但毕竟用的是“马”字）等。

由于马在古代游牧民族中的地位更为重要，英文中马的隐喻可能更多，如Work like a horse 是拼命工作，wheel horse 比喻忠实的工作者，Workhorse形容团队里最努力工作的人或整个行业里最有用的机器。Dark horse（黑马）原出自19世纪英国政治家杰明·狄斯雷斯的小说《年轻的公爵》中对赛马的描述，后来用于比喻实力难测的竞争者或出人意料的优胜者。Eat like a horse 是说能吃、大吃，狼吞虎咽；“风马牛不相及”的英文说法却是 a horse of another color；Back the wrong horse 是赌错了马；Flag a dead horse 比喻白费力气、徒劳无功；Hold your horse，这句俚语的意思是“少安毋躁”；on one’s high horse 是趾高气扬，妄自尊大的意思；而马蹄铁（horseshoe）则被视为能避邪或带来幸运之物，或装饰于大门，或作为结婚礼物；Don’t look a gift horse in the mouth 意思是不要挑剔别人送的礼物。有趣的是，在中英文俗语中牛与马常常交换位置。汉语说“他强壮得像一头牛”，英文是He is strong as a horse；“牛劲”是 horse power；“牛脾气”是as stubborn as a mule；“牛不喝水强按头”，英文中则说You can lead a horse to water, but you can’t make him drink.

3. 羊

羊在中国先人心目中具有重要地位，从“善、美、养、祥、群”等字都含有“羊”可见一斑。许慎《说文解字》：“美，甘也。从羊从大。羊在六畜主给膳。”羊是美味的象征。《本草纲目》引董仲舒云：“羊，祥也，故吉礼用之。”所以羊又常用来表示吉祥，如“大吉羊”、“四羊方尊”、“三羊开泰”（原为“三阳开泰”，用谐音‘羊’来隐喻‘阳’）。《汉书·南越志》记：“尉佗之时，有五色羊，以为瑞。”羊在十二生肖中排名第八，是最富温情的属相。

“触羊”，即触藩之羊，被篱笆缠住，也做“羝羊困”或“羝羊触藩”，喻进退维谷，陷入两难。“瘦羊博士”指能克己让人的人。“素丝羔羊”指正直廉洁的官吏。“犬羊”常用以比喻任人宰割者，如俘虏、囚犯等。“牧羊儿”指见识浅陋的人。“哑羊”或“哑羊僧”，佛教语，指不知解悟的僧人。“槛羊”槛中的羊，喻受制于人者。“烂羊”，《后汉书·刘玄传》：“其所授官爵者皆群小贾竖或有膳夫庖人多着绣面衣、锦裤、襜褕、诸于骂詈道中。长安为之语曰：灶下养中郎将。烂羊胃骑都尉。烂羊头关内侯。”后以“烂羊”为典指地位卑下者或滥授官爵。羊性倔强，狼性贪婪，因此“羊狠狼贪”用来形容贪婪倔强的人，亦比喻贪官污吏。“十羊九牧”九个人放牧十只羊，比喻官员太多，政令不一，使别人不知所从。“亡羊补牢”喻失误后及时补救。“歧路亡羊”，比喻因情况复杂多变而迷失方向，走入迷途。“千羊之皮，不如一狐之腋”，比喻众愚不如一贤。“卖狗悬羊”，比喻名实不符，表里不一，狡诈欺骗。“使羊将狼”，语出《史记·留侯世家》，派羊去指挥狼，比喻平庸者不足以统众。“狼羊同饲”，比喻把坏人同好人一样对待。“羚羊挂角”，传说羚羊夜眠时，将角挂在树上，脚不着地，以免留足迹而遭人捕杀，因而比喻诗文意境超脱不着痕迹，无迹可求。在俗语中有不少含有羊的隐喻，如“顺手牵羊”、“羊毛出在羊身上”、“羊落虎口”、“饿虎吞羊”、“挂羊头卖狗肉”等等。

汉语词语“羊性”喻无主见跟着别人跑的性格，在英文的短语中，有更多类似的隐喻，如：follow like sheep是说像羊那样盲从；sheepish，羞怯的、怯弱的、提心吊胆的；as gentle as a lamb，性情温顺如小羊；like a lamb，驯顺地、天真烂漫的；a wolf in sheep’s clothing，“披着羊皮的狼”在英汉语中都成了常用词语；scapegoat是“替罪羊”，源于古代犹太教祭祀礼仪中，用羊代替人承担罪过，比喻代人受过。但英语有些关于羊的隐喻却是汉语所没有的：act (play) the goat 做傻瓜(干蠢事，装傻相)；the black sheep (of the family) 家庭中的黑羊，译成汉语当为“害群之马”；mutton dressed (up) as lamb 比喻“老来俏”；as well be hanged/hung for a sheep as a lamb，一不做二不休；separate the sheep from the goats，把好人坏人区分开；make sheep’s eyes at someone是向某人抛媚眼，递送秋波。在中国“山羊”可代表博学之人，幼儿园的小朋友都知道老山羊爷爷很有学问；而goat在英语中含有“好色的不正经的男子”的文化内涵，中国出口到英国的goat牌闹钟滞销，命名时未考虑文化语境可能是原因之一。

4. 狗

在所有动物隐喻词语中，狗是中西文化差异最显著的标志之一。西方人视狗为人类的忠实朋友，甚至当做家庭成员，而汉语成语中的狗的隐喻词语却多为贬义。如“狼心狗肺”、“狗仗人势”、“猪狗不如”、“狗苟蝇营”、“狗尾续貂”、“狗血淋头”、“狗头军师”、“鸡鸣狗盗”、“偷鸡摸狗”、“鸡零狗碎”、“鸡飞狗跳”、“鸡犬不宁”、“鸡犬不留”、“狐群狗党”、“狐朋狗友”、“丧家之犬”“行同狗彘”、“狗彘不若”、“声色犬马”、“斗鸡走狗”、“鸡犬升天”、“鸡肠狗肚”、“一犬吠形，百犬吠声”、“蜀犬吠日”（四川多阴雨，狗见日则吠，比喻少见多怪）、“狗头生角”（比喻不可能实现的事，多用于拒绝他人）“土鸡瓦犬”（泥捏的鸡，瓦造的犬。比喻徒有其表，实为无用之物）、“犬羊之质”（比喻怯弱无能的性情）。在俗语中可以找到更多的例子：“狗眼看人低”、“狗嘴吐不出象牙”、“狗咬吕洞宾”、“嫁鸡随鸡，嫁狗随狗”、“狗头军师”、“狗腿子”、“走狗”、“哈巴狗”、“巴儿狗”、“吧儿狗”、“丧家犬”、“关门打狗”、“打狗还看主人面”、“落水狗”、“癞皮狗”、“狗屎堆”、“阿狗阿猫”、“人模狗样”、“狗改不了吃屎”、“狗胆包天”、“狗咬狗”、“卖狗皮膏药”、“画虎不成反类狗”、“狗急跳墙”、“狗拿耗子——多管闲事”。就连“犬”旁字，也多含贬义，如“狰狞”、“狡猾”、“猖獗”、“猥”、“狱”等。

也有少量不带贬义或贬义程度轻一点的，如“白云苍狗”（浮云像白衣裳，顷刻又变得像苍狗，喻世事变幻无常）、“兔死狗烹”（喻有事时被重用，事成后即被毁弃）“东门黄犬”（语出《史记·李斯列传》，李斯因遭奸人诬陷，论腰斩咸阳市。临刑谓其中子曰“吾欲与若复牵黄犬俱出上蔡东门逐狡兔，岂可得乎!”，喻为官遭祸，抽身悔迟。）；“鸡犬相闻”、“犬牙交错”、“犬马之力”、“愿效犬马之劳”是自谦的说法，同样的还有“犬马之心”、“犬马之命”、“犬马之疾”等，甚至连自己的儿子也称为“犬子”。

西方人视dog为忠诚伴侣，爱狗如子。国家元首抱着狗、牵着狗是常有的事。总统爱狗是很讨公众喜欢的，所以美国总统与狗形影不离，也是为了展示亲民形象。dog不仅是西方人的宠物，而且被视为家庭的一员。英语中以“狗”为喻体的成语或谚语多带褒义,如A lucky dog（幸运儿）、A gay dog（快乐的人）、Love me, love my dog（爱屋及乌）、Every dog has his day (凡人皆有得意日)、be like a dog with two tails（非常开心）、life in the old dog yet.（老当益壮）、work like a dog（努力工作）、a hot dog（运动场上的好手）、the top dog（优胜者）等。

英语中常以狗隐喻生活：call off the dogs（停止追逐、打断不愉快的谈话)，a dog and pony show（盛大表演），the dog days（三伏天), It’s raining cats and dogs!（倾盆大雨），not have a dog’s chance（极少的机会），go to see a man about a dog（幽默语，要上厕所了），keep a dog and bark yourself（喻家有佣人而要亲自操劳，做属下的工作），let sleeping dogs lie（莫惹是非）。

英语中虽然也有dog短语带贬义，但是总的来说程度都较浅：as sick as a dog（病得厉害），a dog in the manger（占着茅坑不拉屎的人），dog-eat-dog（自相残杀），dog-tired（筋疲力尽的），be done like a dog's dinner（一团糟的混乱局面），dog eat dog（各人顾各人，残酷无情的竞争），dressed up like a dog's dinner（在正式场合穿着不得体），fight like cat and dog（整天吵架），go to the dogs（堕落消沉，每况愈下），It's a dog's life（悲惨的生活），put on the dog（耍派头、摆架子)，a shaggy dog story（冗长杂乱的故事），the tail wagging the dog（小人物掌权），throw someone to the dogs（自卫反击），teach an old dog new tricks（使守旧的人接受新事物），Mad dogs and Englishmen go out in the midday sun (英国人在中午太阳最热的时候出去从事户外体育运动就像疯狗似的)。

忠实于人类的狗为什么在汉语词语中多贬义呢？北京民协秘书长于志海认为，这是因为人跟狗的关系太近了。他说，人实际上是很怕狗的，由于狗在日常生活中出现的频率较高，还经常有咬人事件发生，就给人造成了凶恶的形象。同时，旧时候狗经常居高门大院而狂吠，也给人“狗仗人势”的感觉。此外，也有专家认为造成这种现象的原因，一是狗的外表像狼，血缘与狼也有着千丝万缕的联系，人对狼的憎恨和恐惧延伸到了狗；二是狗的性格过于顺从，主人让怎么样就怎么样，使主人没有一点征服的成就感，所以就被瞧不起了。吕洪年教授（1991）则认为，人类对狗的褒贬之情，以三国为界，存在一个明显的分水岭。三国之前，人很少对狗有驳斥之心，庄子说“狗不以善吠为良，人不以善言为贤”，也只是以狗喻人事，并没有褒贬在里面。刘邦建汉时还称众开国武将为忠狗。到了三国，天下风云变幻，出了很多谋士，各为其主，对主人言听计从，出谋划策，甘当走狗，与狗相关的贬义说法，也就由此纷纷演化出来。

5. 龙

龙是中西方神话传说中都有的文化动物。中文里吉祥尊贵的“龙”与英文中邪恶凶残的dragon 形成了鲜明的对比。在中国文化中,龙是中国特有的图腾崇拜的产物。据考古研究，以蛇身、马头、鹿角、鹰爪、鱼鳞等附和升华而成的龙图腾，是远古以来以蛇为图腾的华夏族，在与周边各种以马、鹿、羊、鹰等为图腾的各少数民族部落长期融合而形成的共有图腾。龙是中国神话中的一种善变化、能兴云雨、利万物的神异动物，为“四灵”（龙凤麟龟）之首，象征着吉祥、权威、高贵和繁荣。后成为皇权象征，历代帝王都自命为“真龙天子”。帝王未即位或在民间时（多指开国之君）称“龙潜”，新王朝创立称“龙兴”，皇帝即位称为“龙飞”，皇帝的容貌称“龙颜”，皇帝死亡称“龙驭宾天”，即乘龙升天。还有一些帝王热衷于以龙为年号。据统计，在中国历史上，以龙字作年号的君王不下20位。对华人来说，龙的形象更是民族的象征，我们都是“龙的子孙”、“龙的传人”。时至今日，龙在中国人民心中仍是至高无上的,我们把自己的国家称作“东方巨龙”，龙可以看做是中华民族的图腾。

汉语中有大量的关于龙的成语，基本上全是褒义的，如“龙腾虎跃”、“龙飞凤舞”、“龙凤呈祥”、“生龙活虎”、“活龙活现”、“画龙点睛”、“车水马龙”、“龙争虎斗”、“蛟龙得水”、“虎踞龙盘”、“龙马精神”、“望子成龙”、“虎啸龙吟”、“藏龙卧虎”、“来龙去脉”、“乘龙快婿”、“群龙无首”、“叶公好龙”、“龙生九子”、“龙肝凤髓”、“龙蛇杂处”、“龙潭虎穴”、“攀龙附凤”、“笔走龙蛇”、“龙头蛇尾”、“成龙配套”、“鼎成龙去”、“雕龙画凤”、“飞龙在天”、“凤舞龙蟠”、“黄龙痛饮”、“矫若惊龙”、“二龙戏珠”、“凤翥龙翔”（龙凤飞翔，气势不凡）、“龙骧虎步”（比喻威武轩昂的气概）、“龙眉豹颈”、“龙眉凤目”（二词皆喻英雄豪杰形象独特）。

普通词语和俗语中也有不少龙的隐喻，如“龙头老大”、“卧龙”、“龙门阵”、“龙门架”、“九龙壁”、“龙胆”、“龙骨”、“龙城”、“龙套”、“龙驹”、“龙井”、“龙脑”、“龙宫”、“龙船”、“龙灯”、“龙虎斗”、“龙虎榜”、“龙卷风”、“龙袍”、“龙票”、“龙亭”、“龙庭”、“龙王”、“水龙头”、“龙虾”、“龙眼”、“独眼龙”、“合龙”、“龙钟”、“龙舟”、“风从虎，云从龙”、“鲤鱼跳龙门”、“大水冲了龙王庙”、“神龙见首不见尾”、“强龙压不过地头蛇”、“龙游浅水遭虾戏，虎落平阳被犬欺”等等。

然而在西方神话传说中，dragon是一种长着翅膀和蛇尾，身上有鳞，口中能喷火的凶残肆虐的巨大四脚蜥蜴或毒蛇，是一只地地道道的怪物，是“罪恶、邪恶或异教”的象征，是指“凶残肆虐的动物”，多用在贬义词里。例如：to chase the dragon（喻服用毒品）；“圣经”中撒旦被称为dragon。英语中还称凶暴的女人为dragon，如She is a real dragon，you'd better keep away from her（她是凶狠的母夜叉，最好离她远点）。中英文化的差异使同一动物词有不同的内涵，给人带来的联想截然不同。我们认为把中国的“龙”译成“dragon”不大妥当，最好直接用拼音Long来表示，或译为the Chinese dragon。至于“亚洲四小龙”，最好译成“Four tigers of Asia”，以避免引起误解。

三、动物隐喻与汉语教学

在人类历史发展的漫长进程中，动物始终与人类保持着密切联系并对人类的生存、发展有着深刻的影响。动物与人类活动关系密切，人类或视动物为敌、或视动物为友、或视动物为食物来源，动物与人类相生相克，息息相关。人类对动物产生喜爱、同情、厌恶、恐惧等错综复杂的情感，人类也常常借动物来寄托和表达其感情,在英汉两种语言文化中都有许许多多与动物相关的词汇。动物隐喻反过来对人类认知世界、掌握语言又产生巨大的影响。语言中的词汇反映了文化发展的差异，由于受历史、习俗、价值观念、宗教信仰等诸方面文化因素的影响，英汉两种语言赋予动物词汇以各自特定的文化内涵。在不同文化语境中形成的动物隐喻会对学习者学习第二语言产生一定的影响。在汉语作为第二语言教学中，无论是教师还是教材编写者都应当具有双文化的意识和修养，简单地提供一个英文词汇对译的方式可能会导致误解和误用。遇到某些容易产生偏误的动物隐喻要有适当的文化背景方面的分析解释。

语言教学中的动物隐喻教学要有针对性。讲什么，不讲什么，什么重点讲，什么一带而过，都要注意针对性原则。学生母语中的动物隐喻跟中文相同、相近或相通的，可以少讲或不讲。动物隐喻及文化内涵揭示要为语言教学服务。动物隐喻涉及文化、社会、民俗、习惯、认知、心理等方面，内容丰富，但必须强调的是，我们揭示动物隐喻的文化差异，是为语言教学服务的，是为汉语作为第二语言习得服务的，绝不可喧宾夺主地在语言学习的课堂上大讲特讲动物隐喻的文化知识，占用过多的语言课堂时间，影响学生的汉语习得。

总的来说，在对外汉语教学中，适当讲解动物隐喻，特别是汉文化语境中特有的动物隐喻，可以帮助学生理解汉语文化的语言表达习惯，调动、提高汉语学习者的兴趣，从而更深刻地理解汉语表达方式，提高运用汉语的水平。

参考文献

[1] Lakoff G, Johnson M. Metaphors we live by [M]. Chicago: University of Chicago Press, 1980.

[2] 吕洪年, 等. 中国风俗辞典[M]. 上海：上海辞书出版社, 1991.

[3] 束定芳. 隐喻学研究[M]. 上海：上海外语教育出版社, 2001.

[4] 周健. 对外汉语语感教学探索[M]. 杭州：浙江大学出版社, 2005.

[5] 艾素萍. 认知隐喻视角下动物词汇联想意义探源[J]. 四川理工学院学报（社会科学版）, 2007(3).

[6] 任飞. 印汉动物词语的文化喻义与翻译[J]. 解放军外国语学院学报,2003(1).

[7] 邵颖涛. “弹指”与“吹牛”[J]. 读者，2008(9).

[8] 王玉昕. 英汉动物词语的隐喻对比及其文化内涵[J]. 外语教学与研究, 2007(3).

[9] 岳辉, 李莉莉. 浅析动物隐喻词语的语言表达与语义系统[J]. 社会科学战线, 2006(1).

[10] 詹蓓. 英汉动物喻体语用含义的对比分析[J]. 外语研究, 2003(3).

[11] 朱晓红. 英汉隐喻的跨文化对比及翻译[J]. 安徽工业大学学报（社会科学版）, 2005(3).

[12] 胡壮麟. 认知隐喻学 [M]. 北京：北京大学出版社, 2004.

The Metaphor of Animals in the Context of Chinese Culture

Zhou Jian
(Huawen college of Jinan University)

Abstract: Metaphor is not only a phenomenon of rhetoric, but of cognition of human. There are similarities of animal metaphor in different cultures, but the difference of tastes is the main. This paper analyses the metaphor of five common animals of bull, horse, sheep, dog and Long in the Chinese cultural context. A comparative analysis with that of English and teaching suggestions were also made by the author.

Key words: metaphor; animal; Chinese cultural context; contrast

汉语偏正式半喻名词词汇化认知分析

张培成

（［中国］曲阜师范大学）

摘　要： 偏正式半喻名词由修饰性词素N1和已经喻化的中心词素N2构成，是利用修辞手段创造词语的结果。本文依据认知理论和范畴化理论，对偏正式半喻名词的产生机制和过程、N1和 N2之间的语义关系以及该类词所表现的范畴结构进行了分析和阐述，认为偏正式半喻名词的词汇化过程反映了人类观察客观世界、探索事物之间关系、运用比喻思维和范畴化思维将新旧概念联系起来的认知规律。

关键词： 偏正式半喻名词；词汇化；认知分析；范畴；基本层次

引言

汉语偏正式复合名词中，有一类词，构造特殊，语义丰富，数量众多，使用频繁，且新词层出不穷，但至今尚未引起学界注意，研究著述几无可见，这类词就是偏正式半喻名词，例如：

A：温床、花床、苗床、河床、棺床、刨床、车床、牙床、琴床、槽床、冰床

B：电脑、光盘、贸易战、城市病、人才市场、知识爆炸、电脑病毒、精神污染、文化扶贫、精子银行、凝聚力工程、信息高速公路

A组各词以“床”为中心词素，B组各词则以其他词为中心词素，但语义构成原理与A组相同。这些词皆由两个名词词素构成，组织结构是N1 + N2 = N。仅由此点来看，它们与一般的偏正式复合名词没什么不同，如“河床”与“河坝”、“河堤”。可是，从语义上分析，两者大相径庭。以前三词为例，“坝”和“堤”二词素和“河”词素分别复合成词后，其语义所指并未产生质的变化。然而，“床”与“河”组合后，其意义产生了巨大的质的变化，“床”不再是“供人躺在上面睡觉的家具”，而是一种“像床的器具或地面”（《现代汉语词典》）。“床”经过“河”的推动和催化，变成了一个带有比喻意义的词。A组其他各词中的“床”以及B组各词中的N2皆有如此“蜕变”。这类词中，已经喻化的N2占了全词的一半，因此我们将其称作“偏正式半喻名词”（下简称半喻名词）。不过，也有些半喻名词的N1和N2语素数量并非完全均等，像“凝聚力工程”、“信息高速公路”等。

半喻名词的造词过程以比喻思维起始，利用已存在的语言材料，经过一系列的比拟和推断，最终将两词素融合在一起，构成一个全新的概念。这是比喻造词的典型范例之一，是修辞手段在词汇的形式构成和语义变化中的具体表现。

一、半喻名词的生成

1. 比喻思维与半喻名词

人类社会不断发展，新事物、新概念层出不穷，作为象征符号的词汇当然也要随之“扩军”。“扩军”途径有三：发明新词、添增新义和改造旧词。发明新词会增加词汇数量，加重记忆负担；添增新义容易产生歧义，增加理解困难，而改造旧词则可避免以上问题。改造旧词中最高效的方法之一是在旧词前加一修饰词，使之发生可控变化，产生人类所期望的新义。例如，“灯”原指低级的照明工具，常为油灯。电灯问世，欲将其使用电能的特点表达出来，于是加“电”字于“灯”前，新词“电灯”产生，此“灯”便跨一台阶，脱旧胎而生新义。

此方法的本质是类比思维。尽管“电灯”和“油灯”在形状、材料、样式、耗能、亮度等方面大为不同，但其核心功能是相同的，即照明。这种事物之间某一点上的相同性或相似性就是类比思维的基础。以此物比彼物，以旧事物带出新事物，类比思维为词汇的扩展铺平了道路。

而且，类比思维以相似性为基础的思维原则有时会被人类拓展开来，成为的制造隐喻的工具。我们知道，隐喻手段的主要特点之一是选其一点，不计其余，当我们用比喻思维比较两个事物时，我们的注意力往往放在两者的那个相同点或相似点上，其他方面即使有很大差异我们也常会忽略不计。这个相同点或相似点有时是事物的核心特点，有时也会是事物的边缘性特点。人类注意的如果是核心特点，通过类比产生的新词所指事物与旧词所指事物不会有本质的差别，若注意的是边缘性特点，新旧词所指事物之间就会产生巨大差异，N2会就会被快速喻化。以“电灯”和“酒精灯”为例，“电灯”一词中，“灯”义所指事物与“油灯”、“汽灯”中的“灯”等无大差异，因为灯的核心特点——照明——是人们造词时所关注的对象；而“酒精灯”所指的灯显然已经不属真正的灯，只是形状似灯，是用来加热的器具。“灯”的意义之所以能发生这么巨大的、本质性的变化，是由于人类认识事物和创造新词时所关注的重心转向了外部形状这种事物的非核心特点或边缘性特点。这样，“酒精灯”里的“灯”的核心特点随之改变，其所指事物的性质也相应变化，“酒精灯”则成为半喻名词。整个过程中，类比思维起了巨大作用，成为半喻名词生成的强大推手，而类比思维是比喻思维的基础。

2. N_2喻化过程中的范畴变化

半喻名词“酒精灯”的产生是忽视“灯”的核心特点和凸显非核心特点的结果。这种忽视，实质上是一种核心特点的去除化过程，会影响对一个事物的归类和表述，并使代表此事物的词语产生比喻意义。

事物属于一定的范畴。范畴一般由五至六个层次构成，认知研究主要关注其中三个层次，即一般层次、基本层次和具体层次①。以“床”为例，“床”为基本层次，上面的一般层次为“家具”，下面的具体层次为“木床”、“竹床”、

“板床”、“摇床”、“帆布床”、“钢丝床”等，与“床”处在同一层次的有“桌”、“椅”、“橱”、“沙发”等。

决定事物处在同一层次的关键因素是它们具有相同的核心特点，例如，床、桌、椅、橱、沙发皆为家具，“家具”就是它们共有的核心特点。核心特点与上层次概念紧密联系，“床”的核心特点涉及上层次即一般层次的概念“家具”，而“木床”、“摇床”、“帆布床”等的核心特点涉及基本层次“床”，并具备共同的核心特点“供人躺在上面睡觉”。除了核心特点外，床还有一些非核心特点，如形状上有较大的平面，有四条腿，功能上可以承载人体等。

由此不难看出，核心特点就是关系到事物性质的特点，是能够为事物定性的特点。如果改变这种特点，就会直接影响了事物的性质，使其朝其他种类的事物演变。“河床”是“河流两岸之间容水的部分”，指水下平展的地面。叫“床”但不具备床的核心特点，只有非核心特点“部分形状像床”而已，因此已经丧失了床的性质，成为床以外的不同事物。我们将“河床”和“酒精灯”的范畴变化列为下表，可以更清楚地说明这个问题：

更高层次	物	物
一般层次	家具	器具
基本层次	床：供人躺在上面睡觉的<u>家具</u>	灯：发光的<u>器具</u>，主要用来照明
具体层次	木床：用木料制作的<u>床</u> *河床：河流两岸之间容水的平展<u>地面</u>	油灯：用植物油做燃料的<u>灯</u> *酒精灯：用酒精做燃料的加热<u>器具</u>

表中的内容需要做两点说明：第一，按照事物的科学范畴，“河床”不属于“床”的具体层次，不能和“木床”共同构成“床”的下义词，“酒精灯”也是这样。但此处为了直观易懂，暂列如此，以*号标示；第二，下划线词是核心特点里所涉及的上层次概念。

从表中可以看出，“木床”和“油灯”的定义中皆含有基本层次的概念“床”和“灯”，说明为正常下义词，所指物体无本质变化。但“河床”和“酒精灯”则不是这样，其定义中不含基本层次概念，因此不是“床”和“灯”的下义词，说明所指事物产生了本质的变化，已经不属于床或灯。进一步看，“酒精灯”定义里没有基本层次的概念，却含有一般层次的概念“器具”，说明它不是“灯”的下义词，而是和“灯”一样成了“器具”的下义词。显然，“酒精灯”已不是一般意义上的灯了。相比之下，“河床”更进一步，既不是床，也不是家具，只能是一种意义更抽象、更宽泛的“物”。这个变化在范畴上升高了一个层次，比“酒精灯”要大。由此看来，半喻名词在范畴变化上也有程度上的不同，结果导致后词素喻化程度不同。所以，N2的喻化与其核心特点的去除紧密相关，去除得越多，其喻化程度也越高。

3. 半喻名词产生的范畴层次

半喻名词“河床”位于具体层次，其中的比喻词“床”则位于基本层次，这是人类认知规律的表现。范畴的基本层次与人类对世界的认知关系最紧密。“在此层面上，人们的分类与客观主义的自然分类最接近，人们处理自然的事物最有效、最成功。也就是在此层面上，人们区分事物最容易”②。由于这些优势，表现基本层次范畴的词语也就最多，是日常生活中的基本词语，为人类最早习得。这些词语的语言特点是用字少，形式简短，文体为中性，意义上既不是太抽象，也不是太具体，因而使用最方便，语用效率最高，使用频率最高。与我们此处讨论的问题相关的是，以上特点使此层次词语最常被用来构成复合词，来表达具体层次的事物。

人类的比喻思维也最常用事物范畴的基本层次，因为该层次可以最大限度地满足人类思维的趋易性。人类活动都有趋易倾向：有容易的就不选择困难的，思维也不例外。见到一种新事物，是将它看作一个全新的东西，对其进行最初始的了解和认识，还是和以前经验中的已知事物联系起来，发现其间的关系，借用已知事物来认识新事物？是创造一个崭新的名称为其命名，还是借用旧名称？哪个更容易？当然是后者。汉语中大量复合名词的构成便是这种趋易思维的结果。从古代最原始的手推车或牛车再到现代集高科技于一身的高速跑车，车的方方面面不知发生了多么大的变化，但人们依然不愿意将“车”一词放弃，依然沿用旧词，就是因为“车”一词里具有已知知识的“基因”，能将关键信息“遗传”给下一代词，如“汽车”、“火车”、“电车”等，当然也就大大减少了创造新词带来的困难。

如上文所说，比喻思维在制造半喻名词时所表现的趋易性则更进了一步，它所关注的不是“是不是”，而是“像不像”，只要像就达到了目的。那么，在哪一个层次上性质不同的事物之间最易发生相像关系呢？是基本层次。在具体层次，极少存在性质完全不同的事物，因为它们都是同一性质事物的下属范畴，例如木床、竹床、钢丝床等。而一般层次范畴所指又太过于抽象，其相像点少之又少，难以形成人们所需要的、有范畴化价值的相像关系，例如，家具和文具之间。而基本层次则恰到好处，事物之间性质不同，却有相似之处，很容易联系起来，构成隐喻。根据我们的统计，半喻名词的N2绝大多数属于基本层次的词语。以表示人体的词汇为例，“头”（山头）、“脑”（电脑）、“眼”（枪眼）、“耳”（木耳）、“口”（河口）、“牙”（月牙）、“齿”（梳齿）、“舌”（火舌）、“臂”（起重臂）、“腿”（桌腿）、“背”（刀背）、“腰”（山腰）、“脸”（门脸）、“肺”（城市肺）等皆属于基本层次，是我们思维和表达中最常用的概念。

当然，随着人类生活范畴的复杂化，也有不少属于具体层次的词语成了喻化的N2，例如“电子信箱”中的“信箱”、“空中客车”中的“客车”、“信息高速公路”中的“公路”和“高速公路”等。这些词语是代表新事物、新概念的开放性词语，随着新事物的增加逐渐带上了基本层次的特点，有了自己的下义层次，即具体层次。例如，“车”为基本层次，其具体层次为“火车”、“汽车”、“马车”等。后来，“汽车”也有了自己的具体层次：“卡车”、“小汽车”、“面包车”、“客车”等。现在，“客车”也正在被进一步细化，有了“双层客车”、“卧铺客车”、“观光客车”等下义概念，为以“客车”做N2的半喻名词的产生铺平了道路。

二、N1和N2语义关系分析

“河床”和“木床”所指成为性质完全不同的事物，说明其范畴有了重大变化。那么，为什么“河床”和“木床”结构相同，语义所指却有天壤之别？词语的内部语义关系是否在这种变化中起了巨大作用？

1. 语义关系的种类

请看下列半喻名词：

山腰、墙脚、床腿、书背、学潮、浪花、窗花、病根、梳齿、雨幕、鞍马、海象、海米、碑林、眼帘、笔帽、火海、眼波、电脑、网虫、木耳、光盘、贸易战、城市病、人才市场、知识爆炸、电脑病毒、电脑红娘、精神食粮、精神污染、空中客车、电子信箱、文化扶贫、精子银行、绿色长城、铁路大动脉、凝聚力工程

这些只是半喻名词中的很小一部分。它们的共同点是，后词素N2都已经成为隐喻词，即使一些新词也是这样，尽管权威词典还没有将其比喻意义纳入定义中。例如，“精子银行”中的“银行”，显然已经不是一般意义上的存取钱款的银行，而属于银行的上范畴层次——一种“机构”。它们的不同点是，前词素和后词素的语义关系上有很大差异。例如，“河床”中，“河”与“床”的语义关系是“床”是“河”的一部分，“河”与“床”是整体与部分关系。下面我们以这种分析方法将上面的例词分类如下：

（1）**处所：**窗花、海米、木耳、海象、网虫、眼波、城市病、空中客车、电脑病毒
（2）**整体与部分：**山腰、墙脚、床腿、浪花、梳齿、笔帽、眼帘、书背
（3）**特征：**电脑、光盘、鞍马、电脑红娘、电子信箱、绿色长城
（4）**性质：**病根、贸易战、精神食粮
（5）**构成：**碑林、雨幕、火海、学潮、铁路大动脉
（6）**内容：**精子银行、人才市场、知识爆炸、文化扶贫、凝聚力工程
（7）**目标：**精神污染、

以上分类的语法构式是：

（1）**处所：**N2在N1上／里／边，如：“花”贴在“窗”上，“耳”长在“木”头上，“象”生活在“海”里，“病”发生在“城市”里。
（2）**整体与部分：**N1是N2的整体，N2是N1的一部分，如：“山”是山“腰”的整体，山“腰”是“山”的一部分；“梳”是梳“齿”的整体，梳“齿”是“梳”的一部分。
（3）**特征：**N2的特征是N1，如：此“脑”的动能是“电”，此“盘”靠激

"光"运行，此"马"像"鞍"。

（4）**性质**：N1是N2的性质，如："病"是"根"的性质，"贸易"是"战"的性质。

（5）**构成**：N2由N1构成，如："林"由"碑"构成，"幕"由"雨"构成，"潮"由"学"生构成，"大动脉"由"铁路"构成。

（6）**内容**：N1是N2的内容，如："贸易"是"战"争的内容，"精子"是"银行"的内容，"人才"是"市场"的内容，"知识"是"爆炸"的内容，"文化"是"扶贫"的内容。

（7）**目标**：N1是N2的目标，如："精神"是"污染"的目标。

以上分类尚不完善周详，有待进一步改进，类别很可能还要增加。由此可见，N_1和N_2之间的语义关系十分复杂。这些复杂的语义关系表明人的比喻思维的创造力非常强大，其结果之一——半喻名词的作用也是丰富多彩的。

2. 异常语义关系的喻化作用

同样是偏正式复合名词，具有相同的中心词素，"木床"和"河床"、"流感病毒"和"电脑病毒"的N_2词素所指一个为真，一个为假，大相径庭。这是为什么呢？前面我们已经探讨了认知思维在这个方面的运行机制，现在我们再从复合词的构成层面来观察一下这个问题。

我们知道，许多情况下，隐喻的产生是由词的异常搭配所造成的，其中一种是修饰语（定语）与中心词的异常搭配，例如："理想的风帆"、"生命的源头"、"爱情的火焰"、"知识的宝库"、"命运的推销员"等等。在这些表达中，我们使用了异常的、与成规不合的修饰语，将属于两个完全不同范畴的事物联系在了一起，使中心词从一般意义扩展为比喻意义，产生了生动、形象的描写或表达。可以说，中心词语义扩展的动力来自于前面修饰语的异常搭配，半喻名词的产生也是这个道理。例如，"精神污染"一词中，词素"污染"的意义扩展、泛化也是因与"精神"的异常搭配而产生的，"精神"使"污染"突破了原来的语义范围，从客观世界延伸到主观世界，与"空气污染"、"环境污染"、"水污染"、"白色污染"等完全失去了同范畴的并列关系。

那么，为什么说半喻名词中N1和N2的搭配不正常呢？什么样的搭配才是正常的呢？以"木耳"为例，"木"为"耳"生长的处所，即，"耳"长在"木"上。"耳"何以长在"木"上？这显然与人的正常认识相违背，属异常搭配。实质上，异常搭配还有更深层的运作机制。Lakoff（1980）认为，隐喻意义是一个概念域向另一个概念域映射的结果，这个道理说浅显些，就是将两个不同范畴的事物等同起来，在它们之间画等号。例如，"精神食粮"喻指文化产品，此比喻中，我们的认知思维将精神生活需要的"文化产品"和身体健康需要的"食粮"两个不同范畴的事物等同了起来，也同时将"精神"和"身体"等同了起来，在它们之间画了等号。有时，由于N_1和N_2之间的语义关系比较复杂，这种画等号并非十分直接，思考喻体是一个间接的过程。例如，若分析“木耳”一词，首先要以木推断出人，因为人长耳是正常的认知表现，然后，等式“木=人”和“真菌=耳”才能产生。再例如，“知识爆炸”一词，在我们的正常认知中，具有“能爆炸”的属性的最常见事物是什么？是炸药，那么，“知识=炸药”，“快速增长=爆炸”的等式也就存在于我们的大脑中了。

这一点与Lakoff（1980）所提出的概念隐喻有相似之处。TIME IS MONEY，ARGUMENT IS WAR等程式实质上也是在两个范畴之间画等号。但是，我们并不认为画等号或用IS就说明这些IS程式具有常态意义。我们认为，它们不具有隐喻表达之“根”的作用，不可能诞生出大量的隐喻表达或半喻名词，这只是人类认知中的节省脑力的一个临时措施，是暂时性行为。例如，虽然我们认为有“知识=炸药”这样一个等式（即概念隐喻：KNOWLEDGE IS DYNAMITE），但是，它的功能也就仅仅表现“知识爆炸”一个词上，在其他以“知识”构成的半喻名词中，其他范畴的概念则会代替炸药，如“知识宝库”（知识=财宝）、“知识贬值”（知识=货币）。

三、半喻名词所表现的范畴结构

根据原型范畴理论，“床”范畴内的事物包含具有最典型特征的原型成员、具有非典型特征的成员和边缘成员，其排列模式由中心向外扩展，越边缘的成员，所具有的“床”的典型特征就越少，就越近似“非床”事物，但仍然会被认为是“床”，因为其核心特点并未丧失，本质未变。如下图所示：

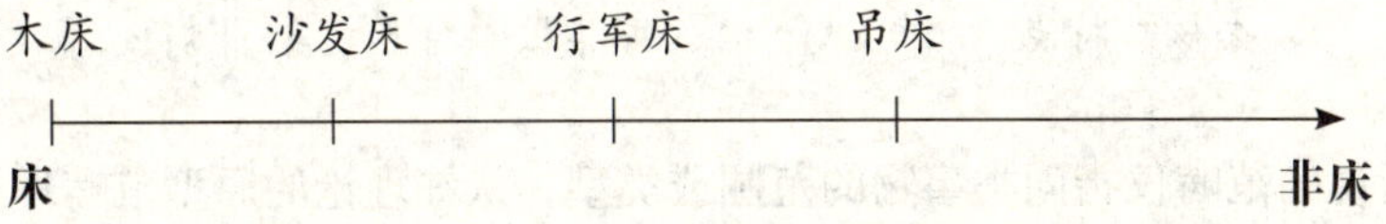

以上各床在构成、形状和功用上虽有差异，不一定都是家具，但“供人躺在上面睡觉”的核心特点未变，而半喻名词中的“床”所指事物则改变了性质，既不是家具，又不供人睡觉，而是机具（刨床、车床）、人体组织（牙床）、交通工具（冰床）、培育场地（温床、花床、苗床）、地面（河床）或一种托板（琴床、槽床、棺床）。

由于前词素性质不同，所传递给后词素的意义也不同，产生的推动作用也不同，因而后词素在各个新构成词里所表现的比喻意义也有差异，或者说，由同一中心词所构成的各新词所指事物与中心词原所指事物在相似的方方面面有差异，这主要表现在相似程度上。例如，由中心词“床”构成的半喻名词“刨床”、“车床”、“牙床”、“琴床”、“冰床”、“温床”、“花床”、“苗床”、“河床”、“棺床”中，“床”皆指“像床的东西”。可是，名词中“床”的所指与“床”的本义所指在相似的程度上有很大差异。有的相当像，如“冰床”；有的还有点像，如“棺床”、“槽床”、“车床”；有的就不那么像了，如“苗床”、

“河床”；有的则完全不像，如“牙床”等。

人类造词的结果反映了认识事物过程中我们的关注点和将事物联系成网络的途径。我们可以造出“木床”、“竹床”、“板床”、“摇床”、“帆布床”、“钢丝床”等词，说明我们的注意点是放在某种床的核心特点上以及此床与彼床的在核心特点上的联系，只是在非核心特点上有些放松和忽略。同时，我们还可以造出“车床”、“牙床”、“琴床”、“冰床”、“苗床”、“河床”一组“非床类”的词，说明我们并不仅仅关注核心特点，也可以以非核心特点作为认知支点来扩展我们的思维方向，将不属于同一类事物的东西纳入认知范畴并进行范畴化，以便以最小的认知努力提供最多的信息。

由此看来，人类在此方面对事物的范畴化认知是朝两个方向进行的。一个方向是依据核心特点来区分典型成员、非典型成员和边缘成员，另一个方向是依据非核心特点来完成这一工作，如下图：

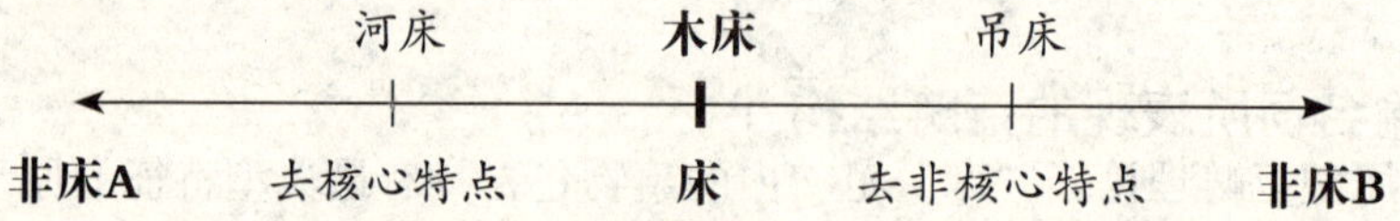

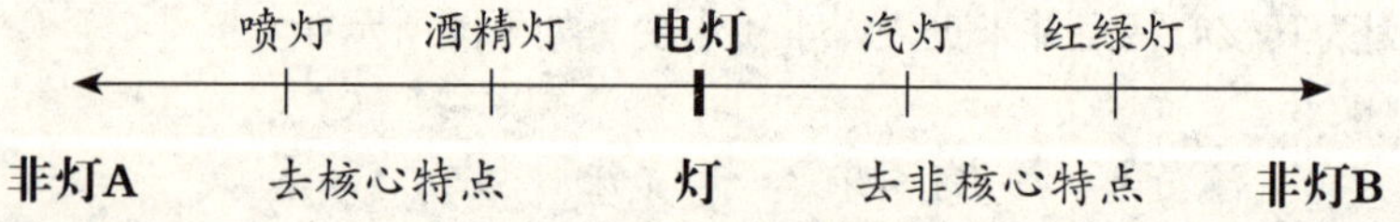

我们通常所说的范畴仅指同类事物的范围或类型，认知理论的原型范畴理论虽然对经典范畴理论提出了不同的观点，但在范畴内事物的同质性方面没有做根本的修正，只是认为成员之间有典型和非典型之分，即使知更鸟和企鹅也皆属于鸟类。但是，从上面的分析可以看出，除了这种同质性事物的范畴外，人类的认知机制的确还建立了另一类范畴，即异质性事物范畴，其成员之间的网络联系依靠的不是核心特点，而是非核心特点，如在形象、功能、行为、动作等方面的相似性。两种范畴，性质不同，但互为补充，都在人类认知和语言表达上发挥着巨大作用。

注释

① 王寅《认知语言学》，上海：上海外语教育出版社，2007 年，第 145 页。

② 赵艳芳《认知语言学概论》，上海：上海外语教育出版社，2001 年，第 58 页。

参考文献

[1] Briton, L. & E. C. Traugott, Lexicalization and Language Change [M]. Cambridge: Cambridge University Press, 2005.

[2] Lakoff, G. & M. Johnson, Metaphors We Live by [M]. Chicago: The University of Chicago Press, 1980.
[3] Lakoff, G. Women, Fire, and Dangerous Things: What Categories Reveal about the Mind[M]. Chicago: Chicago University Press, 1987.
[4] E. Rosch, B. Lloyd (eds.) Cognition and Categorization [M]// Rosch, E. Principles of Categorization. Hillsdale, N J: Erlbaum, 1978.
[5] 贾彦德. 汉语语义学[M]. 北京：北京大学出版社, 1999.
[6] 彭聃龄. 汉语认知研究[M].济南：山东教育出版社, 1997.
[7] 王寅. 认知语言学[M]. 上海：上海外语教育出版社, 2007.
[8] 杨润陆. 由比喻造词形成的语义素[J]. 中国语文, 2004 (6).
[9] 张明冈. 比喻常识[J]. 北京：北京出版社, 1985.
[10] 张培成. 关于汉语比喻词的几个问题[J]. 汉语学习, 2000(4).
[11] 赵艳芳. 认知语言学概论[M]. 上海：上海外语教育出版社, 2001.

A Cognitive Analysis of Chinese Semi-figurative Compound Words

Zhang Pei-cheng
(Qufu Teachers University, China)

Abstract: A creation through rhetorical devices, the Chinese semi-figurative words are composed of a modifier word N1 and a central figurative word N2. This paper, based on cognitive theory and categorization theory, analyzes the process of their creation and lexicalization, the semantic relations of N1 and N2 in them, and their categorization structure. The lexicalization process of semi-figurative words is an exact reflection of the cognitive pattern of human beings' observation of the objective world, their exploration of the relations of things, and their connection of the old and new concepts through the use of analogy thinking and categorization means.

Key words: semi-figurative words; lexicalization; cognitive analysis; categorization; basic level

语言传播与文化理解

张伟雄

（日本札幌大学）

摘　要： 语言的传播应该是从对国际社会作贡献的角度出发，合理的传播能丰富多元文化的世界。以中国与日本为例，日本与中国语言文化交流的历史，长达两千多年，在这交流中，日本引进了大量的中华文化，但这一切没有取代日本文化，而是大大地丰富了日本文化。语言在国际社会的传播应是一种全方位的有益的贡献。但要使之成为有益的贡献，必须强调语言的背后不光是物质，还有它所依附的文化。

关键词： 文化相对论；语言传播；共生环境；异文化的活力

一、经济全球化时代与文化相对论

在经济全球化时代里，为了确保文化丰富的多样性，必须增强对于文化相对性的认识。在人类漫长的历史长河中，不同的地域形成了各自的固有文化。不同文化的产生来源于各自的必然性。各种文化千姿百态相互有异，不应对不同的文化导入优劣的判断基准。我们主张和而不同，不同而富有。在这样的认识基础上，异文化之间，方能互相增进了解，进而相互理解、文化共享。建立起“多元文化乃富有之象征”的价值观。

关于这一点认识，举一位前人的例子。1877年，正值日本明治十年，中国清朝政府向日本派出了第一个公使团。公使团里有一位刚刚中举的学者，他的名字叫黄遵宪[①]。黄遵宪驻日期间，非常重视对日本的研究，他收集了大量的资料，日后写下了研究日本的巨著《日本国志》。在其著作中，黄遵宪阐述了自己对文化相对性的认识:文化的产生是因地而异的，必须要互相尊重，他写到：

“五帝不袭礼，三王不沿乐。此因时而异者也。百里不同风，千里不同俗，此因地而异者也。骤而观人之国，见其习俗风气为耳目所未经，则惊骇叹咤，或归而告诸友朋，以为笑谑。人之观吾国也亦然。彼此易观则彼此相笑，而问其是非美恶，各袒己国，虽聚天下万国之圣贤于一堂，恐亦不能断斯狱矣。”[②]

基于文化是“因地而异”而产生的这样的认识，黄遵宪努力地去理解和评价作为异文化的日本文化。比如说，对于生疏的日本传统文化“相扑”或“刺生”，他都能极力发现其文化的魅力加以赞美，关于相扑黄遵宪的描写极为传神：

“每日黎明击鼓上场，观者皆蓐食而往。力士分明，互相比较，类长身大腹，筋骨如铁。中分土豚，各据一半，蹲而蓄气，少时神定，一喝而起，铁臂石拳，手手相搏，买虚弄巧，钻隙取胜。盖斗智斗力斗术兼而有之。”

关于刺身的叙述黄遵宪也描绘得淋漓尽致：

“喜食脍，尤善作脍，以生鱼聂而切之，以初出水泼刺者，去其皮剑洗其血腥，细刽之为片，红肌白理，轻可吹起。薄如蝉翼，两两相比。姜芥之外，具染而已。入口冰融，至甘旨矣。”

在清朝末年，作为一个泱泱大国的外交官，黄遵宪能放下架子，广泛地与各个阶层的日本人交流，并对生疏的异国生活文化抱有一种文化的好奇心，善意地加以评价，这在当时确实是难能可贵的。可以设想，当黄遵宪第一次接触到生鱼片的时候，当他第一次目睹相扑的时候，长期浸润在中国正统文化中的他，想必是受到了很大的冲击的，但他没有丝毫的文化排外主义的行为，而是积极地去接近性质相异的日本文化。

正因为黄遵宪具有“百里不同风，千里不同俗”这样的文化相对论意识，所以他对异文化能保持极高的文化好奇心。他通过认真地考察日本的历史文化，乃至政治经济，写出了很有见地的日本论，为当时中国的改革作出了很重要的贡献。

二、语言是理解文化的重要手段

语言的传播应该是从对国际社会作贡献的角度出发，以中国与日本为例。日本与中国语言文化交流的历史，长达两千多年。在这交流中，日本引进了大量的中华文化。例如，汉字、儒家思想、律令制度、茶文化等等。但这一切没有取代日本文化，只是大大地丰富了日本文化。

语言在国际社会的传播应是一种全方位的有益的贡献。但要使之成为有益的贡献，必须明了语言的背后不光是物质，还有它所依附的文化，这文化承载着一个民族的精神。所以在强调语言学习的功用性的时候，不可忽略其背后的精神文化的存在。历史经验证明，只追求表面的物质文化，而忽略内在的精神文化，真正的功用不仅不能得到，还会留下后患。

以“茶”的传播为例，通过陆路或海路，代表茶的语音“Cha”或“Tea”[③]带着其物质与精神传播到了世界各地，丰富了各地的物质与文化生活。但也正是这个“茶”也曾引发过野蛮的战争[④]，给人类带来过灾难。我们可以通过日本与英国的一些典型事例予以查看。

早在中国的宋朝，日本的僧人荣西[⑤]正确地从精神和物质的两面，理解了茶的功用所在，他在其著作《吃茶养生记》中，充分地表达了这一点。在著作中，他写道：

“茶也末代养生之仙药，人伦延龄之妙术也。山谷生之其地神灵也。人伦采之其人长命也。”

“心南方宝生佛也，虚空藏也，诵真言，心脏则无病也。”“若身弱意消者可知亦心脏之损也，频吃茶则气力强盛。”[⑥]

正是由于有像荣西这样的人士能尊重茶文化的本意，从物质和精神双方面去认识和介绍茶，并与禅宗的传播结合，讲究喝茶与精神修养，这为日本茶文化的发展布下了良好的开端，导致日后日本的“茶”文化能上升为茶道。“Cha”这一语音，带去了丰富的物质和精神的养分。

但是，同样是在早期茶的传播的过程中，却又有过不同的局面。1772年英国人Lettsom John Coakley [7] 书写了一部《茶的博物志》(*The natural history of the tea-tree*)。在其著作中，他充分认识到了Tea的物质功能。他写道：

“中国人几乎或者说绝对没有人以放血来治病……尽管放血是治疗炎症的唯一有效的方法。……中国跟其他一些国家相比，很少有炎症病。其原因之一，与持续地自由地饮用茶有关系。”[8]

通过对比中英间的饮食习惯，Lettsom承认：“可以认为饮茶确实是有‘稀释血液的效果’。因为在过去百年间，茶广泛为英国人所爱好，炎症病呈现减少现象。”

Lettsom认识到了茶在医学上的物质功能，所以他主张饮用茶。但是很遗憾的是，他完全没能认识到茶所创造的精神因素，在同一著作中，他另立了一章名为“茶的民族性”，在这里，他非常荒谬地写道：

“民族性是与饮食及生活习惯有关的，那么长年饮茶的人具有怎么样的性格呢。中国人一般来说，是属于体力中等的民族，不能劳累，与其他国家的国民相比，显得软弱。擅长纤细的纺织业和手工业，但不管是在军事还是民事方面，都没有高度的创造力。中国人胆小狡猾，非常好色，极其伪善自私。女性不诚实，具有强烈的复仇心。”

以上这些言论，充分地显示了作者孤陋寡闻、偏激的唯利主义者的嘴脸。以这样的偏颇的方法论去议论异文化，只能导致极端恶虐的强盗逻辑的产生。

以上通过荣西和Lettsom的例子，我们可以看出，对于一种物质，人们赋予了一个概念，创造了一个词汇，在接收这个词汇的时候，是物质与精神同时接收，还是片面地只取其物质的一方，这将导致不同的结果。同是“茶”的读音的传播，如果不能做到语音与物质和精神的同步传播，将会造成很多偏颇的现象。所以，我们在强调学习语言的有效性的时候，必须要注意到，这种有效，不光是只带来诸如商业活动中创造的物质价值，同时更重要的是能使人们读懂一个民族的精神价值。只有这样才能通过语言的学习，丰富自民族的物质与精神文化。只有这样，才能实现语言文化传播的真正目的：对国际社会作贡献。

三、语言与共生环境的创立

语言是理解与传播异文化的极其重要的工具，能直接运用自己的语言能力读懂异文化，这是接近真知的有效途径。1906年日本人岡倉天心 [9] 用英文发表了阐述东方文明的论著*The Book of Tea*。这是从东方人自身的角度，向西方传达茶文化的重要论著。岡倉天心之所以能做到这一点，这很大的原因就是他能直接地使用日语、汉语与英语。他用日语、汉语去理解茶文化，同时用英语去传播茶文化。

“Tea began as a medicine and grew into a beverage. In China, in the eighth century, it entered the realm of poetry as one of the polite amusements. The fifteenth century saw Japan ennoble it into a religion of aestheticism—Teaism. Teaism is a cult founded on the adoration of the beautiful among the sordid facts of everyday existence. It inculcates purity and harmony, the mystery of mutual charity, the romanticism of the social order" ⑩.

1906年，正是日本以武力打败俄国，大力扩充在中国东北的势力的时候。对于日本在军事方面的强盛，西方各国给予称赞。而岡倉天心却不以为然。他愤怒地指出：当日本人享受东方的传统的文明文化比如说"茶"文化时，西方人说这是愚昧，这是落后。而日本人野蛮地以武力大加杀戮之时，西方人却说这是文明日本的崛起。真是岂有此理。

"He was, wont to regard Japan as barbarous while she indulged in the gentle arts of peace; he calls her civilized since she began to commit wholesale slaughter on Manchurian battlefields.

从以上岡倉天心的言论中，我们可以看出，掌握语言，并通过语言接近文化，这对于取得对异文化的真知，具有重要的作用。这一点我们还可以从另一个事例中看出来。

在英国有一位活跃于20世纪初叶的东方学学者。名叫Arthur David Waley⑪。大学时代，他在剑桥大学攻读希腊、拉丁古典。大学毕业之后，1913年他成了大英博物馆的馆员。在研究古代希腊、拉丁古典的同时，他有机会接触到敦煌的出土文物。从此他对东方学产生了莫大的兴趣。他开始学习汉语和日语，同时积极地把中国和日本的优秀作品翻译成英文，并写下了不少有独到见解的中日文化论的专著。他的工作增进了东西方的相互了解。

1958年，Arthur Waley完成了关于鸦片战争的专著《中国人眼中的鸦片战争》（*The Opium War through Chinese Eyes*）。在这专著里，他尽可能地让事实说话，如书的标题所示，他从中国人的角度考察鸦片战争。之所以他能这样，这是因为他能用汉语直接读懂林则徐的日记。在关于硝烟的描写中，Arthur Waley被林则徐关于祭告海神的祭文所打动，很着力地表现了林则徐的正义感。

"祭告海神，以日内消化鸦片，放出大洋，令水族先期暂徙，以避其毒" "本除害马，豈任殃鱼，比诸毒矢强弓，会须暂徙，庶使黿鳞凡介，勿损滋生。" ⑫

Arthur Waley对林则徐祭告海神的行为深表理解，在书中加以高度的评价。

"Lin composed an 'Address to the Spirit of the Sea', to be used when making a sacrifice of apology to the Spirit for polluting the sea with the opium that he now proposed to liquefy and run off into the Canton estuary."

"He prays that the spirit by his cryptic influences may rid China of this baleful thing, tame the bestial nature of the foreigner, and make them know their God。" ⑬

只有像Arthur Waley这样，在直接读懂林则徐的虔诚的祭文的基础上，才能排除部分英国人关于鸦片战争的强盗理论，而能站在受害者——中国人的角度，通过中国人的眼睛去观察这场战争，写出这样充满理解的描述。通过以上岡倉天心和Arthur Waley的例子，我们可以看出，语言与文化的同步传播，是增进了解，创造共生环境的重要途径。

四、异文化带来新的活力

进行外国语言文化的教育活动，自然会遇到的一个问题，那就是为何要学习和研究异文化。我们可以把其中之一的答案定为：这是为了探求一种方法、一种解决自我问题的方法。自文化只有在借鉴异文化时，才能得到新的活力。人们把外国语言文化的学习，外国问题的研究，作为探求解决自身问题之方法的一种手段。人们只有在获得客观地看待对方的手段的时候，才能相对地看待自己。

日本有一位学者溝口雄三在论述研究中国问题的时候，提出了这样的观点：研究中国，这等于在思考世界为何。研究中国，能将日本、中国以及欧洲相对化。在这相对化了的多元化的原理中，能在更高的层次中创造新的世界模式。⑭

历史上，我们可以通过考察日本19世纪初对鸦片战争的研究，引证外国研究对于解决自身问题，制定解决问题的方法是行之有效的。鸦片战争爆发后，当时正处于锁国状态的日本幕府，马上要求当时日本有限的通商渠道荷兰商馆，以及其他商人提供情报。这些情报资料被称为“阿兰陀风说书”和“别段风说书”。通过这样的外国研究，日本有效地制定了防御的方针，并因此而导致了幕府的开国，以及后来的明治维新。日本有着历史悠久的汉学研究传统。今天在日本汉学研究与汉语教育方面，同样可以起到温故知新的作用，古典可以使现代相对化，研究中国可以使侧重西方的日本，对西方文化建立相对化的认识模式。

今天在中国国内，也极其重视外语学习，据统计，现在光是学习英语的人数就达到2亿之众。中国孔子学院总部理事会副主席陈进玉就此说道：“广大中国民众如饥似渴地学习外国语言，直接提高了他们吸收外国文化的能力和谋生的技能，开阔了他们的全球视野和开放胸襟，也大大增进了中国对世界的了解和友好合作。从这里我们体验到，外国语言在中国空前广泛的传播，丝毫没有削弱中华文化的根基，相反使中华文明由于得到世界各国文明的滋养而愈加根深叶茂。”⑮

从以上的角度来看，语言文化教育与传播，对任何民族来说都是一个机遇，是认识世界和反思自我的机遇。就外部世界来说，能够通过接受一种新的语言文化来丰富自己，就内部来说，传播语言文化就是了解和把握外部世界的一个有效行为。就中国来说，通过对外的语言文化传播，可以重新认识自己。世界所向往的、历史悠久的中国、文化大国的中国为何？漫长的历史长河，让世界形成了解释中国的可塑性，让世界有了一个为我所用的、富裕的文化中国。从文化相互交融而更加富有的理论出发，无论对内对外，语言文化的传播与学习，都是反馈世界，促进反思，重新认识自我，丰富自我的一个有效的行为。

注释

① 黄遵宪 道光二十八年（1848）出生于广东嘉应州，1876年中举，1877年赴日，著有《日本杂事诗》、《日本国志》、《人境庐诗草》等。

② 《日本国志》学术志（初版），广州富文斋，光绪十六年（1890）。

③ 茶的粤语音“Cha”主要通过陆路传播；而闽南音“Tea”则通过海路传播到世界各地。

④ 为了争夺茶的权益，英国发动了有如：英荷战争(1672–1674年）、Boston Tea Party 事件（1773年）、鸦片战争（1840年）等等。

⑤ 荣西（1141–1215），日本僧人，曾两次入宋求学，著有《吃茶养生记》（1214年）等。

⑥ 荣西《吃茶养生记》，讲谈版 2000年9月。

⑦ Lettsom John Coakley（1744–1815），英国人，伦敦开业医生。

⑧ Lettsom John Coakley, *The natural history of the tea-tree, with observations on the medical qualities of tea, and effects of tea-drinking*, London. 1772.

⑨ 冈仓天心（1862–1913），日本明治时期的评论家、美术史家，曾任美国Boston美术馆东洋部部长

⑩ Kakuzo Okakura, *The Book of Tea*, New York. 1906.

⑪ Arthur David Waley (1889–1966). 代表译作有: *A Hundred and Seventy Chinese Poems*, 1918; *The Tale of Genji*, Lady Murasaki, 1921–1933; *The Book of Songs*, Shih Ching, 1937; The Poetry and Career of Li Po, 1959 等

⑫ 林则徐，道光十九年四月二十日日记。

⑬ Arthur Waley, *The Opium War through Chinese Eyes*, George Allen & Unwin Ltd. 1958

⑭ 沟口雄三《作为方法的中国》，东京：东京大学出版会 1989年。

⑮ 陈进玉《为各国朋友学汉语提供帮助》，在日本“世界孔子学院论坛”上的致辞，2007年5月10日。

参考文献

[1] Lettsom John Coakley, The natural history of the tea-tree, with observations on the medical qualities of tea, and effects of tea-drinking [M]. London, 1772.

[2] Kakuzo Okakura, The Book of Tea [M]. New York., 1906.

[3] Arthur Waley, The Opium War through Chinese Eyes [M]. George Allen & Unwin Ltd. 1958.

[4] 黄遵宪. 日本国志(学术志初版）[M]. 广州富文斋， 光绪十六（1890）.

[5] 荣西. 吃茶养生记[M]. 讲谈社版，2000-09.

Language communication and cultural understanding

Zhang Weixiong
(Sapporo University, Japan)

Abstract: It is a contribution that the spread of a language and a culture to the international society. There is a history of a cultural exchange of 2000 years with China and Japan. Japan introduced a lot of cultures from China in this long exchange history. These cultures did not erase the culture of Japan but enriched the culture of Japan. But the following recognition is a key point to achieve this international contribution: It is important to understand that the culture is behind a language. It is necessary to do a language education and a cultural education together. It will make a big problem, when we teach a language or study a language, only a material part is pursued, and a mental part is disregarded.

Keyword: The theory of relativity of the culture; The spread of language; Environment of the symbiosis, The vitality of cultures.

附录

Rhetoric in Ancient European Civilization*

Laurent Pernot

(University of Strasbourg II)

Introduction

Mr President, dear colleagues,

It is both a pleasure and an honour to be with you today and I would like to thank Professor Xu Hong for inviting me to speak here at the Peking University International Advanced Forum on Rhetorical Communication and Professor Wang Dechun for the invitation to speak at the International Conference of the Rhetoric Society of China.

This international meeting about rhetoric is very important, as it offers a precious opportunity to make establish contact between Chinese and Western specialists in the field. As such we are able to confront different global conceptions of rhetoric; it is a kind of dialogue between civilizations which can lead us to peace, understanding and mutual respect. This is why I have chosen the theme of "Rhetoric in Ancient European Civilization" for this conference. My aim is to offer a synthetic view of the history of rhetoric in Europe, focussing on classical Antiquity, that is to say, a thousand year period spanning the five hundred years before and after the advent of Christianity. It is during this period that rhetoric was created and developed in Europe. I will begin by defining what is meant by "rhetoric" in the West, before going on to examine two aspects of this vast period: rhetoric in Greece and rhetoric in Rome. To conclude, we will examine the influence that classical rhetoric and its heritage have had up to the present day.

I. the definition of rhetoric in ancient European civilization

The word “rhetoric” comes from the Greek rhêtorikê, which means “the art of speech”, “the art of speaking”: the etymology shows the role played by the Ancient in the field which constitutes the subject of this lecture. The art of speaking exists in many civilizations, and Europe has given it a distinctive and rich theoretical underpinning.

First of all, what is rhetoric? The most widespread opinion defined rhetoric

* 本文为《古代欧洲文明中的修辞学》的译文原文。

as "the power of persuading". Generally, this definition signified that the orator is someone whose speeches can win the assent of the listener and that rhetoric is the means of achieving this. It is the spoken word that brings about this persuasion and not, for example, mere actions or money or drugs or trustworthiness or authority. This persuasion is used principally in the realm of public discourse, relating to political and civic issues where the interest of the city and the citizens is at stake. It can also have a place in dialogues and private conversations.

Instead of "the power of persuading" some people preferred to speak of "the art of persuading". The word "art" (tekhnê in Greek) doesn't limit itself to what modern languages mean by artistic creation and it also gives the idea of a reasoned approach, of a system of rules for practical usage and of a technical production and a craft.

The basis of ancient rhetoric is persuasion: the enigma of persuasion. How explain this phenomenon, at once frequent and mysterious, which consists in bringing someone else, without apparent force, to think something he previously was not, or not yet, thinking? Rhetoric was invented to answer this question. Fundamentally, it looks to understand, produce and regulate persuasion.

In these terms, rhetoric is a technique aiming at effectiveness, a way to produce the persuasive speech based upon a certain know-how and even on recipes. Behind this know-how, there is a knowledge, a science if you will, in any case a systematic reflection on the nature and functioning of the spoken word. This knowledge and this know-how are objects of instruction. Furthermore, rhetoric is deployed in various configurations. Rhetoric is anchored in society, and consequently it has a history that develops in relation to the general history of ancient societies. Rhetoric also aims for beauty and is bound up with taste and esthetics. Finally, in every age the moral and philosophical problem arises of the validity of rhetorical discourse, its conformity to truth and virtue. In every age as well, the problem arises of the extension of rhetoric, with reference to other forms of discourse and other aspects of language, and of its relations with linguistics and with literature.

To be precise, we are taking the word "rhetoric" in its full sense. In contemporary language, rhetoric, considered in outline, has two uses: a restrained use, which designates only the theory of discourse (in this case, "rhetoric" is opposed to "eloquence," as theory is to practice), and a wider use, which covers theory and practice together. Since this terminological fluidity is a source of confusion, it is important to remove the ambiguity.

In contrast to some studies which restrict themselves to theory, the present lecture looks at rhetoric throughout its extension, encompassing both the theory and the practice of discourse, that is, at treatises, manuals, abstract discussions, as well as at oratorical compositions, addresses, legal pleadings, panegyrics, etc. It seems to me that this approach is the most attuned to ancient thought and the most fruitful for modern consideration of the subject. The full sense was the ancients' sense. For them rhetoric was a productive science, a body of specific knowledge and rules permitting an effective verbal performance. Theory and oratorical practice were in constant dialogue, mutually influencing each other. What is special about the phenomenon of rhetoric, is precisely its attempt to consider the activity of discourse as a complex totality, proceeding from intellectual problem to social act. Theory and practice are two sides of an identical art, even if among the representatives of this art some can be more theoreticians and others more practitioners.

Our exploration will be diachronic. Since rhetoric is tied to historical settings, to social, political and intellectual conditions, and since it evolved with these conditions, it is essential to mark out the major trends and stages: we will retrace, therefore, the history of rhetoric throughout antiquity, from classical Greece up to the Roman Empire (fifth century B.C. to fifth century A.D.).

II. rhetoric in Greece

Rhetoric was developed in Greece during what is known as the "classical" era, that is to say during the 5th and 4th centuries B.C. It was linked to the regime of the "city" (polis), which was a dominating type of political and social organisation at that time. A "city" was a small autonomous State of which the inhabitants (or more precisely, some of the inhabitants), called "citizens", managed their affairs by voting and common debates. Such a regime favoured public speech and, therefore, rhetoric.

It was at Athens above all, the most important city at the time, that rhetoric was at its height in terms of three aspects: (1) oratorical practice, (2) theory and teaching, and (3) critical and philosophical reflection.

(1) The Athenian oratorical practice spread within a legal and political context. By law, parties were obliged to plead their cause personally, without being represented by a lawyer. The public prosecutor's office did not exist, so therefore individuals brought the necessary accusations forward. Such a system supposed an effective commitment from the citizens, both as defendants and as prosecutors, within the legal framework. The courts sat all throughout the year and the verdicts were given by the juries, drawn from amongst citizens of more than thirty years of age, of whom there were several hundreds.

In politics, the main organ was the Assembly of people (made up of all the adult citizens with a quorum of 6 000), who exercised the executive power by voting on decrees and by electing magistrates. There was also the Council (composed of 500 citizens aged over thirty), who prepared the work of the Assembly.

So it was the Athenian institutions themselves that created the rhetoric activity. It was an almost daily activity, considering the frequency with which the courts and assemblies met, and with it being an activity that took place before a large audience, usually meaning an extremely high number of listeners each time (several hundred or several thousand people). In Athens, during the 5th and 4th centuries B.C., "speaking to the people" constituted a communication situation that is difficult to comprehend today. It was a question of making oneself heard in large crowds, in physically and acoustically uncomfortable conditions and with a view to real and immediate consequences.

Added to that are the ceremonial speeches made on occasions such as national funerals and religious feast days, as well as ambassadorial speeches given before cities and foreign sovereigns and all sorts of private conferences.

From this assiduous and multiform practice, written traces have been conserved, because during the classic era, the Greek speakers took the habit of publishing their speeches or at least some of them. The published speeches are not necessarily word for word records, but were revised with artistic licence and took into account a posteriori the arguments of the other side. Between "oral character" and "literal character", the exchange was constant in Athenian rhetoric. We shall examine an instance of that soon, the case of the attic orator Demosthenes, which illustrate the Athenian rhetoric practice in all its glory.

(2) Oratorical practice relied on a very vigorous teaching. There were many masters of rhetoric in Athens and many different schools. The methods varied but were for the main part oral. They included: theoretical lessons, case studies, the learning of exemplar speeches assigned by the master, practical composition exercises on real of fictional subjects, verbal sparring matches between students, as well as gesture and voice training.

Research into the rhetoric field was conducted in the manuals or treatises. The most remarkable example is the Rhetoric by Aristotle, which dates from around 350 B.C. It offers complete lessons on rhetoric, which synthesise the experience of the classic era and goes into greater depths. For Aristotle, the study of rhetoric took on an intellectual and practical usefulness. Rhetoric allows truth and justice to triumph within the legal context. It serves to persuade at all times where a didactical presentation is not acceptable and where it must maintain the conviction using common notions (before large audiences); it provides the ability to support opposing arguments and it allows one to defend oneself by speech in case of danger.

Some of the main points covered by Aristotle include: the identification of three genres which can be applied to all possible rhetoric speeches (judiciary genre, deliberative genre and epideictic or ceremonial genre); the distinction between the two main forms of persuasion: logical persuasion through demonstration and moral persuasion through "character" and "passion"; the psychology used as an agent of proof; the systemization of the "commonplaces" (topoi) of argumentation; the distinction between the technical evidence (elaborated by speech) and non-technical evidence (provided by an external source, for example testimonies); and also sentence analysis ("period" notion) and metaphor.

Aristotle came up with the fundamental idea that, in order to persuade, the existing competencies within the listener must be exploited. A good speaker knows the cognitive competencies and the significant connections of those listening. He builds upon the pre-existing ideas, on accepted values and in this way can bring about the paradox of persuasion (which was indicated above). Innovation is introduced into the listener's mind from well-known and accepted premises.

(3) The Greeks did not only practice and theorise rhetoric; they also analysed and evaluated it. While the rhetoric phenomenon was developing and becoming more extensive, society at the time had, in fact, reservations and doubts about this new art, which harboured possibilities of excessive subtlety, manipulation and deception. This mistrust was radically and greatly expressed in Plato's dialogues, which constituted one of the principal chapters in rhetoric history (first half of the 4th century B.C.). Plato often dealt with rhetoric; it constituted one of the main themes of his work. Plato ruthlessly criticized what he regarded as the faults of the rhetoric in use in his day: its intellectual and moral weakness. Against this vulgar rhetoric, Plato defined the ideal of a "true" rhetoric, which was founded upon truth and justice. The true rhetoric is, in reality, science and teaching, it is the speech of philosophy. Ultimately, in its perfection, it is not made for men but for gods.

The Platonic criticism has been fruitful, because it sparked off a dialogue between philosophy and rhetoric. It has made philosophers understand that rhetoric also concerns them and it led orators to take into account the intellectual and moral requirements of philosophy.

So, in classical Greece and in particular in Athens, rhetoric was created and became widespread. We are going to briefly examine the example of the most famous of the Greek orators: Demosthenes.

The example of Demosthenes

The complete works of Demosthenes contain sixty items, around two-thirds of which are assuredly authentic, with the rest either apocryphal or doubtful (speeches by other contemporary orators were inserted among those of Demosthenes). Putting aside the letters and a few small texts, there are four categories of orations properly so called. These are: the Addresses, delivered before the Assembly; the Public Orations, relating to legal cases in the People's name; the Private Orations, relating to private cases; and the Funeral Oration. Thus the work of Demosthenes fits easily within the institutional categories of Athenian public discourse. Its importance lies in its exceptional historical interest and in its author's oratorical talent, which can be at once pithy and supple, reasoned and passionate.

Demosthenes was born in 384 and died in 322 B.C. He lost his father when he was seven, and the family fortune was placed in charge of trustees who squandered it. When he reached legal majority, Demosthenes undertook to reclaim his money. He enrolled in the school of the great orator Isaios, who specialized notably in inheritance cases, and he sued his trustees, with, it seems, at least partial success. He then embarked upon a speechwriter's career, in both private and public legal cases, which brought him riches and connections. Demosthenes was a lawyer of great ability.

He was simultaneously preparing himself, however, for a political career by working to improve his oratorical delivery, that is, his manner of declaiming his speeches. He took lessons from an actor and practices strange exercises : he fitted out an underground room where he practiced declamation, he spoke with pebbles in his mouth to correct faults of pronunciation, he recited prose and poetry while running in order to strengthen his voice and breath control. Thanks to these stubborn efforts, he achieved the fervent delivery which won the admiration of his contemporaries.

When he was thirty, Demosthenes delivered the first preserved of his addresses to the Assembly. He took some time to find his way, until the moment when he clearly recognized in Philip of Macedon the new protagonist of Greek politics and marked him out to his fellow citizens as Athens' principal menace. From this moment on, his addresses were dedicated to encouraging the Athenians to resist Philip and preserve their liberty. Demosthenes had adversaries who were themselves partisans of an accord with Macedon. We still have speeches which attest to these oratory challenges. For fifteen years, Demosthenes was one of the most powerful of the Athenian politicians and influenced the city's politics through his addresses. But Philip of Macedon eventually succeeded in conquering Greece and Demosthenes was forced to retire from political life. His speeches are important as documents and historical evidence. They also can lay claim at the same time to the status of rhetorical models and works of literature through the quality of their language, style, argumentation, historical and political conceptions, their human truthfulness.

Demosthenes' death, finally, still belongs to the history of rhetoric, because it presents the emblematic figure of the orator pursued by soldiers and falling heroically, in conditions full of symbolism, for his ideas. Greece had revolted against Macedonia after the death of Alexander the Great, and the suppression was severe. Among the conditions imposed upon Athens was the surrender of the anti-Macedonian orators. Demosthenes fled. Before being captured, he committed suicide by consuming a poison concealed, it is said, in the stylus he used for writing.

III. rhetoric in Rome

We are moving forward several centuries, and from Greece to Rome, to examine the role of rhetoric in the two major periods of Roman history, firstly the Roman Republic (approximately the third to first centuries B.C.), then in the Roman Empire (approximately from the first century B.C. to the fifth century A.D.).

In the Roman Republic, in fact, public discourse was omnipresent. In the legal system, the litigants fought their cases using rhetoric, in both private cases and well-known lawsuits, and also in cases in the political sphere. Members of the aristocracy were also inclined to settle their disputes through the intermediary of the courts. In the Senate and the popular assemblies, decisions were reached through the giving of speeches and the use of powerful invective. In the grand patrician families, public funerals included a eulogy for the deceased and their lineage. In short, to have had any kind of career at Rome, a man had to be eloquent, as were Cato the Elder (also known as Cato the Censor, third to second century B.C.), the Gracchi (the two revolutionary brothers, Tiberius and Gaius, second century) or Julius Caesar.

The great moments in Roman history are associated with speeches. The unfolding of the Catilinarian conspiracy was punctuated by Cicero's powerful words and the affair ended with a stormy session of the Senate, as a result of which, after a heated debate, it was decided to pass a sentence of death on the conspirators (63 B.C.). The funeral of Caesar was marked with a funeral oration in the packed forum, given by Mark Antony, which stirred up the crowd and made a great impression on those who witnessed it (44 B.C.), before being taken up later by Shakespeare and brought to the big screen in Mankiewicz's Julius Caesar, where Marlon Brando delivered the famous words, "I come to bury Caesar, not to praise him".

The politician was an "orator", a grand term for one with the ability to speak in public, most often as the head of a group or of the representative of a community. He was also a "patron" (patronus), which, at Rome, means a "protector", someone who put his authority at the service of those who supported him, in particular acting as their defence in court. The majority of Roman speeches have vanished, either because they were not published or because they have not been transmitted to us: we know the most famous (especially those of Cicero, which we will present more accurately in a moment) and those works which are cited by historians.

In the most ancient Roman tradition, speeches gained their effectiveness from the social rank of their deliverer. Provided that the orator had some weight and some prestige, stemming from his age, his nobility, his military exploits or his political responsibilities, he could do without any rhetorical embellishments. It would be enough for him to go straight to the point, hence the advice of the Elder Cato to his son: "Take hold of your topic and the words will follow".

Roman rhetoric was influenced by Greek rhetoric. As we have seen, the Greeks, for their part, had long reflected on this subject, and they had developed an extremely sophisticated technique which allowed the analysis, and the composition, of all possible types of speeches. They called this technique 'rhetoric'. This technique was introduced to Rome gradually. Upon its conquest of the Mediterranean basin, Rome took control of the treasures of science and of intellect which existed in the Greek world, and which it appropriated. It is therefore from the beginning of the second century B.C. that rhetoric penetrated into the Roman world, through the intermediaries of the Greek masters who came to Rome to teach or through the young Romans who travelled to Greece for periods of study. The Romans were not satisfied to simply mimic Greek rhetoric, but instead they transposed it into their own language, their system of thought and their system of values. This fusion was in force from the first century B.C. Roman rhetoric was drawn from Greek sources but adapted to Roman ideals.

At that time, there was an arsenal at the orator's disposal. It included: a classification of the types of discourse, devices intended to create benevolence, lists of arguments usable in each circumstance, figures of style, gestures and facial expressions. The stated objective consisted of persuading the audience using all reasonable means by appealing to their faculties of reason and their emotions. 'Instruct, delight, move' – this was the sacrosanct triad defined as the mission of the orator.

At the basis of all this was education. While scientific subjects were confined to specialised curricula, rhetoric was the general course studied in Roman Antiquity. Given the importance of discourse in society, to learn to speak well was the key to a political or administrative office. In this way the sons of the higher ranks increased the number of role-plays in the form of exercises called 'declamations'. These consisted of putting oneself in the place of an historical character or an imaginary hero and composing a speech which he could have made in a given situation: the victorious general defending himself for not having opened the gates of a city to broken soldiers who sought refuge there, the advisor seeking to dissuade the king from continuing his conquests, etc. More generally, on top of the strict rhetorical training, the subjects of rhetoric instilled pupils with culture in general, in particular the fields of literature and history, but also the notions of right and wrong. These taught them how to present themselves to the public, to express themselves in a clear and correct manner, both in writing and orally, to formulate their own ideas, to put them together to form a case, to put their arguments in order, to memorise them and to present them in a convincing way.

We are lucky to possess a complete course in Roman rhetorical education: the monumental Education of an Orator of Quintilian. The author takes the subject of his work from his infancy and follows him to adulthood, outlining for him a training programme which finishes with a basic knowledge of ethics. In this way Roman rhetoric prefigures humanist education, which continued up to our era in Western countries.

In the Imperial period, rhetoric remained fundamental to the educational system. It was a bilingual rhetoric, since Latin was spoken in the West and Greek in the East. The orator was a man who was both useful and also respected, and the emperors themselves considered it as one of their duties to be eloquent. But the passing of the Republic and the advent of the Empire led on to a reduction in the amount of political debate. Open discussions, particularly concerning subjects of importance, were no longer appropriate because of the authoritarian character of the regime. Therefore, other forms of oratory developed exponentially. These new opportunities for speeches making were notably celebrations, congratulations, petitions and addresses delivered at religious festivals, at court, during trips of high-level court functionaries or the occasion of family events. The eulogy was a subtle vector for elaborate and audacious messages.

The example of Cicero

I suggest that we now look at an example of a Roman orator: the best known of the Roman orators, Cicero, who is the equivalent for Rome of what Demosthenes was for Greece, and even more so than Demosthenes. As a matter of fact, Cicero did not limit himself to being an orator and politician, in the manner of his Greek predecessor, but was equally a theorist, historian and philosopher of oratory.

Cicero was born in 106 B.C. and died in 43 B.C. He was a "new man", that is to say, the first in his family to achieve the highest level of a public career. Personal genius and especially his mastery of language and thought help to explain his rise.

From adolescence he was educated at Rome, where he had a very broad-based instruction in law, philosophy, poetry and rhetoric. He practiced declamatory exercises in Latin and Greek, and he completed his education with a grand tour to Greece.

Cicero's oratorical career extends over almost fourty years, from his first legal pleading, at the age of twenty-five, until his death. He delivered around 150 speeches, fifty-eight of which are preserved, They divide into legal speeches, spoken on behalf of either the prosecution or the defense before tribunals, and political orations addressed to the Senate or the People. It has been calculated that Cicero won 82% of his cases ; this figure is an approximation, but it still captures well the effectiveness of Cicero as a lawyer and a political orator. Cicero did not completely write out his speeches before delivering them, so that the texts that we read today are revised and rewritten versions, sometimes augmented or sometimes shortened with a view to publication.

Among Cicero's most important speeches, are : the Verrines, a set of speeches directed against a Roman governor accused of having committed theft and abuse of power to the detriment of the governed ; the Catilinarians, against the conspiracy of Catiline, which Cicero forcefully suppressed ; or the fourteen Philippics, in which Cicero violently attack Antony, whom he presents as an aspirant to tyranny and whom he wished to be declared a public enemy. Summing up Cicero's oratorical genius, one must cite an admirable language used to its full extent, a very great power of argumentation, extensive knowledge of all things legal, an alliance of rigor, pathos and mordant verve. In his orations Cicero defended a political ideal which one could describe as conservative and republican ; he endeavored to defend traditional institutions based on the Senate's authority, respect for the law, concord among the ranks of society.

Practitioner of rhetoric, Cicero was also a teacher and a theorist or rhetoric. He wrote half a dozen of influential treatises, notably on the orator and the Orator. The principles of Cicero's theory of rhetoric include :

— knowledge of the law : according to Cicero, the orator does not speak to communicate the truth, but to make political and social life function on solid legal and moral foundations ;

— generalization : Cicero insists on the need to broaden the issue and to pose the underlying problems which it raises ; following this line of reasoning, rhetoric is not just a routine but aspires to be a way of getting to the bottom of things ;

— a deep treatment of stylistic questions : Cicero protests against a niggardly and monochrome conception or prose oratory ; he defends a theory of a rich and almost musical style ;

— connections with philosophy ; the art of persuading, as Cicero conceives it, rests completely on philosophic foundations ; wisdom must be joined to eloquence.

— the image of the ideal orator : Cicero delineates the image of an ideal orator, magnified, not only on the moral and intellectual plane, but also on the political plane and even on the religious plane (he is "divine " and seems "almost a god".)

The question then arises of knowing whether such an orator exists. Cicero, who could did not suffer of excessive modesty, thought of himself as the embodiment of the perfected orator, cultivated, a philosopher, and capable of a great political future.

Furthermore, Cicero was also a notable philosopher and the author of a monumental correspondence.

Ciceronian rhetoric has exercised a capital influence on the history of Western culture. Cicero's ideas on this matter have been taken up after him, in antiquity, the Middle Ages, the Renaissance and in modern times. They were not reduced to just public discourse, but concentrated in themselves the potentialities of literature, science and humanism.

Christianity

One final point in this historical panorama, concerns Christianity. The Greek and Roman civilizations I've discussed thus far were pagan and polytheistic. But little by little Christianity was spreading through the Roman Empire before becoming its official religion in the fourth century A.D.

Therefore, the final mutation of Roman rhetoric came when it encountered Christianity. After an initial period of mistrust towards this pagan technique, the Christians recognized the educative and practical value of rhetoric and adopted it for their own ends, in particular in their preaching. Saint Augustine revisited Cicero, and a new chapter in the history of rhetoric began.

IV. research into current Western rhetoric

Thus far we have dealt with the history of rhetoric in Antiquity. Subsequently, the elements put in place were never forgotten. They constituted a platform for the later history of rhetoric, during the Middle Ages and later up until the modern era of European and American history. Even today, ancient rhetoric remains a reference and a source of inspiration for the scholars who are interested in political models, literature and the philosophical and linguistic aspects of communication.

I would like to draw to a close, by way of conclusion, by saying a few words on research into Western rhetoric which is currently being undertaken. Until recently, let's say up to 1960, rhetoric was not studied in great depth or considered with great respect. Many people considered rhetoric with fear, because it was associated with illusion, manipulation and the art of lying, and thought to be separated from any honest or moral activities. It was also considered with disdain because the dryness of the "commonplaces" and figures had afforded it a reputation of intellectual poverty, ossification and scholasticism.

But then, over the course of the second half of the twentieth century a general re-evaluation of rhetoric took place, thanks to a wide range of reasons.

The evolution of the human sciences saw a development in approaches which, each in its own way, created an ideal climate for rhetoric. History of mentalities and anthropology gave the opportunity for a non-judgemental approach to the phenomenon of persuasion in its social and institutional guises. The sciences of language and structuralism led to a rehabilitation of the "formalism" of rhetorical classifications.

We then saw the explosion of the sciences of communication, pragmatism, mediology, all areas of research which drew attention to activities involving information and persuasion, which is at the heart of rhetoric. Post-structuralism led to a rediscovery of literary history. Comparatism, comparative anthropology extended to the study of speech and speeches.

Leading researchers contributed to the rediscovery of rhetoric. In the aftermath of the Second World War, the Belgian philosopher Chaïm Perlman proposed a "new rhetoric" based on Aristotelian analysis of argumentation and the opening out into a logical theory of judgements of value. In 1970, the noted French critic Roland Barthes showed an interest in "ancient rhetoric", whose hidden richness he uncovered for stupefied readers.

Closer to home, another French critic, Marc Fumarolic, played a decisive role. Through his influential works, conducted through the 1980s, Marc Fumarolic made a space for rhetoric in literary history. He studied rhetoric in his history, as a branch of general history. This approach has succeeded in uncovering previously undiscovered aspects of the evolution of ideas, literary and artistic forms, and society.

Among the institutions to have taken part in this regeneration of rhetoric studies is the best institution of higher education in France, the Collège de France, which created the position of "Chair of Rhetoric and Society in Europe" for Marc Fumarolic; and the International Society for the History of Rhetoric, which was founded in Zurich in 1977 and has held its biennial meetings in both Europe and America since this date.

As such, rhetoric is more widely known, and recognized, today, than yesterday. We must however avoid an excessive amount of self-satisfaction, because mistrust is still rife, and will no doubt remain so forever. If rhetoric enjoys a scientific recognition, it is still barely recognized in the media, and in current usage the word “rhetoric” remains loaded with disagreeably pejorative nuances. The rehabilitation of rhetoric, as is the way of things, will continue endlessly; it is a constant task for he who will respond to the uncertainties that the notion of the manipulative power of speech inevitably awakens. Nonetheless, in the domain of research, there are still vast works in progress:

texts to edit, translate and comment upon, technical research projects to lead (for example the history of the actual conditions of public speaking), sources to revisit, problematic to renew... Rhetoric is still fairly new territory for historians, which is only just beginning to be explored.

Today we are faced with an important aspect of this current rediscovery of rhetoric. We are exploring new frontiers, and we are broaching a rapidly expanding scientific domain.

References And Suggested Readings

[1] Conley, T. M. Rhetoric in the European Tradition [M]. Chicago: The University of Chicago Press, 1990.

[2] Fumaroli M, ed. Histoire de la rhétorique dans l'Europe moderne: 1450-1950 [M]. Paris: Presses Universitaires de France, 1999.

[3] Kennedy G. A. A New History of Classical Rhetoric [M]. Princeton: Princeton University Press, 1994.

[4] Pernot, L. Rhetoric in Antiquity [M]. Washington D.C.: The Catholic University of America Press, 2005.

[5] Pernot, L. ed. New Chapters in the History of Rhetoric [M]. Leiden: Brill, forthcoming. Rhetorica: A Journal of the History of Rhetoric [M]. Berkeley - Los Angeles: The University of California Press, since 1983 (four issues a year).

[6] Vickers B. In Defence of Rhetoric [M]. Oxford: Clarendon Press, 1988.

Rhetoric in Ancient European Civilization

Laurent Pernot

(University of Strasbourg II)

Abstract: In Europe, rhetoric is more widely known, and recognised, today, than yesterday. Until recently, let's say up to 1960, rhetoric was not studied in great depth or considered with great respect. Many people considered rhetoric with fear, because it was associated with illusion, manipulation, the art of lying, and thought to be separated from any honest or moral activities. It was also considered with disdain because the dryness of the "commonplaces" and figures had afforded it a reputation of intellectual poverty, ossification and scholasticism.

But then, over the course of the second half of the twentieth century a general re-evaluation of rhetoric took place.

Today we are faced with a rediscovery of rhetoric in European and American universities and cultural circles. We must however avoid an excessive amount of self-satisfaction, because mistrust is still rife, and will no doubt remain so forever. If rhetoric enjoys a scientific recognition, it is still barely recognised in the media, and in current usage the word "rhetoric" remains loaded with disagreeably pejorative nuances. The rehabilitation of rhetoric, as is the way of things, will continue endlessly; it is a constant task for he who will respond to the uncertainties that the notion of the manipulative power of speech inevitably awakens.

On the other hand, in the domain of research, there are still vast works in progress: texts to edit, translate and comment upon, technical research projects to lead (for example the history of the actual conditions of public speaking), sources to revisit, problematics to renew... Rhetoric is still fairly new territory for historians, which is only just beginning to be explored.

Ancient European rhetoric, in particular, remains a reference and a source of inspiration for the scholars who are interested in political models, literature and the philosophical and linguistic aspects of communication.

Towards Wave rhetoric for scholarly communications in Human Sciences*

Jon Sung-Gi
(Korea University)

1. Preliminary

Traditionally, rhetoric is defined as the study and practice of persuasion. But more than that, according to Richards (1936), ancient Rhetoric was "the theory of the battle of words and has always been itself dominated by the combative impulse". This is confirmed by famous Korean scholar Pak Ji-Won (1737–1805) whose treatise "Sodan-jeokchi-in" (骚赤引) ①presents itself indeed as a "rhetoric of war". Up until now, this tendency doesn't seem to have changed much. Gorsevski (1999 : 445) hence writes that "while we have studied the world of adversarial relationships, conflict, and difference of belief, rhetorical critics have not done as much to understand the practices of seeking mutual identification, cooperation, and learning how to live with diversity and adversity." He regrets that "much has been written in the field of rhetoric about violence, but precious little has been written about rhetoric vis-à-vis nonviolence." He even argues that "nonviolent rhetoric tends to be ignored by scholars, [that] its methods, strategies, and impacts are often passed over and [that] nonviolence is often framed as hopelessly utopian, unrealistic, and ineffective"(447).② Fortunately, in the last few decades, and especially nowadays when the question of "co-habitation" has become a world-wide theme,③ we can observe the emergence of various "Wave Rhetorics" or

---

① "Sodan" means literary world, and "jeokchi" red flag, Chief Commandant; Cf. Ko (2004).

② Dempsey (2005 : 89).

③ Wolton (2009 : 22–3): "La question de la cohabitation devient donc centrale. (...) Comment vais-je accepter de cohabiter avec celui qui ne me ressemble pas, à qui je n'ai rien à dire et réciproquement? Comment faire pour ne pas e tre confronté au paradoxe fou qui ferait de l'information et de la communication non pas un facteur de rapprochement mais un facteur d'incompréhension, d'hostilité, et finalement de guerre? C'est cela le défi du xxie ciècle: éviter que l'information et la commnication, au lieu de rapprocher les hommes, creusent les incompréhensions."(法语)

* 本文为《关于人文科学学术交流中的被修辞》的译文原文。

rhetorics of undulatory tendency, community-oriented, in contrast with traditional "Particle Rhetorics", or rhetorics of particulate tendency, individual-centered. In order to produce "well built" scholarly communications, particularly in human sciences, we need to take into account diverse wave rhetorics, which are "nonviolent rhetorics", or more exactly "peaceful rhetorics". This communication is an "invitation" to "wave rhetorics" for more fruitful and successful scholarly communications.

2. Problematological Rhetoric and Wave Rhetoric

As Carrilho (1996 : 71) well summarizes it, the problematology of Michael Meyer is based on three essential stand-points: a new theory of language, a new conception of rhetoric, and a new interpretation of philosophy; it is a philosophy rooted in a theory of questioning, and considers thus scholarly research as a "questioning", question-answer process. The essential function of language, grounded on this question-answer pair,[4] is called problematological difference. In the problematological rhetoric's point of view, the rhetoric is defined as "the negotiation of distance between subjects (ethos-pathos) with regards to a question or a problem (logos)",[5] and the notion of distance covers the differences between human beings who have to communicate together, or more broadly who have to "live together." One of the main problems of scholarly communications is then how to make successful the negotiation of differences between the communicators who have but to "communicate together" in a situation or context of scholarly communications.

This general definition of rhetoric covers not only the traditional tripartite rhetorics (deliberative/ forensic/ epidictic), but also (at least) many other rhetorics that have appeared in the history of rhetoric.[6] Meyer (2005 : 16) says that argumentation belongs to rhetoric, as he considers that the purpose of the argumentation is precisely to reduce the distance between the subjects by resolving the question which divides them. Nonetheless, in argumentation, the focus of attention remains on the question, not on the distance, which is the concern of rhetoric. In rhetoric, the logos doesn't have more importance than the differential relation ethos-pathos. Meyer remarks that the theories of argumentation have been concentrated too much on the techniques

④ Golden/Jamison (1990 : 330): "The question is the starting point for the generation of language usage or speech. Here it is instructive to note that a synonym for question is a problem. Whenever we speak or write on any issue, we have as a purpose a need to solve a problem that takes the form of direct or implied question."

⑤ Cf. Meyer (2004b : 126), Meyer (2005 : 42).

⑥ Cf. Meyer (1993).

of persuasion or adhesion, and have neglected the inaugural basis which raised the question. In fact, without the question, there is neither discussion, nor difference, nor distance. The negotiation in rhetoric is, after all, a resolution or a treatment of what is problematic.

If we examine, by analogy, diverse rhetorics from the viewpoint of quantum mechanics — which Bang (2005) uses while trying to harmonize high-tech scientific knowledge with the concept usually referred to under the name of "ki" (which approximately translates by "energy") in North East Asia, but which still doesn't have the status of "scientific knowledge" — we come up with a comparative rhetoric whose terms are quite interesting: the contrast between Particle Rhetorics or rhetorics of particulate tendency and Wave Rhetorics or rhetorics of undulatory tendency. In one of the voluminous tome of his book, Bang (2005) argues that the double nature of light being both particle and wave can be applied to nearly everything, even to human consciousness, be it individual or collective. He explains that everything being in the quantum state, interpretation or results will be different depending on the chosen function or viewpoint.

The important thing when applying quantum mechanics to sentient beings or to human consciousness is the appearance of a hierarchical structure, following the growth of the degree of order, and whose criteria is called entropy. When entropy grows, the degree of order diminishes, and inversely when entropy diminishes, the degree of order grows. By representing the quantum state of human consciousness with a triangle, Bang (2005) states that the closer we get to its higher side, the more we see its undulatory nature grow. He holds Darwin's evolutionism — ruled by the logic of concurrence between individuals and of survival for the best adapted ones — as a particulate view point which considers every sentient being, environment included, at war. And yet, within nature, there are not only concurrence and struggle for one's life, but also mutual cooperation between the livings leading to a "co-evolution," which hints at a relationship that tends towards an undulatory state. Here, co-evolution is evolution as collectivity, and it means the coexistence and growth of a cooperation born from the widening of consciousness rather than from the physical change of the individual's order.

When considering human consciousness, there can be two choices of orientation: towards particulate state or undulatory state. Furthermore these two orientations seem to be incompatible, so that these two states cannot be observed simultaneously, as in the case of light. Of course, concurrence may at times, if not often, be necessary, but if concurrence prevails, society might very well hit various conflicts, sometimes insuperable. When struggle becomes excessive, most probably will regression follow, while the cooperation options allow a "co-evolution" towards a better state, a state in a new and superior order.

Bang (2005) also states that the consciousness we have is the better fit to our choices, just the way the scope of an air photography depends on the altitude of the shot. This aspect of individual consciousness applies just as well to society in its organization and its functioning principle. "An eye for an eye, a tooth for a tooth" is therefore a way to adapt oneself to a society where particulate nature prevail, while the viewpoint of "goodness" (仁) and "self-control" (自律) is a principle that can be applied to a society where undulatory nature prevail. This seems to be true not only for communications between ordinary peoples in society, but also in scholarly communications.[7] This is why we need to investigate these "Wave Rhetorics," which are "new modes of rhetoric"[8]; it is a choice leading to a different "reality," a new "reality".

3. Western Wave Rhetorics

Since Richards (1936) proposed his "New Rhetoric" whose aim was to study misunderstanding and its remedy, we have seen the emergence of various rhetorics of undulatory tendency. For example, the New Rhetoric of C. Perelman, considered as "the creative revival of Aristotelian Rhetoric" by Maneli (1994 : 120), and whose essence and basis are tolerance,[9] is a "'logic of value judgments' in order to reject irrational choices based on interest, passion, prejudice, and myth" (121). The Rhetoric of Inquiry, especially valuable for the human sciences, aims, according to Nelson/Megill/McCloskey (1987), "to integrate rhetoric of inquiry into the normal business of scholarship". For them, rhetoric covers "what is communicated, how it is communicated, what happens when it is communicated, how to communicate it better, and what communication is in general."[10] The rhetoric of inquiry advises to "study concrete communities of inquiry instead of abstract logics,"[11] to pay great attention

---

⑦ Cf. Jon (2007).

⑧ Dempsey (2005 : 91).

⑨ Maneli (1994 : 129): "The essence and basis of the New Rhetoric is tolerance. Its method can be developed and applied only in an atmosphere of tolerance. It is also the means to struggle for tolerance."

⑩ Nelson/McClosky/Megill (1987 : 16): "Rhetoric of inquiry enlarges these meanings to encompass the interdependence of inquiry and communication, and to encourage connecting all the skeins of rhetoric into a commitment for better inquiry to inform action."

⑪ Nelson/McClosky/Megill (1987 : 15).

to the problem of ambiguity of language or its non-transparency. Simons (1985:63) assures us that in case of "scholarly controversies", for their "airing", "the friendship circle provides a far better model" than "the courtroom model".

Crosswhite (1996)'s Rhetoric of Reason can also be considered as one of the rhetorics of undulatory tendency. The author says that "although war and argumentation share a process of conflict that is remarkably similar, the media of this conflict are hugely dissimilar – to the extent that where war is a process of violence, argumentation is not only nonviolent action, but in principle the renunciation of violence. It is, in fact, the great alternative to violence." And he continues by writing: "But if it is a genuine alternative, a substitute for violence, it must itself be a way of having conflict, one which is capable of guiding conflict to resolution in a mutually satisfactory way." Besides, Crosswhite emphasizes the fact that although "war takes no small amount of cooperation between opposing forces, it is certainly true that argumentation requires enormously more cooperation than war"(103). He thinks that genuine argumentation is possible "only on the basis of deep and continuing cooperation among participants"(ibid.); yet such argumentations in scholarly communications are still scarcely seen. Let us also remark, for the benefit of our theme, the "new rhetoric" or "rhetoric of identification" by K. Burke is also a form of Wave Rhetoric, since Burke holds communication as "a generalized form of love."[⑫]

Gorsevski (1994), one of the well-known nonviolent rhetoricians, "takes nonviolence to be much larger than simply peaceful means of interrelating"; she considers that "it is a special mode of persuasion that aims to minimize violence and, ultimately, to resist oppression". "Moreover, for her, nonviolence tends to be open-ended, fostering respectful cooperation and valuing fluidity and flexibility."[⑬] It is a solid sign of its nature as a Wave Rhetoric. Gorsevski, who thinks, like Henry Johnstone, that violence occurs in "dysfunctional argumentation"(455), says that "rhetoric can be a means to managing conflict without, or at least with minimal, violence"(446). Her quotation of Johnstone saying: "the risk a person takes by listening to an argument is that he may have to change himself" suggests that the essential problem, in scholarly communications, could be the problem of the self, or the ego of the communicator,

⑫ Warnock (2000 : 81): "Communication is the 'dancing of attitudes" and a 'courtship ritual'; for Burke, communication is 'a generalized form of love'(Rhetoric of Motives 37). The distance between people, between their individual bodies, motivates them to seek a 'margin of overlap' so that they can communicate."

⑬ Dempsey (2005:91).

who tends to choose "some sort of fight," rather than to opt for cooperation and "co-habitation".[14] The characteristics of nonviolent rhetoric present in Gorsevski (2004)'s work are as follow:[15]

- It empathizes with, rather than demonizes, the opponent(s);
- It portrays all people as deserving human rights, equality, and respect;
- It generally eschews metaphors that are violent (and which, therefore, to a certain degree condone violent behaviors);
- It relies on mutually agreed-on feelings, facts, and history;
- It relies on a sense of community and mutual responsibility.

This nonviolent rhetoric by Gorsevski resembles in many aspects the "Invitational rhetoric" of Foss/Foss (2003), derived from feminine rhetoric.[16] The invitational rhetoric is one of the five modes of rhetoric (or communication) with conquest rhetoric, conversion rhetoric, benevolent rhetoric, and advisory rhetoric(4–7). According to the authors, invitational rhetoric is characterized by five core assumptions: (1) the purpose of communicating is to gain understanding; (2) the speaker and the audience are equal; (3) different perspectives constitute valuable resources; (4) change happens when people choose to change themselves; and (5) all participants are willing to be changed by the interaction(9–10). These characteristics clearly show that invitational rhetoric is a Wave Rhetoric, as opposed to conquest rhetoric which has "winning as its goal" and conversion rhetoric, "designed to change others' perspectives on an issue or to change how they behave in some way". These two modes, which have almost become "default modes of communication" nowadays,[17] are without doubt Particle Rhetorics. Benevolent rhetoric, "designed to provide assistance to individuals out of a genuine desire to make their lives better" and advisory rhetoric, "designed to provide requested assistance", both appear to be, in principle, wave-oriented rhetoric, but it happens, as

---

⑭ Gorsevski (2004:182): "Much of rhetorical theory follows the 'reasoning' or 'logical' tradition, which tends to value the scientific or mathematic perspective. A scientific perspective might be the Darwinian one, for example, that internalizes some sort of fight for survival and naturalizes it into an accepted state of human affairs, and a way to understand conflicts in life as various kinds of violence or war. Such a perspective is not particularly hopeful for humankind."

⑮ Cf. Black (2005:91).

⑯ Hoerl (2002 : 368): "In Feminist Rhetorical Theories, Karen Foss joins Sonja Foss and Cindy Griffin to provide deeper insight into the origins of their critique of rhetoric and their advocacy of invitational rhetoric by reviewing the backgrounds of and arguments made by several feminist theorists who suggest that patriarchal values are embedded within the core tenets of traditional rhetorical theory."

⑰ Cf. Foss/Foss (2003 : 7–9).

the authors remark, that in these modes of rhetoric, the role of the speaker or writer becomes predominant, as in the conquest and conversion rhetorics.

To summarize, "invitational rhetoric is, in the authors' words, a mode of communicating in which your goal is to invite others to understand your perspective just as you try to understand theirs. The perspectives of others are not seen as impediments or obstacles to achieving your goals but as resources that encourage you to move beyond your own perspective to gain a more comprehensive view of an issue or a subject." Powers (2004) considers the invitational rhetoric as an alternative to the traditional rhetoric, and presents a version of invitational rhetoric very close to Rogerian Rhetoric, summarized into the word "Eureka!": E=Empathy; U=Understanding; R=Respect; E=Endorsement; K=Common Ground (poetic license); A=Assertion.[⑱] Brent (1996) gives us a precise version of the different stages of the Rogerian Rhetoric:

1. An introduction to the problem and a demonstration that the opponent's position is understood.
2. A statement of the contexts in which the opponent's position may be valid.
3. A statement of the writer's position, including the contexts in which it is valid.
4. A statement of how the opponent's position would benefit if he were to adopt elements of the writer's position. If the writer can show that the positions complement each other, that each supplies what the other lacks, so much the better.

These Rogerian strategies of very high undulatory density may be very usefully applied to scholarly communications, but its limit is that it is not always applicable in practice. That is why it seems important, as argues Meiland (1989), to distinguish Argument-as-Inquiry, process-oriented, from Argument-as-Persuasion, product-oriented, largely dominant in scholarly communications. He asserts that "although persuasion is a purpose of argumentation on some occasions, we must recognize that argumentation can and does have another and equally important purpose, namely Inquiry. One reason why this point is important is that argumentation for purposes of inquiry often takes a different form from argumentation for persuasion."(185)[⑲] Meiland (1989:186–187) says that although "by 'inquiry' one could mean the process

---

⑱ Powers (2004 : 1495): "In this formula, we demonstrate empathy and understanding; we show respect for our audience; we endorse some aspects of our audience's position; and we combine some aspects of our audience's position with some aspects of our own position (if possible) thereby creating common ground on which we can stand in agreement with our audience, and reach a point where we can assert our own position effectively."

⑲ Thorne (2003 : 6).

of discovering the truth about some topic", he "will use the term to mean something rather different, namely the process of discovering what (if anything) it is rational to believe about a topic." Thorne (2003 : 7) remarks that "argument for inquiry involves more tentative claims, and it requires more involvement from an audience than argument for persuasion." It is interesting to know that "argument for inquiry shares many of the same qualities as Rogerian argument."

Besides the above mentioned Wave Rhetorics or rhetorics of undulatory tendency, we cannot but mention Rosenberg (2004) and Booth (2004). Rosenberg's "Non-Violent Communication"(briefly, NVC) is also called "compassionate communication"; it is, according to the author, a "language of process" which avoids generalization such as "you always...", and in that, it is very much alike the General Semantics of Korzybski. Booth (2004), who opposes "rhetorology" to "rhetrickery", presents the former as the "deepest form of listening-rhetoric"(11),[20] and advocates to scholars the "aggressive cross-disciplinary listening", which "could produce an academic world in which more and more of us acknowledged our kinship with, and reliance on, the others."(82)[21] For Booth, "the golden rule of scholarship is to listen to others as you would have others listen to you, a rule for scholarship as well as a rule for life", and he adds: "The key to Listening-Rhetoric is not only to be found in the process, but also in the outcomes."[22] Booth (2004 : 47) also says that "both sides are pursuing not just victory but a new reality, a new agreement about what is real". Finally, he emphasizes the need for each communicator to listen to her or his self.[23]

4. North East Asian Wave Rhetorics

In this search towards Wave Rhetorics for scholarly communications in Human Sciences, recent Asian Communication Studies, as found, for example, in China Media Research, are not to be omitted. Gordon (2007a:100) asserts that "the transformative

⑳ Booth (2004 : 10): "Listening-rhetoric (LR): The whole range of communicative arts for reducing misunderstanding by paying full attention to opposing views."

㉑ Although "communication across genuine differences is too rare", Fulford (2006:364) seems, as Booth, to promote "rhetorical education not toward erasure of difference, but toward respectful, knowledgeable coexistence with difference".

㉒ Gore (2007 : 47, 44).

㉓ Gore (2007 : 48): "He asks us to consider how we and our words are perceived by others and to consider them as a part of effective rhetoric. Such self-listening is central to effective communication and harmony and is best realized when a rhetor commits to inculcating the principles of speech and listening in what we might call his or her personal life s well as his or her professional life."

time is upon us to transcend seeing 'communication' as primarily strategic, goal-driven, ego-enhancing, ego-defending instrumental message-sending behavior." His conviction is that we need "languages of 'communication' that are less 'agentic' and more 'communal, less 'yang' and more 'yin' less concerned with 'impact' and 'persuasive success' and more concerned with 'resonance' and 'harmony', less 'monological' and more 'dialogical'". To be brief, it means that we need "undulatory language." Emphasizing that "we must be willing to see research as a search, an inquiry which taxes our imagination and creativity rather than our ability to follow a narrow set of rules," the author states that "to raise new questions, new possibilities, to regard old questions from a new angle, requires creative imagination and marks real advances in science."[24]

Gordon (2007b:55) says that "the axiological assumption for an Asia-centric paradigm is that harmony is vital to the survival of everyone and everything" and that "yet an expansion of our sphere of harmony is exactly what is needed on the planet in this pivotal 21st century, an enlargement of our empathic capacities, a widening of our range of care and concern, an increasing attunement with our species and our natural environment." He expects that "from an Asia-centric perspective, with our communication, we can reduce our selfishness and egocentrism, we can join with our fellow human beings and escape from our illusion of separateness, we can feel the suffering and joy of others, we can moralize and harmonize the universe." The author suggests, with Tu Weiming, to "envision Confucian perception of human flourishing, based upon the dignity of the person, in terms of a series of concentric circles: self, family, community, society, nation, world, and cosmos." According to him, "it is this enlarging sense of identification and caring that is increasingly required in today's world, and it may well be that greater Chinese and other Asian contribution on these themes and in this direction can increase the possibility of human survival and harmonization.(ibid.)"

As for Li (2009), he carries out a general survey of the notion of "harmony" in traditional Chinese culture, looking into The Book of Changes, The Analects, Tao Te Ching, and Chung Yung (or The Doctrine of the Mean), and from there he enumerates, as different characters of Harmony, "difference" which is the basis of

---

㉔ Cf. Robitaille (2005 : 209): "Le trait principal de cette ethique [interrogative] est qu'elle se fonde sur un "jeu de l'imagination" : il faut sans cesse s'imaginer a la place de l'autre, c'est-a-dire tenter d'epouser son point de vue, non pas pour reduire son point de vue au mien — mon acte d'imagination demeure une "projection" —, mais pour l'accueillir comme une autre interpretation possible et digne d'etre entendue.".

harmony, "reconciliation" which is the most harmonious strategy, and "creativity" which is the highest pursuit of harmony. Such thoughts on harmony were also ardently investigated by Wonhyo (617–686), "one of the most foremost Buddhist philosophers as well as the most popular monks throughout Korean history",[25] through the notion of "hwajaeng"(和诤), often translated as "harmonization". The fundamental meaning of "hwajaeng" being the "reconciliation" of all oppositions and conflicts,[26] this notion could be very usefully applied or adapted to resolving the oppositions and conflicts in scholarly communications.

Ishii (2006:15) remarks also that "Euro-U.S.-centered intercultural research is ethnocentrically centered on the conventional cultural values of individualism, independence, and competitiveness, making little of their culturally different Asian counterparts", while "Euro-U.S.-centered communication research is basically dominated by Greco-Roman sender- and persuasion-centered rhetoric, without paying due attention to Asian receiver- relation-centered communication." Concerning this remark, Jia (2008 : 25) explains "why Western education emphasizes speaking much more than listening", by comparing Chinese Culture and Western Culture in these terms: "In fact, the kind of communication behavior best at creating and sustaining harmony is regarded as the most effective and most competent communication in Chinese culture. In contrast, in Western Culture the most competent communication is the kind of communication best at persuasion, conversion and control of the mind and behavior of one's counterparts so that they believe in what the persuader believes." According to him, "in the Daoist thinking, self is the source of all pain", and "the more minimal self becomes, the more harmony is created; the more harmony is created, the closer an individual moves to the Dao which 'is eternal, but has no fame (name)'"(26).

This problem of overcoming "the self," of which the author speaks, is a crucial question that requires to be considered very deeply and widely in scholarly communications. "American psychologist Martin Seligman (2001) and his colleagues recently searched two hundred philosophical and religious documents across time periods and cultures, East and West, in order to discover commonly identified and shared virtues. It was concluded that the following six virtues are, if not universal, at least ubiquitous across the world's major cultures: (1) Wisdom and knowledge, (2) Courage, (3) Love and humanity, (4) Justice, (5) Temperance, and (6) Spirituality and transcendence."[27] We now know that these are virtues strongly wave oriented.

㉕ Nam D.—S. (1995 : 143).

㉖ Lee (1999:108).

㉗ Cited from Gordon (2007b:56).

Gordon (2007a:90) send a strong encouragement "to around the world to help create an invigorated and truly 'human' communication discourse that emancipates thought, feeling and behavior, and that contributes to a harmonization of humanity." And in Gordon (2007b : 56), he affirms once again that "Chinese and other Asian communication scholars are poised to make seminal contributions to world communication theory by setting their sights high and pursuing significant, rich, and deep communication inquiry." It is now our turn to respond with our best attention to this encouraging call, in the field of scholarly communications.

5. Coda

Nowadays the importance of rhetorical approaches to human sciences is recognized more and more widely.[28] However, traditional rhetorics since Aristotle gave rise to flourishing Particle Rhetorics, focused on the writer (or speaker) and the techniques of persuasion, and we see that it had a not small influence on the North East Asian Culture as well. That is why we feel the need of more Wave Rhetorics – which give equal importance to ethos, logos, pathos, and their relation – than Particle Rhetorics or the rhetorics of particulate tendency, which is most often focused on one element, on the writer (or speaker) or the logos. We need to remind the problematological definition of rhetoric which is "the negotiation of distance between subjects (ethos-pathos) with regards to a question or a problem (logos)". To deepen the research on the Wave Rhetorics above mentioned, we need to reconsider the problem of language and misunderstanding, which seems be a main cause for communicational conflicts or troubles. Scholarly writing also needs to be reconsidered from this problematological and Wave Rhetorics.[29] This is a long and hard work which demands much imagination, creativity, and endeavor, but our belief is that it is worth it. In Wave Rhetorics, as is said in Asian rhetorics, harmony is a very important factor, and Li (2009 : 57) reminds us that "harmony requires the use of dialogue, negotiation and cooperation to reconcile cultural difference, which proves to be good methods in dealing with cultural conflicts." So are the requirements of scholarly communications, especially in human sciences.

㉘ Simons (1990 : 9): "Broadly speaking, virtually all scholarly discourse is rhetorical in the sense that issues need to be named and framed, facts interpreted and conclusions justified; furthermore, in adapting arguments to ends, audiences, and circumstances, the writer (or speaker) must adopt a persona, choose a style, and make judicious use of what Kenneth Burke has celled the "resources of ambiguity" in language."

㉙ Cf. Ishii (2006), Jia (2008).

References

[1] Abel, O. (2000): L'éthique interrogative: Herméneutique et problématologie de notre condition langagière, PUF.

[2] Bang, G.-U. (2005): Il's Chi that moves the World Moral and Science, t. 2, Yein.

[3] Black, L.W. (2005): Review of Gorsevski, E.W. (2004): Peaceful Persuasion: The geopolitics of nonviolent rhetoric, State University fo New York Press, Journal of Mass Media Ethics, 20–1, 90–95.

[4] Bonta, B.D. (1997): "Cooperation and Competition in Peaceful Societies", Pychological Bulletin, 121–2, 299–320.

[5] Booth, W. (2004): The rhetoric of rhetoric: The quest for effective communication, Blackwell.

[6] Brent, D. (1996): "Rogerian Rhetoric: An Alternative to Traditional Rhetoric", Argument Revisited, Argument Redefined: Negotiating Meaning in the Composition Classroom, ed. Barabara Emmel, Paula Resch, and Beborah Tenny. Sage, 73–96.

[7] Carrilho, M.-M. (1996): "Conséquences de la problématologie", Argumentation et questionnement, sous la direction de C. Hoogaert, 67–78, PUF.

[8] Dempsey, S.E. (2005): Review of Peaceful Persuasion: The Geopolitics of Nonviolent Rhetoric, E.W. Gorsevski (State University of New York Press, 2004), Philosophy and Rhetoric, 38–1, 89–92.

[9] Foss, S.K./ Foss, K.A. (2003): Inviting Transformation: Presentational Speaking for a Changing World, Second Edition, Waveland Press, Inc.

[10] Fulford, C. (2006): "Hearing an Audience: Wayne Booth and the Propagation of Deep Listening", Pedagogy, 6–2, 327–335.

[11] Gordon, R. (2007a): "Beyond the Failures of Western Communication Theory", Journal of Multicultural Discourses, 2–2, 89–107.

[12] Gordon, R. (2007b): "The Asian Communication Scholar for the 21st Century", China Media Research, 3(4), 50–59.

[13] Golden, J.L. and Jamison, D.L. (1990): "Meyer's theory of problematology", Revue internationale de philosophie, 44-174, «Questionnement», 329–351.

[14] Gore, D. (2007): "On Wayne Booth", International Journal of Listening, 21–1, 42-49.

[15] Gorsevski, E.W. (1999): "Nonviolent Theory on Communication: The Implications for Theorizing a Nonviolent Rhetoric", Peace & Change, 24–4,

445–475.
[16] Gorsevski, E.W. (2004): Peaceful Persuasion: The Geopolitics of Nonviolent Rhetoric, State University of New York Press.
[17] Hoerl, K. (2002): "Reframing Rhetorical Theory and Practice through Feminist Perspectives", The Review of Communication, 24, 368–372.
[18] Ishii, S. (2006): "Complementing Contemporary Intercultural Communication Research with East Asian Socio-cultural Perspectives and Practices", China Media Research, 2(1), 13–20.
[19] Jia, W. (2008): "Chinese Perspective on Harmony: An Evaluation of the Harmony and the Peace Paradigms", China Media Research, 4(4), 25–30.
[20] Jon, S.-G. (2007): "Particle Rhetoric and Wave Rhetoric", Rhetoric, 6, 165–178.
[21] Ko, M.-S. (2004): Yeolha's Diary, Greenbee.
[22] Lee, D.-H. (1999): Semiotics of Whajeing, Hangyant University Press.
[23] Li, M.-Y. (2009): "On the Traditional Chinese Notion of 'Harmony': Resources to the Intercultural Communication", China Media Research, 5(1), 55–58.
[24] Maneli, M. (1994): Perelman's New Rhetoric as Philosophy and Methodology for the Next Century. Kluwer Academic Publishers.
[25] Meiland, J.W. (1989): "Argument as Inquiry and Argument as Persuasion", Argumentation, 3–2, 185–196.
[26] Meyer, M. (1993): Question de rhétorique – langage raison séduction, Librairie Générale.
[27] Meyer, M. (2004): "Argumentation, rhétorique et problématologie", Perelman, le renouveau de la rhétorique, Puf, 123–136.
[28] Meyer, M. (2005): Qu'estce que l'argumentation? Vrin.
[29] Munz, P. (1990): "Rhetoric of Rhetoric", Journal of the History of Ideas, 50–2, 121–142.
[30] Nam D.-S. (1995): "Wonhyo´s IIsim Philosophy and Mass Proselytization Movement", Seoul Journal of Korean Studies, 8, 143–162.
[31] Nelson, J.S. and Megill, A. (1986): "Rhetoric of Inquiry: Projects and Prospects", Quarterly Journal of Speech, 72, 20–37.
[32] Nelson, J.S., Megill, A. and McCloskey, D.N. (1897): The Rhetoric of the Human Sciences: Language and Argument in Scholarship and Public Affairs, The University of Wisconsin Press.
[33] Powers, L. (2004): "Beyond Persuasion and Then Some: Invitational Rhetoric and a Rogerian Strategy", International Journal of the Humanities, 2–2,

1495–1498.
[34] Richards, I.A. (1936): The Philosophy of Rhetoric, Oxford University Press.
[35] Robitaille, M. (2005): Recension de L'éthique interrogative. Herméneutique et problématologie de notre condition langagière. O. Abel (2000, PUF), Laval théologique et philosophique, 61–1, 207–218.
[36] Simons H.W. (1985): "Chronicle and Critique of a Conference", Quarterly Journal of Speech, 71–1, 52–64.
[37] Simons, H.W. (1990): "The Rhetoric of Inquiry as an Intellectual Movement", The Rhetorical Turn: Invention and Persuasion in the Conduct of Inquiry, Edited by Herbert W. Simons, The University of Chicago Press, 1–31.
[38] Thorne, S.F. (2003): "Rogerian Rhetoric as Negotiation: Does Its Dependence on Game Theory Pose Ethical Problems?", http://www.reconstruction.ws/031/thorne.htm, 1–9.
[39] Wolton, D. (2009): McLuhan ne répond plus : Communiquer c'est cohabiter, L'aube.

Towards Wave rhetoric for scholarly communications in Human Sciences

Jon Sung-Gi
(Korea University)

Abstract: Traditionally, rhetoric is defined as the study and practice of persuasion, which is, according to Richards (1936), "the theory of the battle of words and has always been itself dominated by the combative impulse"; and up until now, it seems to remain true. Foss/Foss (2003) even say that conquest rhetoric and conversion rhetoric have become almost «default modes of communication» nowadays. Scholarly communications don't seem to operate differently. Nonetheless, we can observe the emergence, in the last few decades, of diverse «Wave rhetorics», communityoriented, in contrast with traditional «Particle rhetorics», individualcentered. One of them is the Rhetoric of Inquiry, present at the very core of human sciences which intend, according to Nelson/Megill/McCloskey (1987), "to integrate rhetoric of inquiry into the normal business of scholarship". For them, rhetoric covers "what is communicated, how it is communicated, what happens when it is communicated, how to communicate it better, and what communication is in general". Yet, in scholarly communications, there are clear distinctions to make, as argues Meiland (1989), between 'Argument as Inquiry', process-oriented, and 'Argument as Persuasion', product-oriented, the latter being largely dominant. Perelman's New Rhetoric, Crosswhite's Rhetoric of Reason, and Meyer's Problematological Rhetoric could usefully contribute to the study of this 'Argument as Inquiry'. Besides these rhetorics, it is also necessary to take into consideration other rhetorics more oriented towards Wave Rhetoric, such as Burke's Rhetoric of Identification, Booth's Listening Rhetoric, Rogerian Rhetoric, Gorsevski's Non-violent Rhetoric, and Foss/Foss's Invitational Rhetoric. In this search towards Wave Rhetorics for scholarly communications in Human Sciences, recent Asian Communication Studies, as found, for example, in *China Media Research*, are not to be omitted. Gordon (2007) even suggests the "harmony theory" of Asian Cultures to "transcend seeing 'communication' as primarily strategic, goaldriven, egoenhancing, ego-defending instrumental messagesending behaviour". To deepen the research on these Wave rhetorics, we also need to reconsider the problem of language and misunderstanding, which is a main cause for communicational conflicts. This is a long and hard work which demands much imagination, creativity, and endeavor, but that is also well worth it.

Plato and Confucius, Aristotle and Mencius — the Perils and Prospects of Comparative Studies in Rhetoric*

C. Jan Swearingen

Texas A & M University

Bid a singer in a chorus, Know Thyself; and will he not turn for the knowledge to the others, his fellows in the chorus, and to his harmony with them?

Epictetus

Beaming Sun and Earth and Heaven and Sea—reconnected in harmony with their own parts; all those elements which have been separated from them and reside in mortal limbs. Similarly, all those things which are more suitable for mixture are made like one another and united in affections by Aphrodite.

Empedocles

Heat and cold, drought and moisture, when brought together by the orderly Love, and taking on a temperate Harmony as they mingle, become bearers of ripe fertility and health to men and animals and plants, and are guilty of no wrong But when the wanton-spirited Love gains the ascendant in the seasons of the year, great destruction and wrong does he wreak..... So further all sacrifices and ceremonies controlled by divination, namely, all means of communion between gods and men, are only concerned with their the preservation or the cure of Love..... Love conceived as a single whole, exerts a complete power, but that which is consummated for a good purpose, temperately and justly, both here on earth and in heaven above, wields the mightiest power of all and provides us with perfect bliss; so that we are able to consort with one another and have friendship also with the gods who are above us.

Plato, *Symposium*

I am delighted and honored to be here today, in the home of Confucius, and in the midst of a revival of Confucian studies. I look forward to learning from you, from all the teachers and scholars here who like Confucius strive for sageliness, humility, and the fine art of asking and answering questions. If we were to replace the term rhetoric with the term dialogue, as Plato once tried to do, I think we might find much more in

---

* 本文为《柏拉图与孔子、亚里士多德与孟子——比较修辞学研究的困境与前瞻》的译文原文。

common in our understandings of rhetoric! My discussion today will encourage the development of alternate terms and definitions for rhetoric as we continue to explore how to talk to one another most productively across cultures, languages, and history. This, too, is an art of rhetoric.

1. The Perils of Comparative Studies in Rhetoric

Several years ago a Korean graduate student in my history of rhetoric class completed a project entitled "Confucius Say, 'Socrates, You Talk Too Much'." We had been reading excerpts from Stephen Owens' Readings in Chinese Literary Thought, particularly those portions of Confucius and Mencius that provide striking and often discussed parallels to Plato's and Aristotle's views of language and rhetoric. Throughout the works of Confucius and Mencius, Plato and Aristotle, there are ample references to the dangers of deceptive and clever language, the virtue of restraint and circumspection, the most effective strategies for persuading an interlocutor, the best way to articulate an idea or a truth. In some ways Mencius is to Confucius as Aristotle is to Plato, a disciple, a codifier, an interpreter of a group of teachings. But there are substantial differences as well. "Argument" and "persuasion" as they are defined in Greek and Latin rhetorics have no direct counterpart in Chinese teachings. Perhaps most significantly, the "emotion" that is persuaded or moved by classical rhetorical arguments is an elusive entity in Chinese renderings of language and virtue. "Poetry" may stir the heart with its beauty; but cunning persuasion is a different matter entirely. Is there any room for rhetorical cunning in the Confucian canon of frankness and virtue and truth? Furthermore, the concept of a passive and persuadable audience, a group of people being addressed by a rhetorician, is absent from most examples in Confucius and Mencius. The anecdotes and exchanges are most often between individuals, a teacher and a student, a sage or advisor and a ruler.

So it is that in several rhetorical and philosophical senses Confucius might well say, "Socrates, you talk too much." Socrates goes on and on, with no sense of humility or temperance, with seemingly no point or purpose; he talks about himself too much. He seems not to understand the Confucian values of careful brevity, a few well chosen words, an apt analogy or example whose meaning is indirect and often unstated, most of all, the sagely appropriateness of silence. Not only does Socrates endlessly expound his own views while pretending to only ask questions; he asks annoying, leading questions, to which his interlocutors, he knows, have no answers. His is no sagely subtlety, but rather an aggressive, agonistic challenge. It is clear who wins each exchange; even though the truth or idea that has been pursued may remain undecided. Where Confucius often gives different answers to different interlocutors according to their individual qualities, and what they need to learn, Socrates provide endless variations on the same questions to the same interlocutors. Both Confucius and Socrates share advocate humility. However, Socrates' humility often seems false, insincere, even arrogant, while Confucius' understated and unstated conclusions model the brevity and circumspection that he teaches.

Now, let us stand back from this initial comparison and ask a few questions. When Plato represents Socrates as being annoying and garrulous even while he advocates humility, what is Plato trying to convey? In short, what is the rhetoric of Plato's depiction of Socrates? What kind of rhetoric and what kind of virtue are represented — not just talked about, but represented – in the dialogues of Plato? Alternately, what forms of rhetoric and virtue are modeled as well as talked about in the Analects of Confucius and then in Mencius' teachings? Is it true that the representation of Confucius in the Analects and by Mencius is less problematic than Plato's representation of Socrates? With these examples in mind, I turn to some of the methods that have been used, and misused, in comparisons of Chinese and Graeco-Roman rhetoric.

Contact Zones

In American rhetorical studies for several decades the model of a contact zone (Pratt) has been used to define new language and speech genres that emerge when one culture encounters another. Most of these studies have until recently focused on conditions of colonization and oppression: on situations in which one culture invades another and imposes a new language, culture, and political system upon them or, simply enslaves them. The colonized resist in different ways and eventually form a counter rhetoric, a discourse they can use to fight the oppressor, but a language that is shaped by the terms of the invader. Mary Louise Pratt's original model for the idea of a contact zone was the Spanish colonization of Peru. Throughout the North and South American "new" world contact zone encounters provoked numerous literary and political works, hybrid languages, and hybrid cultural understandings. These have most often been studied from the perspective of colonialism, and postcolonialism, as the results of invasion and the oppression of one people by another. Extending the contact zone model to the case of East-West rhetorical studies requires some adjustment in the model, for a number of historical, ethical and intellectual reasons. The West never conquered or colonized China in the same way that European colonizers conquered the "new" world. China was an ancient, learned and literate culture well ahead of the Graeco Roman headwaters of Western culture. We cannot study East-West rhetorical histories, or engage in comparative rhetorical studies using a contact zone model based on an oppressed/oppressor. Precisely because Chinese rhetoric — until recently perhaps — has not developed as a response to Western rhetoric it is especially interesting. For centuries, Chinese rhetoric developed and defined itself internally, in its own terms, a history that presents us with the goal and challenge of understanding those indigenous terms and practices.

Unfortunately, a different kind of colonialism, an intellectual. pedagogical, and scholarly colonialism, has shaped far too many studies of Chinese rhetoric until recently. Too often, Chinese rhetorical studies have been conducted as seek and find missions searching for parallels to classical Graeco-Roman rhetorical paradigms: ethos, pathos, logos; modes, tropes, argumentation. Western appraisals of Chinese rhetoric past and present have looked at the surface, and gone no further, finding only flowery and allusive language that seems to bear little relationship to logic, argumentation, and dialectic. There seemed to be no rhetorical or essay tradition focused on civic discourse and political issues. During the past ten years, however, further study of Chinese rhetorical traditions conducted by Chinese scholars working alongside western scholars, as we are here, have begun to reveal numerous practices of logic and argumentation, layer upon layer of double meanings and allusions, parallelisms that link past and present with levels of meaning and layers of meaning that are far more complex and intricate than allegory, symbolism, parable, analogy, and similar double structures as these have been understood in western rhetoric and poetics. Westerners have begun to enter an imaginative landscape, an epistemological world where many things are expressed with multiple meanings and through the words of others, using practices that are similar to but very different from quotation, allusion, and analogy. There is a high priority on thinking in twos, but not contrastive twos as in debate and dialectic. Compelementary twos, pairs, two halves of a whole are often used to depict similarities and families of meaning among different ideas, images, and events. Sharp poetic expressions and brief anecdotes convey an almost invisible subtlety that is often unseen by Western eyes. The past ten years has seen a new group of rhetorical studies are beginning to change the methods for studying Chinese rhetorics, as we see here today. For the first time we are beginning to have in English translation Chinese studies of rhetoric, past and present, and Chinese translations of English language rhetorical scholarship. As we encounter these, the contact zone moves in the other direction, asking us to reconsider the ethics of imposing and importing western models into Chinese rhetoric. Just as importantly, we are becoming more aware of the intellectual and scholarly losses that occur when we look for close matches to our concepts rather than trying to understand an alternate tradition in its own terms.

In the 1920s, I.A. Richards explored several of these questions in "Through the Looking Glass" and Mencius on Mind. "Can we in attempting to understand and translate a work which belongs to a very different tradition from our own do more than read our own conceptions into it? Can we make it more than a mirror of our minds, or are we inevitably in this undertaking trying to be on both sides of the looking glass at once? ...The problem seems to become even more formidable as we realize that it concerns not only incommensurable concepts but also comparisons between concepts and items that may not be concepts at all. If we agree that most literary meanings are likely to combine at least four components (1) Intention or purpose; (2) Feeling, or attitude towards what is being spoken about; (3) Tone, or attitude towards those spoken to; and (4) Sense, or reference to what is being spoken about; and if we confine the term 'concept' to the fourth of these components, we shall find that our business with a passage concerns the first three functions more than the fourth" (Mencius on the Mind: Experiments in Multiple Definitions, 86–88). Without ever mentioning rhetoric, although he does so elsewhere (The Philosophy of Rhetoric), Richards here attempts to provide a universal definition of "literary meanings" for the purpose of understanding what literary critics do when they read and evaluate works of literature.

Richards' larger point is that we need to back up a good bit and re-examine what we mean by a concept, a thing referred to, an intention, and a purpose. He examines the interplay of meaning, thought and feelings (in our terms) within a number of passages from Mencius that vex the Western mind because of fundamentally different understandings of what we call psychology and physics. "Psychology and Physics are not two separated studies for early Chinese thought, or for later, ...however metaphysically abhorrent it may be to us, the mind and its objects are not set over against one another for Mencius. This non-separation of human and external Nature — elaborated in Sung times by Chu Hsi, with Buddhistic speculations that seem to verge on an idealism, may be connected with the fact that (except for Moh Tsi and his followers) there seems to have been no problem of knowledge for Chinese thought" (5). Inner and outer, human nature and physical nature, are not divided or antithesized in Chinese thinking, which, Richards suggests, is not even "thinking" in the western sense, as it is deeply imbedded through ritual practices in sustaining the parallel and interrelated order, the harmony of the heavenly and physical and moral universes.

Stephen Owen, writing many decades after Richards, provides an additional characterization of the difficulty of crossing boundaries or translating the ideas of a very different culture, or even beginning to understand what might be at work in the mind of a culture that does not name mind or culture in the same ways that we do. In Readings in Chinese Literary Thought Owen, like Richards, has much to say about concepts of literature and literary interpretation, but we can add to this our rhetorical insights. Commenting on his approach to canonical Chinese "literary thought"

(Readings in Chinese Literary Thought 5–6) Owens provides a comparison of a reverse process. "When I was undertaking this work, there was a moment when I imagined myself translating Aristotle's Poetics, with explanatory discussions, into classical Chinese for a premodern audience. It would be quite easy to offer a simple and elegant translation of the Poetics, recasting its terms and arguments in familiar Chinese terms. The result would be a pleasant, at times incomprehensible and at times naive version of a Chinese argument on literary structure. One might go beyond that, attempting to explain the original Greek words and how they differed from the Chinese concepts; here we would have a problem because the precise force of the Greek words is in many cases a matter of great scholarly debate and ultimately inseparable from the history of the interpretation of these words in Latin and the vernaculars [as well as being inseparable from the transformations of those words as they were naturalized within the literary traditions of the vernaculars]. I can imagine some of the moments: "For poetry is both more philosophical and more serious than history" I would translate—Greek into English into Chinese back into English: "As for poetry's relation to history, it excels in natural principle and is [the] serious [one]." Such a statement would be virtually nonsensical to my premodern readers of classical Chinese: after all, history perfectly embodies li (principle), but the role of 'natural principle' in poetry is decidedly problematic. It would take a good deal of space to explain what Aristotle meant by 'poetry,' 'philosophy,' and 'history'; in each case the understanding of those terms would be radically different in the Chinese version.

Further complicating attempts to understand the simplest of rhetorical terms and concepts, not to mention the actual practices of rhetoric preserved within canonical literature, epic, history, and poetry, is the layer of commentaries on the original works that stretches for over two thousand years in both Chinese and western rhetorical tradition. Mencius is the first of many interpreters of Confucius, just as Aristotle, then Cicero, then Quintilian, then Augustine, interpret and re-present an earlier rhetorical tradition for a different time and place. Owens provides the following example, extending the problem he describes translating Aristotle's Poetics into Chinese. Not only would individual terms prove problematic: "poetry," "philosophy," "history," — and, we must add, "rhetoric" — but it would be misleading to suggest that there have been long and detailed debates for over two thousand years within western commentaries on Aristotle's Poetics (and, we must add, Rhetoric). Over two thousand years new meanings and new problems emerge concerning words that sound pretty much the same to any premodern Chinese readers reading Owens imaginary translation of Aristotle's Poetics into Chinese. Turning this example around to illustrate the problem of translating Chinese literary (and rhetorical) thought into

English, Owen describes the frustration of deciding how much of two thousand plus years' worth of commentary and alternate interpretations of Chinese rhetorical texts to put into his footnotes, or glosses, or even into the translations themselves (Owen 15–17). The different meanings of li and ren and wen, not to mention the diversity of anecdotes, poems, and historical narratives which cumulatively illustrate, define, and expand the meanings of these and other key words.

Like Richards, Owen emphasizes the literary character of his subjects but we can see the rhetorical aspects as well. In Confucian China as in classical Greece history was a branch of rhetoric, and poetics the study not just of literature but of all things composed, including rhetoric. Much of what Owen has to say about Aristotle's Poetics can and should be said about his Rhetoric and about rhetoric as well. How have we and how should we use Aristotle's and other western rhetorics to "read" and "understand" Chinese rhetoric and vice versa? How could we, following Richard's suggestion, engage in an exercise in multiple definitions: if it is not appropriate or clarifying to name "rhetoric" as such in Chinese contexts, what should we call it? How might these alternate definitions begin to help us understand what we name when we call western rhetoric rhetoric, rather than literature, or political oratory, or classroom composition? I put that question on hold for a moment, while I turn to an exploration of several yin yang relationships: comparisons as well as contrasts of Chinese and western rhetoric.

In Comparative Rhetoric, an historical study of rhetoric across cultures which defines many of the problems of comparative studies, George Kennedy identifies several characteristics of Chinese rhetoric that distinguish it from Graeco-Roman concepts and practices. First and foremost, the "Chinese never distinguished rhetoric as a discipline distinct from politics, ethics, or literary criticism. It emphasizes consensus-seeking" (in contrast to win-lose debate); "it teaches frankness and sincerity in political contexts" (in contrast to the assumption that political discourse is intrinsically deceptive and often corrupt); it is restricted to the sages and rulers who preserved and conveyed the rich philosophical teachings of Confucianism, including the Songs and Histories that were drawn on through allusions and quotations. The "general public" does not seem to be held in high esteem or even to be regarded as an "audience" for rhetoric, much of which is addressed by one individual teacher or sage either to a ruler or to a student. And yet, unlike the great epic traditions of Greece and Rome, which provided the template for the forms of argument and the heroic figures in agonistic rhetoric, the Chinese Songs are poetic representations of the experience of ordinary people living ordinary lives and giving expression to their feelings" (Kennedy 145–146).

Plato and Aristotle, Confucius and Mencius

Many historical studies of east-west rhetorics have drawn a parallel between Plato and Aristotle, Confucius and Mencius, as disciple and student. There are several grounds for this parallelism. First, the elder scholar in each case was more the poet and less the systematizer. Confucius' Analects compile sayings and exchanges between kings and sages, sages and disciples. Within these are numerous allusions to the Songs and Annals, the poetry and history, that Confucius established as canonical. In the Analects, most of the exchanges are between particular individuals, and in speaking to different interlocutors, Confucius gives very different answers. In these patterns of dialogue, teaching, historical example, and poetic expressions, Confucian sayings and exchanges resemble the aphorisms of the Presocratic philosophers as much as they resemble the longer dialogues that Plato crafted to preserve Socrates' teachings. Socrates' exchanges with his contemporaries include the Presocratics, particularly "father" Parmenides, who first divided Truth from Illusion and sense perception; and Protagoras, who advanced the view that probability, rather than truth, is the best persuader. Like Confucius, Socrates, as represented by Plato, "teaches" by saying and discussion; by question and inference.

Too often, we have not noticed that Socrates' teachings, as they are recounted by Plato, present an example that teaches a "way" of thinking and discussing as much as he teachers a set of doctrines. There is a dao of Plato that has often been neglected in the effort to summarize doctrines from the dialogues, to prefer content to the important patterns, the ways which the dialogues teach. And here we find another parallel: the followers and disciples of both Confucius and Socrates/Plato have extracted doctrines from their teachings. Insofar as they perform this role, Aristotle and Mencius have been seen as the systematizers of the earlier thinker, providing a commentary and application of the teachings of the sage. It is easier to discern, as I.A. Richards did, Mencius' concept of "mind" than it is to extract such a concept from the Analects of Confucius. And therein lies a lesson. When we try to extract or compile any individual's "theory of X": Plato's theory of forms, or Confucius teaching on the "Way": we are doing a severe injustice to the form as well as the content of the teaching, the discourse, the tradition, because we tend to condense into monologue form an entire universe of interactions and dialogues, a host of particularities that cannot and should not be condensed. Plato's Socrates and Confucius keep the questions going; prodding thought; leading to insight. For a number of reasons their followers tended toward codification, and the teaching of doctrines. However, there are important and serious differences between Mencius and Aristotle that have particular interest for rhetorical scholars, and these differences we have only begun to explore. For example, is it true that Mencius is much more a Confucian than Aristotle is a Platonist? And what can this tell us about the different directions that Chinese and Greek rhetoric took after their initial codifications? To answer this question I turn to an examination of the historical contexts that shaped early Greek and Chinese rhetoric .

2. Confucius, Mencius, and the Warring States: the Greek parallels, dialectic, dialogue, argument

Mohists: was Ong right?

The warring states period that surrounded Confucius and his follower/disciple/protégé Mencius is not unlike the fragile Hellenic confederation that provided the context for the preSocratic philosophers, Socrates, and Plato. A group of Greek "sophists" or sages circulated widely in the period of the Greek colonial confederation that stretched from Asia Minor to Italy. Heraclitus like Sappho wrote in the Ionic Greek of the islands and Asia Minor, while Empedocles and Parmenides, from Italy and the Greek mainland, were from the Greek tradition that came to be known as Doric. The range of political, philosophical, rhetorical and ethical views espoused by the various Greek city-states spanned a wide range of beliefs and practices. As formal schools of rhetoric and philosophy developed there emerged differences among Rhodian, Spartan, and Milesian rhetoric and poetics; during the classical age, even within Athens, Isocrates' school was different from Aristotle's; the Stoics adapted elements from Plato's Academy. Politically, the alliances that preceded the Athenian "Renaissance," Pericles' golden age, had been necessary to fight the Persian empire, but fell apart when the Greeks began to fight one another in the Peloponnesian wars. Aristotle left Athens to tutor Alexander of Macedon, who eventually conquered the unstable Greek confederation, and declared himself emperor.

One hundred and fifty years separate the Greek wars with Persia, which united the Greek city states against a common enemy, and the rise of Alexander the Great, a tyrant who was Aristotle's pupil. Within that narrow parenthesis, the "golden" age of the Greek enlightenment, three distinct moments mark the emergence of rhetoric as a political practice and educational curriculum: (1)the teachings of the sophists and the practices of the poets and dramatists; (2) Plato's synthesis of dramatic genre with philosophical teaching, including teachings about rhetoric and the practices of the great sophist-rhetoricians — Lysias, Gorgias, Pericles; (3) Aristotle's formalization of rhetoric as a separate subject in the form of a textbook or instruction manual focusing on composing. Most of the Greek sophists were not Athenian but rather peripatetic sages from different parts of the Greek-speaking world. Their teachings have come down to us, like those of Confucius, in fragments and maxims, often recounted in brief dialogues with students and disciples. Counted among the sophists by many historians,

Socrates taught in the open spaces in Athens, speaking to anyone who would listen. Like Confucius, he shunned payment, and worried that teaching for fees would make the teacher a sycophant, eager to please his employer. Confucius: "I have never refused to teach any who offered as much as a bundle of dreid sausages" (7.7).

Plato, Socrates' devoted student, preserved Socrates' teachings in the form of dialogues, which served as one of the earliest written curriculua in philosophy, virtue, and statesmanship. However, we should also look at Plato's dialogues as a curriculum in rhetoric, as a proposal that rhetoric should be dialogical. One of the many subjects Socrates discussed was rhetoric, which he felt was often abused by power-hungry and manipulative politicians. Rhetoric, he argued is an art of deception, like sorcery, it beguiles men's minds with pretty words and empty promises. Only in the Phaedrus did he allow for the possibility of a "good" rhetoric, and he called that good rhetoric dialectic, or "true philosophy." And the word philosophy, we should always recall, means a lover of wisdom: philos sophos. Throughout the dialogues, Socrates repeatedly emphasizes that teaching or discourse not directed by a search for truth and a love of wisdom will fail to impart virtue. If we turn away from these goals, not only individuals but entire societies will suffer as a result. In the Republic is Socrates' creates a portrait of an ideal state in which the balance and harmony among intellect, will, and passion in the ideal soul is mirrored in the balance of parts in an ideal state: virtuous rulers — the guardians —, well trained and dedicated magistrates and soldiers to execute their laws, and the ordinary people who benefit from the judicious and strong leadership of the wise. An unruly individual like and unruly state, is at the mercy of an excess of one of his characteristics. The unity of wisdom and learning, the virtue of the individual and the state, must sustained as an harmonious whole. Confucius: "I have a teaching; it is not divided into subjects" (15.39).

Plato's Academy sought to perpetuate the Socratic teachings through dialogue discourses. Aristotle, one of Plato's students, was of a more practical bent, and thought that the already existing practices of political oratory and debate: rhetoric, should be systematically studied and taught. The conduct of the government and the assembly was already conducted through open air debates in which one speaker addressed a crowd, and competed with an opponent. This pattern of debate between two individuals before a crowd is pervasive in the Greek epics and dramas. Many historians have noted this agonistic pattern as unusually prominent in early Greek literature and political culture. Aristotle's Rhetoric, the first treatise on rhetoric, is written as a neutral and descriptive, scientific inquiry into the existing practice of the art of rhetoric, — the good, the bad, the ugly. It became a textbook, was taken to recommend practices that Aristotle originally simply described, without comment, with a few exceptions. Like Plato, Aristotle condemns the fallacious arguments of the sophists, the "logical fallacies," and rejects Protagoras eikos, the argument from probabilities, or fictions. In the span of one hundred years, the wisdom of the sophists, conveyed through dialogues and maxims, had become displaced by a battle of sorts between philosophy and rhetoric. Plato's philosophical legacy was largely scornful of rhetoric; Aristotle's practical art of rhetoric inaugurated a handbook and textbook tradition with which we are all still familiar. What is lost in this familiar history is the earlier practice and teaching of rhetoric before it became a separate discipline.

The sophists taught many of the Greek statesmen directly, one on one, as tutors; the Greek dramas provided samples of speeches and poetry and virtue that shaped Greek sensibilities; the Greek histories of the period also provided long stretches of narrated dialogue which provided additional models of exemplary — and not so exemplary — speeches and speechmaking. Even the Homeric epics provided long individual speeches, suitable for excerpting and repeating, as they often are in later literary and rhetorical works. Plato's dialogues, despite the disdain expressed by Socrates' for rhetoric, are themselves a new form of language, a rhetoric in that sense. How should people teach and learn? Through discussions with one another, not through a one-way reception of a lecture or speech from a master. There must always be room for a response, for a spanning of views, for collaboration and consensus. But by the time Aristotle had left Athens to become Alexander's teacher in Macedon, no one had time for such rarified discussions. Athens and Sparta had fought a bitter war among brothers which Athens lost; a group of oligarchs tried to restore traditional hereditary leadership and government, fought among themselves and finally rendered themselves vulnerable to Alexander's military force. During the century in which rhetoric first emerged as a concept and curriculum, Greece fell apart, a victim of military force. The Athenian "renaissance," and its democracy lasted little more than one hundred years. Nonetheless, its impact on later educational, political, and literary culture was profound. In the early Roman republic Greek literary models were at the center of the curriculum; Greek rhetoric was harder to sell, but Cicero effected a reintegration of philosophy with rhetoric, and naturalized many of the Greek rhetorical terms and concepts so that they became more recognizable and acceptable to the Romans' senses of piety and virtue. Let me ask you to place this thumbnail sketch of early western rhetoric alongside the Confucian era. Think of the relationships among warring states and wars of words, the need to create a common literary culture, a canon, as a way of overcoming the sources of dissention and dissolution.

How the warring states in China, during the same period, became unified under Confucian teaching and Han leadership, presents a new area for rhetorical inquiry.

What were the warring states warring about, and what aspects of Confucian teachings were most helpful in unifying the states, creating the harmony that became a hallmark of Confucian teaching? Plato's dialogues present men, and a few women, in debate as an alternative to physical warfare. Westerners still hold this ideal today, or we say we do, that it is better to do battle in words, to try to talk to our opponents, as a way of averting armed conflict. But how, exactly, does verbal debate defer conflict? The strongly adversarial models of argumentation developed in the West find no parallel in most eastern traditions, and yet discord and debate are somehow resolved, or lessened, through Confucian teachings and the practices they encourage. How? I hope that we can think about that together while we are here.

Warring states were not resolved by wars of words in Greece. If anything, the Athenians' penchant for deliberation, quibbling, and displays of verbal eloquence were seen as a weakness, effeminate. But in China the Confucian coalition of traditional histories, songs, and teachings, served to hold together a group of states farther apart and far more diverse (?) than the Greek city states and Macedon. How? To an examination of the historical and political contexts of early Greek and Chinese rhetoric should be added a more precise scrutiny of what exactly the words were, in each case, that succeeded — or failed — in averting chaos or war. And was it "just" the words? Of course not. For all these reasons, we should further study implicit versus explicit practices of rhetoric as argumentation, particularly in the context of longstanding perceptions of Chinese rhetoric as non-adversarial and non-argumentative. But these are negative definitions. What do we mean when we say this? To answer this question, if only partially, I turn to several questions of genre: history as rhetoric, the history of rhetoric as a history of "literary" genres in very particular uses.

3. "Reading" "history"; history as rhetoric; genre and truth: teaching by example and teaching by precept; what do baguwen model? What do expository essays model? What do narrated speeches model? Percentage of Greek and Roman histories that are narrated dialogue. Number of narrated sayings in Confucius and Mencius. Commentary versus narrative. Dialogue and baguwen.

Confucius and Confucianism invoke tradition, history, the authority of the sages. But how are these teachings conveyed? Through the poetry and history, the Book of Songs (c. 750 and earlier BCE) Confucius compiled 305 canonical poems which along with the histories, the Annals, then became the basis of all education and discourse, moral teaching and political leadership. Quoted and alluded to, the Shih Ching formed a counterpart to Greek epic tradition, the Iliad and the Odyssey, later condensed in the Homeric hymns and then in the Greek dramas that provided the structural model of dialogue for Plato. These genres, and their cultural uses, raise important questions about how rhetoric is understood and practiced within and across cultures. Clearly, the authority of history, the past, the wisdom of the past is revered; but how is it conveyed? We might as easily assume that everything from the past is inferior or outdated — as radical reformers and cranky teenagers often do. But writers, readers, and rhetors across many cultures have used the past to speak to the present and shape the future.

Is it fair to say that Confucius' compilation of the Songs and Annals created a shared language, genres, history, and group of sayings and teachings through which and across which people could dispute, discuss, negotiate, teach, and learn? These "readings of history" became the commentaries, first of Mencius and then of later sages who would comment on the comments in an incremental group of dialogues, often representing kings in dialogue with sages and advisors. Consider the similarity of these complilations to Greek epic, drama, history, and rhetoric; the readings of history provided by the Greek epics are themselves a self-congratulatory rhetoric, but by the same token culturally foundational. Just as importantly, the Greek epics taught rhetoric by both precept and by example. Recited and sung, memorized and known to all, Nestor's speech, the intemperate rage of Achilles, the clever compromises proposed by Odysseus, these put words into the mouths of speakers in much later times. Scattered across the Greek epics and the Homeric Hymns can be found numerous sayings about speech and about deception. Cunning Odysseus is both respected and mistrusted for his powerful persuasive speeches. It should be emphasized again and again that over half of the Iliad and Odyssey consist of narrated dialogues and debates.

When Greeks, and later Romans, and later English and French and German and American schoolboys memorized the Greek epics, poems, histories, and dramas and then declaimed them they were memorizing speeches—not "simply" history, or literature, but rhetorical performance and content. Is it similarly true that when Chinese scholars and students memorized the Songs, Annals, and Analects they were memorizing not just "poems" but ways of speaking, phrases and words and sentences and ideas that could be used and rearranged, excerpted and alluded to in other settings? I hope that these examples call into question any easy drawing of genre boundaries. For if a history is read and written as a way of teaching speechmaking and political thinking, what, then, is history? And what is rhetoric when it is so heavily grounded in quotation, repetition of models, emulation of traditional forms and ideas? Must rhetoric always be understood as an original composition? In some important senses it cannot and should not be an entirely original composition, for if it is, no one will understand it! (Stock, Augustine, Jefferson) Teaching by precept and by example become one and the same when history, sagely wisdom, and rhetorical practice are so closely imbedded in one another. What is the percentage of narrated dialogue, of narrated speeches, in the work of Confucius and Mencius? The difference between Plato and Aristotle on this point is striking, for Aristotle writes monologue treatises in which lengthy examples of types of speech are provided not so much as wisdom, or valued history but as types out of time, stylistic exempla for composition. Ethics he removes to an entirely separate treatise. But this was not the only teaching of rhetoric that survived in Western culture and educational curricula. I close with a reminder that as early as Plato and as late as the Scottish Enlightenment of the eighteenth century, numerous rhetorical philosophies and teachings emphasized an integrated curriculum, a unity of subjects, including rhetoric, directed at imparting virtue and wisdom to individuals and thereby sustaining a just society: Cicero, Augustine, the Renaissance humanists, the great political and ethical teachers of the 18th century curriculum in Rhetoric and Moral Philosophy—Francis Hutcheson, Thomas Reid, Adam Smith, George Campbell.

(Mohists: was Ong right?—that Chinese culture deliberately abandoned agonistic argumentation at this point, after the wars over names?)

4. Confucius and Harmony: Greek parallels

Love and harmony appear in some of the earliest depictions of rhetoric in Plato's Symposium, which draws together a number of earlier teachings, and a number of speeches, on love and language, rhetoric and desire. As always, Plato's dialogue synthesizes and comments on earlier Greek teachings by several of the Presocratic philosophers: Heraclitus, Empedocles, and Epictetus among them. If studies of Plato's philosophical works had not been so resolutely separated from histories of rhetoric until recently, we might have been able to see the numerous parallels between his discussions of love, knowledge, virtue, and rhetoric. Heraclitus taught that there was a palintropos harmonia , "always backward turning harmony" in the universe reflected in our words, our knowledge, and our society. Heraclitus is also the philosopher who said, as a paradox, "You cannot step into the same river twice." A musical analogy is quite clear in Epictetus' aphorism, "Bid a singer in a chorus, Know Thyself; and will he not turn for the knowledge to the others, his fellows in the chorus, and to his harmony with them?" The interlocutors in the Symposium present a series of speeches on Love, among them a number of associations between love and speech, or rhetoric. We encounter the idea that, "Each thing (or person) is half of another, has a complement." The structure of the dialogue as a whole is not so much a competition, as is often the case in Plato's dialogues, but a feast, a Symposium, like the one we are having here, sharing views, comparing notes, developing a whole out of more than a sum of the parts. It is not so far a stretch to see a similarity between the ideas of love and rhetoric developed in the Symposium, and the parallels drawn in Chinese thinking between...

The inner and outer, heaven and earth, the mind and external reality in Chinese cosmology and epistemology are not in an antithetical relationship but rather as completing and reflecting one another so that an individual's goodness is manifest in his actions and deportment, his speech and his decorum. The idea of a "Platonic" ideal separate from any physical or particular manifestation is impossible in this cosmology/epistemology in which nature and human nature are inseparable, the physical world and the human mental world shape one another inextricably. Many traces of this way of thinking linger even in Plato's dialogues, where the multiple creation narratives provided in the Symposium join the multiple definitions of rhetoric considered in the Phaedrus and Gorgias, and culminate in the lingering depiction of true rhetoric as dialectic. What does that mean? What is dialectic, in this sense? Too often, dialogue and dialectic have been seen as twos, two opposed claims, two alternate voices, two points of view in debate. But the Greek dia does not mean "two"; it means "across" or "spanning" as in the diameter of a circumference. Plato's dialogues are not debates between two people, although they often seem so, with the annoying Socrates setting up far too many of the terms of debate. Yet here, too, Plato is an educator, a teacher, and a sage, for in depicting Socrates as a flawed interlocutor he insists that we participate in the discussion, as my student did when he observed that Confucius might very well say, "Socrates, you talk too much."

Conclusion

As I understand it, the recent restoration of or return to Confucianism in China is a return to a literary and rhetorical culture that provided cohesion and unity across boundaries, because it provided a shared language, a shared, literature, and a shared group of beliefs about virtue, harmony, proper relationships: among humans, between humans and the natural world, character and education, balance and judgment. With this in mind, I suggest that when we want to look for western counterparts to Chinese rhetorical tradition we should look not so much to Aristotelian logic, rhetoric, ethos, pathos, logos, and to the textbook curriculum in those subjects that dominated the schooolroom teaching of rhetoric after Cicero's de Inventione and Quintilian. This is the classroom culture in rhetoric that has come down to us through Quintilian and the medieval schools, Renaissance Ramism with its charts and outlines for arguments, the Enlightenment elocutionist schools that taught proper gentlemanly speechmaking, and on into the methods used today to teach English composition in the introductory courses we still often call "rhetoric and composition." Instead, we should turn to several alternate Western rhetorics that share several characteristics with Chinese rhetorical culture: the placement of literature — including history and philosophy —

at the center of the curriculum; an emphasis upon an entirely integrated curriculum uniting all subjects under the larger headings of virtue and wisdom, learning and excellence. These we find in beautiful and ample discussions in Plato, Cicero, Augustine, Erasmus, Montaigne, and the Enlightenment schools that placed moral and civic virtue hand in hand within the course in Rhetoric and Moral philosophy.

The Master said to the disciple Zi-gong Si, "Si, do you take me to be one who has studied much and remembers it all?"

"Yes", replied Zi-gong. "Is it not so?"

"It is not", said the Master. "I link all upon a single thread."

Perhaps in the discussions to come we, too can learn to link all upon a single thread.

References and Short Bibliography

[1] Confucius. The Analects [M]. Trans. D. C. Lau. Hong Kong: The Chinese UP, 1979.

[2] Daodejin (Tao Te Ching)[M]. Trans. D. C. Lau. Hong Kong: The Chinese UP, 1982.

[3] Eugenio Benitez. The Aesthetics of Piety in Plato and Confucius [A]. International Association of Aesthetics Yearbook [M]. 2003: 66-75.

[4] George Kennedy. Comparative Rhetoric [M]. Oxford UP, 2000.

[5] I. A. Richards. Mencius on Mind. Experiments in Multiple Definitions (1932)[M]. Routledge, 1996.

[6] Karl Kao. Recent Studies of Chinese Rhetoric [J]. Literature: Essays, Articles, Reviews (CLEAR), Vol. 15, 1993(12): 143-154.

[7] Mencius. Mencius[M]. Trans. D. C. Lau. London: Penguin, 1970.

[8] Stephen Owen. Readings in Chinese Literary Thought [M]. Harvard UP, 1996.

[9] Tu Wei-Ming. Metaphor in the Confucian Analects [J]. Philosophy East and West 31:1, 1981(1): 45-54.

[10] Xing Lu. Rhetoric in Ancient China, Fifth to Third Century B.C.E.: A Comparison with Classical Greek Rhetoric[M]. Columbia: U of South Carolina, 1998.

[11] Ziyu Cheng . Zhongguo Xiucixue Shigao (A History of Chinese Rhetoric) [M]. Shanghai: Shanghai Education P, 1995.

[12] 易蒲, 李金苓. 汉语修辞学史纲（An Outline History of Chinese Rhetoric）[M]. 长春：吉林教育出版社,1989.

[13] 袁晖, 宗廷虎主编. 汉语修辞学史(A History of Chinese Rhetoric)[M]. 太

原：山西人民出版社, 1995.

Note:

D.T. Suziki, an influential translator of Zen Buddhism into Anglo-America idioms, was invited to address the American Psychological Association in the 1960s, and was asked what he thought of the nature/nurture, or heredity/environment dichotomy so widely debated in western psychology and neurobiology. He said, "you Westerners invented that division, it is up to you to heal it." Yin and yang, inner and outer, nature and human nature, the One and the Many; these are all "parts" of a larger "whole" that is divided only in our minds, if we choose to so divide. I hope that we can choose not to divide Chinese from Western rhetoric, as we simultaneously pursue the dialogues that will improve our understanding through the study of similarities and differences, as these are perceived in the East as well as in the West.

Plato and Confucius, Aristotle and Mencius — the Perils and Prospects of Comparative Studies in Rhetoric

C. Jan Swearingen

Texas A & M University

Abstract: Abstract: This study defines several problems that have emerged from recent comparative studies of Chinese and Western rhetorical traditions, practices, and teachings. A number of false parallels are examined, in order to clarify the dangers of measuring or describing Chinese rhetoric in Greco-Roman terms. The equally important danger of restricting Chinese rhetorical studies to its own terminologies is explored as well, to suggest that we need to find common grounds for productive comparisons. The study is divided into four sections:

1. Contact Zones, Parallels, and the Problems of Translation
2. Confucius, Mencius, and the Warring States: Greek Parallels, Dialogue and Dialectic
3. Reading History: History as Rhetoric, and the Rhetoric of History
4. Confucius, Virtue, and Harmony: Early Greek Parallels

郑重声明